常见重型载货、载客汽车电气线路及柴油机电控系统电路图集

第 3 版

广州瑞佩尔信息科技有限公司　组编

胡欢贵　主编

机械工业出版社
CHINA MACHINE PRESS

本书内容涉及的品牌车型主要有重汽豪沃（共轨车型/天然气车型/T7H车型），陕汽德龙（F2000/F3000/M3000/X3000）、奥龙、德御，东风乘龙（M3/M5/M7/H7）、天龙，福田欧曼（EXT/GTL），广汽日野（700系列），江淮格尔发，联合卡车，北奔重卡，一汽解放（J5/J5M/J6M/J6L/J6P/JH6/J7）以及这些品牌所装载的潍柴、重汽、康明斯、日野（J05E/J08E）、锡柴（6DF3/6DL3/6DLB/6DM2）、大柴（BFM1013/2012/2013）、玉柴（天然气/国Ⅳ型）、斗山（DL06/DV10）、五十铃（6WA1/6WG1/4KH1）、道依茨、索菲姆等柴油发动机，包括了博世、德尔福、电装三大电控系统。

本书在编排上按整车线路图、发动机电控系统电路图、发动机电脑针脚与端子定义、发动机电控系统维修数据分类编写。

本书编排紧凑，内容实用，在重型货车和柴油机电控资料稀缺的情况下，本书实为广大相关重型货车、客车及电控柴油机产品行业技术工作人员的宝贵参考资料。同时，本书也可供各汽车职业院校与培训机构作为教学参考读物使用。

图书在版编目（CIP）数据

常见重型载货、载客汽车电气线路及柴油机电控系统
电路图集／胡欢贵主编；广州瑞佩尔信息科技有限公司组编.
—3版.—北京：机械工业出版社，2019.5（2025.1重印）
ISBN 978-7-111-62463-9

Ⅰ.①常…　Ⅱ.①胡…　②广…　Ⅲ.①重型载重汽车-电气设备-电路图-图集②重型载重汽车-柴油机-电子系统-控制系统-电路图-图集　Ⅳ.①U469.203-64

中国版本图书馆CIP数据核字（2019）第068030号

机械工业出版社（北京市百万庄大街22号　邮政编码100037）
策划编辑：赵海青　　　　　　　责任编辑：赵海青
责任校对：郑　婕　张　薇　　　封面设计：马精明
责任印制：孙　炜
北京中科印刷有限公司印刷
2025年1月第3版第2次印刷
210mm×285mm·24.5印张·769千字
标准书号：ISBN 978-7-111-62463-9
定价：89.00元

电话服务　　　　　　　　　　网络服务
客服电话：010-88361066　　　机　工　官　网：www.cmpbook.com
　　　　　010-88379833　　　机　工　官　博：weibo.com/cmp1952
　　　　　010-68326294　　　金　书　网：www.golden-book.com
封底无防伪标均为盗版　　机工教育服务网：www.cmpedu.com

随着我国大规模的基础设施建设和物流业的快速发展，我国重型货车市场正处于一个前所未有的快速发展时期。同时，随着机电一体化技术的推广，汽车高端电子技术的广泛应用，一些以前只在小汽车上才可以见到的设备和技术也逐步出现在重型货车上面，如空调、DVD影音、发动机电控、ATM变速器、ABS制动控制、电动助力转向、总线集中控制等。这就说明，我们面对的已不再是一大堆钢铁和少数几个简单车用电器组成的产品，一个出了故障只用拆开看看换个东西装上就能解决问题的产品。新一代货车需要我们有更加专业、更为详尽的资料来了解它，掌握它。

国V、国Ⅳ重型货车相对国Ⅲ来说有质的飞跃，电子技术的应用对服务人员技能、维修手段和工具、配件供应等都提出了非常高的要求，必须经过一个复杂的学习过程才能掌握，因而也会给服务技术的普及带来种种意想不到的困难，因此，对柴油电喷如高压共轨、电控单体泵、电控泵喷嘴等的技术掌握及资料服务都必须紧紧跟上。

国内重型货车所装备的动力绝大多数为柴油机型，且多由国内柴油机制造厂商提供。为与国际接轨，国内企业一面引进国外先进的高压共轨与单体泵、泵喷嘴电控技术，一面也自力更生研发了一些新的技术。

从国内重型货车、客车厂、柴油机厂与柴油机电控技术提供商的对应关系来看，目前在国内柴油机电控技术和设备市场上，主要有博世、电装、德尔福这三家企业，其中，德国博世的高压共轨系统占据绝大多数市场份额，主要应用在锡柴、玉柴、潍柴、朝柴及康明斯等厂家的发动机产品上，这些发动机主要装备于一汽解放、陕汽、福田、江铃、江淮等一些货车上。日本电装的共轨产品主要是一汽锡柴、上柴及重汽杭发生产的柴油发动机采用，这些发动机一般装用于一汽解放、重汽豪沃、福田欧曼、华菱等货车上面。美国德尔福共轨系统主要提供给玉柴，装用在一些客车上。

为满足行内技术人员对资料的需求，以更好地从事重型货车及电控柴油机产品开发、生产及维护与修理，我们收集整理了相关技术数据和资料，编写了本书，希望为大家的工作和学习提供方便。

本书内容涉及的品牌车型主要有重汽豪沃（共轨车型/天然气车型/T7H车型），陕汽德龙（F2000/F3000/M3000/X3000）、奥龙、德御，东风乘龙（M3/M5/M7/H7）、天龙，福田欧曼（EXT/GTL），广汽日野（700系列），江淮格尔发，联合卡车，北奔重卡，一汽解放（J5/J5M/J6M/J6L/J6P/JH6/J7）以及这些品牌所装载的潍柴、重汽、康明斯、日野（J05E/J08E）、锡柴（6DF3/6DL3/6DLB/6DM2）、大柴（BFM1013/2012/2013）、玉柴（天然气/国Ⅳ型）、斗山（DL06/DV10）、五十铃（6WA1/6WG1/4KH1）、道依茨、索菲姆等柴油发动机，包括了博世、德尔福、电装三大电控系统。

本书在编排上按整车线路图、发动机电控系统电路图、发动机电脑针脚与端子定义、发动机电控系统维修数据分类编写。

本书由广州瑞佩尔信息科技有限公司组织编写,胡欢贵主编,参加编写的人员还有朱其谦、杨刚伟、吴龙、张祖良、汤耀宗、赵炎、陈金国、刘艳春、徐红玮、张志华、冯宇、赵太贵、宋兆杰、陈学清、邱晓龙、朱如盛、周金洪、刘滨、陈棋、孙丽佳、周方、彭斌、王坤、章军旗、满亚林、彭启凤、李丽娟、徐银泉。在编写过程中,参考了大量国内外相关文献和厂家技术资料,在此,谨向这些资料信息的原创者们表示由衷的感谢!

有囿于编者水平,书中错漏在所难免,还请广大读者朋友及业内方家多多指正。

编　者

contents

电 路 识 读 示 例

为了让读者更好地理解本书电路图表达的内容，下面以图例的形式对电路图中的不同标识、代号含义进行说明。重汽豪沃重型载货汽车电路识读示例如图1所示。

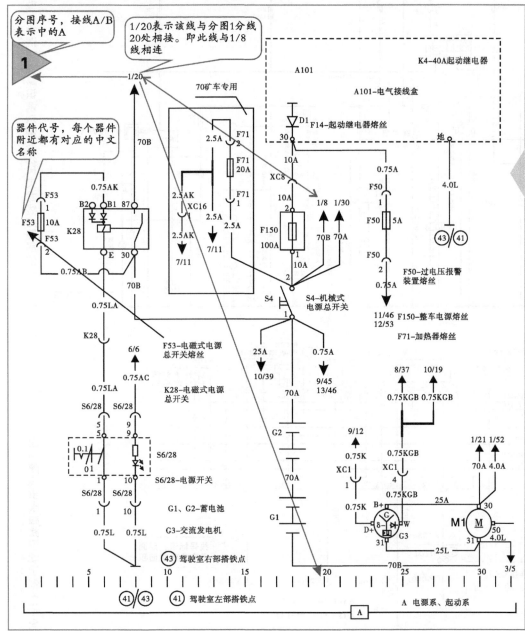

图1 重汽豪沃重型载货汽车电路识读示例（豪沃共轨车型局部图）

线色的字母表示含义如下表：

线色的字母表示	
字母	线色
A	红
B	黑
C	白
D	黄
E	灰
F	绿
G	紫
H	橙
I	深蓝
K	浅蓝
L	棕
M	接地线
N	粉红

东风与陕汽重卡的电路图在表示线路的连接方面与重汽有相似之处，但线的颜色表示不同。东风重型载货汽车电路识读示例图见图2。

东风柳汽霸龙汽车电路图线色表示如下表：

字母	颜色	字母	颜色
Y	黄	L	蓝
G	绿	W	白
B	黑	Or	橙
Br	棕	P	粉红
Gr	灰	V	紫色

陕汽重卡电路识读示例见图3。

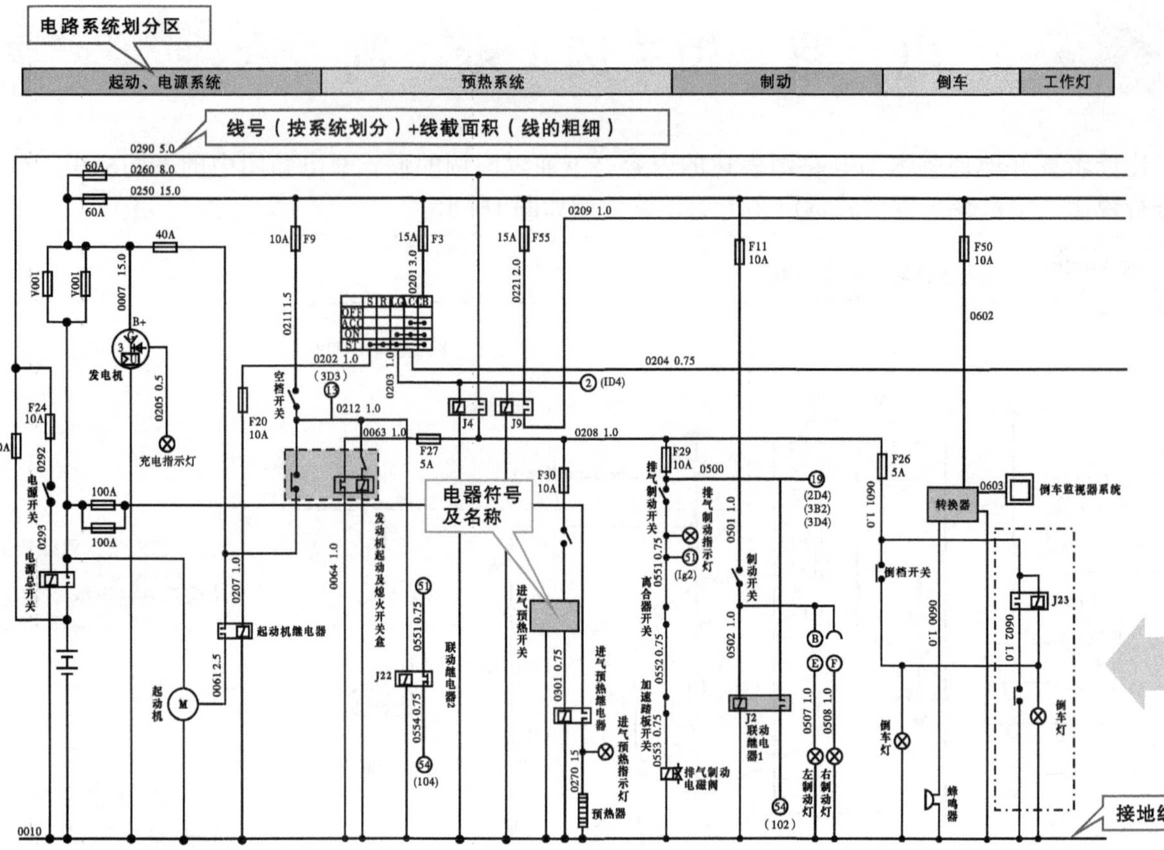

电路系统划分区

| 起动、电源系统 | 预热系统 | 制动 | 倒车 | 工作灯 |

线号（按系统划分）+线截面积（线的粗细）

电器符号及名称

图2 东风重型载货汽车线路识读示例（东风天龙线路图局部）

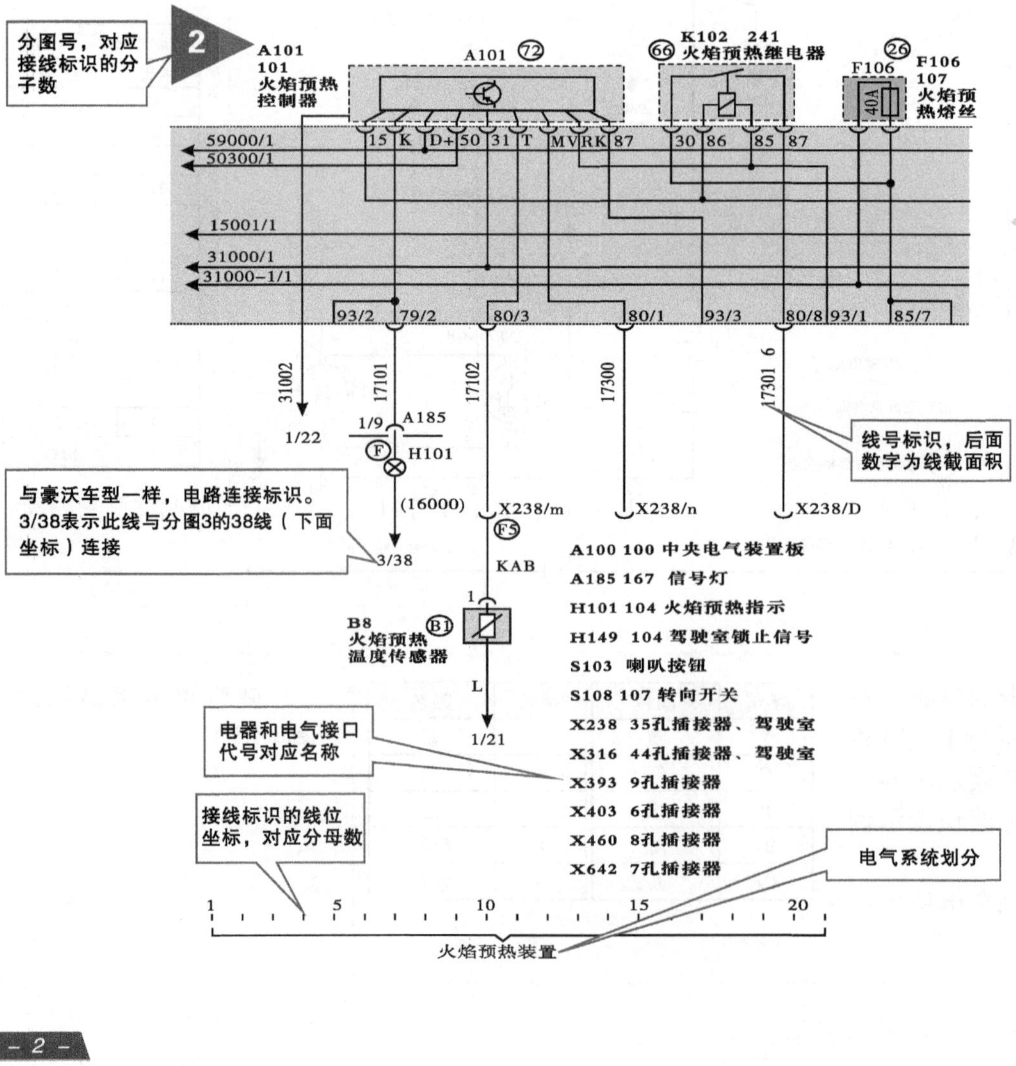

发电机
充电指示灯
电源开关
电源总开关
起动机继电器
起动机
发动机起动及熄火开关盒
联动继电器2
进气预热开关
进气预热继电器
进气预热指示灯
预热器
空档开关
排气制动开关
排气制动指示灯
离合器开关
加速踏板开关
排气制动电磁阀
制动开关
左制动灯
右制动灯
J2联动继电器1
倒档开关
倒车灯
蜂鸣器
转换器
倒车监视器系统

接地线

2

分图号，对应接线标识的分子数

A101 101 火焰预热控制器
A101 72
K102 241 火焰预热继电器 66
F106 107 火焰预热熔丝 26
F106

15 K D+ 50 31 T M V R K 87   30 86 85 87

59000/1
50300/1
15001/1
31000/1
31000−1/1

93/2 79/2 80/3 80/1 93/3 80/8 93/1 85/7

31002 17101 17102 17300 17301 6

1/22
1/9 A185 H101
(16000)
X238/m X238/n X238/D

与豪沃车型一样，电路连接标识。3/38表示此线与分图3的38线（下面坐标）连接

3/38

线号标识，后面数字为线截面积

KAB

B8 火焰预热温度传感器 B1

1
L
1/21

A100 100 中央电气装置板
A185 167 信号灯
H101 104 火焰预热指示
H149 104 驾驶室锁止信号
S103 喇叭按钮
S108 107 转向开关
X238 35孔插接器、驾驶室
X316 44孔插接器、驾驶室
X393 9孔插接器
X403 6孔插接器
X460 8孔插接器
X642 7孔插接器

电器和电气接口代号对应名称

接线标识的线位坐标，对应分母数

电气系统划分

1   5   10   15   20

火焰预热装置

图3 陕汽重卡线路识读示例（F2000车型线路图局部）

陕汽重卡驾驶室部分采用线号标识，各线号功能描述如下表。

线号一般由5位数字组成：前两位代表电线电器性质，也称区域码，后三位表示接线序号，也叫顺序码，有的在顺序码后加一位数字进行区分，表示相同线号的不同接线。一般在线号的后面还标示线的截面积，如果没有标注，则此线截面积为1.0mm²。

福田欧曼重型载货汽车电路识读见图4。

线号编码	表示含义
16000	仪表电源
30006	不受总电源开关控制的电源
30010	连接到蓄电池正极
31000	接地
50300	起动信号
58000	翘极开关电源
58300	可调节亮度的仪表照明电源
59000	发动机工作信号输出

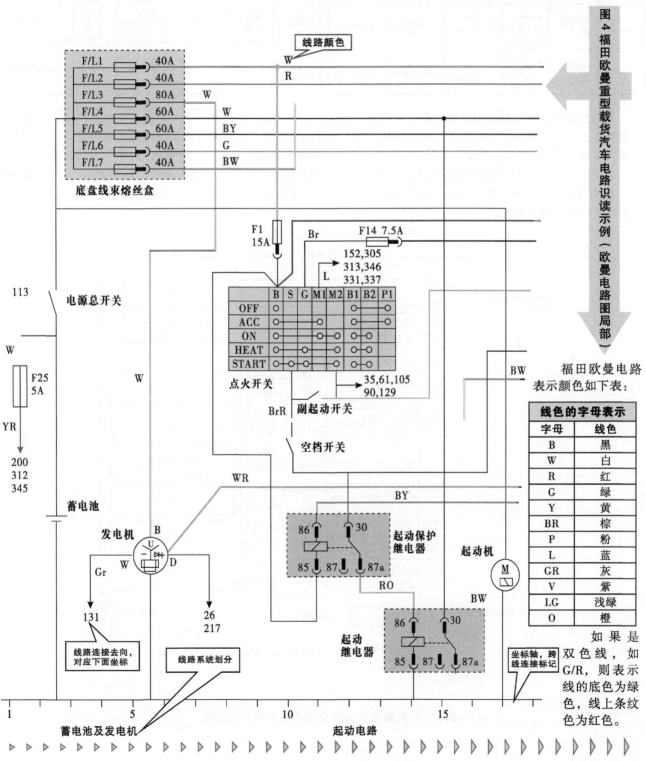

图 4 福田欧曼重型载货汽车电路识读示例（欧曼电路图局部）

福田欧曼电路表示颜色如下表：

线色的字母表示	
字母	线色
B	黑
W	白
R	红
G	绿
Y	黄
BR	棕
P	粉
L	蓝
GR	灰
V	紫
LG	浅绿
O	橙

如果是双色线，如G/R，则表示线的底色为绿色，线上条纹色为红色。

欧曼汽车电路电器符号表示如下表：

符号	符号含义	符号	符号含义	符号	符号含义	符号	符号含义	符号	符号含义	符号	符号含义
	蓄电池		绞线		喇叭/蜂鸣器		电阻		双丝灯泡		双掷开关
	接地		单丝灯泡		相连接交叉线路		可调电阻		拆接件		舌簧开关
	小负载熔丝		继电器		未连接交叉线路		温度传感器		二极管		电容
	中负载熔丝		单速电动机		常开开关		线圈传感器		发光二极管		点烟器
	大负载熔丝		调速电动机		常闭开关		电磁阀		扬声器		预热/加热器

解放J6载货汽车电路图上使用的统一代码有"30""15""75"和"31"等，其含义分别是："30"代表常电源线；"15"代表接小容量电器的电源线，在点火开关闭合时，由点火开关直接将其接通带电；"75"代表接大容量电器的电源线，在点火开关处于点火位置时，通过中间继电器使其接通带电；"31"代表搭铁线。

由于版面有限，本书对部分电路图的标注采用了通行的简写形式。例如，"××地"表示"××接地"。在此一并说明。

本书柴油发动机电子控制系统电路图表示比较简单，下面就以一汽锡柴为例简单说明一下，见图5。其他品牌柴油发动机电控系统电路可以参照理解。

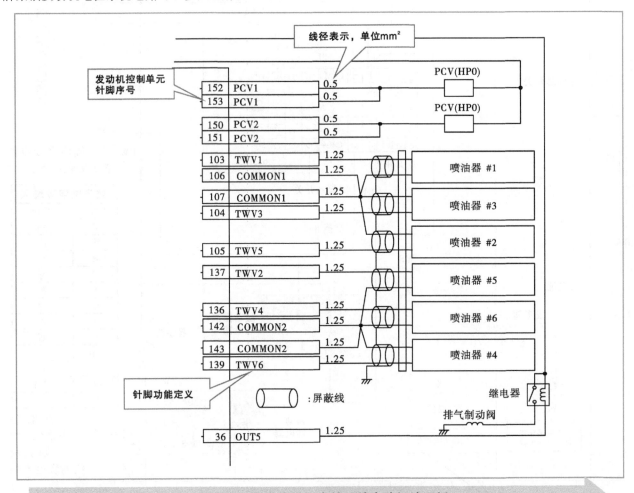

图5 一汽锡柴发动机电控系统电路识读示例

重汽豪沃共轨车型电气线路图 (1/12)

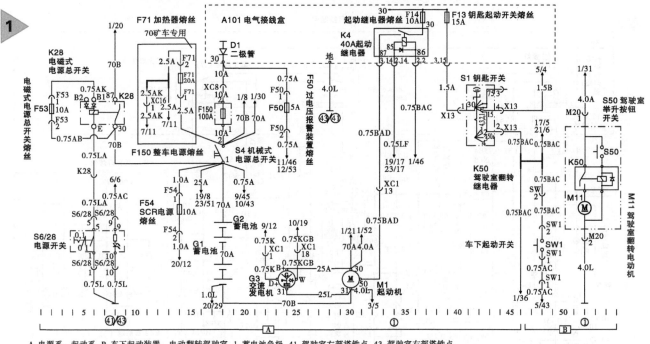

A-电源系、起动系 B-车下起动装置、电动翻转驾驶室 1-蓄电池负极 41-驾驶室左部搭铁点 43-驾驶室右部搭铁点

2012 版 HOWO 共轨电气原理图（SAC 仪表）1/23

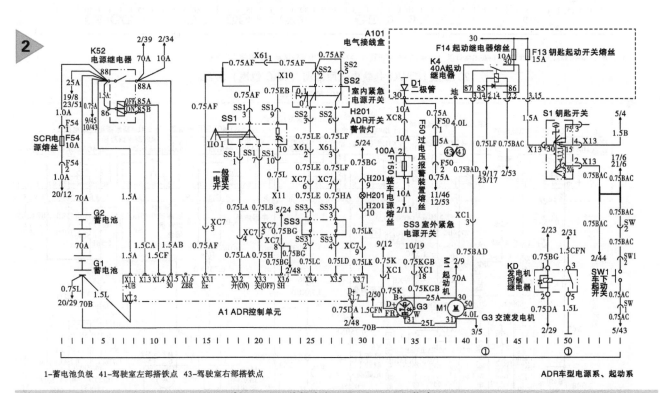

1-蓄电池负极 41-驾驶室左部搭铁点 43-驾驶室右部搭铁点

ADR车型电源系、起动系

2012 版 HOWO 共轨电气原理图（SAC 仪表）2/23

重汽豪沃共轨车型电气线路图 (2/12)

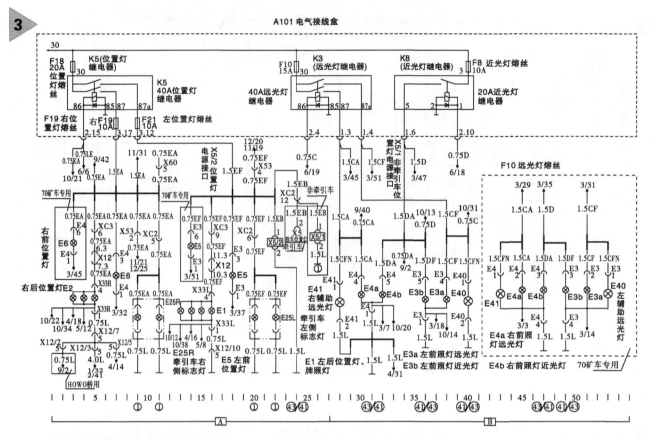

A-位置灯　B-前照灯及辅助远光灯　1-蓄电池负极　41-驾驶室左部搭铁点　42-驾驶室中部搭铁点　43-驾驶室右部搭铁点

2012 版 HOWO 共轨电气原理图（SAC 仪表）3/23

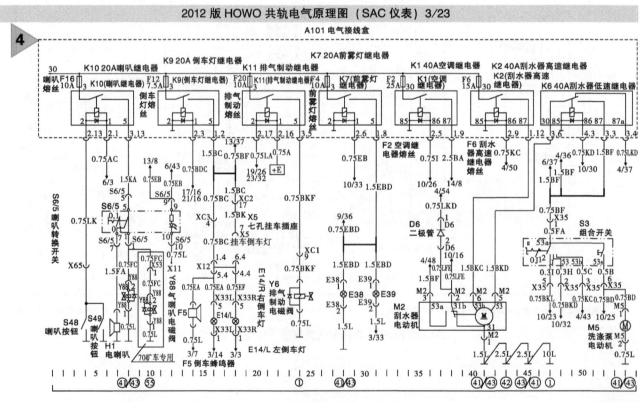

1-蓄电池负极　41-驾驶室左部搭铁点　42-驾驶室中部搭铁点　43-驾驶室右部搭铁点　55-顶篷左搭铁点

电气接线盒

2012 版 HOWO 共轨电气原理图（SAC 仪表）4/23

重汽豪沃共轨车型电气线路图 (3/12)

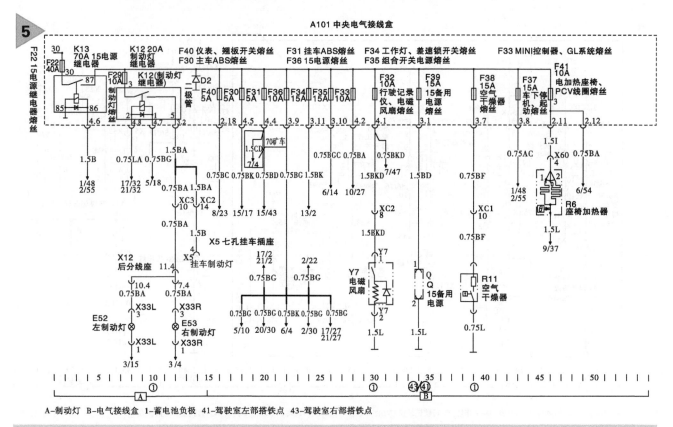

A-制动灯 B-电气接线盒 1-蓄电池负极 41-驾驶室左部搭铁点 43-驾驶室右部搭铁点

2012 版 HOWO 共轨电气原理图（SAC 仪表）5/23

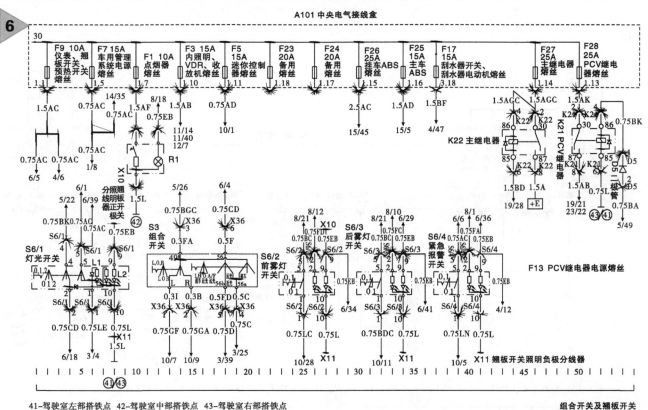

41-驾驶室左部搭铁点 42-驾驶室中部搭铁点 43-驾驶室右部搭铁点

组合开关及翘板开关

2012 版 HOWO 共轨电气原理图（SAC 仪表）6/23

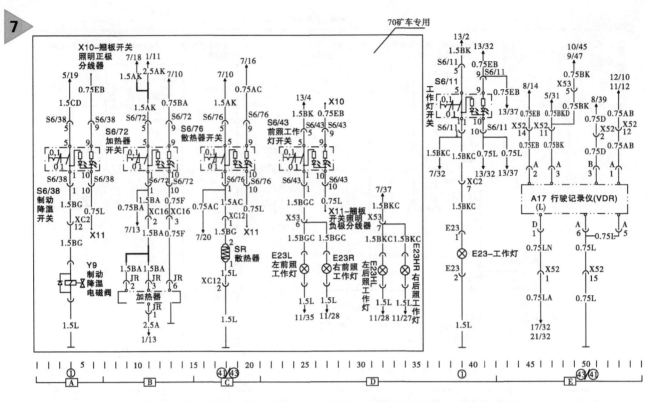

A-制动降温 B-加热器 C-散热器 D-工作灯 E-行驶记录仪（VDR） 1-蓄电池负极 41-驾驶室左部搭铁点 43-驾驶室右部搭铁点

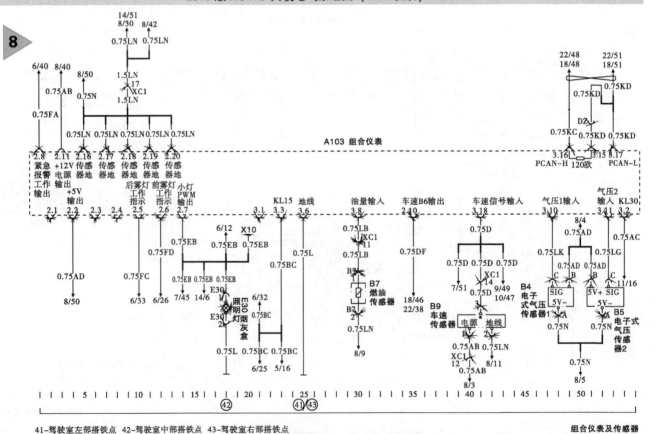

41-驾驶室左部搭铁点 42-驾驶室中部搭铁点 43-驾驶室右部搭铁点

组合仪表及传感器

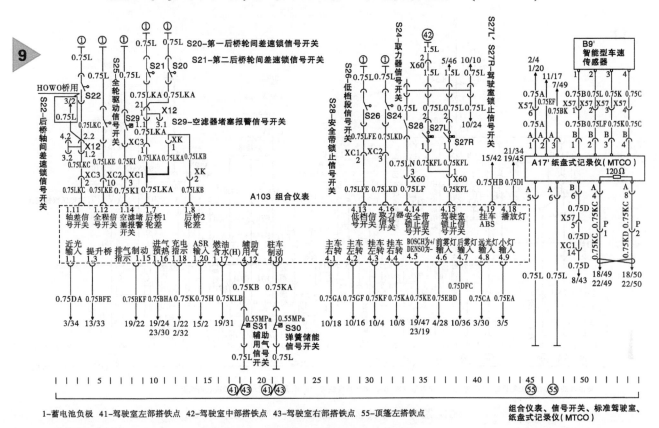

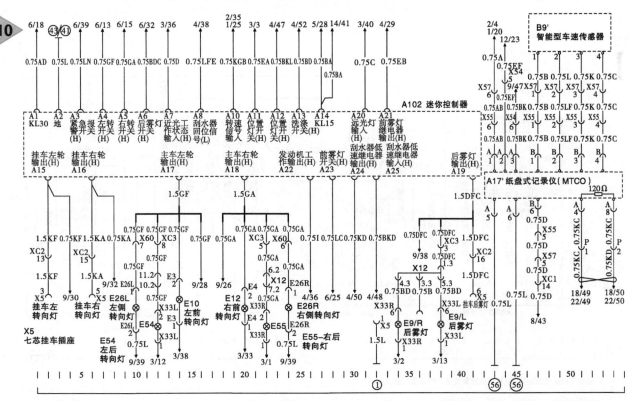

重汽豪沃共轨车型电气线路图 (6/12)

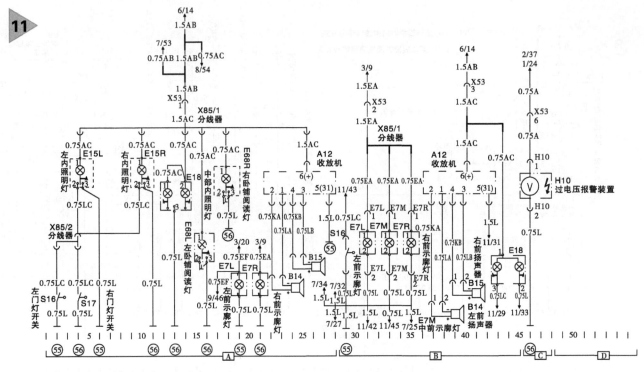

A-标准及加长驾驶室电器设备 B-70矿车驾驶室电器设备 C-过电压报警装置 55-顶篷左搭铁点 56-顶篷右搭铁点

2012版 HOWO 共轨电气原理图（SAC 仪表）11/23

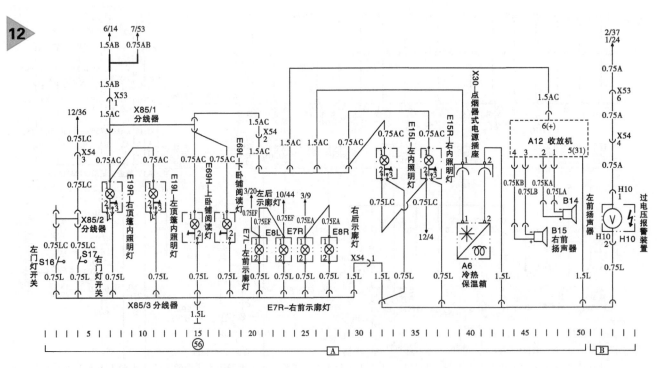

A-高顶驾驶室电器设备 B-过电压报警装置 56-顶篷右搭铁点

2012版 HOWO 共轨电气原理图（SAC 仪表）12/23

重汽豪沃共轨车型电气线路图 (7/12)

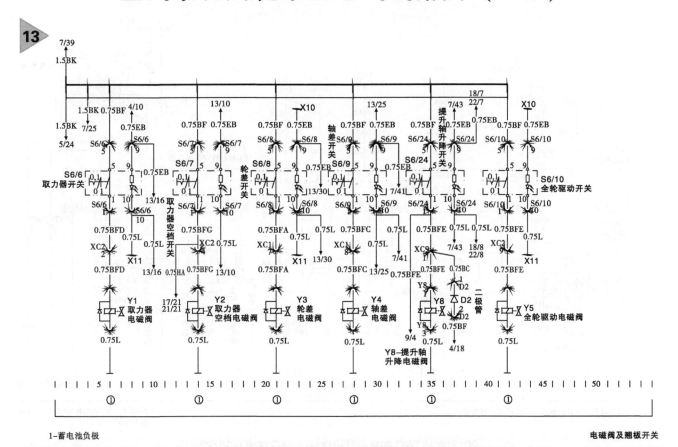

1-蓄电池负极

电磁阀及翘板开关

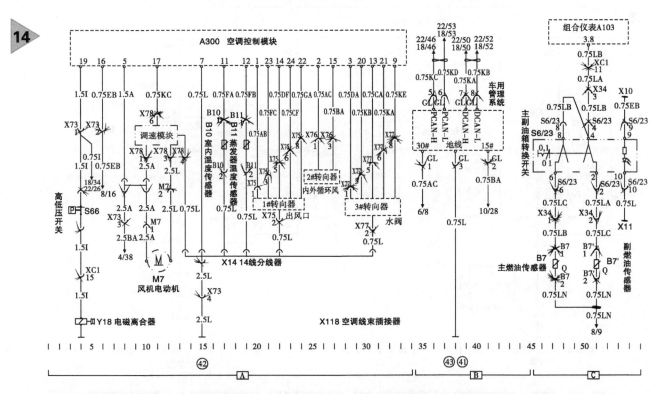

A-智能控制空调系统 B-车用管理系统 C-双油箱电器装置 41-驾驶室左部搭铁点 42-驾驶室中部搭铁点 43-驾驶室右部搭铁点

重汽豪沃共轨车型电气线路图 (8/12)

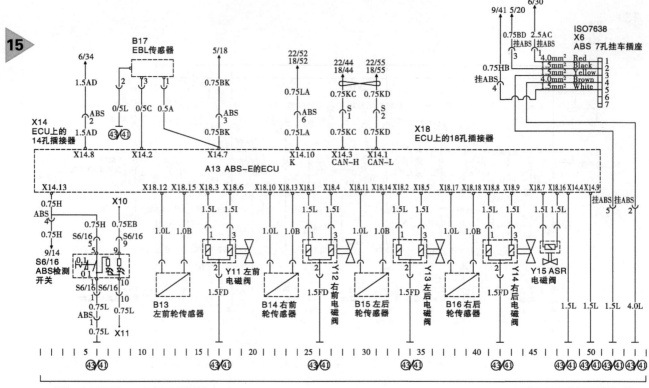

41-驾驶室左部搭铁点　43-驾驶室右部搭铁点

ABS E-VERSION BASIC 4S/4M
WABCO

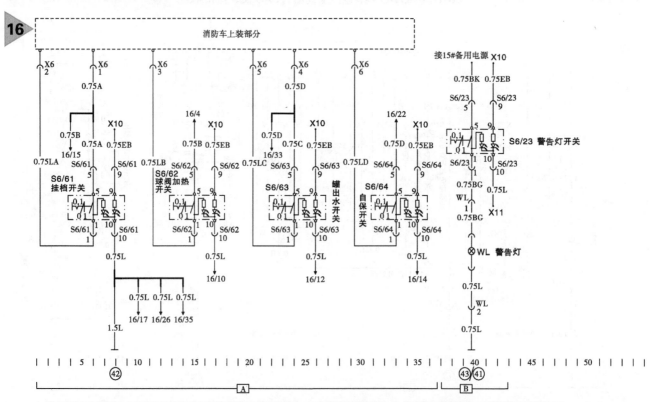

A-消防车附加电器装置　B-警告灯电器装置（适用于标准与加长驾驶室）　41-驾驶室左部搭铁点　42-驾驶室中部搭铁点　43-驾驶室右部搭铁点

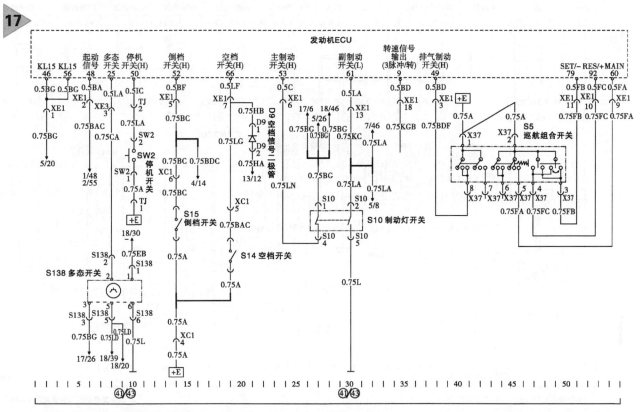

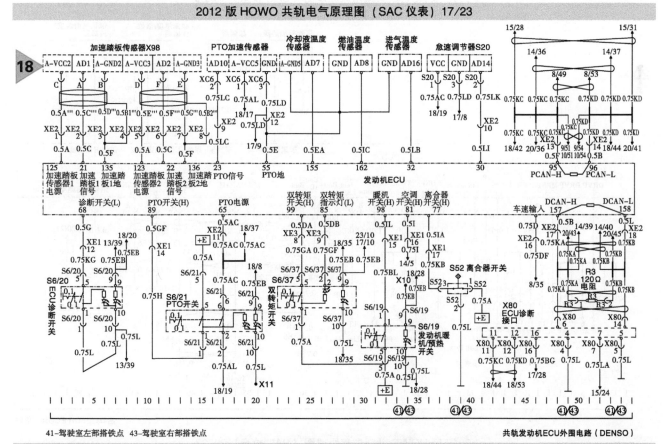

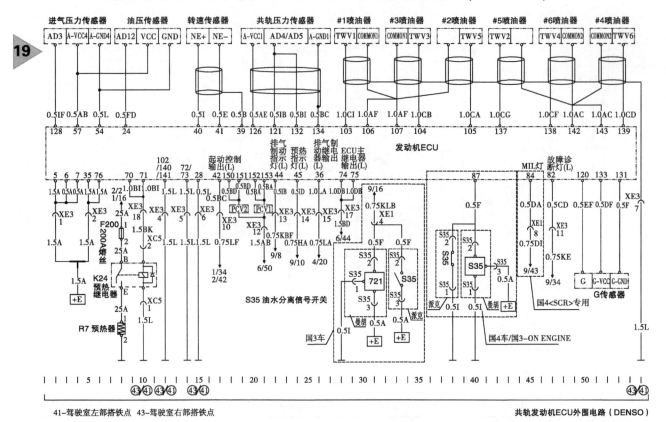

41-驾驶室左部搭铁点　43-驾驶室右部搭铁点

共轨发动机ECU外围电路（DENSO）

2012 版 HOWO 共轨电气原理图 （SAC 仪表） 19/23

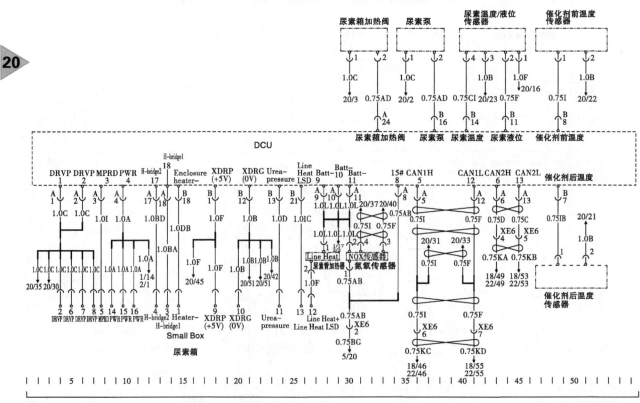

国4车型SCR ECU外围电路

2012 版 HOWO 共轨电气原理图 （SAC 仪表） 20/23

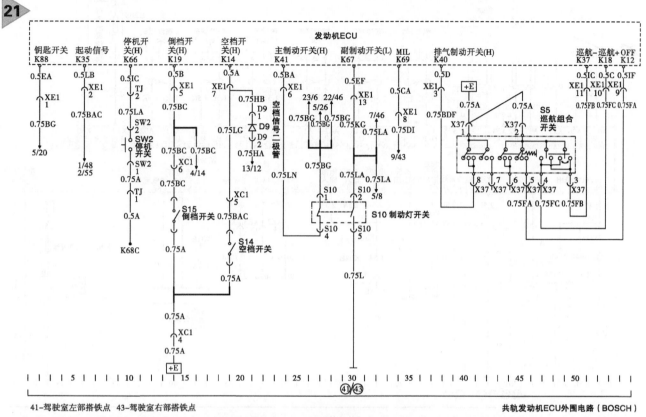

41-驾驶室左部搭铁点 43-驾驶室右部搭铁点   共轨发动机ECU外围电路（BOSCH）

2012 版 HOWO 共轨电气原理图（SAC 仪表）21/23

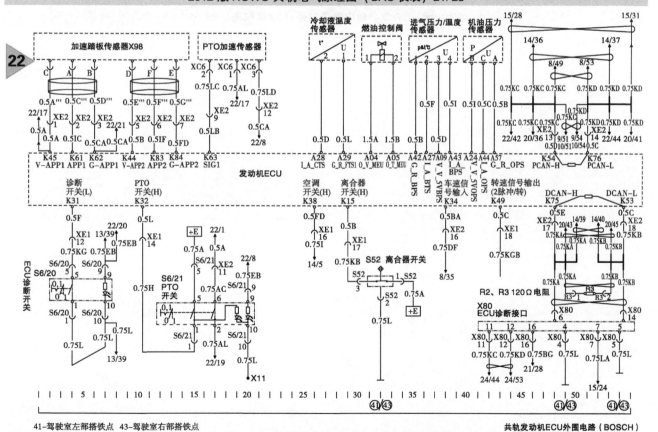

41-驾驶室左部搭铁点 43-驾驶室右部搭铁点   共轨发动机ECU外围电路（BOSCH）

2012 版 HOWO 共轨电气原理图（SAC 仪表）22/23

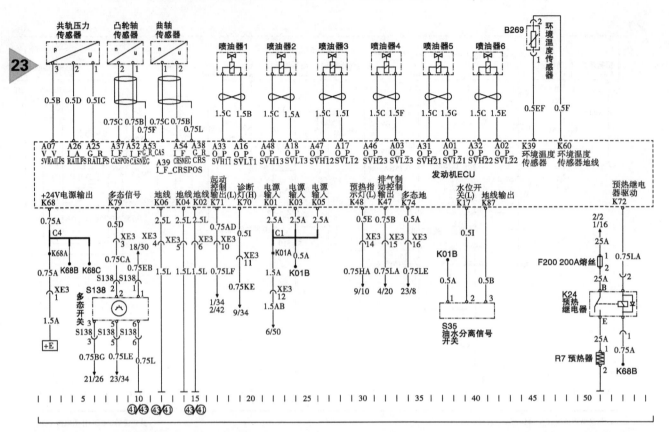

23

1-蓄电池负极　41-驾驶室左部搭铁点　43-驾驶室右部搭铁点　　　　　共轨发动机ECU外围电路（BOSCH）

重汽豪沃天然气车型电气线路图 （1/10）

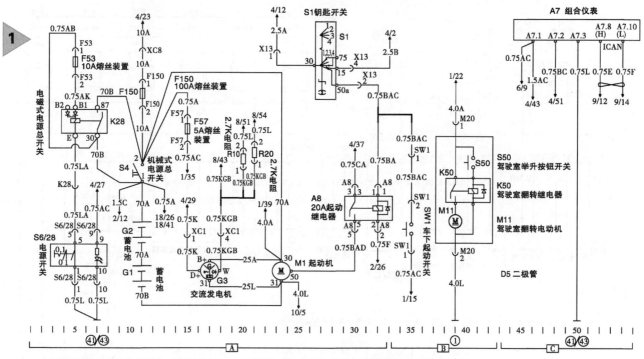

A-电源系、起动系 B-车下起动装置、电动翻转驾驶室 C-组合仪表 1-电瓶负极 41-驾驶室左部搭铁点 43-驾驶室右部搭铁点

2011 版 HOWO 天然气车型电气原理图 1/19

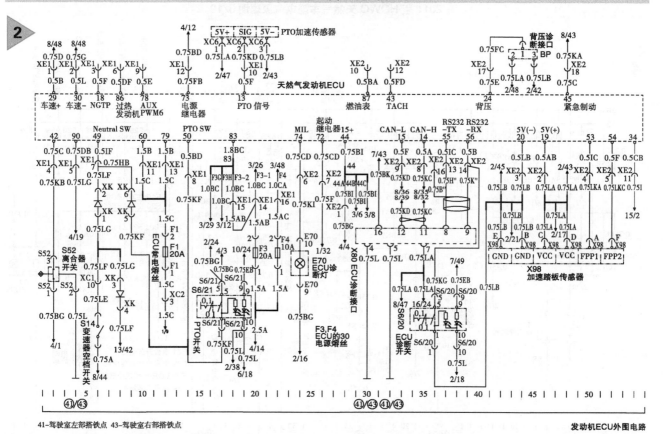

41-驾驶室左部搭铁点 43-驾驶室右部搭铁点

发动机ECU外围电路

2011 版 HOWO 天然气车型电气原理图 1/19

重汽豪沃天然气车型电气线路图 （2/10）

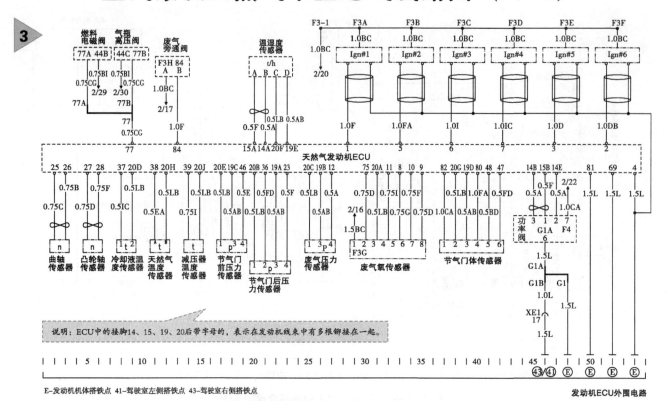

2011 版 HOWO 天然气车型电气原理图 3/19

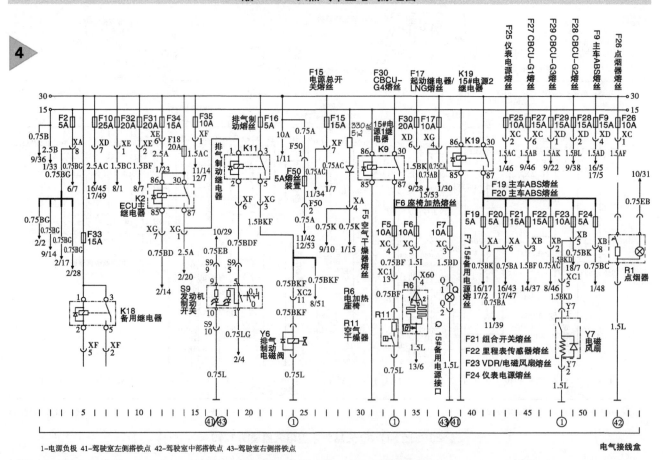

2011 版 HOWO 天然气车型电气原理图 4/19

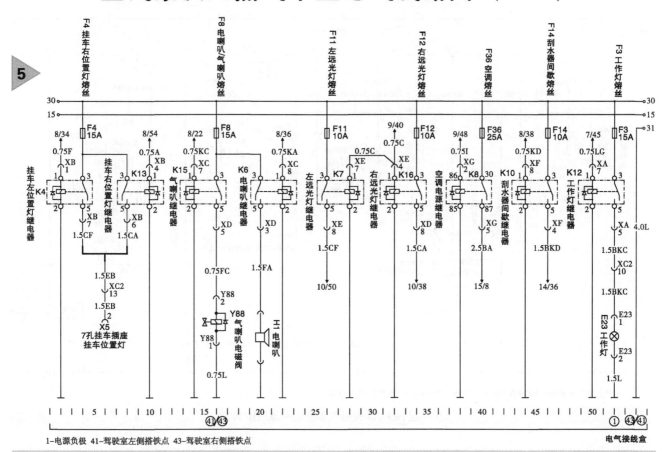

2011 版 HOWO 天然气车型电气原理图 5/19

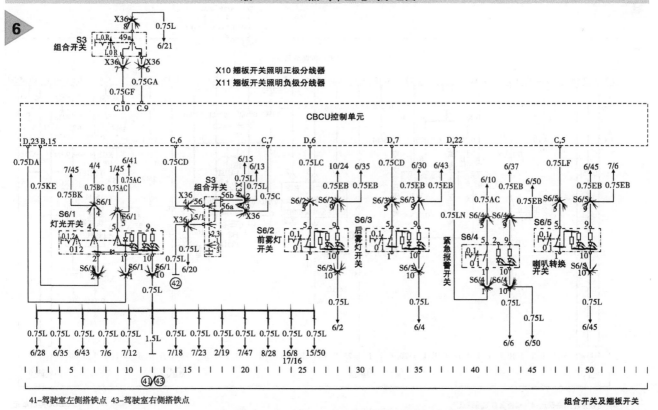

2011 版 HOWO 天然气车型电气原理图 6/19

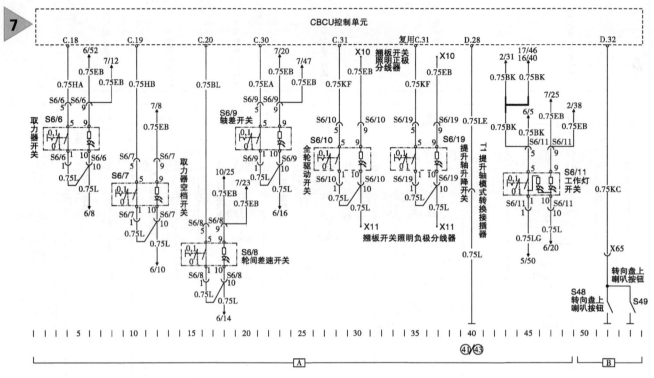

A–翘板开关 B–转向盘上的喇叭按钮 41–驾驶室左侧搭铁点 43–驾驶室右侧搭铁点

2011 版 HOWO 天然气车型电气原理图 7/19

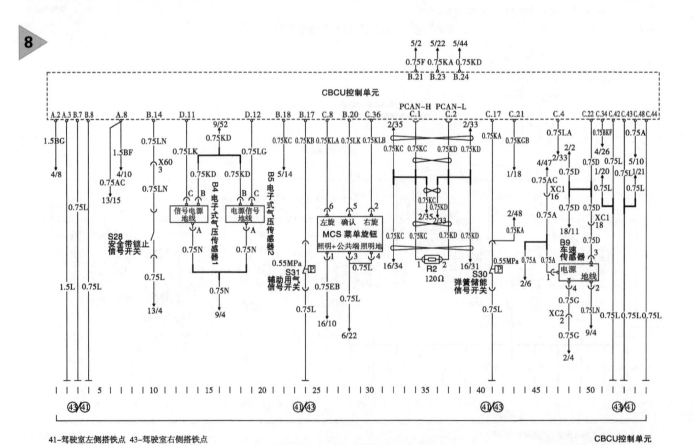

41–驾驶室左侧搭铁点 43–驾驶室右侧搭铁点

CBCU控制单元

2011 版 HOWO 天然气车型电气原理图 8/19

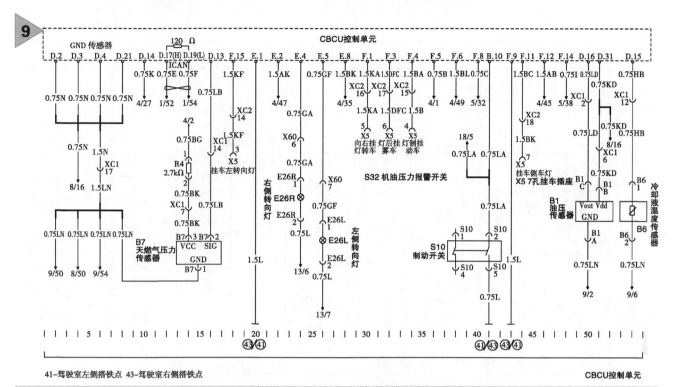

2011 版 HOWO 天然气车型电气原理图 9/19

41-驾驶室左侧搭铁点 43-驾驶室右侧搭铁点

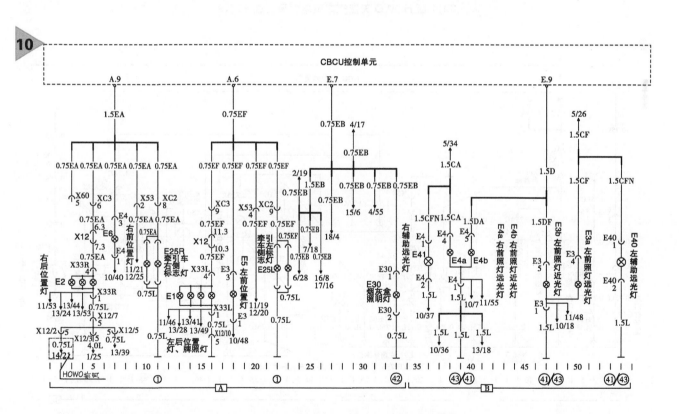

A-位置灯 B-前照灯及辅助远光灯 1-电源负极 41-驾驶室左侧搭铁点 42-驾驶室中部搭铁点 43-驾驶室右侧搭铁点

2011 版 HOWO 天然气车型电气原理图 10/19

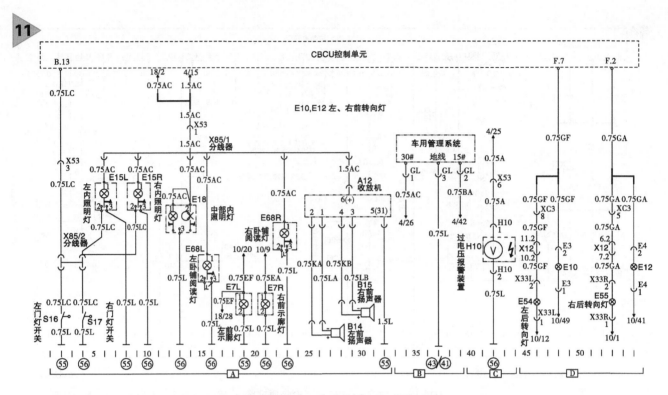

A-标准及加长驾驶室电器设备 B-车用管理系统 C-过电压警告装置 D-转向灯 55-顶篷左搭铁点 56-顶篷右搭铁点

2011 版 HOWO 天然气车型电气原理图 11/19

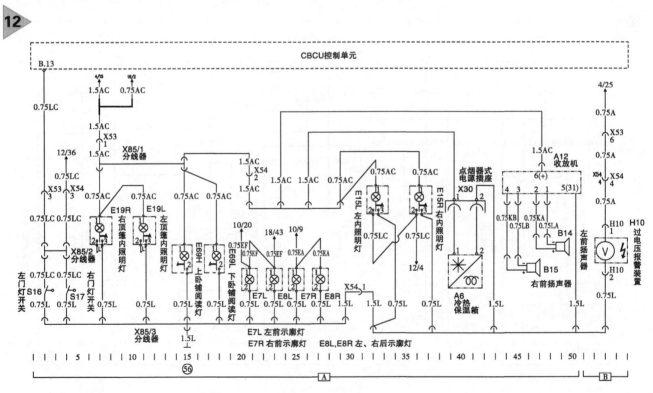

A-高顶驾驶室电器设备 B-过电压警告装置 56-顶篷右搭铁点

2011 版 HOWO 天然气车型电气原理图 12/19

重汽豪沃天然气车型电气线路图（7/10）

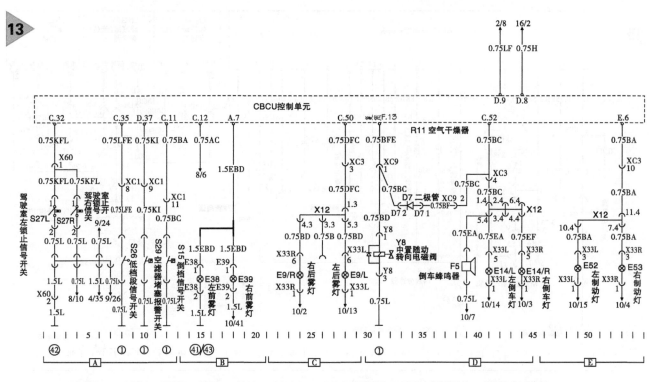

A-开关量信号输入 B-前雾灯 C-后雾灯 D-倒车灯 E-制动灯 1-电源负极 41-驾驶室左侧搭铁点 42-驾驶室中部搭铁点 43-驾驶室右侧搭铁点

2011 版 HOWO 天然气车型电气原理图 13/19

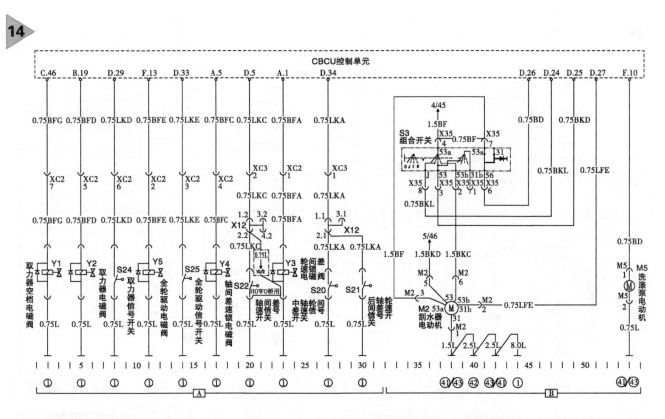

A-差速锁、取力器系统 B-风窗玻璃刮水器、洗涤器 1-电源负极 41-驾驶室左侧搭铁点 42-驾驶室中部搭铁点 43-驾驶室右侧搭铁点

2011 版 HOWO 天然气车型电气原理图 14/19

重汽豪沃天然气车型电气线路图（8/10）

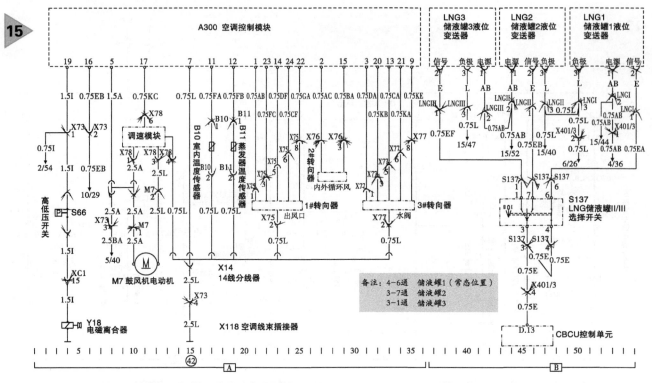

A-智能控制空调系统 B-LNG液位信号采集系统 42-驾驶室中部搭铁点

2011 版 HOWO 天然气车型电气原理图 15/19

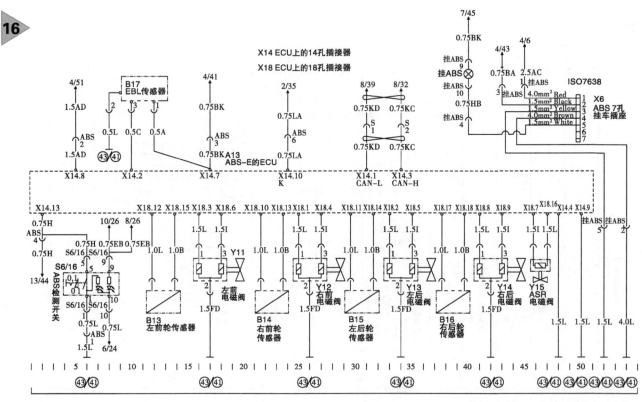

41-驾驶室左侧搭铁点 43-驾驶室右侧搭铁点

ABS E-VERSION BASIC 4S/4M
WABCO

2011 版 HOWO 天然气车型电气原理图 16/19

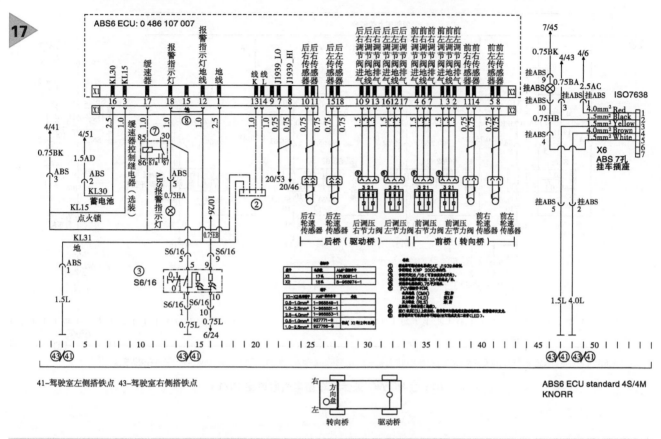

17

ABS6 ECU: 0 486 107 007

41-驾驶室左侧搭铁点 43-驾驶室右侧搭铁点

ABS6 ECU standard 4S/4M
KNORR

右 方向盘 左
转向桥 驱动桥

2011 版 HOWO 天然气车型电气原理图 17/19

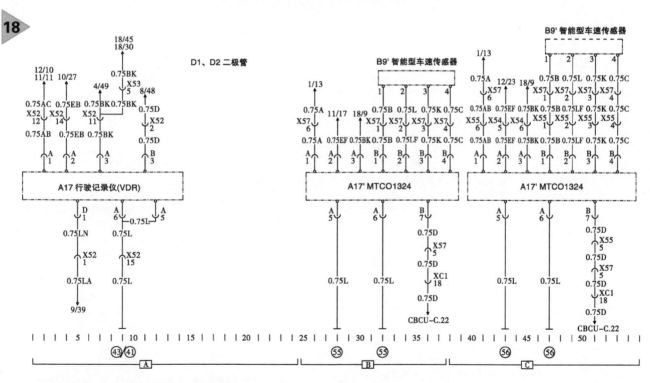

18

D1、D2 二极管

B9' 智能型车速传感器

B9' 智能型车速传感器

A17 行驶记录仪(VDR)

A17' MTCO1324

A17' MTCO1324

A-行驶记录仪VDR B-行驶记录仪（标准CAB/MTCO1324） C-行驶记录仪（高顶CAB/MTCO1324） 41-驾驶室左侧搭铁点
43-驾驶室右侧搭铁点 55-顶篷左搭铁点 56-顶篷右搭铁点

2011 版 HOWO 天然气车型电气原理图 18/19

重汽豪沃天然气车型电气线路图 （10/10）

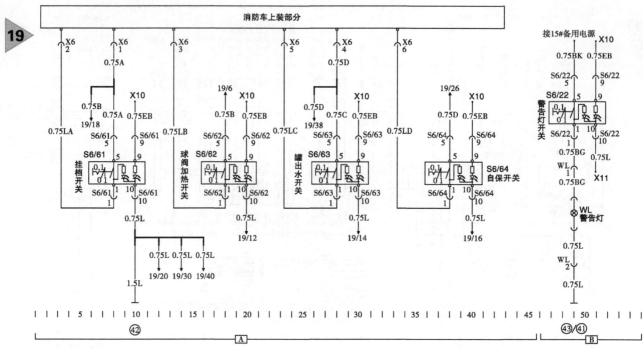

A–消防车附加电器装置 B–警告灯电器装置（适用于标准与加长驾驶室） 41–驾驶室左侧搭铁点 42–驾驶室中部搭铁点 43–驾驶室右侧搭铁点

2011 版 HOWO 天然气车型电气原理图 19/19

重汽豪沃 T7H 车型电气线路图（1/13）

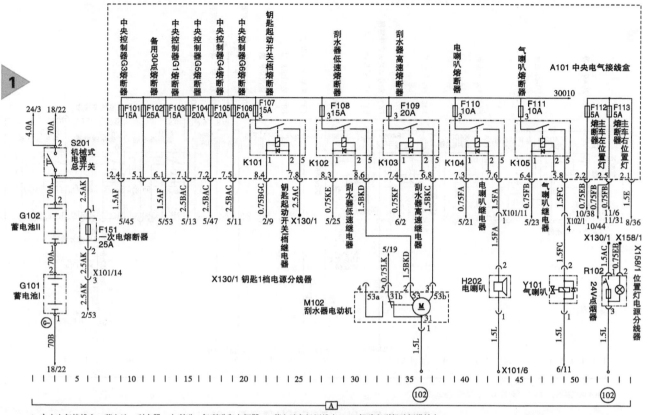

A–中央电气接线盒、蓄电池、刮水器、电喇叭、气喇叭和点烟器 G–蓄电池负极压线点 102–驾驶室副驾驶侧搭铁点

T7H – AMT – EDC17 – CBCU 原理图 1/25

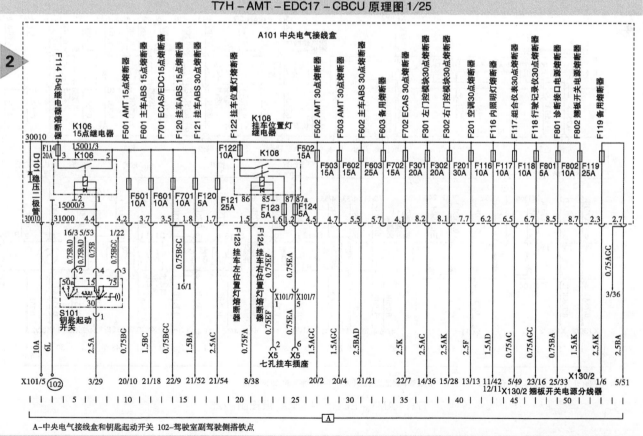

A–中央电气接线盒和钥匙起动开关 102–驾驶室副驾驶侧搭铁点

T7H – AMT – EDC17 – CBCU 原理图 2/25

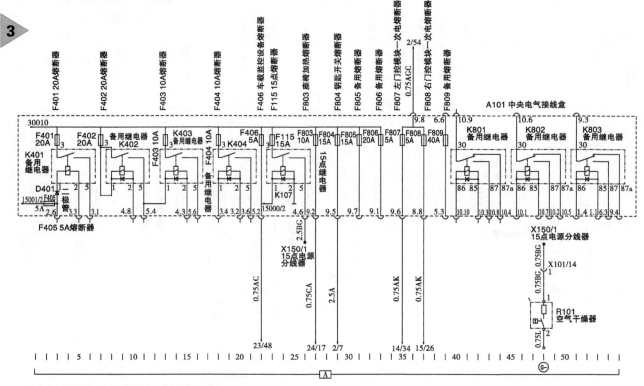

A–中央电气接线盒和空气干燥器 G--蓄电池负极压线点

T7H－AMT－EDC17－CBCU 原理图 3/25

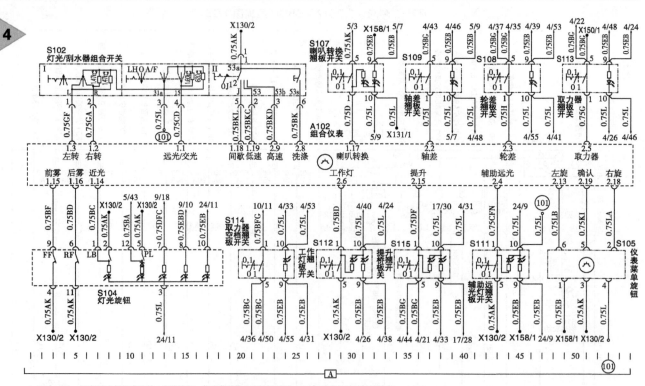

A–组合开关、灯光/刮水器组合开关、灯光旋钮、仪表菜单旋钮及翘板开关 101–驾驶室驾驶员侧搭铁点

T7H－AMT－EDC17－CBCU 原理图 4/25

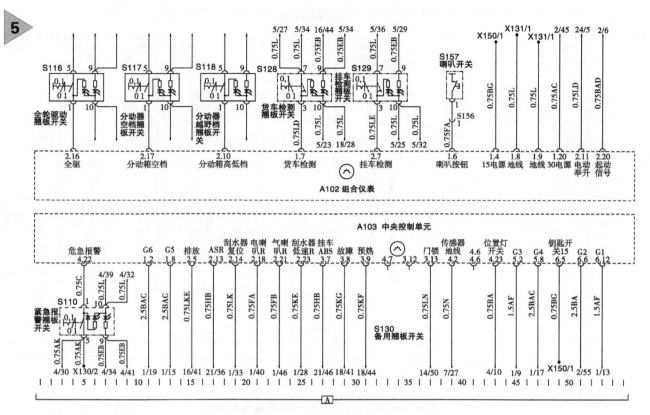

A-组合开关、喇叭开关及翘板开关

T7H – AMT – EDC17 – CBCU 原理图 5/25

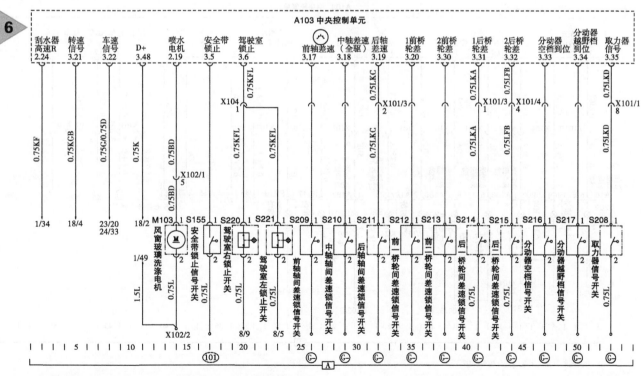

A-中央控制单元及信号开关 C--蓄电池负极压线点 101-驾驶室驾驶员侧搭铁点

T7H – AMT – EDC17 – CBCU 原理图 6/25

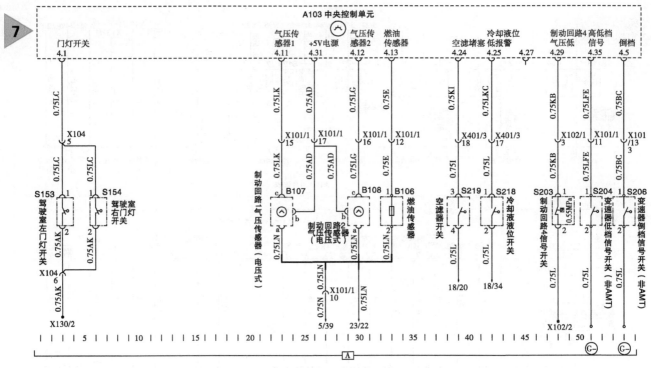

T7H – AMT – EDC17 – CBCU 原理图 7/25

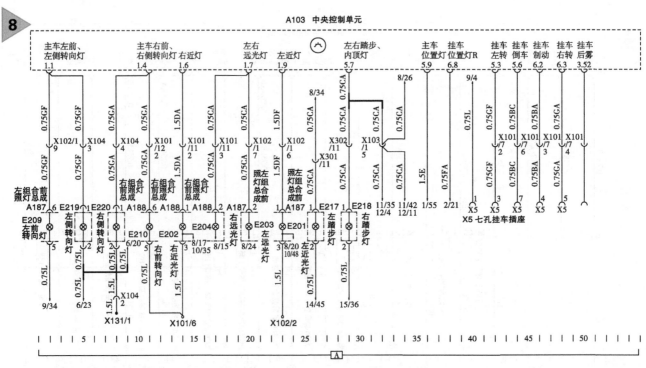

A–中央控制单元、主车灯光及挂车插座

T7H – AMT – EDC17 – CBCU 原理图 8/25

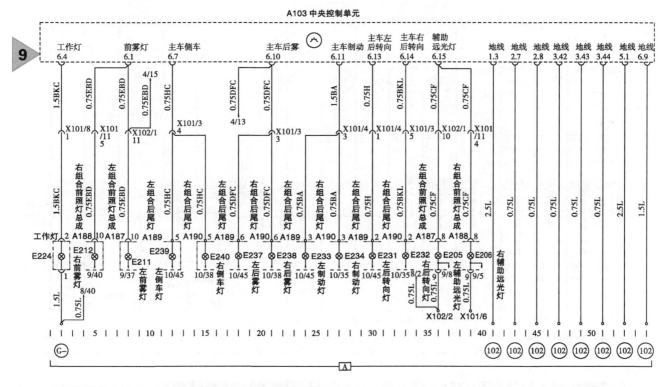

A-中央控制单元及主车灯光 G--蓄电池负极压线点 102-驾驶室副驾驶侧搭铁点

T7H－AMT－EDC17－CBCU 原理图 9/25

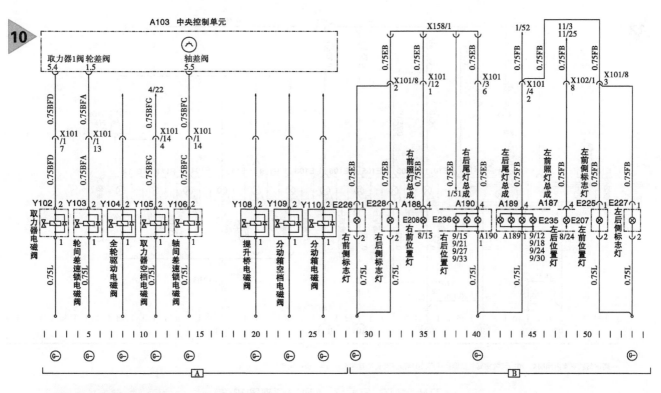

A-中央控制单元电磁阀 B-主车位置灯 G--蓄电池负极压线点

T7H－AMT－EDC17－CBCU 原理图 10/25

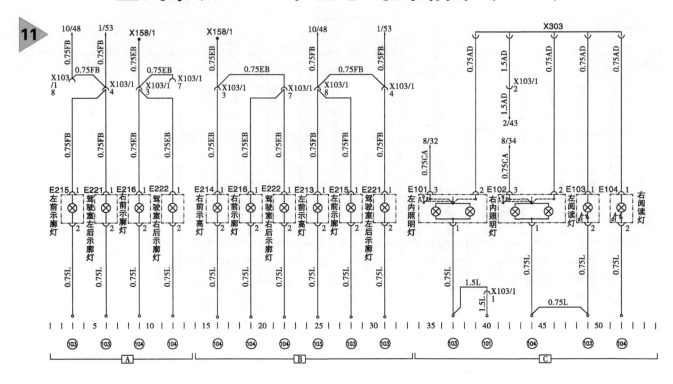

A–标准驾驶室示廓灯 B–高顶驾驶室示廓灯、示高灯 C–标准驾驶室室内照明灯 103–顶篷驾驶员侧搭铁点 104–顶篷副驾驶侧搭铁点

T7H – AMT – EDC17 – CBCU 原理图 11/25

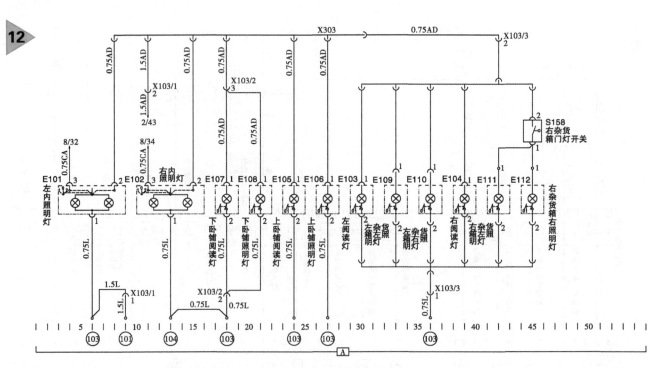

A–高顶驾驶室室内照明灯 101–驾驶室驾驶员侧搭铁点 103–顶篷驾驶员侧搭铁点 104–顶篷副驾驶侧搭铁点

T7H – AMT – EDC17 – CBCU 原理图 12/25

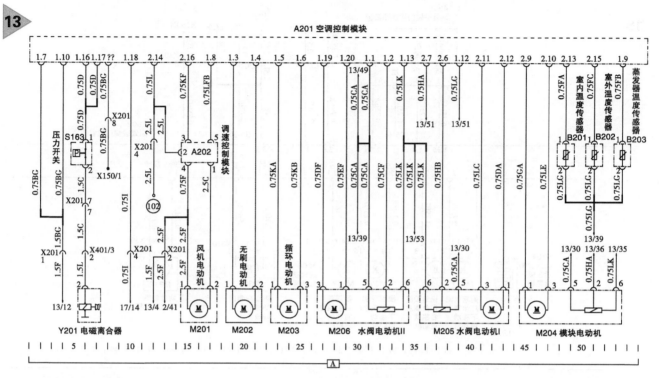

A–空调控制模块外围电器

T7H－AMT－EDC17－CBCU 原理图 13/25

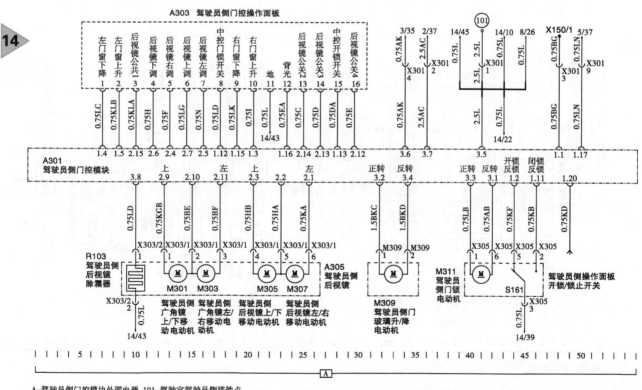

A–驾驶员侧门控模块外围电器 101–驾驶室驾驶员侧搭铁点

T7H－AMT－EDC17－CBCU 原理图 14/25

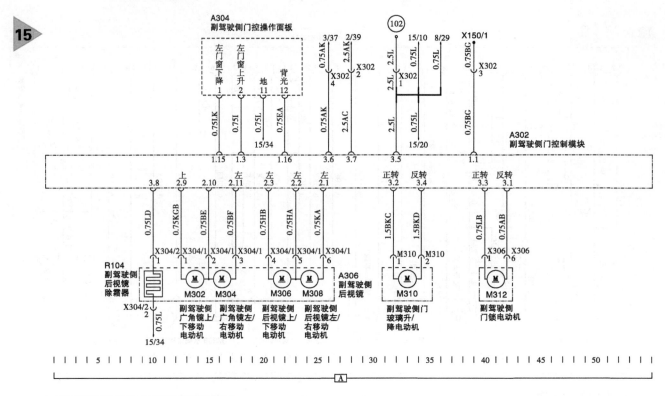

A–右侧门控模块外围电器 102–驾驶室副驾驶侧搭铁点

T7H – AMT – EDC17 – CBCU 原理图 15/25

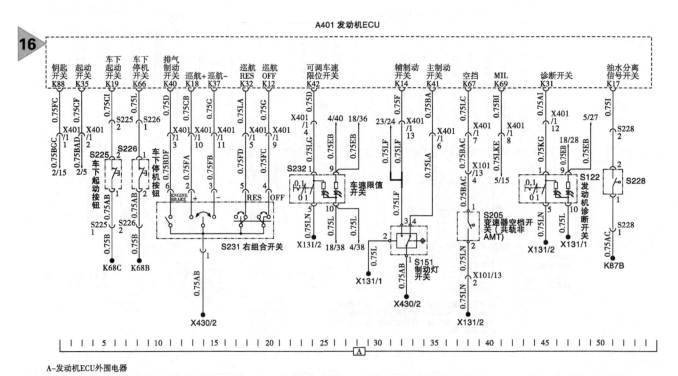

A–发动机ECU外围电器

T7H – AMT – EDC17 – CBCU 原理图 16/25

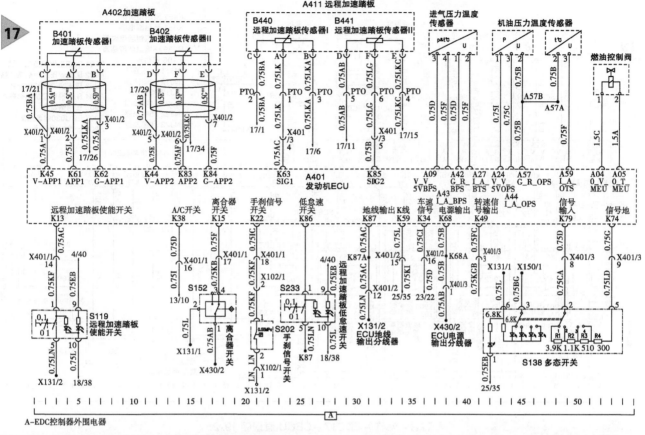

T7H – AMT – EDC17 – CBCU 原理图 17/25

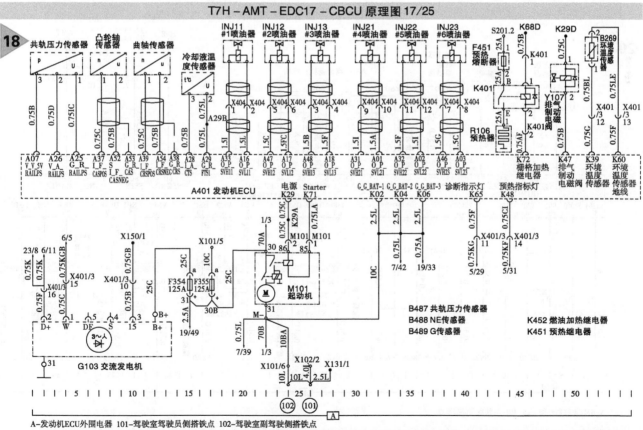

A-发动机ECU外围电器 101-驾驶室驾驶员侧搭铁点 102-驾驶室副驾驶侧搭铁点

T7H – AMT – EDC17 – CBCU 原理图 18/25

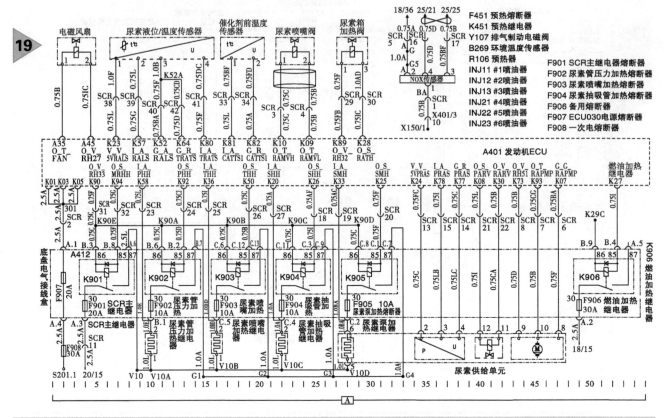

T7H－AMT－EDC17－CBCU 原理图 19/25

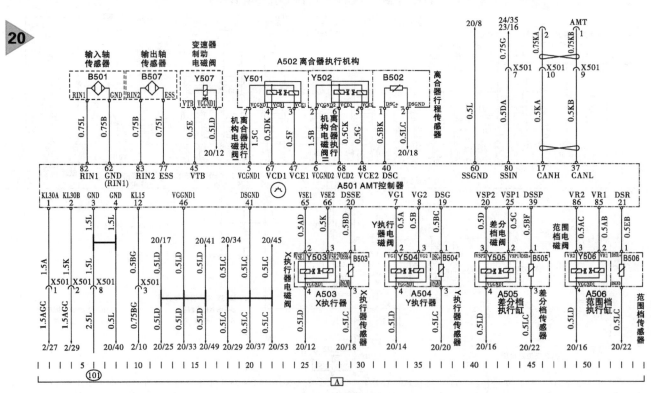

A-AMT控制器外围电路 101-驾驶室左部搭铁点

T7H－AMT－EDC17－CBCU 原理图 20/25

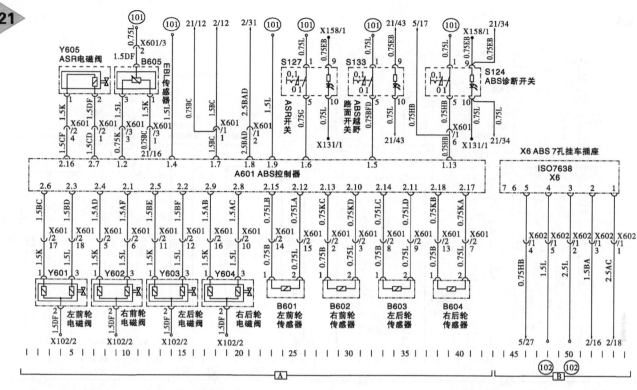

101-驾驶室驾驶员侧搭铁点 102-驾驶室副驾驶侧搭铁点

A ABS E-VERSION BASIC 4S/4M WABCO
B 挂车ABS插座

T7H-AMT-EDC17-CBCU 原理图 21/25

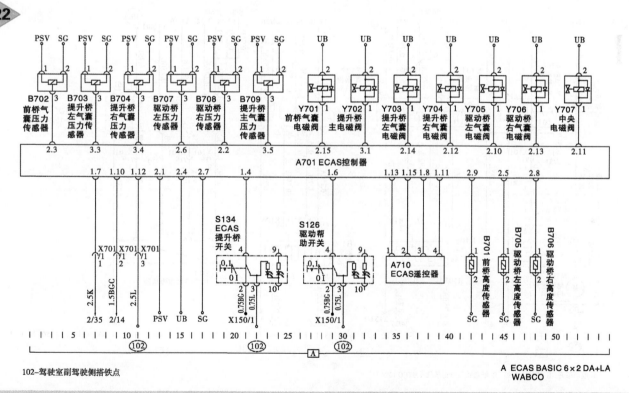

102-驾驶室副驾驶侧搭铁点

A ECAS BASIC 6×2 DA+LA WABCO

1.4T7H-AMT-EDC17-CBCU 原理图 22/25

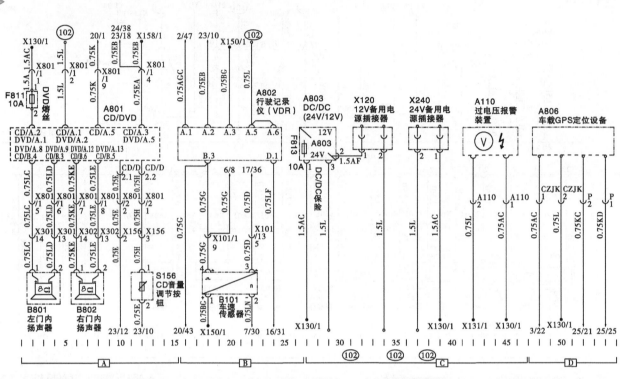

A–CD/DVD外围电路　B–行驶记录仪外围电路　C–备用电源及过电压报警　D–车载GPS定位设备　102–驾驶室副驾驶侧搭铁点

T7H – AMT – EDC17 – CBCU 原理图 23/25

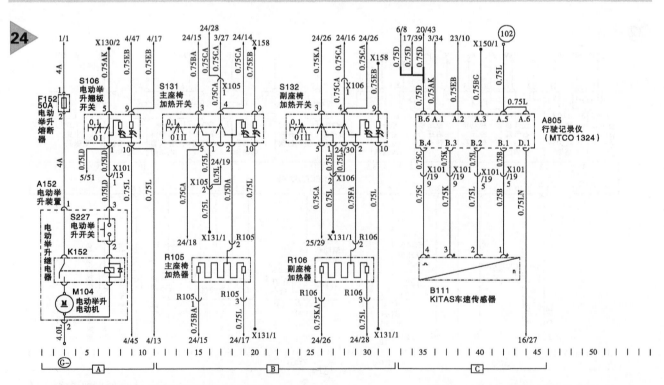

A–电动举升　B–座椅电加热　C–纸盘式行驶记录仪（MTCO 1324）

T7H – AMT – EDC17 – CBCU 原理图 24/25

重汽豪沃 T7H 车型电气线路图（13/13）

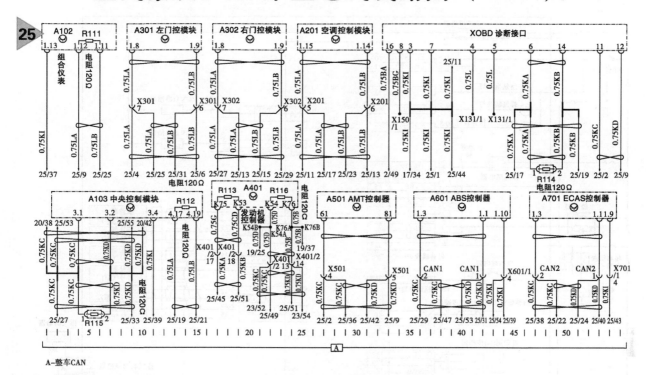

A—整车CAN

1. 4T7H – AMT – EDC17 – CBCU 原理图 25/25

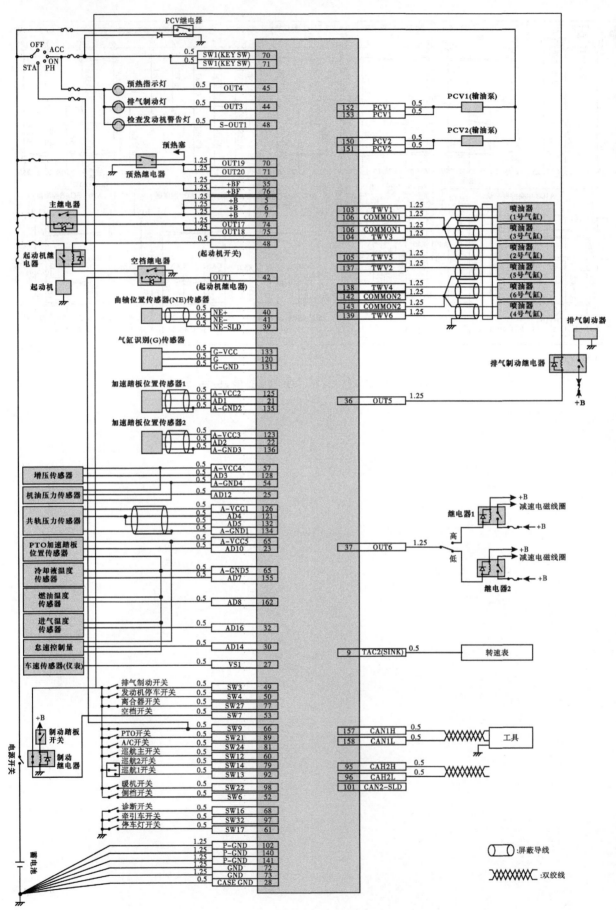

发动机ECU外部电路图

重汽豪沃 WD615 发动机电控系统电气资料 （2/4）

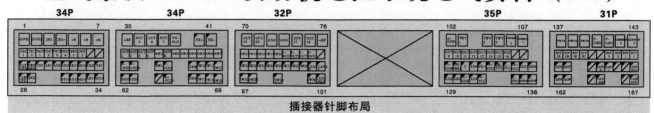

插接器针脚布局

（1）针脚号1-34（34针脚）

编号	端子名称	内容	编号	端子名称	内容	编号	端子名称	内容
1	（GND）	信号搭铁（未使用）	12	POUT3	壳体搭铁（未使用）	24	AD12	机油压力传感器
2	（GND）	信号搭铁（未使用）	13	POUT4	未使用	25	AD19	未使用
3	IN3	未使用	14	PIN1	未使用	26	AD20	未使用
4	（IN3-）	未使用	15	PIN2	加速踏板位置传感器1	27	VS1	车速传感器
5	B	电源	16-17	-	加速踏板位置传感器2	28	CASE GND	壳体搭铁
6	+B	电源	18	（CASE GND）	未使用	29	（IN2）	未使用
7	B	电源	19	KWP2000	未使用	30	AD14	急速手动控制（IMC）量
8	TAC1	未使用	20	（IN1）	未使用	31	AD15	未使用
9	TCA2	转速表（SINK）	21	AD1	未使用	32	AD16	进气温度传感器
10	POUT1	未使用	22	AD2	-	33	AD17	未使用
11	POUT2	未使用	23	AD10	PTO加速踏板位置传感器	34	AD18	未使用

（2）针脚号35-69（35针脚）

编号	端子名称	内容	编号	端子名称	内容	编号	端子名称	内容
35	+BF	+BF（+B用于逆电动势）	46	SW1	钥匙开关	58	SW8	未使用
36	OUT5	排气制动阀继电器	47	OUT8	未使用	59	SW10	未使用
37	OUT6	发动机制动继电器	48	SW2	起动机开关	60	SW12	巡航主开关
38	OUT7	未使用	49	SW3	排气制动开关	61	SW17	停车灯开关
39	NE-SLD	曲轴位置（NE）传感器屏蔽搭铁	50	SW4	发动机停机开关	62	AD21	未使用
			51	SW5	未使用	63	AD22	未使用
40	NE+	曲轴位置（NE）传感器+	52	SW6	倒档开关	64	-	-
41	NE-	曲轴位置（NE）传感器-	53	SW7	制动开关	65	A-VCC5	传感器电源5
42	OUT1	起动机继电器	54	A-GND4	传感器搭铁4	66	SW9	空档开关
43	OUT2	未使用	55	A-GND5	传感器搭铁5	67	SW11	未使用
44	OUT3	排气制动灯	56	SW1	钥匙开关	68	SW16	诊断开关
45	OUT4	预热指示灯	57	A-VCC4	传感器电源4	69	SW18	未使用

（3）针脚号70-102（32针脚）

编号	端子名称	内容	编号	端子名称	内容	编号	端子名称	内容
70	OUT19	预热继电器	81	SW24	A/C急速提升开关	92	SW13	巡航1开关
71	OUT20	预热继电器	82	S-OUT1	检查发动机灯	93	SW28	未使用
72	GND	信号搭铁	83	S-OUT2	未使用	94	SW29	未使用
73	GND	信号搭铁	84	S-OUT3	未使用	95	CAN2H	CAN2高
74	OUT17	主继电器	85	S-OUT4	未使用	96	CAH2L	CAN2低
75	OUT18	主继电器	86	—		97	SW32	牵引车开关
76	+BF	+BF（-B用于逆电动势）	87	SW31	未使用	98	SW22	暖机开关
77	SW27	离合器开关	88	SW20	未使用	99	SW23	未使用
78	SW19	未使用	89	SW21	PTO开关	100	SW30	未使用
79	SW14	巡航2开关	90	SW25	未使用	101	CAN2-SLD	未使用
80	SW15	未使用	91	SW26	未使用	102	P-GND	电源搭铁

重汽豪沃 WD615 发动机电控系统电气资料（3/4）

（4）针脚号103-136（35针脚）

编号	端子名称	内容	编号	端子名称	内容	编号	端子名称	内容
103	TWV1	喷油器1	113	OUT14	未使用	123	A-VCC3	传感器电源3
104	TWV3	喷油器3	114	OUT15	未使用	124	NE-VCC	未使用
105	TWV5	喷油器5	115	OUT16	未使用	125	A-VCC2	传感器电源2
106	CONNON1	喷油器电源1	116	-		126	A-VCC1	传感器电源1
107	CONNON1	喷油器电源1	117	-		127	Ad13	未使用
108	OUT9	未使用	118	A-GND6	未使用	128	Ad3	增压传感器
109	OUT10	未使用	119	(NE(MRE))	未使用	129	(GND)	信号搭铁（未使用）
110	OUT11	未使用	120	G	气缸识别（G）传感器信号	130	(GND)	信号搭铁（未使用）
111	OUT12	未使用	121	Ad4	共轨压力传感器1	131	G-GND	气缸识别（G）传感器搭铁
112	OUT13	未使用	122	Ad11	未使用			

（5）针脚号103-136（35针脚）(续)

编号	端子名称	内容	编号	端子名称	内容	编号	端子名称	内容
132	Ad5	共轨压力传感器2	134	A-GND1	传感器搭铁1	136	A-GND3	传感器搭铁3
133	G-VCC	气缸识别（G）传感器VCC（5）	135	A-GND2	传感器搭铁2			

（6）针脚号137-167（31针脚）

编号	端子名称	内容	编号	端子名称	内容	编号	端子名称	内容
137	TWV2	喷油器2	148	-	-	159	-	-
138	TWV4	喷油器4	149	-	-	160	-	-
139	TWV6	喷油器6	150	PCV2	输油泵	161	(CASE GND)	壳体搭铁（未使用）
140	P-GND	电源搭铁	151	PCV2	输油泵	162	AD8	燃油温度传感器
141	P-GND	电源搭铁	152	PCV1	输油泵	163	AD9	未使用
142	COMMON2	喷油器电源2	153	PCV1	输油泵	164	-	-
143	COMMON2	喷油器电源2	154	AD6	未使用	165	CAN1-SLD	未使用
144	SCVLO	未使用	155	AD7	冷却液温度传感器	166	-	-
145	SCVLO	未使用	156	-	-	167	(CASE GND)	壳体搭铁（未使用）
146	SCVHI	未使用	157	CAN1H	CAN1 高			
147	SCVHI	未使用	158	CAN1L	CAN1 低			

故障码表

故障码 SAE模式	项目	故障码 SAE模式	项目
P0122	1号加速踏板位置传感器信号太低	P0227	PTO加速踏板位置传感器信号太低
P0123	1号加速踏板位置传感器信号太高	P0228	PTO加速踏板位置传感器信号太高（根据车型的不同，有时无该代码）
P0222	2号加速踏板位置传感器信号太低		
P0223	2号加速踏板位置传感器信号太高	P0193	共轨压力传感器信号太高
P0121	1号加速踏板位置传感器未关闭	P0192	共轨压力传感器信号太低
P0120	1号加速踏板位置传感器未打开	P0191	共轨压力传感器信号特性异常
P2120	两个加速踏板位置传感器信号均无效	P0563	蓄电池电压太高
P0238	增压传感器信号太高	P0118	冷却液温度传感器信号太高
P0237	增压传感器信号太低	P0117	冷却液温度传感器信号太低

重汽豪沃 WD615 发动机电控系统电气资料（4/4）

故障码 SAE模式	项目	故障码 SAE模式	项目
P0183	燃油温度传感器信号太高	P1088	输油泵控制过电压
P0182	燃油温度传感器信号太低	P1266	输油泵控制无负荷
P0113	进气温度传感器信号太高	P0093	输油泵控制无负荷（包括燃油泄漏）
P0112	进气温度传感器信号太低	P1089	共轨压力超过上限
P2229	大气压力传感器信号太高	P0088	共轨压力超过危险上限
P2228	大气压力传感器信号太低	P0301	气缸1燃油系统故障
P0617	起动机开关电源短路	P0302	气缸2燃油系统故障
P0337	曲轴位置传感器无脉冲	P0303	气缸3燃油系统故障
P0342	气缸识别传感器无脉冲	P0304	气缸4燃油系统故障
P0385	曲轴位置和气缸识别传感器无脉冲	P0305	气缸5燃油系统故障
P0503	车速传感器频率太高	P0306	气缸6燃油系统故障
P0502	车速传感器输入断路或短路	P0219	发动机超速
P0501	车速传感器信号无效	P0541	预热继电器输出对地短路（根据车型的不同，有时无该代码）
P1681	排气制动器MV1输出断路负荷或对地短路	P0542	预热继电器输出断路负荷或电源短路（根据车型的不同，有时无该代码）
P1682	排气制动器MV1输出电源短路		
P2148	COM1输出电源短路：TWV1、3或5输出电源短路	P1530	发动机停机开关固定在关闭状态
P2147	COM1输出对地短路：TWV1、3或5输出对地短路	P0217	冷却液温度超过上限
P2146	COM1输出对地负荷：TWV1、3或5输出断路负荷	U1001	CAN2节点错误（根据车型的不同，有时无该代码）
P2151	COM2输出电源短路：TWV2、4或6输出电源短路	P0704	离合器开关电路故障（限于手动变速器）
P2150	COM2输出对地短路：TWV2、4或6输出对地短路	P0850	空档开关电路故障（限于手动变速器）
P2149	COM2输出断路负荷：TWV2、TWV4和TWV6均为断路负荷	U0121	CAN总线-线路从ABS断路（根据车型的不同，有时无该代码）
P0201	TWV1输出断路负荷，喷油器线圈断路	U0155	CAN总线-线路从METER断路（根据车型的不同，有时无该代码）
P0205	TWV2输出断路负荷，喷油器线圈断路	P0686	主继电器诊断：主继电器固定在关闭状态
P0203	TWV3输出断路负荷，喷油器线圈断路	P1565	巡航开关电路故障（根据车型的不同，有时无该代码）
P0206	TWV4输出断路负荷，喷油器线圈断路	P1602	QR数据未写入
P0202	TWV5输出断路负荷，喷油器线圈断路	P0602	QR数据错误
P0204	TWV6输出断路负荷，喷油器线圈断路	P1601	QR定义错误（关于QR校正的定义不正确）
P0611	电容器充电电路故障（充电不足）	P0607	CPU故障：守护IC故障
P0200	电容器充电电路故障（充电过度）	P0606	CPU故障：主CPU故障
P0629	PCV1输出电源短路	P0601	校验和错误 闪存区
P2634	PCV2输出电源短路	P0523	发动机机油压力传感器信号太高（根据车型的不同，有时无该代码）
P0629	PCV 1或2输出电源短路	P0522	发动机机油压力传感器信号太低（根据车型的不同，有时无该代码）
P0628	PCV1输出断路负荷或对地短路		
P2633	PCV2输出断路负荷或对地短路	P0524	发动机机油压力和发动机ECU内存不一致（根据车型的不同，有时无该代码）
P0628	PCV 1& 2输出断路负荷或对地短路	P1683	发动机制动继电器输出断路负荷或对地短路
P2635	输油泵控制过负荷	P1684	发动机制动继电器输出蓄电池短路（根据车型的不同，有时无该代码）

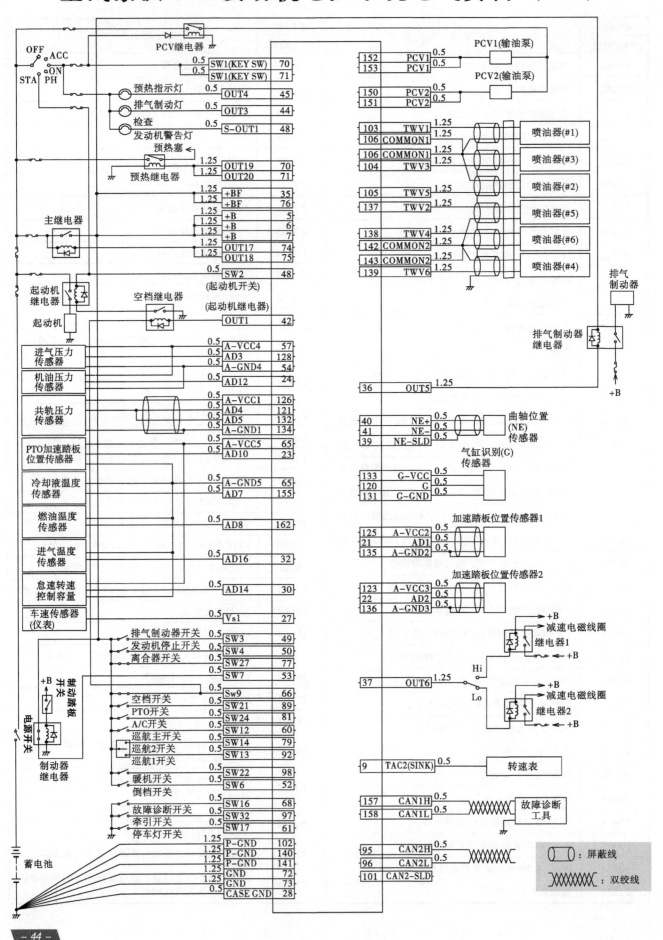

连接器图

| | 34P | 34P | 32P | | 35P | 31P |

连接器图

插脚号 1 ~ 34（34 个）

编号	端子记号	连接	编号	端子记号	连接
1	(GND)	信号接地（空缺）	18	(CASE GND)	壳体搭铁（空缺）
2	(GND)	信号接地（空缺）	19	KWP2000	未使用
3	IN3	未使用	20	(IN1)	未使用
4	(IN3−)	未使用	21	AD1	加速踏板位置传感器1
5	+B	蓄电池 (+)	22	AD2	加速踏板位置传感器2
6	+B	蓄电池 (+)	23	AD10	PTO 加速踏板位置传感器
7	+B	蓄电池 (+)	24	AD12	机油压力传感器
8	TAC1	未使用	25	AD19	未使用
9	TAC2	转速表（SINK）	26	AD20	未使用
10	POUT1	未使用	27	VS1	车速传感器
11	POUT2	未使用	28	CASE GND	壳体接地
12	POUT3	未使用	29	(IN2)	—
13	POUT4	未使用	30	AD14	怠速量
14	PIN1	未使用	31	AD15	未使用
15	PIN2	未使用	32	AD16	进气温度传感器
16	—		33	AD17	未使用
17	—		34	AD18	未使用

插脚号 35 ~ 69（35 个）

编号	端子记号	连接	编号	端子记号	连接
35	+BF	蓄电池（＋）用于电流反馈	44	OUT3	排气制动灯
36	OUT5	排气制动器继电器	45	OUT4	预热指示灯
37	OUT6	发动机制动器继电器	46	SW1	点火开关
38	OUT7	未使用	47	OUT8	未使用
39	NE−SLD	曲轴位置传感器屏蔽搭铁	48	SW2	起动机开关
40	NE+	曲轴位置传感器（＋）	49	SW3	排气制动器开关
41	NE−	曲轴位置传感器（−）	50	SW4	发动机停止开关
42	OUT1	起动机继电器	51	SW5	未使用
43	OUT2	未使用	52	SW6	倒档开关

插脚号 35 ~ 69 （35 个）（续表）					
编号	端子记号	连接	编号	端子记号	连接
53	SW7	制动开关	62	AD21	未使用
54	A-GND4	传感器搭铁 4	63	AD22	未使用
55	A-GND5	传感器搭铁 5	64	—	
56	SW1	点火开关	65	A-VCC5	传感器电源 5
57	A-VCC4	传感器电源 4	66	SW9	空档开关
58	SW8	未使用	67	SW11	未使用
59	SW10	未使用	68	SW16	故障诊断开关
60	SW12	巡航主开关	69	SW18	未使用
61	SW17	停车灯开关			

插脚号 70 ~ 101 （32 个）					
编号	端子记号	连接	编号	端子记号	连接
70	OUT19	预热继电器	86	–	
71	OUT20	预热继电器	87	SW31	未使用
72	GND	信号搭铁	88	SW20	未使用
73	GND	信号搭铁	89	SW21	PTO 开关
74	OUT17	主继电器	90	SW25	未使用
75	OUT18	主继电器	91	SW26	未使用
76	+BF	蓄电池（+）用于测量反向电压	92	SW13	巡航 1 开关
77	SW27	离合器开关	93	SW28	未使用
78	SW19	未使用	94	SW29	未使用
79	SW14	巡航 2 开关	95	CAN2H	CAN2 Hi
80	SW15	未使用	96	CAN2L	CAN2 Lo
81	SW24	A/C 急速提升开关	97	SW32	牵引开关
82	S-OUT1	检查发动机警告灯 1	98	SW22	暖机开关
83	S-OUT2	未使用	99	SW23	未使用
84	S-OUT3	未使用	100	SW30	未使用
85	S-OUT4	未使用	101	CAN2-SLD	未使用

插脚号 102 ~ 136 （35 个）					
编号	端子记号	连接	编号	端子记号	连接
102	P-GND	电源搭铁	105	TWV5	喷油器 #5
103	TWV1	喷油器 #1	106	COMMON1	喷油器电源 1
104	TWV3	喷油器 #3	107	COMMON1	喷油器电源 1

重汽豪沃 D12 发动机电控系统电气资料（4/5）

编号	端子记号	连接	编号	端子记号	连接
108	OUT9	–	123	A-VCC3	传感器电源 3
109	OUT10	–	124	NE-VCC	未使用
110	OUT11	–	125	A-VCC2	传感器电源 2
111	OUT12	–	126	A-VCC1	传感器电源 1
112	OUT13	–	127	AD13	未使用
113	OUT14	–	128	AD3	进气压力传感器
114	OUT15	–	129	(GND)	信号搭铁（未使用）
115	OUT16	–	130	(GND)	信号搭铁（未使用）
116	–		131	G-GND	气缸识别传感器接地
117	–		132	AD5	共轨压力传感器 2
118	A-GND	未使用	133	G-VCC	气缸识别传感器电源（5V）
119	{NE（MRE）}	–	134	A-GND1	传感器搭铁1
120	G	气缸识别传感器输出	135	A-GND2	传感器搭铁2
121	AD4	共轨压力传感器 1	136	A-GND3	传感器搭铁3
122	AD11	未使用			

插脚号 137 ~ 167（31 个）

编号	端子记号	连接	编号	端子记号	连接
137	TWV2	喷油器 #2	153	PCV1	输油泵
138	TWV4	喷油器 #4	154	AD6	未使用
139	TWV6	喷油器 #6	155	AD7	冷却液温度传感器
140	P-GND	电源搭铁	156	–	
141	P-GND	电源搭铁	157	CAN1H	CAN1 Hi
142	COMMON2	喷油器电源 2	158	CAN1L	CAN1 Lo
143	COMMON2	喷油器电源 2	159	–	
144	SCVLO	未使用	160	–	
145	SCVLO	未使用	161	(CASE GND)	壳体搭铁（未使用）
146	SCVHI	未使用	162	AD8	燃油温度传感器
147	SCVHI	未使用	163	AD9	未使用
148	–		164	–	
149	–		165	CAN1-SLD	未使用
150	PCV2	输油泵	166		
151	PCV2	输油泵	167	(CASE GND)	壳体搭铁（未使用）
152	PCV1	输油泵			

重汽豪沃 D12 发动机电控系统电气资料（5/5）

故障码	诊断项目	故障码	诊断项目
	WD615/D12通用的故障码（DTC）		
P0088	共轨压力异常高压 –1	P0563	蓄电池电压异常（High 侧）
P0093	输油泵无泵油（或燃油泄漏）	P0601	发动机 ECU 存储异常
P0112	进气温度传感器信号异常（Low侧）	P0602	QR 代码校正数据异常
P0113	进气温度传感器信号异常（High侧）	P0606	发动机 ECU 的 CPU 故障
P0117	冷却液温度传感器信号异常（Low侧）	P0607	发动机 ECU 的 CPU 监视用 IC 故障
P0118	冷却液温度传感器信号异常（High侧）	P0611	喷油器充电电流过小
P0122	加速踏板位置传感器1信号异常（Low侧）	P0617	起动机开关蓄电池短路
P0123	加速踏板位置传感器1信号异常（High侧）	P0628	PCV1 开路和搭铁短路
P0182	燃油温度传感器信号异常（Low侧）		PCV1&2 开路和搭铁短路
P0183	燃油温度传感器信号异常（High侧）	P0629	PVC1电源短路
P0191	共轨压力传感器特性异常（保持中间电压）		PVC1&2 电源短路
P0192	共轨压力传感器信号异常（Low侧）	P0686	主继电器故障
P0193	共轨压力传感器信号异常（High侧）	P0704	离合器开关故障
P0200	喷油器充电电流过大	P0850	空档开关故障
P0201	喷油器 TWV1 线束开路、线圈开路	P1088	输油泵泵油过多 –1
P0202	喷油器 TWV5 线束开路、线圈开路	P1089	共轨压力异常高压 –2
P0203	喷油器 TWV3 线束开路、线圈开路	P1266	输油泵无泵油 –1（或压力限制器工作）
P0204	喷油器 TWV6 线束开路、线圈开路	P1530	发动机停止开关故障
P0205	喷油器 TWV2 线束开路、线圈开路	P1565	巡航开关故障（部分车型无本代码）
P0206	喷油器 TWV4 线束开路、线圈开路	P1602	QR 代码校正数据未写入
P0217	发动机过热	P1681	排气制动器继电器开路和接地短路
P0219	发动机过度运转	P1682	排气制动器继电器电源短路
P0222	加速踏板位置传感器2信号异常（Low侧）	P1684	排气制动器继电器输出电源短路（部分车型无本代码）
P0223	加速踏板位置传感器2信号异常（High侧）	P2120	加速踏板位置传感器1&2故障
P0228	PTO加速踏板位置传感器信号异常（High侧）（部分车型无本代码）	P2146	喷油器驱动电路开路 {同时包括共用 1 系统或 TWV1、3、5（1、2、3号气缸）}
P0237	进气压力传感器信号异常（Low侧）	P2147	喷油器驱动电路接地短路 {同时包括共用 1 系统或 TWV1、3、5（1、2、3号气缸）}
P0238	进气压力传感器信号异常（High侧）		
P0301	发动机 1 号气缸喷油器（TWV1）运转平衡异常诊断	P2148	喷油器驱动电路电源短路 {同时包括共用 1 系统或 TWV1、3、5（1、2、3号气缸）}
P0302	发动机 2 号气缸喷油器（TWV5）运转平衡异常诊断		
P0303	发动机 3 号气缸喷油器（TWV3）运转平衡异常诊断	P2149	喷油器驱动电路开路 {同时包括共用 2 系统或 TWV2、4、6（4、5、6号气缸）}
P0304	发动机 4 号气缸喷油器（TWV6）运转平衡异常诊断		
P0305	发动机 5 号气缸喷油器（TWV2）运转平衡异常诊断	P2150	喷油器驱动电路搭铁短路 {同时包括共用 2 系统或 TWV2、4、6（4、5、6号气缸）}
P0306	发动机 6 号气缸喷油器（TWV4）运转平衡异常诊断		
P0337	曲轴位置传感器故障	P2151	喷油器驱动电路电源短路 {同时包括共用 2 系统或 TWV2、4、6（4、5、6号气缸）}
P0342	气缸识别传感器故障		
P0385	曲轴位置传感器和气缸识别传感器故障	P2228	大气压力传感器信号异常（Low 侧）
P0501	车速传感器信号异常（信号异常）	P2229	大气压力传感器信号异常（High 侧）
P0502	车速传感器信号异常（开路或短路）	P2633	PCV2 开路和接地短路
P0503	车速超速	P2634	PVC1 电源短路
P0522	发动机机油压力传感器信号异常（Low）（部分车型无本代码）	P2635	输油泵泵油过多 –2
P0523	发动机机油压力传感器信号异常（High）（部分车型无本代码）	U0121	CAN ABS 异常（部分车型无本代码）
P0524	发动机机油压力低（部分车型无本代码）	U0155	CAN METER 异常（部分车型无本代码）
P0541	预热继电器搭铁短路（部分车型无本代码）	U1001	CAN 总线 2 异常（部分车型无本代码）
P0542	预热继电器开路或电源短路（部分车型无本代码）	P2269	燃油滤清器故障（水浸）

陕汽德龙 F2000 车型电气线路图 (1/7)

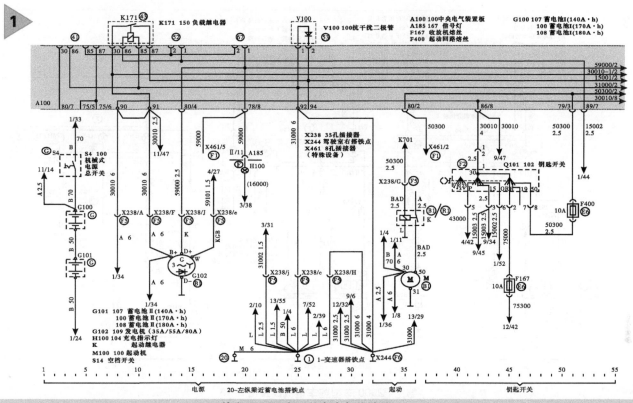

德龙 F2000 车型整车电气线路图 1/13

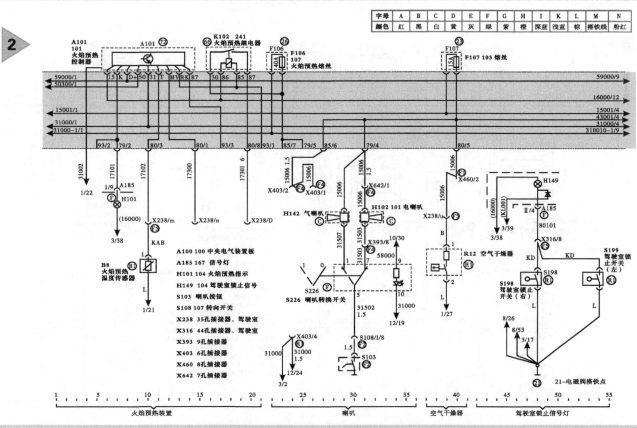

德龙 F2000 车型整车电气线路图 2/13

3

A100 100 中央电气设备	B196 制动回路Ⅲ压力开关	X238 35孔插接器（发动机部分）
A185 167 信号灯	H108 104 储气筒压力信号灯	X316 44孔插接器（车架部分）
B1 冷却液温度传感器	H109 104 机油压力信号灯	X368 单孔插接器（油箱转换）
B101 150制动回路Ⅰ压力传感器	H110 104 冷却液温度信号灯	X393 9孔插接器（驾驶室外左）
B102 150制动回路Ⅱ压力传感器	H111 104 中央警告灯	X572 2孔插接器（制动回路Ⅲ）
B103 燃油传感器	P102 制动回路Ⅰ气压表	X642 7孔插接器（驾驶室外左）
A100 B3 机油压力传感器	P103 制动回路Ⅱ气压表	

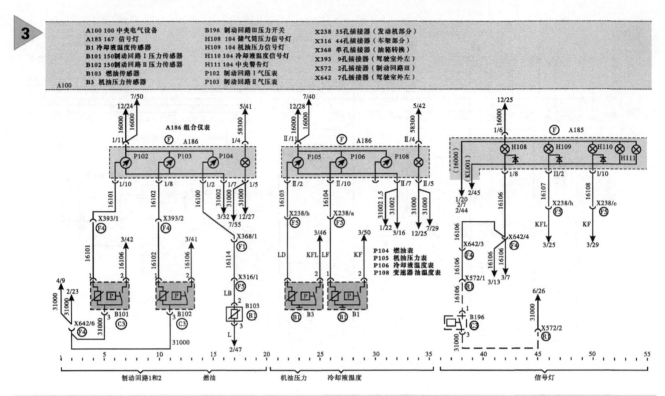

德龙 F2000 车型整车电气线路图 3/13

4

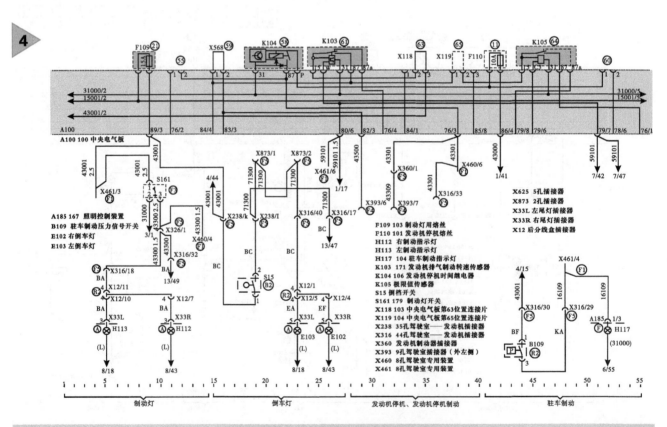

德龙 F2000 车型整车电气线路图 4/13

陕汽德龙 F2000 车型电气线路图 (3/7)

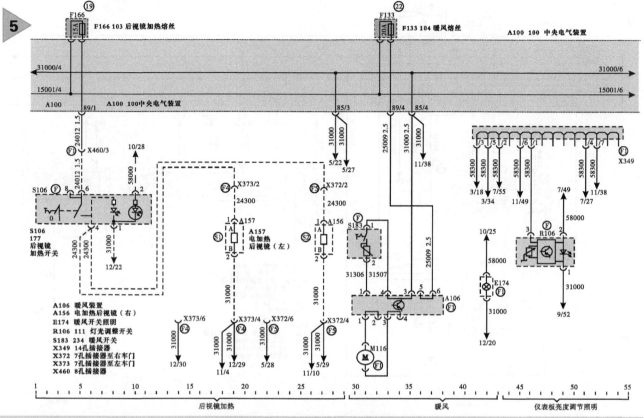

德龙 F2000 车型整车电气线路图 5/13

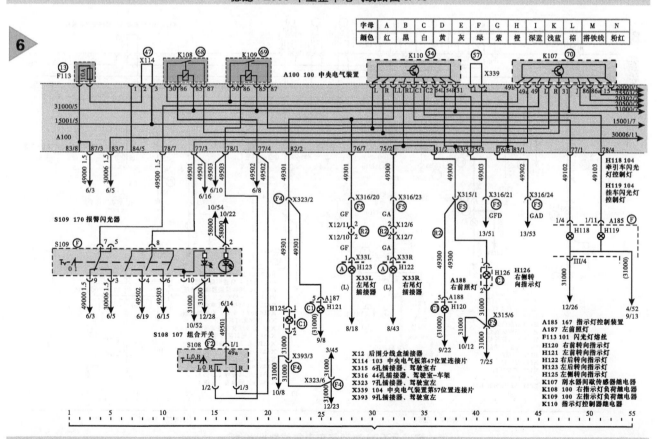

德龙 F2000 车型整车电气线路图 6/13

陕汽德龙 F2000 车型电气线路图 (4/7)

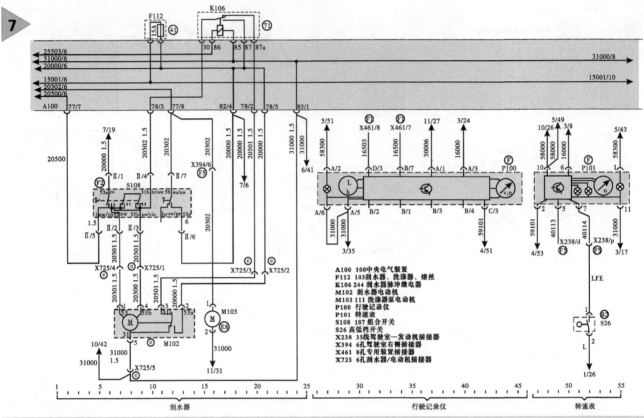

德龙 F2000 车型整车电气线路图 7/13

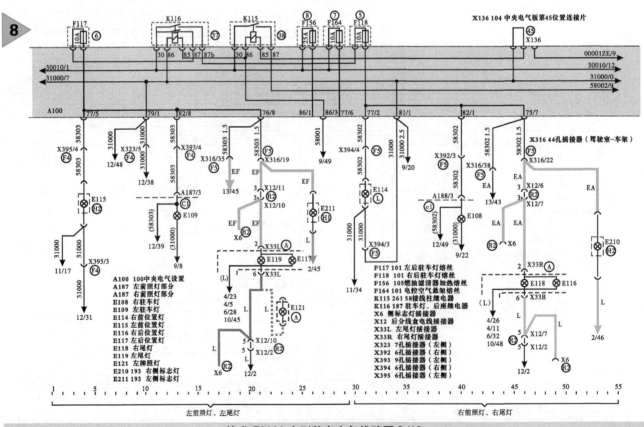

德龙 F2000 车型整车电气线路图 8/13

陕汽德龙 F2000 车型电气线路图 (5/7)

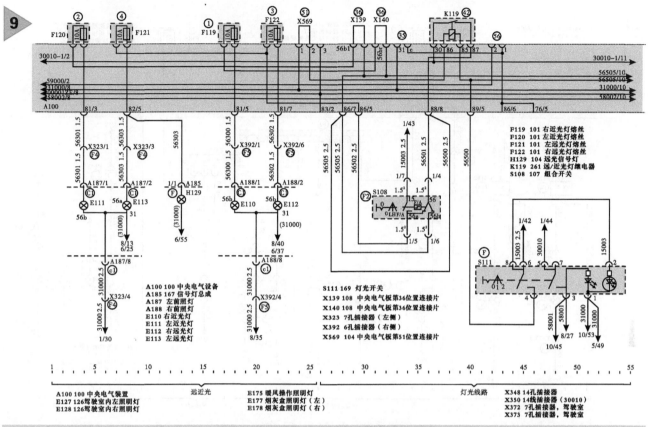

德龙 F2000 车型整车电气线路图 9/13

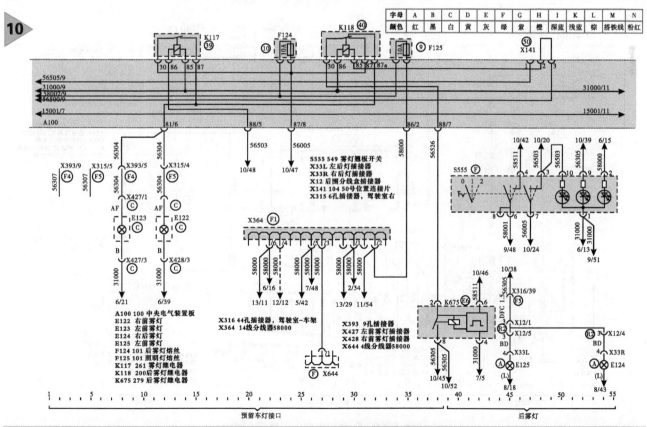

德龙 F2000 车型整车电气线路图 10/13

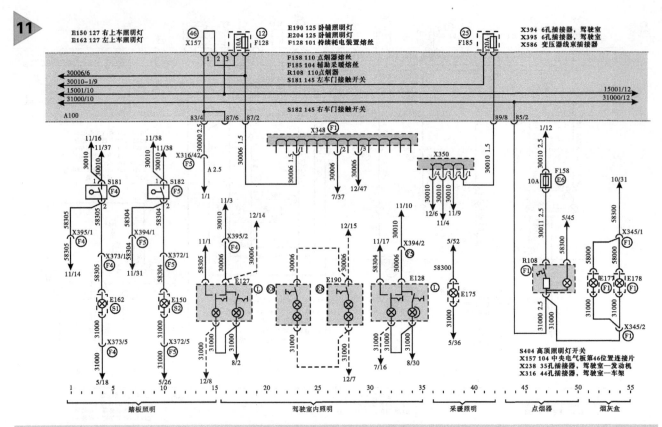

德龙 F2000 车型整车电气线路图 11/13

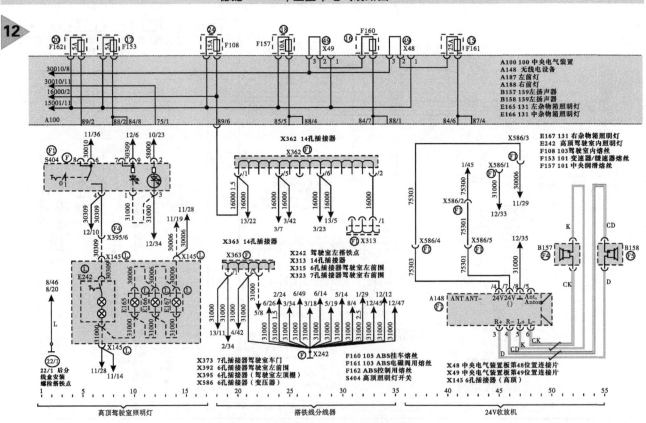

德龙 F2000 车型整车电气线路图 12/13

陕汽德龙 F2000 车型电气线路图 (7/7)

字母	A	B	C	D	E	F	G	H	I	K	L	M	N
颜色	红	黑	白	黄	灰	绿	紫	橙	深蓝	浅蓝	棕	搭铁线	粉红

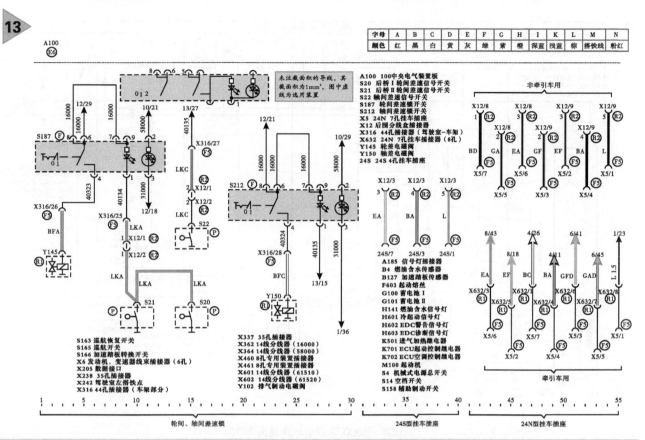

A100 100中央电气装置板
S20 后桥I轮间差速信号开关
S21 后桥II轮间差速信号开关
S22 轴间差速信号开关
S187 轮间差速锁开关
S212 轴间差速锁开关
X5 24N 7孔挂车插座
X12 后围分线盒插接器
X316 44孔插接器（驾驶室-车架）
X632 24N 7孔挂车插接器（8孔）
Y145 轮差电磁阀
Y150 轴差电磁阀
24S 24S 4孔挂车插座

A185 信号灯插接器
B4 燃油含水传感器
B127 加速踏板传感器
F603 起动熔丝
G100 蓄电池I
G101 蓄电池II
H141 燃油含水信号灯
H601 冷起动信号灯
H602 EDC警告信号灯
H603 EDC诊断信号灯
K501 进气加热继电器
K701 ECU起动控制继电器
K702 ECU空调控制继电器
M100 起动机
S4 机械式电源总开关
S14 空挡开关
S158 辅助制动开关

S163 巡航恢复开关
S165 巡航开关
S166 加速踏板转换开关
X6 发动机、变速器线束插接器（6孔）
X205 数据接口
X238 35孔插接器
X242 驾驶室左搭铁点
X316 44孔插接器（车架部分）

X337 35孔插接器
X362 14线分线器（16000）
X364 14线分线器（58000）
X460 8孔专用装置插接器
X461 8孔专用装置插接器
X601 14线分线器（61510）
X602 14线分线器（61520）
Y102 排气制动电磁阀

未注截面积的导线，其截面积为1mm²，图中虚线为选用装置。

轮间、轴间差速锁   24S型挂车插座   24N型挂车插座

德龙 F2000 车型整车电气线路图 13/13

陕汽德龙 F3000 车型电气线路图 (1/5)

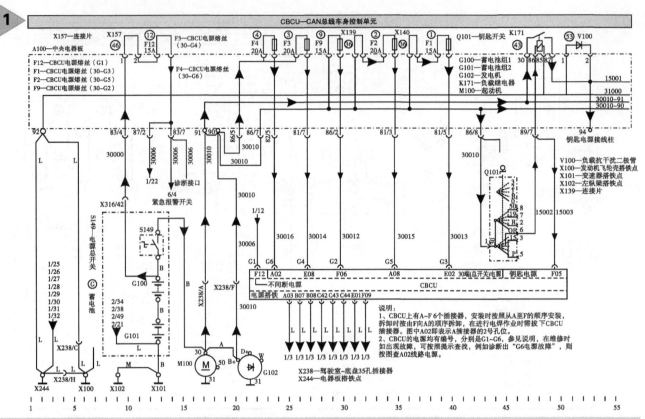

德龙 F3000 车型电气线路图 1/10

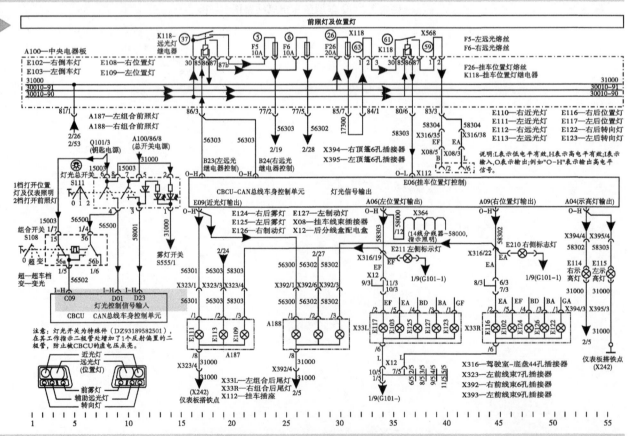

德龙 F3000 车型电气线路图 2/10

陕汽德龙 F3000 车型电气线路图（2/5）

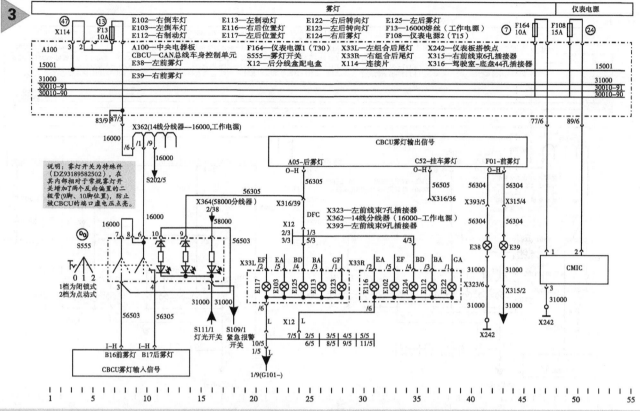

德龙 F3000 车型电气线路图 3/10

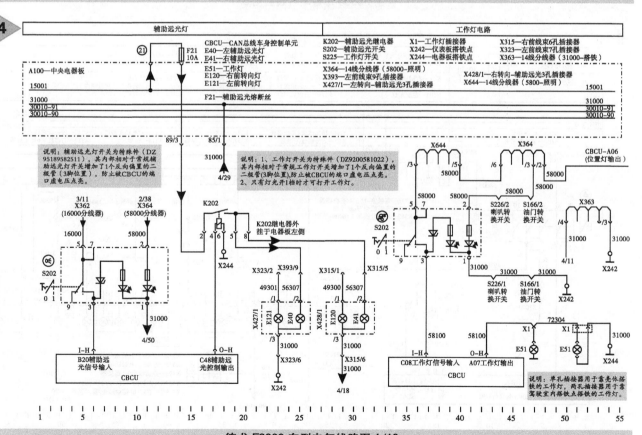

德龙 F3000 车型电气线路图 4/10

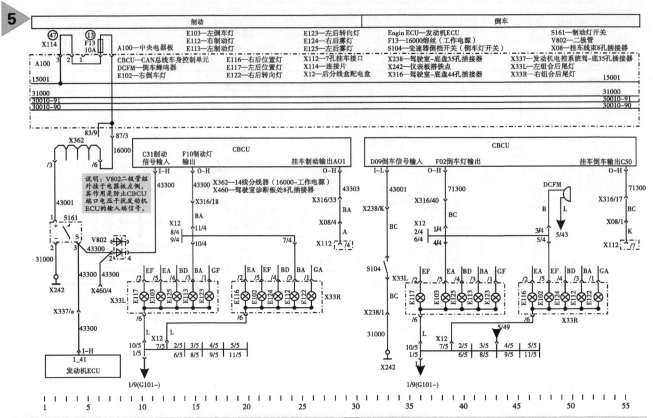

德龙 F3000 车型电气线路图 5/10

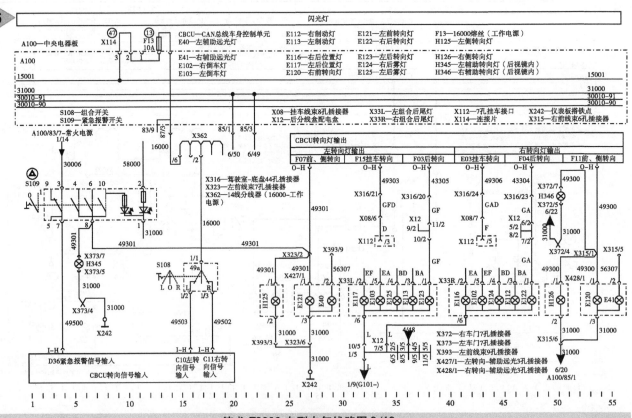

德龙 F3000 车型电气线路图 6/10

陕汽德龙 F3000 车型电气线路图 (4/5)

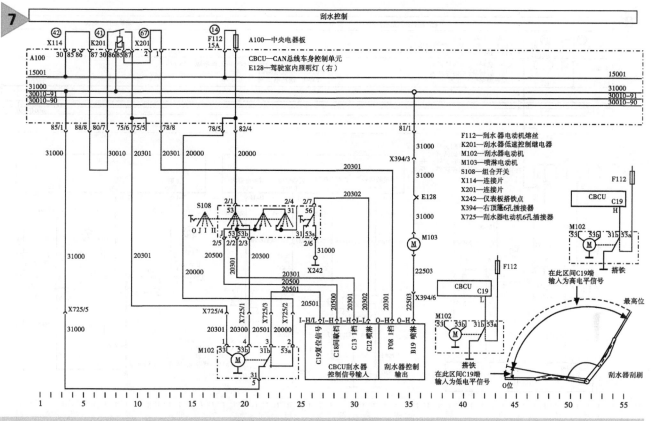

德龙 F3000 车型电气线路图 7/10

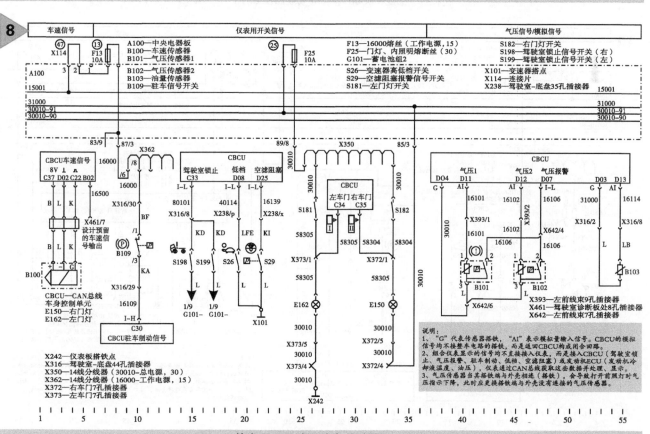

德龙 F3000 车型电气线路图 8/10

陕汽德龙 F3000 车型电气线路图（5/5）

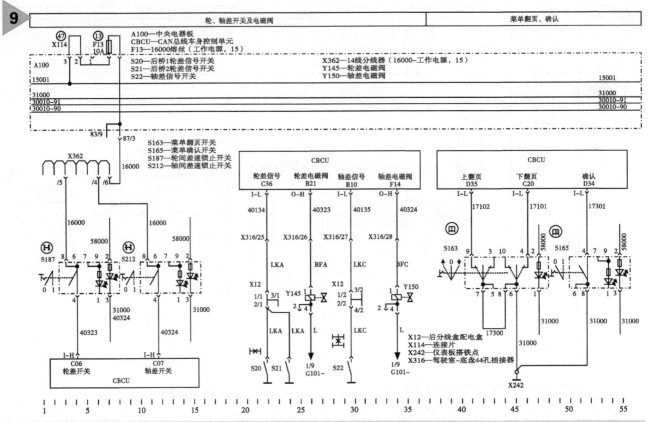

德龙 F3000 车型电气线路图 9/10

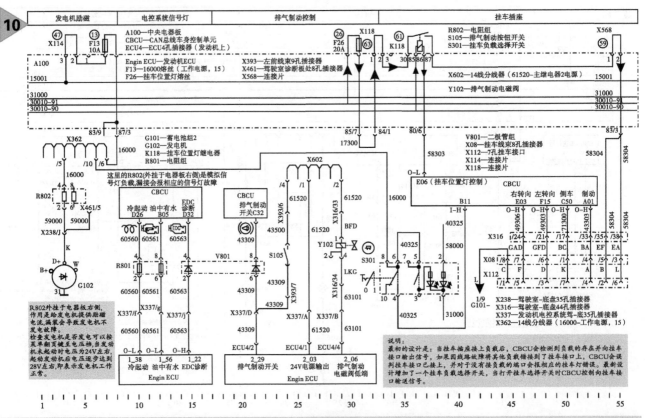

德龙 F3000 车型电气线路图 10/10

陕汽德龙 M3000 天然气车型电气线路图 (1/6)

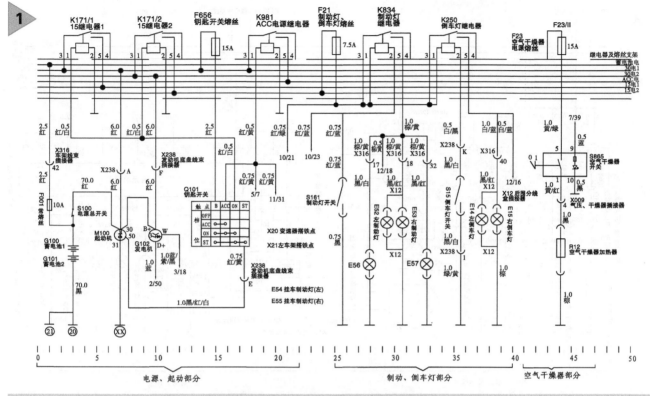

德龙新 M3000 天然气车型电气线路图 1/12

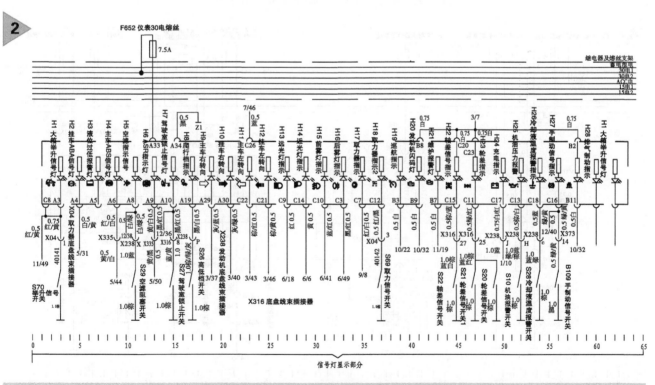

德龙新 M3000 天然气车型电气线路图 2/12

陕汽德龙 M3000 天然气车型电气线路图 (2/6)

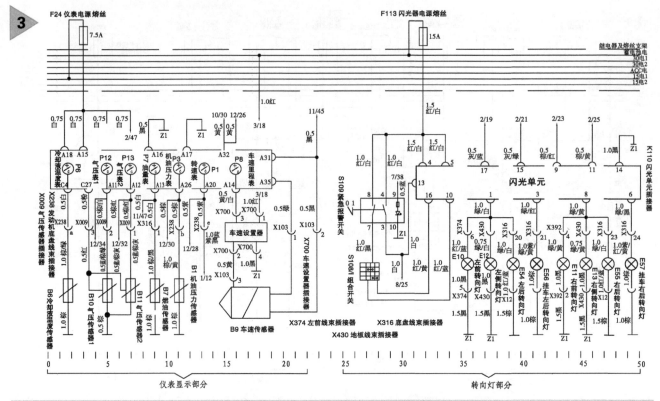

德龙新 M3000 天然气车型电气线路图 3/12

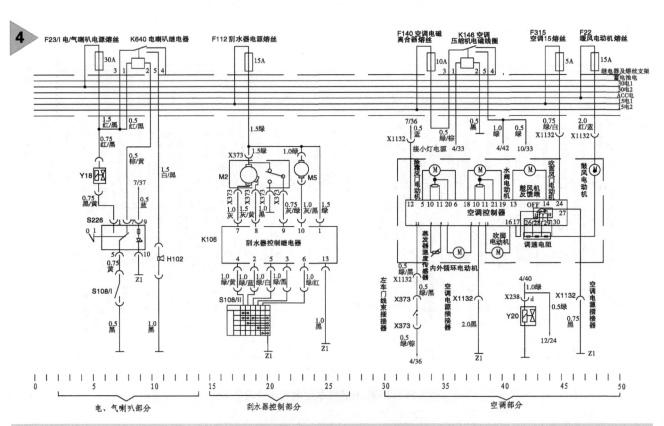

德龙新 M3000 天然气车型电气线路图 4/12

陕汽德龙 M3000 天然气车型电气线路图 (3/6)

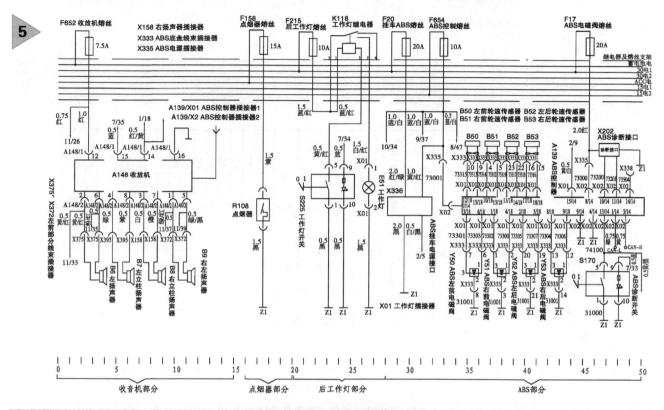

德龙新 M3000 天然气车型电气线路图 5/12

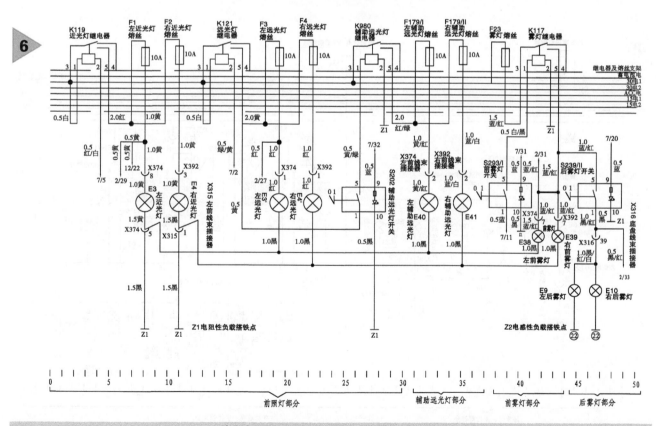

德龙新 M3000 天然气车型电气线路图 6/12

陕汽德龙 M3000 天然气车型电气线路图 （4/6）

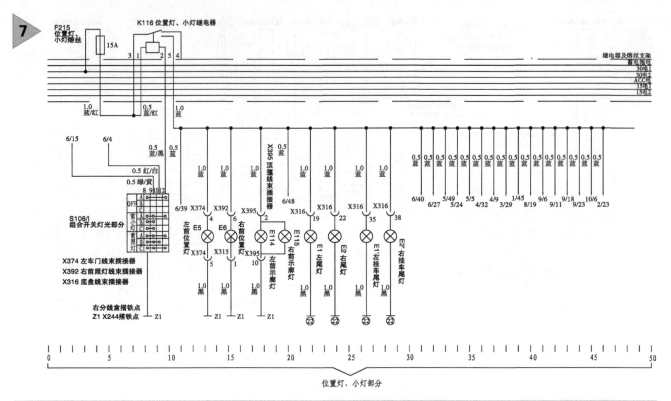

德龙新 M3000 天然气车型电气线路图 7/12

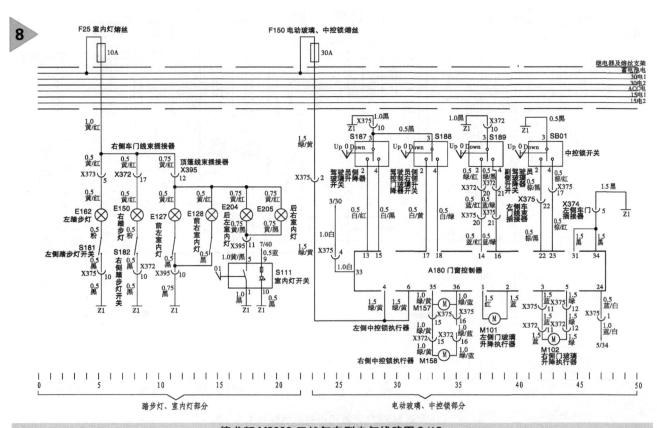

德龙新 M3000 天然气车型电气线路图 8/12

陕汽德龙 M3000 天然气车型电气线路图 (5/6)

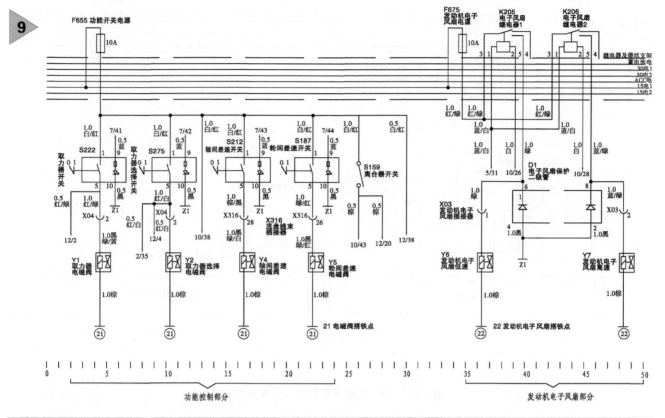

德龙新 M3000 天然气车型电气线路图 9/12

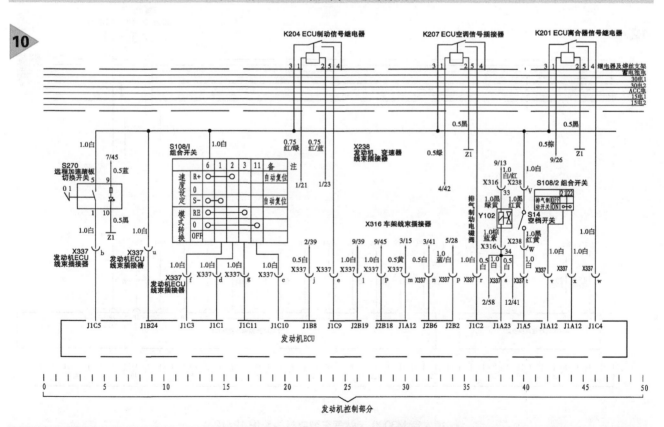

德龙新 M3000 天然气车型电气线路图 10/12

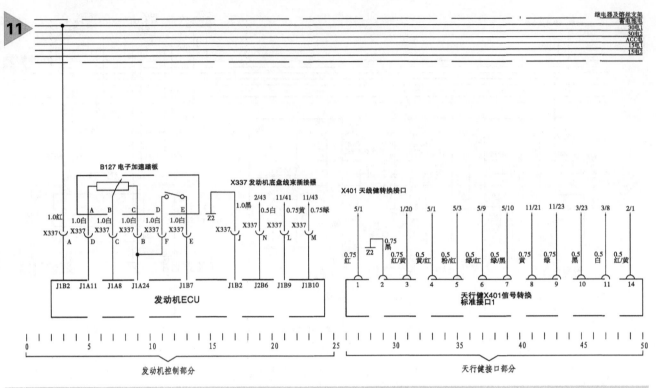

德龙新 M3000 天然气车型电气线路图 11/12

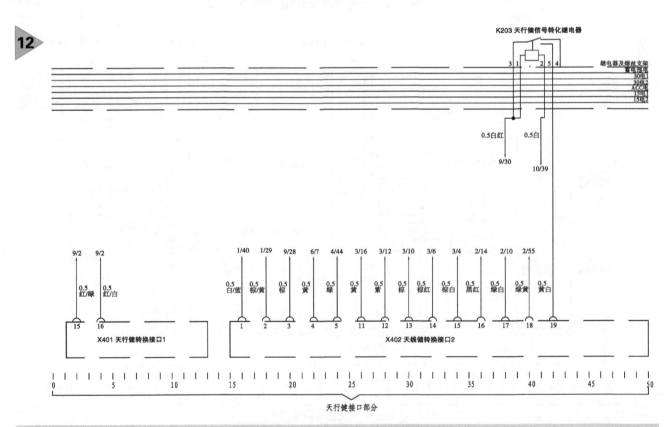

德龙新 M3000 天然气车型电气线路图 12/12

陕汽德龙 X3000 天然气车型电气线路图 (1/4)

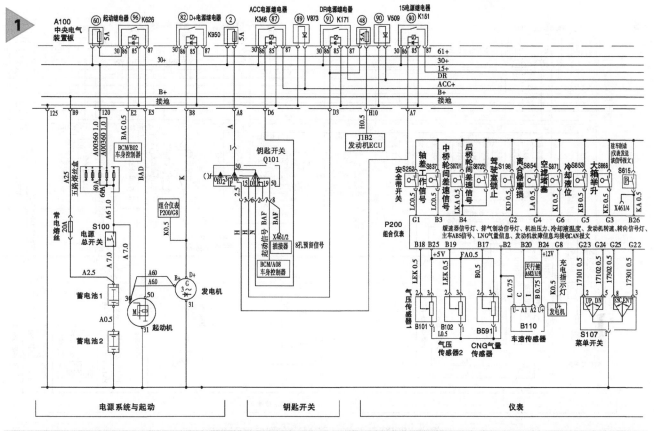

德龙 X3000 天然气（BCM）车型电路图 1/8

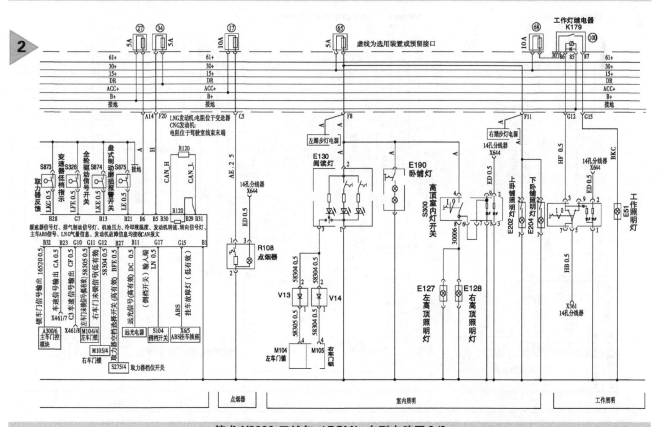

德龙 X3000 天然气（BCM）车型电路图 2/8

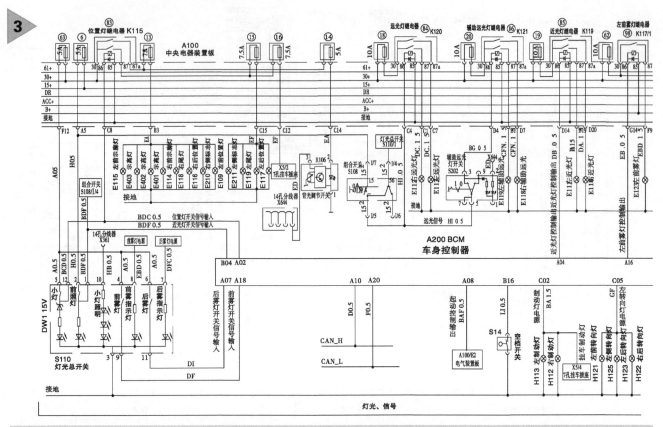

德龙 X3000 天然气（BCM）车型电路图 3/8

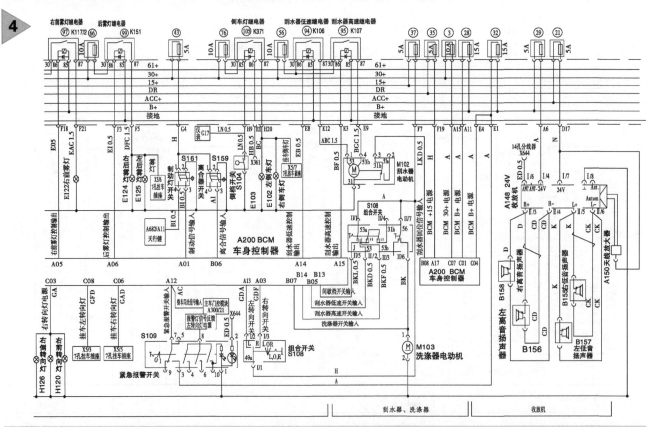

德龙 X3000 天然气（BCM）车型电路图 4/8

陕汽德龙 X3000 天然气车型电气线路图 (3/4)

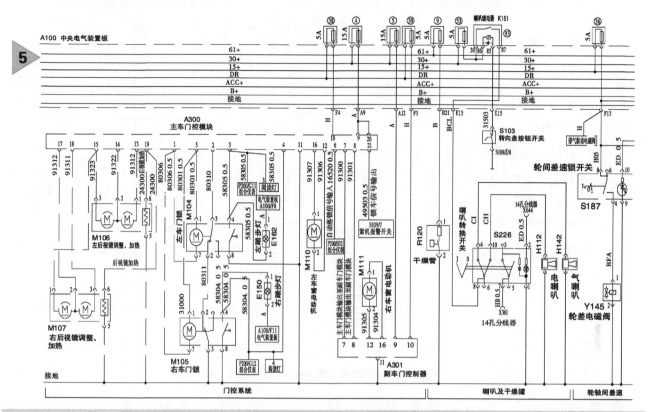

德龙 X3000 天然气（BCM）车型电路图 5/8

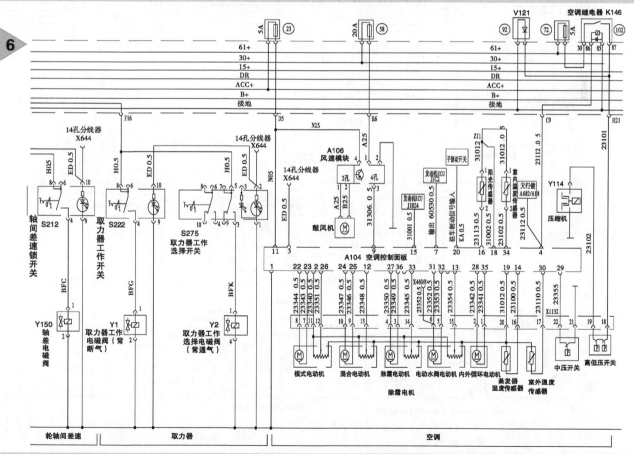

德龙 X3000 天然气（BCM）车型电路图 6/8

陕汽德龙 X3000 天然气车型电气线路图 (4/4)

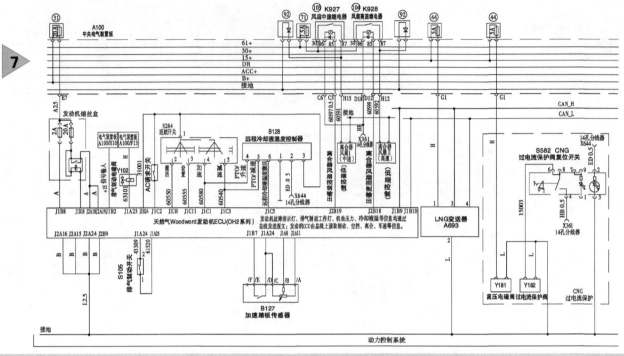

德龙 X3000 天然气（BCM）车型电路图 7/8

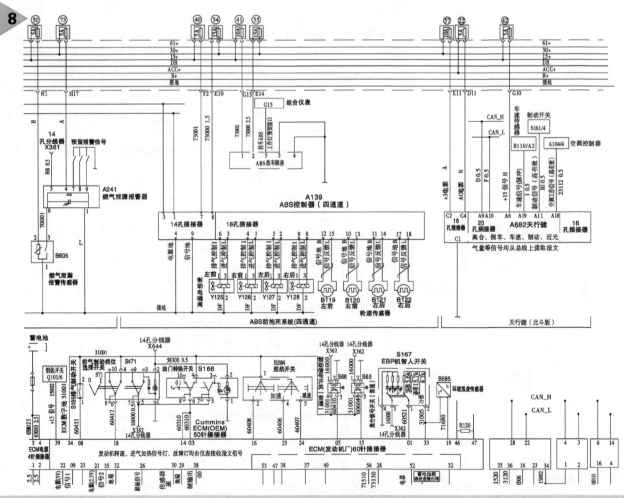

德龙 X3000 天然气（BCM）车型电路图 8/8

陕汽德龙 X3000 车型电气线路图 (1/4)

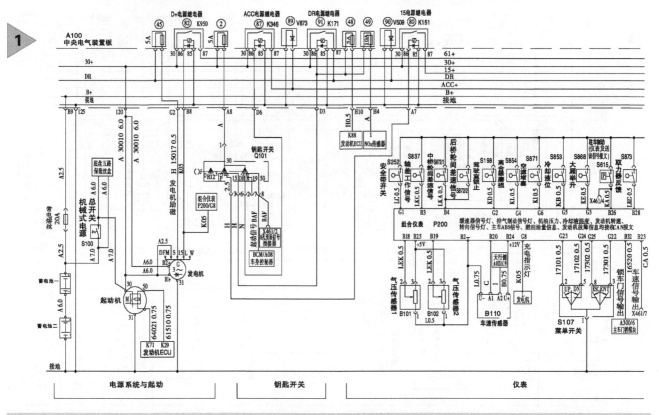

X3000 EDC17 DeNOx2.2 系统配置电路图 1/8

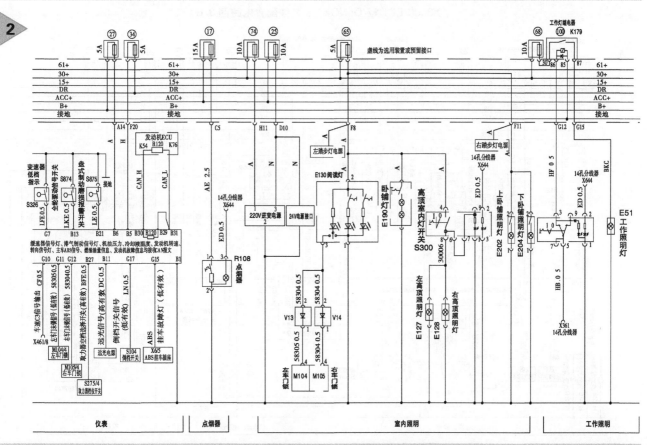

X3000 EDC17 DeNOx2.2 系统配置电路图 2/8

陕汽德龙 X3000 车型电气线路图 (2/4)

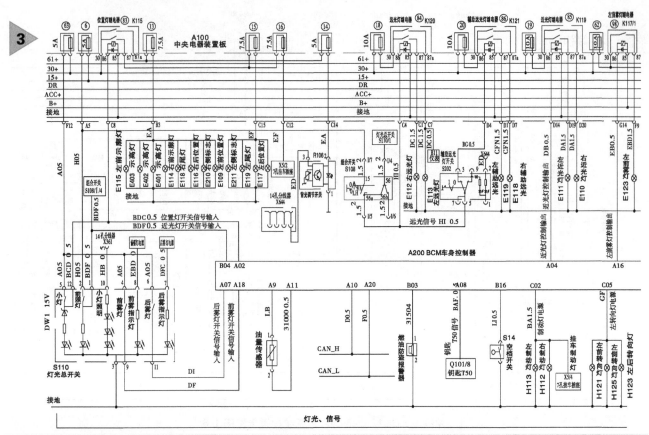

X3000 EDC17 DeNOx2.2 系统配置电路图 3/8

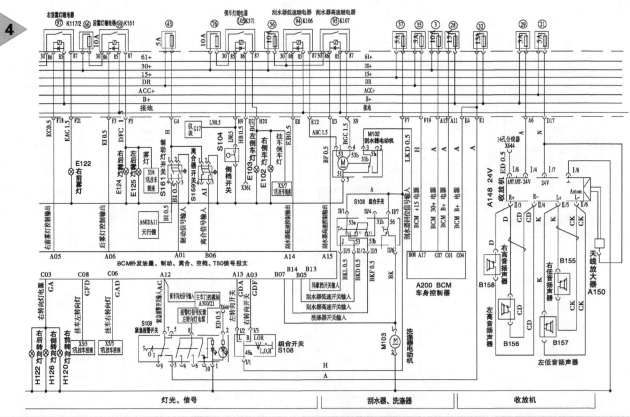

X3000 EDC17 DeNOx2.2 系统配置电路图 4/8

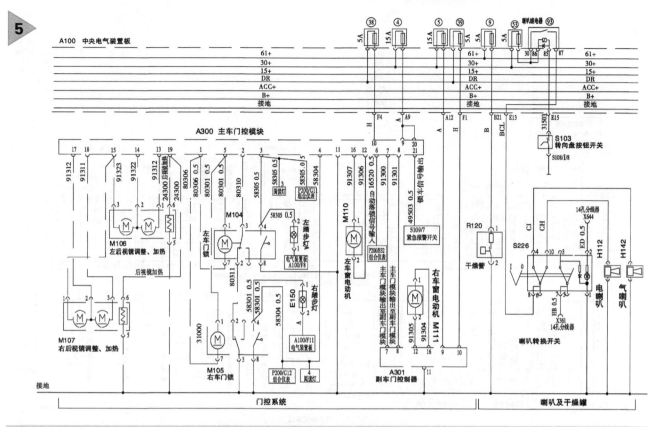

X3000 EDC17 DeNOx2.2 系统配置电路图 5/8

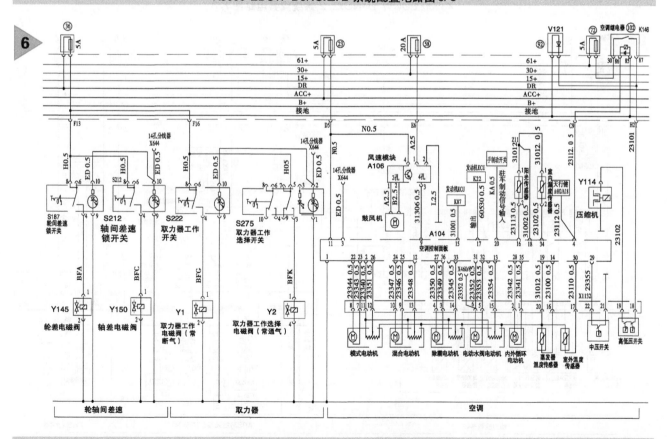

X3000 EDC17 DeNOx2.2 系统配置电路图 6/8

陕汽德龙 X3000 车型电气线路图（4/4）

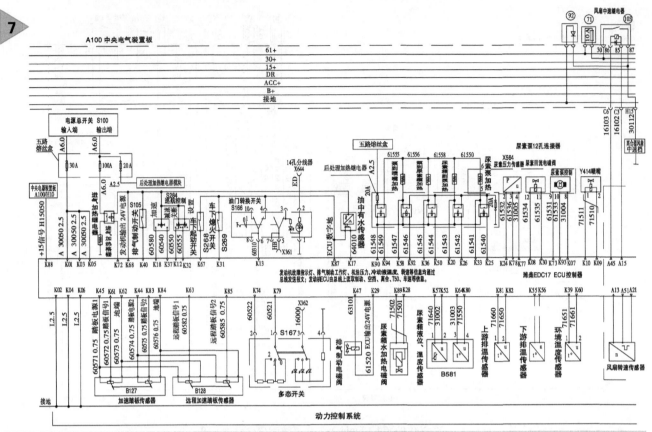

X3000 EDC17 DeNOx2.2 系统配置电路图 7/8

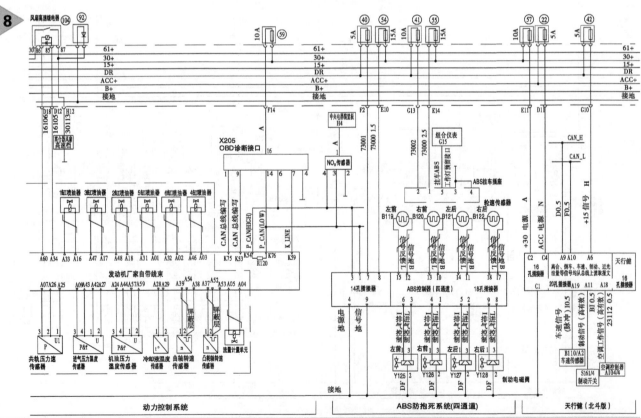

X3000 EDC17 DeNOx2.2 系统配置电路图 8/8

陕汽奥龙车型电气线路图（1/8）

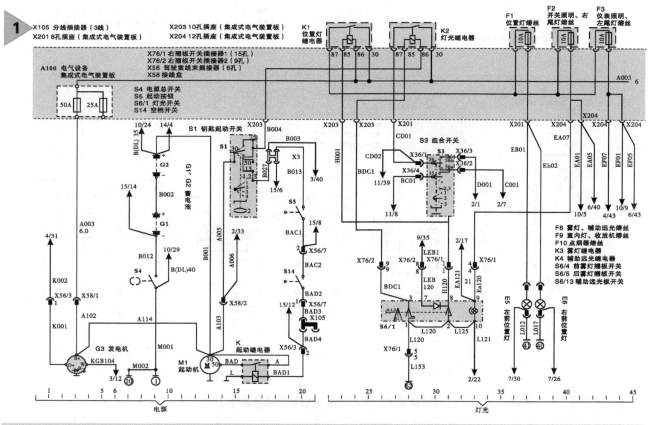

奥龙潍柴 WP 系统国Ⅲ发动机电气线路图1/15

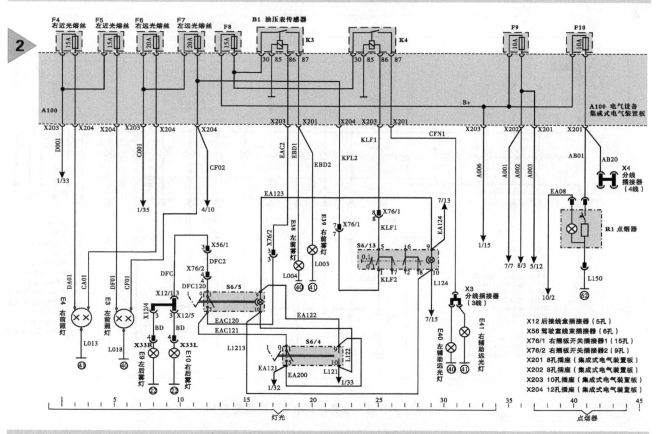

奥龙潍柴 WP 系统国Ⅲ发动机电气线路图2/15

陕汽奥龙车型电气线路图 (2/8)

字母	A	B	C	D	E	F	G	H	I	K	L	M	N
颜色	红	黑	白	黄	灰	绿	紫	橙	深蓝	浅蓝	棕	搭铁线	粉红

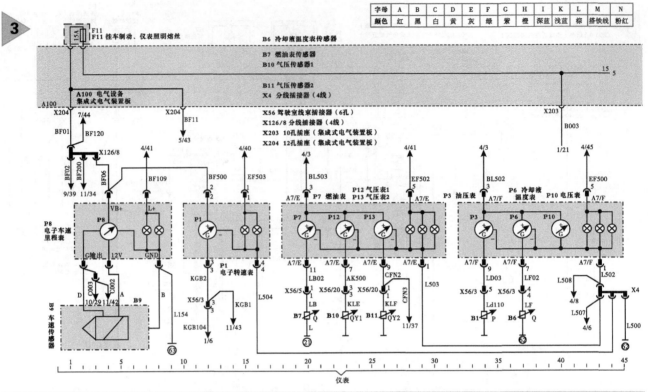

奥龙潍柴 WP 系统国Ⅲ发动机电气线路图 3/15

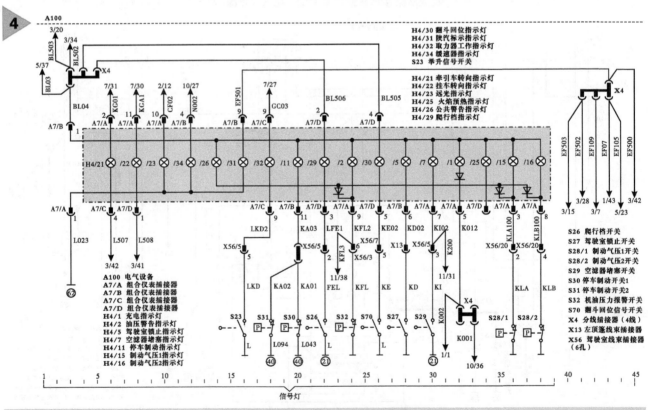

奥龙潍柴 WP 系统国Ⅲ发动机电气线路图 4/15

陕汽奥龙车型电气线路图（3/8）

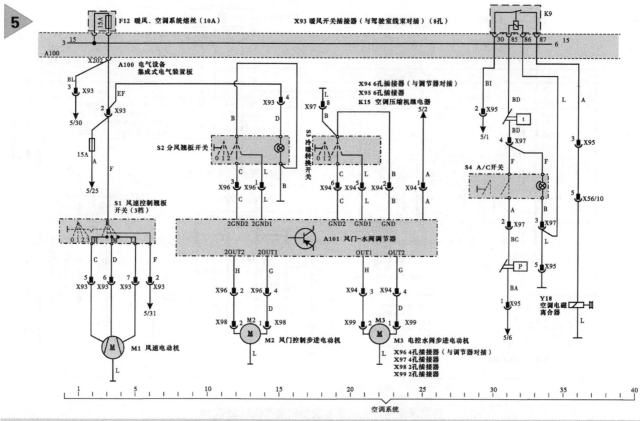

奥龙潍柴 WP 系统国Ⅲ发动机电气线路图5/15

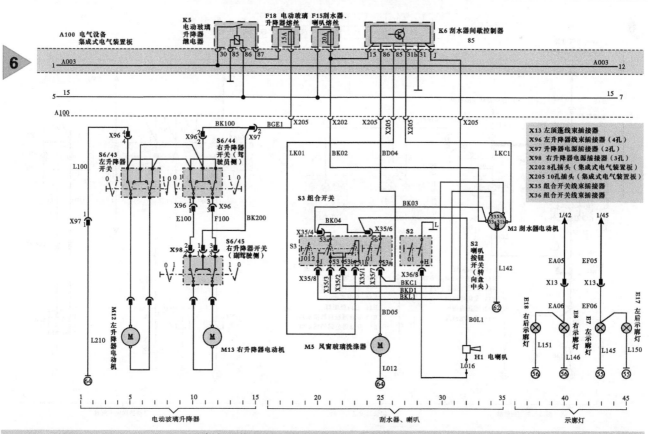

奥龙潍柴 WP 系统国Ⅲ发动机电气线路图6/15

陕汽奥龙车型电气线路图（4/8）

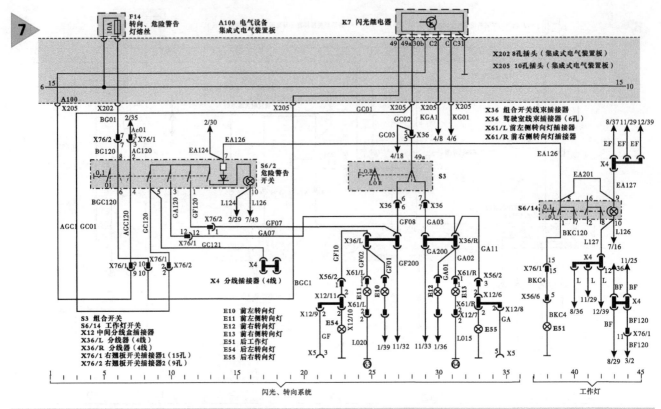

奥龙潍柴 WP 系统国 III 发动机电气线路图 7/15

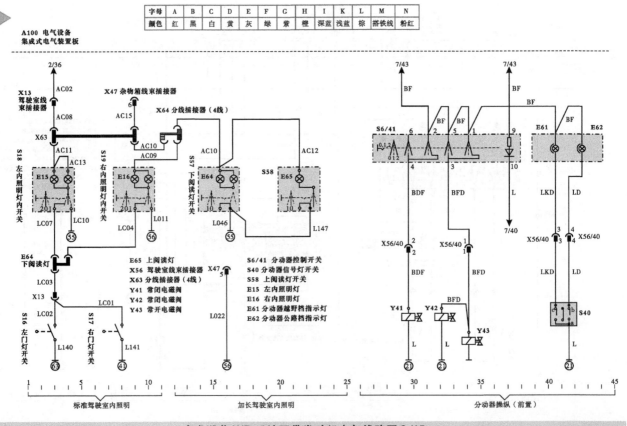

字母	A	B	C	D	E	F	G	H	I	K	L	M	N
颜色	红	黑	白	黄	灰	绿	紫	橙	深蓝	浅蓝	棕	搭铁线	粉红

奥龙潍柴 WP 系统国 III 发动机电气线路图 8/15

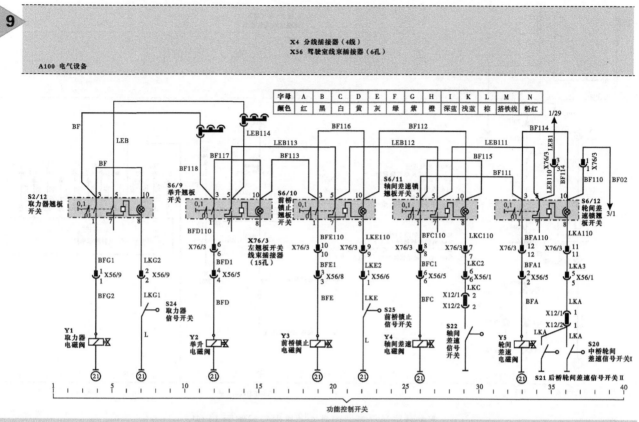

奥龙潍柴 WP 系统国Ⅲ发动机电气线路图 9/15

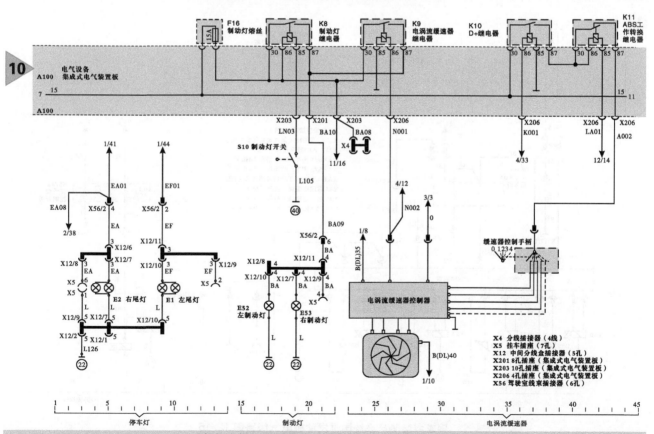

奥龙潍柴 WP 系统国Ⅲ发动机电气线路图 10/15

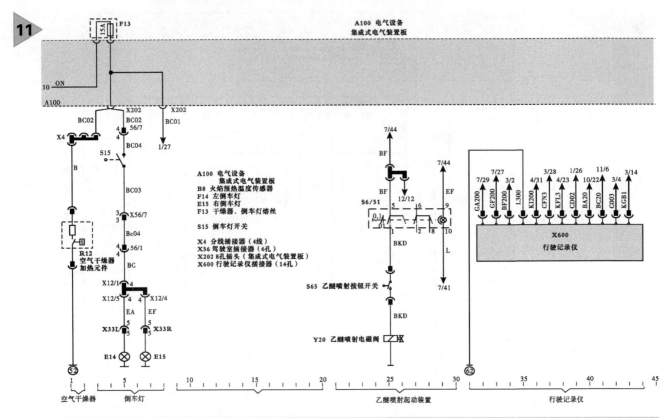

奥龙潍柴 WP 系统国Ⅲ发动机电气线路图 11/15

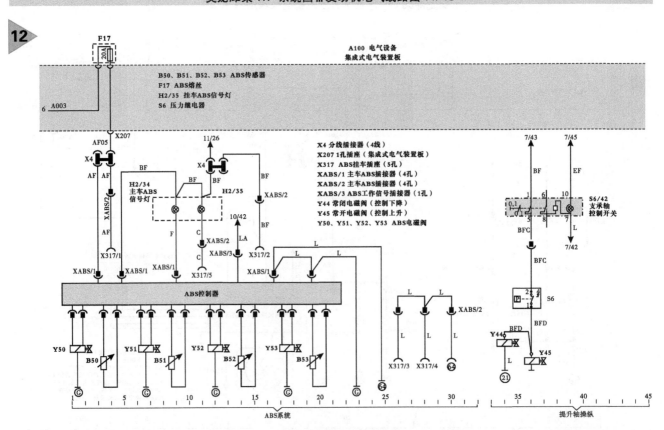

奥龙潍柴 WP 系统国Ⅲ发动机电气线路图 12/15

陕汽奥龙车型电气线路图 （7/8）

13

X201 EM08

点烟器	灯光K/30	辅助远光	制动灯
AB01/AB20	CD01	CFN1	BA09
雾灯	收放机	地	
EBD1/EBD2	AC03	L007	

X202 EN08

暖风机	信号灯	超车	倒车/干燥器
BL01	BL03	BC01	BC02/BC20
闪光器	刮水器/喇叭	充电	室内灯
BG01	BK02	BA08/BA10	AC01/AC02

X203 EM10

近光	远光	B+	ON	H001
D001	C001	A006	B003	H001
灯光K/85	灯光K/86	辅助远光K	制动K	雾灯K
B004	BDC1	KLF1	LN03	EAC2

X204 EM12

位置灯	右示高灯右尾灯	开关照明	左示高灯左尾灯	仪表照明	右近光
EB01/EB02	EA01/EA05	EA07	EF01/EF05	EF07	DA01
左近光	右远光	左远光	辅助远光开关	挂车制动	差速锁
DF01	CA01	CF01/CF02	KLF2	BF11	BF01

X205 EN10

C	C2	49	49a	30b
KG01	KGA1	BGC1	GC01/GC02	AGC1
电动窗机	31b	85	J	86
BGE1	KB01	LK01	BKL1	BD04

搭铁点

主变速器搭铁点
离合器搭铁点
左纵梁搭铁点
电磁阀固定螺栓搭铁点
纵梁驾驶室旋转点搭铁点
驾驶室左地板搭铁点
驾驶室右地板搭铁点
驾驶室支架旋转中心搭铁点
电器装置板搭铁点
左顶灯搭铁点
右顶灯搭铁点
驾驶室左2搭铁点
驾驶室左搭铁点
驾驶室右搭铁点

X201 8孔插座（中央电器板，线束侧）
X202 8孔插头（中央电器板，线束侧）
X203 10孔插座（中央电器板，线束侧）
X204 12孔插座（中央电器板，线束侧）
X205 10孔插头（中央电器板，线束侧）
X206 4孔插座（中央电器板，线束侧）
X207 1孔插座（中央电器板，线束侧）

X206 EM04

D+	ABS-
K001	LA01
电涡流电源	电涡流指示灯
A002	N001+

X207 EM01

ABS电源
AF05

电线颜色按N05149

A 红	B 黑	C 白
D 黄	E 灰	F 绿
G 紫	H 橙	I 蓝
K 浅蓝	L 棕	M 搭铁
N 粉红		

奥龙潍柴 WP 系统国Ⅲ发动机电气线路图 13/15

14

A100 电气设备
集成式电气装置板

字母	A	B	C	D	E	F	G	H	I	K	L	M	N
颜色	红	黑	白	黄	灰	绿	紫	橙	深蓝	浅蓝	棕	搭铁线	粉红

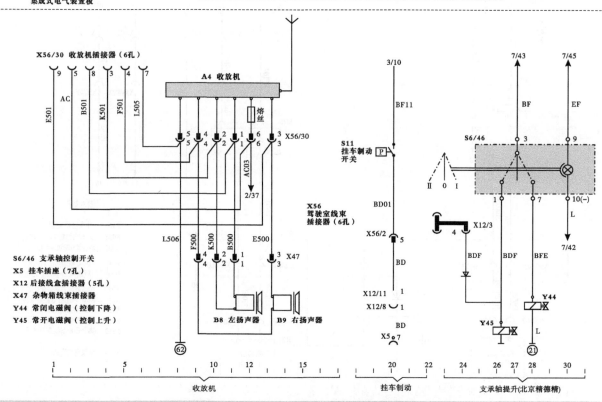

X56/30 收放机插接器（6孔）
A4 收放机
熔丝
X56/30

S11 挂车制动开关

X56 驾驶室线束插接器（6孔）

S6/46 支承轴控制开关
X5 挂车插座（7孔）
X12 后接线盒插接器（5孔）
X47 杂物箱线束插接器
Y44 常闭电磁阀（控制下降）
Y45 常开电磁阀（控制上升）

B8 左扬声器   B9 右扬声器

收放机   挂车制动   支承轴提升(北京精德精)

奥龙潍柴 WP 系统国Ⅲ发动机电气线路图 14/15

陕汽奥龙车型电气线路图（8/8）

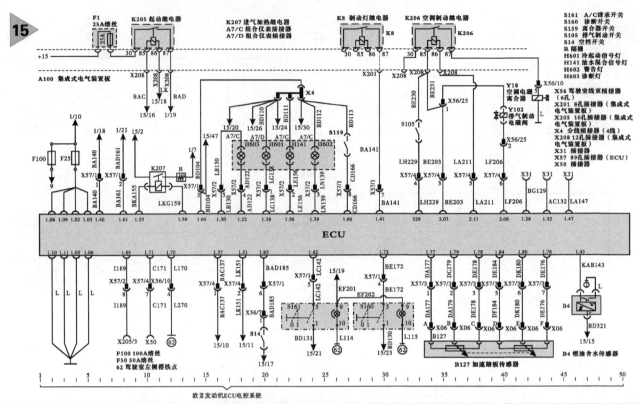

奥龙潍柴 WP 系统国Ⅲ发动机电气线路图 15/15

奥龙S2000车型电磁离合器风扇电气线路图（ECU控制）

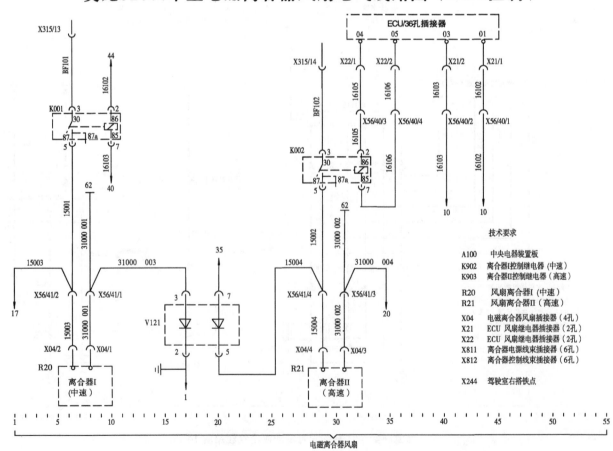

电磁离合器风扇

陕汽德御车型电气线路图（1/8）

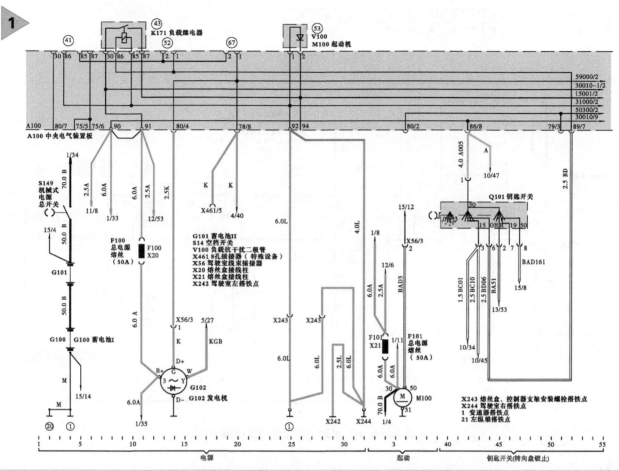

德御配潍柴 WP 发动机车型电气线路图 1/16

字母	A	B	C	D	E	F	G	H	I	K	L	M	N
颜色	红	黑	白	黄	灰	绿	紫	橙	深蓝	浅蓝	棕	搭铁线	粉红

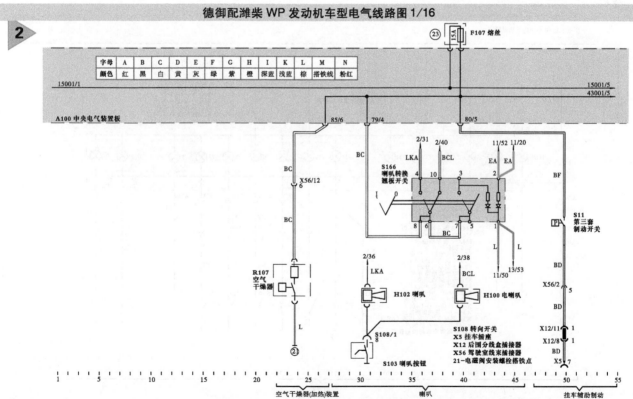

德御配潍柴 WP 发动机车型电气线路图 2/16

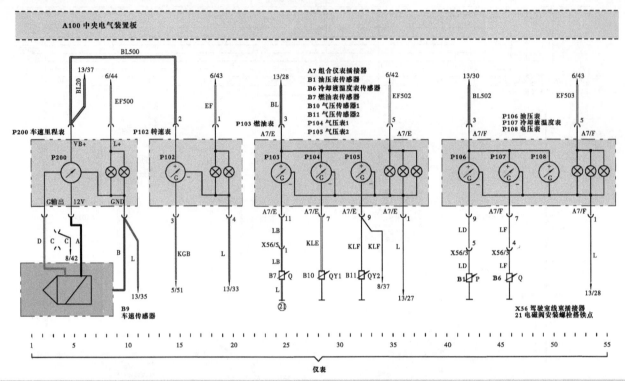

3

字母	A	B	C	D	E	F	G	H	I	K	L	M	N
颜色	红	黑	白	黄	灰	绿	紫	橙	深蓝	浅蓝	棕	搭铁线	粉红

德御配潍柴 WP 发动机车型电气线路图 3/16

4

德御配潍柴 WP 发动机车型电气线路图 4/16

陕汽德御车型电气线路图 （3/8）

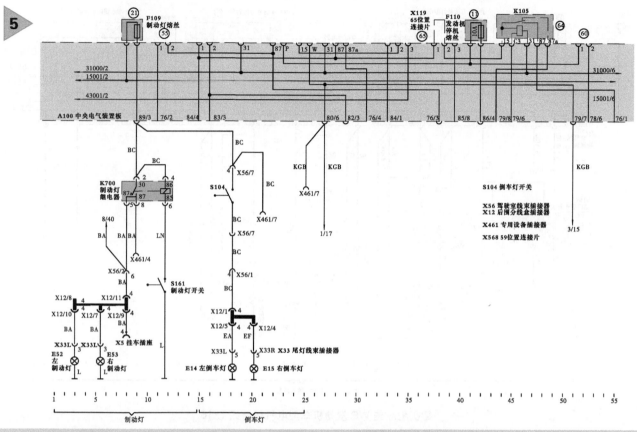

德御配潍柴 WP 发动机车型电气线路图 5/16

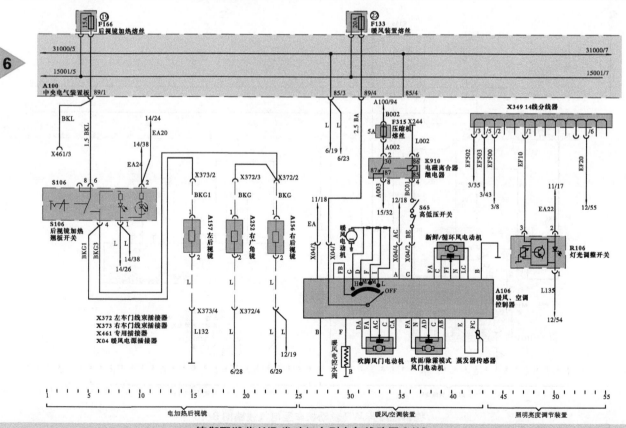

德御配潍柴 WP 发动机车型电气线路图 6/16

陕汽德御车型电气线路图（4/8）

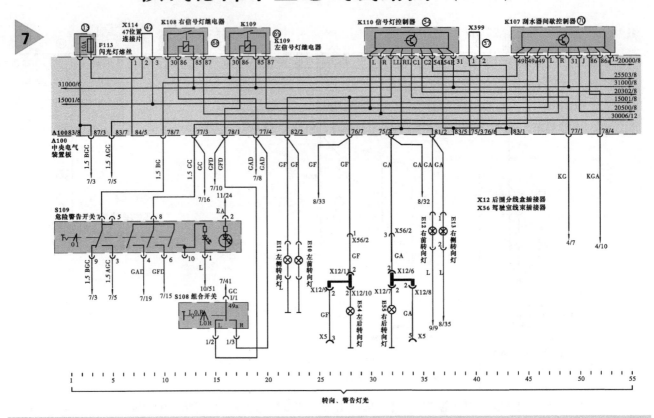

德御配潍柴 WP 发动机车型电气线路图 7/16

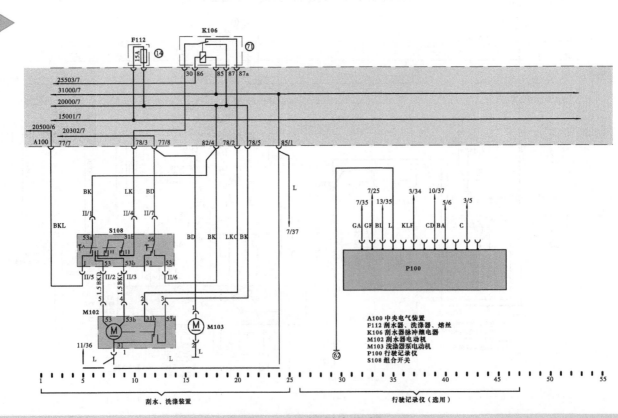

德御配潍柴 WP 发动机车型电气线路图 8/16

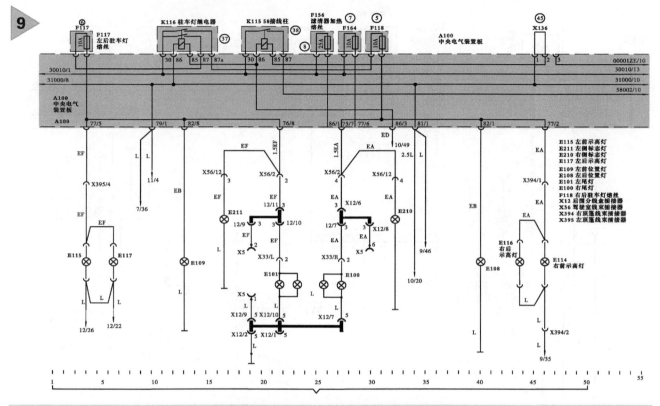

德御配潍柴 WP 发动机车型电气线路图 9/16

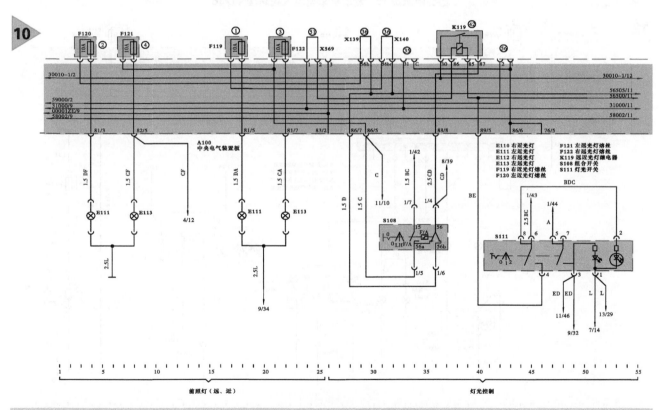

德御配潍柴 WP 发动机车型电气线路图 10/16

陕汽德御车型电气线路图（6/8）

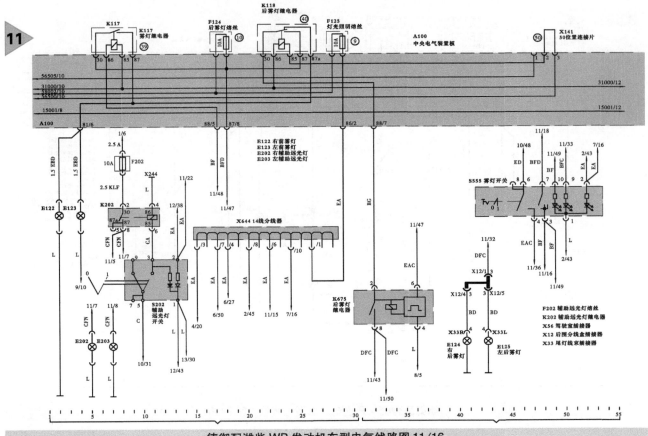

德御配潍柴 WP 发动机车型电气线路图 11/16

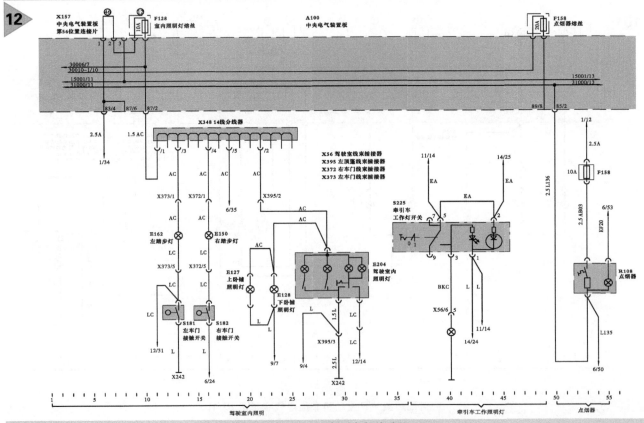

德御配潍柴 WP 发动机车型电气线路图 12/16

陕汽德御车型电气线路图 （7/8）

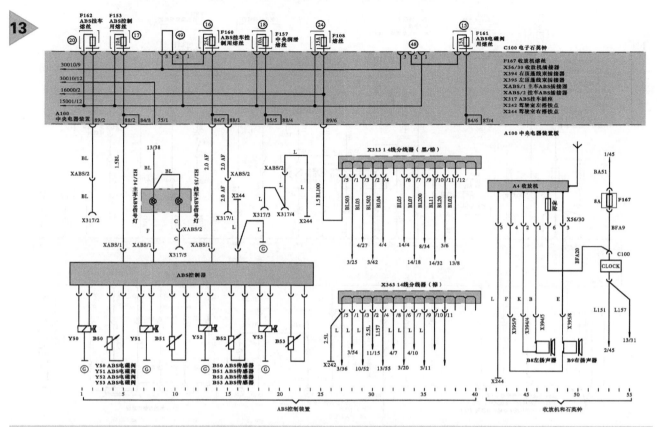

德御配潍柴 WP 发动机车型电气线路图 13/16

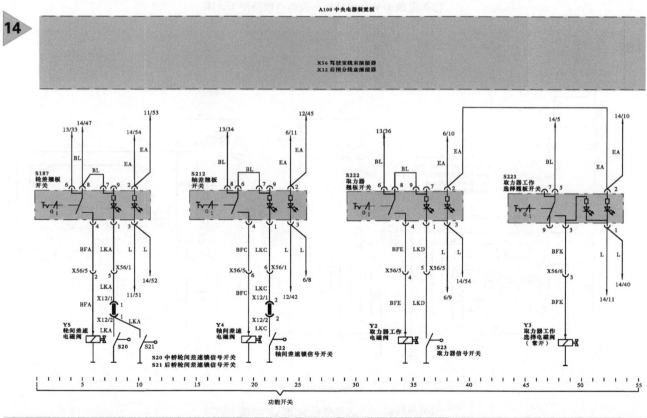

德御配潍柴 WP 发动机车型电气线路图 14/16

陕汽德御车型电气线路图（8/8）

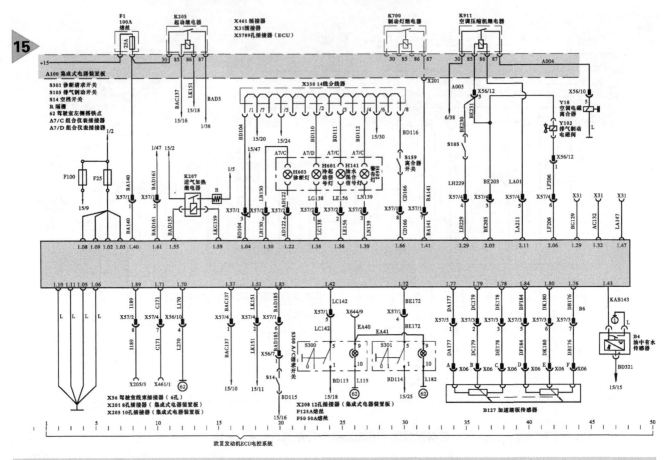

德御配潍柴 WP 发动机车型电气线路图 15/16

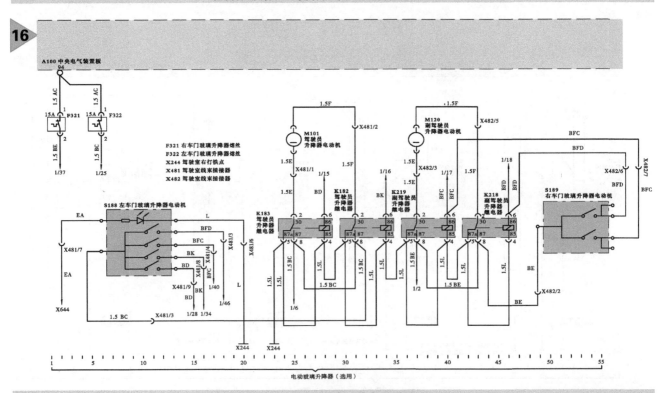

德御配潍柴 WP 发动机车型电气线路图 16/16

陕汽重卡配潍柴发动机电控系统电气资料（1/5）

1.潍柴WP10/WP12发动机电控系统电气资料

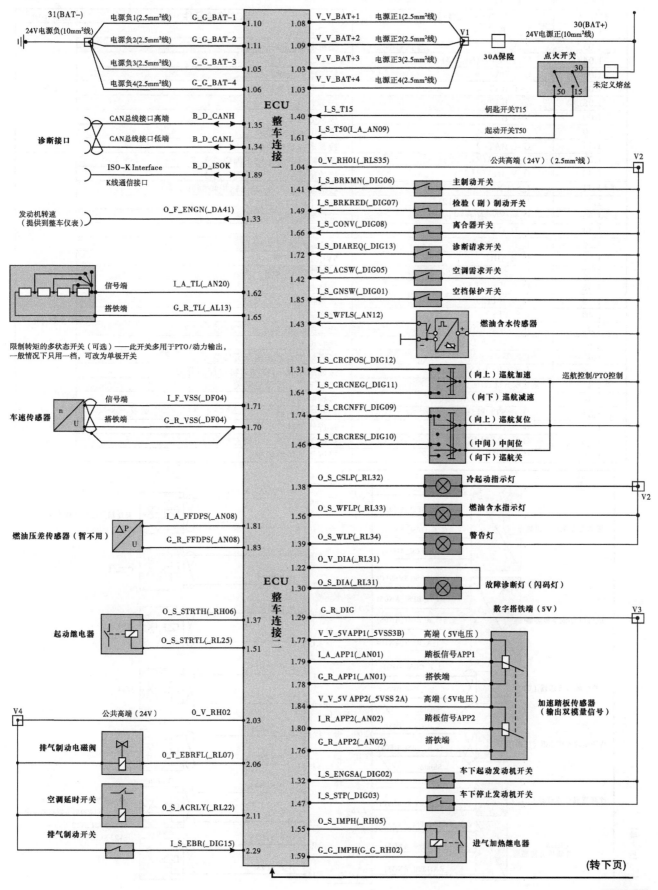

(转下页)

陕汽重卡配潍柴发动机电控系统电气资料 (2/5)

针脚号	BOSCH缩写标识	ECU连接元件	线径/mm²
1.02	V_V BAT+3	接蓄电池正极3	
1.03	V_V BAT+4	接蓄电池正极4	
1.04	O_V RH01(RLS35)	ECU 24V正极输出	
1.05	G_G BAT-3	接蓄电池负极搭铁3	
1.06	G_G BAT-4	接蓄电池负极搭铁4	2.50
1.08	V_V BAT+1	接蓄电池正极3	
1.09	V_V BAT+2	接蓄电池正极2	
1.10	G_G BAT-1	接蓄电池负极搭铁1	
1.11	G_G BAT-2	接蓄电池负极搭铁2	
1.22	O_V_DIA(RL31)	接故障诊断指示灯（闪码灯）	
1.30	O_V_DIA(RL31)	接故障诊断指示灯（闪码灯）	
1.31	I_S_CRCPOS(DIG12)	接巡航控制/PTO 动力输出控制开关	
1.32	I_S_ENGSA(DIG12)	接车下起动发动机开关	
1.33	O_F_ENGN(DA41)	接仪表板发动机转速表	
1.34	B_D_CANL	CAN总线输出	
1.35	B_D_CANH	CAN总线输出	
1.29	G_R_DIG	5V电器搭铁端	
1.37	O_S_STRTH(RH06)	起动继电器线圈	
1.38	O_S_WP(RL32)	接冷起动指示灯	
1.39	O_S_WP(RL34)	接警告灯	
1.40	I_S_T15	接钥匙开关T15	
1.41	I_S_BRKMN(DIG06)	接主制动开关	
1.42	I_S_ACSW(DIG05)	接空调开关	
1.43	I_S_WFLS(AN12)	接燃油粗滤器含水报警传感器	
1.46	I_S_CRCRES(DIG10)	接巡航控制/PTO 动力输出控制开关	
1.47	I_S_STP(DIG03)	接车下停止发动机开关	
1.49	I_S_BRKRED(DIG07)	接副制动开关	
1.51	O_S_STRTL(RL25)	接起动继电器	
1.55	O_S_IMPH(RH05)	接进气加热继电器	
1.56	O_S_WFLP(RL33)	接燃油粗滤器含水警告指示灯	
1.59	G_G_IMPH(G_G_RH02)	接进气加热继电器	

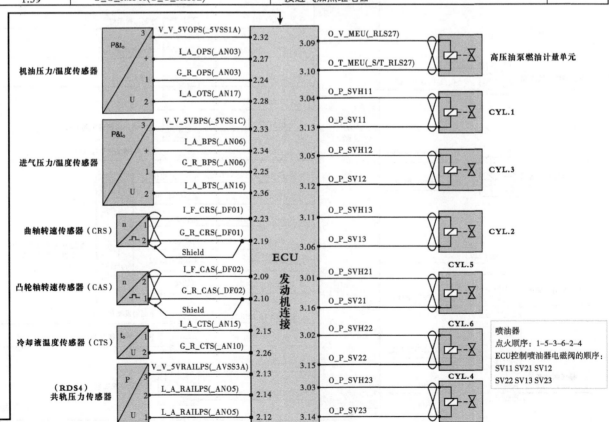

陕汽重卡配潍柴发动机电控系统电气资料（3/5）

ECU整车线束插件1针脚明细表 ———————————————————————→ （续上表）

针脚号	BOSCH缩写标识	ECU连接元件	线径/mm²
1.61	I_S_T50(I_A_AN09)	接钥匙起动开关T50	
1.62	I_A_TL(AN20)	接限制转矩开关信号端（选装）	
1.64	I_S_CRRNEG(DIG11)	接巡航控制/PTO动力输出控制	
1.65	G_R_TL(AN13)	接限制力矩开关搭铁端（选装）	
1.66	I_S_CONV(DIG08)	接离合器开关	
1.70	G_R_VSS(DF04)	接车速传感器搭铁端	
1.71	I_F_VSS(DF04)	接车速传感器信号端	
1.72	I_S_DIAREQ(DIG13)	接故障诊断开关	
1.74	I_S_DIAREQ(DIG09)	接巡航控制/PTO 动力输出控制	
1.76	G_R_APP2(AN02)	接加速踏板传感器APP2搭铁端	
1.77	V_V_5V APP1(5VSS38)	接加速踏板传感器APP1 5V电压端	
1.78	G_R_APP(AN01)	接加速踏板传感器APP1搭铁端	
1.79	I_A_APP1(AN01)	接加速踏板传感器APP1信号端	
1.80	I_A_APP2(AN02)	接加速踏板传感器APP2信号端	
1.81	I_A_FFDPS(AN08)	接燃油压力传感器（暂不用）	
1.83	G_R_FEDPS(AN08)	接燃油压力传感器（暂不用）	
1.84	V_V_5VAPP2(5VSS2A)	接加速踏板传感器APP2 5V电压端	
1.85	I_S_GNSW(DIG01)	接变速器空档保护开关	
1.89	B_D_ISOK	接诊断接口K线	

ECU整车线束插件2针脚明细表 ———————————————————————→

针脚号	BOSCH缩写标识	ECU连接元件	线径/mm²
2.03	O_V_RH02	接电源24V正极	2.50
2.06	O_T_EBRFL(_RL07)	接排气制动电磁阀	1.50
2.09	I_F_CAS(_DF02)	接凸轮轴转速传感器（信号线）	
2.10	G_R_CAS(_DF02)	接凸轮轴转速传感器（搭铁线）	
2.11	O_S_ACRLY(_RL22)	接空调继电器	
2.12	G_R_RAILPS(_AN05)	接轨压传感器（搭铁线）	
2.13	V_V_5V RAILPS(_5VSS3A)	接轨压传感器（电源）	
2.14	I_A_RAILPS(_AN05)	接轨压传感器（信号）	
2.15	I_A_CTS(_AN15)	接冷却液温度传感器（信号）	
2.16	V_V_5VRMTAPP1(_5VSS20)	接远程加速踏板1（电源）	
2.17	G_R_RMT APP1(_AN07)	接远程加速踏板1（搭铁线）	
2.18	G_R_RMT APP2(_AN04)	接远程加速踏板2（搭铁线）	
2.19	G_R_CRS(_DF01)	接曲轴转速传感器（搭铁线）	
2.21	I_A_RMTAPP1(_AN07)	接远程加速踏板1（信号）	
2.22	I_A_RMTAPP2(_AN04)	接远程加速踏板2（信号）	0.75
2.23	I_F_CRS(_DF01)	接曲轴转速传感器（信号）	
2.24	C_R_OPS(_AN03)	接机油压力传感器（搭铁线）	
2.25	C_R_BPS(_AN06)	接增压压力传感器（搭铁线）	
2.26	C_R_CTS(_AN10)	接冷却液温度传感器（搭铁线）	
2.27	I_A_OPS(_AN03)	接机油压力传感器（信号）	
2.28	I_A_OPS(_AN17)	接机油温度传感器（信号）	
2.29	I_S_EBR(_DIG15)	接排气制动开关	
2.31	V_V_5V RMTAPP2(_5VSS10)	接远程加速踏板2（电源）	
2.32	V_V_5VOPS(_5VSS1A)	接机油压力传感器（电源）	
2.33	V_V_5VBPS(_5VSS1C)	接增压压力传感器（电源）	
2.34	I_A_BPS(_AN06)	接增压压力传感器（信号）	
2.36	I_A_BTS(_AN16)	接进气温度传感器（信号）	

电控燃油系统故障闪码表

故障闪码			故障部位	故障闪码			故障部位
1	1	1	AD转换器出错	2	4	1	冷却液温度传感器故障
1	1	2		2	4	2	冷却液温度过高报警
1	1	3	凸轮轴转速/曲轴转速传感器错误	2	4	3	机油压力传感器故障
1	1	4		2	4	3	油压太低报警
1	1	5	ECU时间处理单元错误	2	4	4	机油温度传感器故障
1	1	6	ECU内部错误	2	4	4	机油温度过高故障
1	2	1	起动继电器错误	2	4	5	冷却液温度传感器测试
1	2	2	钥匙开关15号线错误	2	5	1	
1	2	3	钥匙开关30号线错误	2	5	2	
1	2	4	蓄电池故障	2	5	3	
1	2	5	标定错误非单调map图	2	5	4	高压油路/低压油路问题（有泄漏）
1	3	1	ECU内部电源出错	2	5	5	
1	3	2	主继电器错误	2	5	6	
1	3	3	轨压传感器故障	2	5	7	
1	3	4	共轨泄压阀问题	2	6	1	ECU发动机控制单元内部故障
1	3	5	流量计量单元错误	2	6	2	超速检测
1	4	1	1缸喷油器错误	2	6	3	发动机控制单元内部故障
1	4	2	2缸喷油器错误	2	6	3	
1	4	3	3缸喷油器错误	2	6	4	ECU发动机控制单元内部故障
1	4	4	4缸喷油器错误	2	6	5	
1	4	5	5缸喷油器错误	3	1	1	排气制动阀错误
1	4	6	6缸喷油器错误	3	1	3	空调压缩机继电器故障
1	5	1	控制1、2、3喷油器错误	3	2	1	
1	5	2	控制4、5、6喷油器错误	3	2	2	进气加热继电器
1	5	3	控制喷油错误	3	2	3	
1	5	4	最少正常工作的喷油器数量未达到	3	2	4	车速传感器故障
1	5	5	ECU内部对喷油的限制	3	2	7	多状态开关
2	1	1	油中有水	3	3	1	系统灯
2	2	1	加速踏板传感器1错误	3	3	2	冷起动灯
2	2	1	加速踏板传感器2错误	3	3	2	警告灯
2	2	2	离合器开关错误	3	3	4	油中含水灯
2	2	3	制动开关错误	3	3	4	警告灯
2	2	5	加速踏板与制动可信检测错误	3	4	1	巡航开关故障
2	2	6	发动机超速	3	4	2	排气制动开关
2	2	7	电子变速器控制不可信	3	4	3	车下起动开关错误
2	2	8	发动机控制单元内部故障	5	1	1	
2	3	1	进气压力传感器故障	5	1	2	1、2、3缸失火故障
2	3	2	大气压力传感器故障	5	1	3	
2	3	3	进气温度传感器故障	5	1	4	多缸失火错误

ECU喷油器及执行器线束插件3针脚明细表

针脚号	BOSCH缩写标识	ECU连接元件	线径/mm²
3.01	O_P_SVH21	接喷油器5缸	
3.02	O_P_SVH22	接喷油器6缸	
3.03	O_P_SVH23	接喷油器4缸	
3.04	O_P_SVH11	接喷油器1缸	
3.05	O_P_SVH12	接喷油器3缸	
3.06	O_P_SV13	接喷油器2缸	
3.09	O_V_MEU(_RLS27)	接流量计量单元	
3.10	O_T_MEU(_S/T_RLS27)	接流量计量单元	1.5
3.11	O_P_SVH13	接喷油器2缸	
3.12	O_P_SV12	接喷油器3缸	
3.13	O_P_SV11	接喷油器1缸	
3.14	O_P_SV23	接喷油器4缸	
3.15	O_P_SV22	接喷油器6缸	
3.16	O_P_SV21	接喷油器5缸	

陕汽重卡配潍柴发动机电控系统电气资料（5/5）

电控燃油系统故障码表

（续上页表）

故障闪码			故障部位	故障闪码			故障部位
5	2	1		5	3	1	
5	2	2	外部测试	5	3	2	4、5、6缸失火故障
5	2	3		5	3	3	
				5	3	4	外部测试
				5	4	1	同步信号问题

2.潍柴WP13发动机电控系统电路图（配德龙X3000车型）

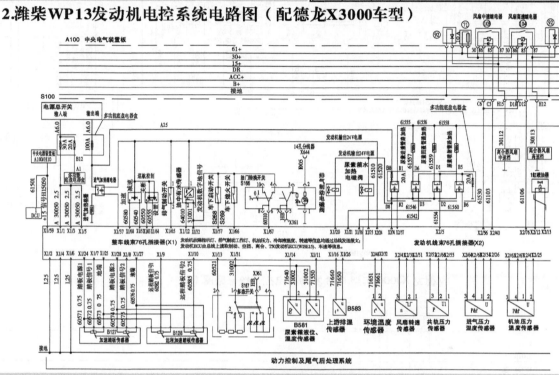

WP13（BCM）发动机电控系统电路图 1/2

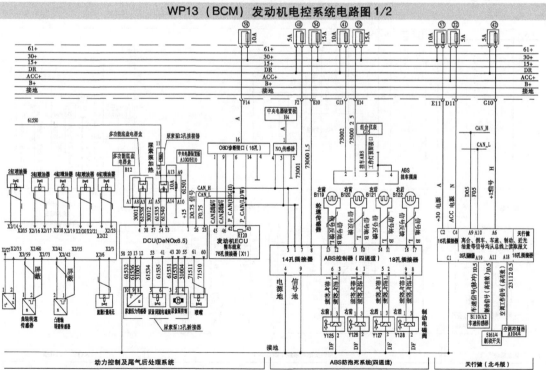

WP13（BCM）发动机电控系统电路图 2/2

陕汽重卡配康明斯 ISM 发动机电控系统电气资料

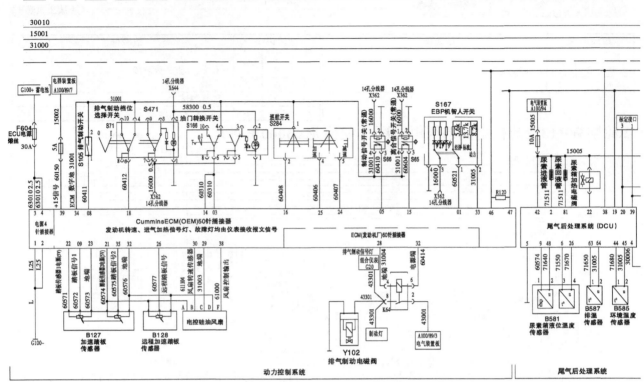

德龙 X3000 车型 ISM 发动机电控系统电路图 1/2

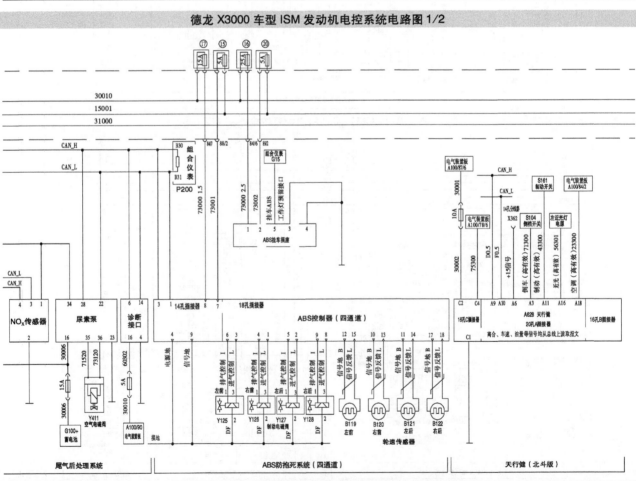

德龙 X3000 车型 ISM 发动机电控系统电路图 2/2

东风天龙车系电气线路图（1/6）

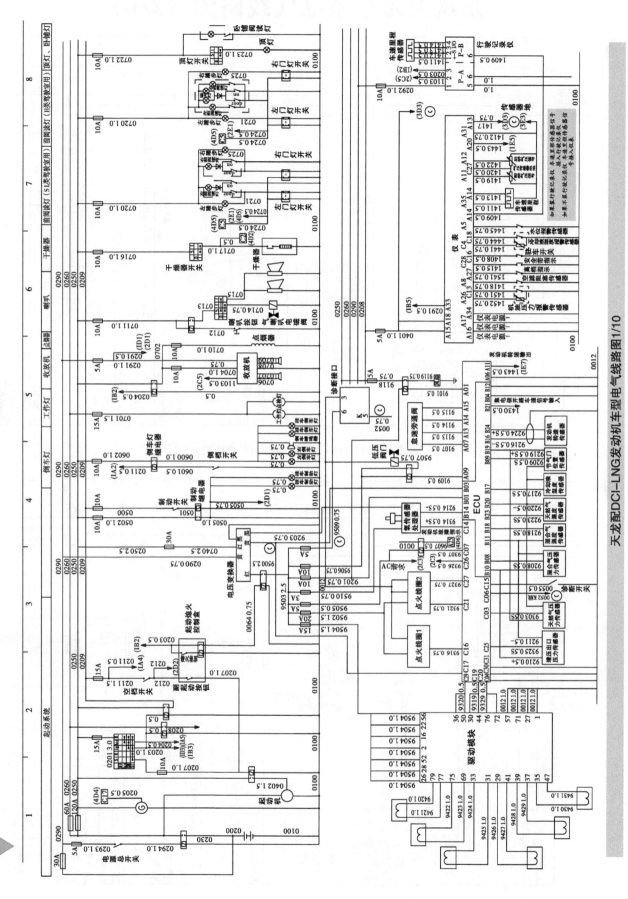

天龙配DCI-LNG发动机车型电气线路图1/10

东风天龙车系电气线路图（2/6）

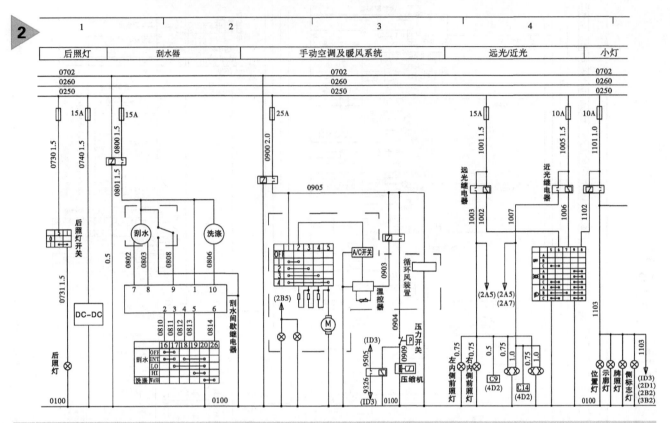

天龙配 DCI – LNG 发动机车型电气线路图 2/10

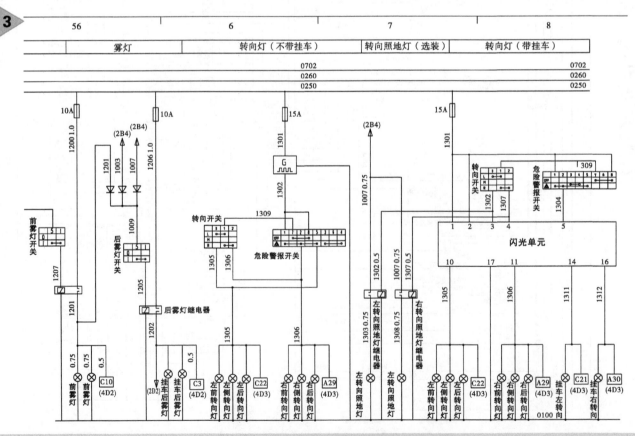

天龙配 DCI – LNG 发动机车型电气线路图 3/10

东风天龙车系电气线路图 （3/6）

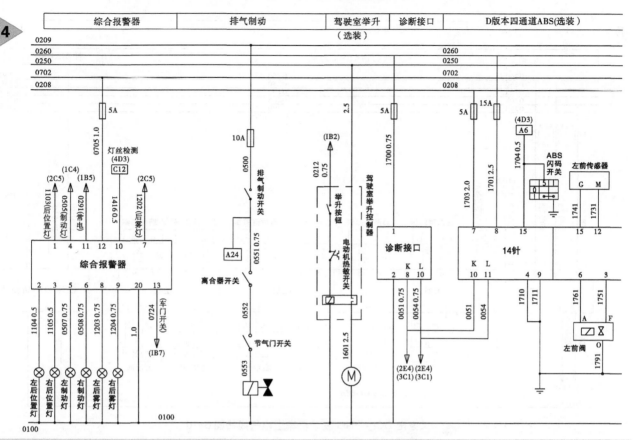

天龙配 DCI－LNG 发动机车型电气线路图 4/10

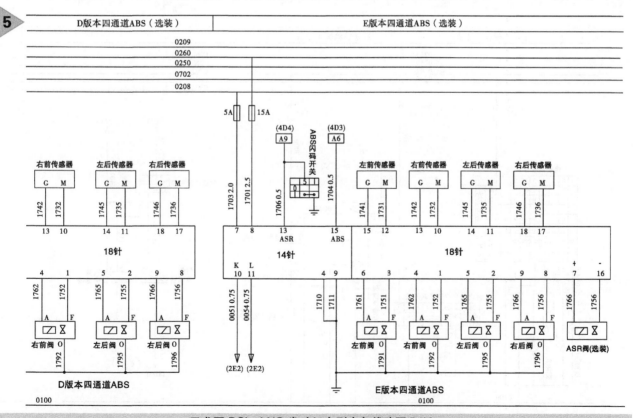

天龙配 DCI－LNG 发动机车型电气线路图 5/10

东风天龙车系电气线路图（4/6）

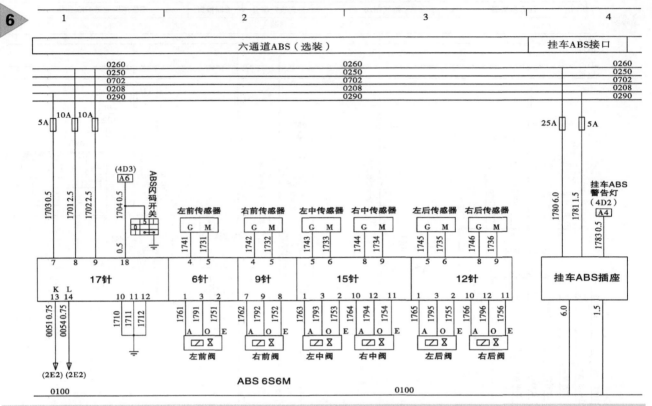

六通道ABS（选装）　　　　　挂车ABS接口

天龙配 DCI－LNG 发动机车型电气线路图 6/10

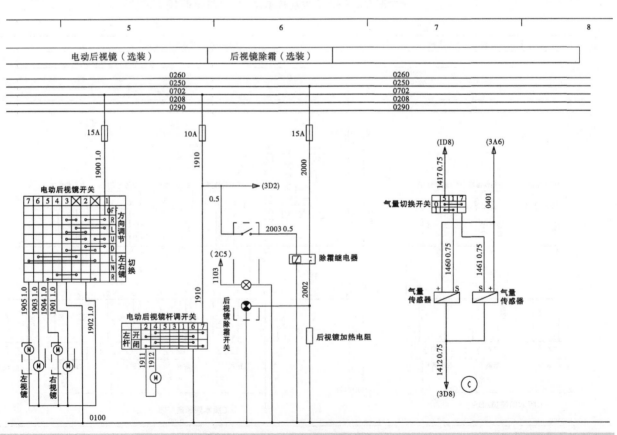

电动后视镜（选装）　　后视镜除霜（选装）

天龙配 DCI－LNG 发动机车型电气线路图 7/10

东风天龙车系电气线路图 （5/6）

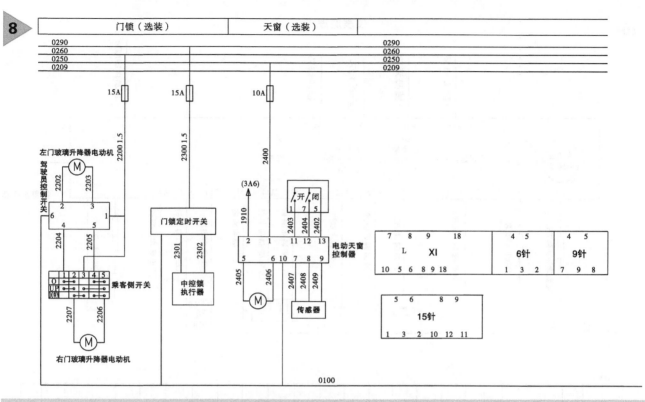

天龙配 DCI–LNG 发动机车型电气线路图 8/10

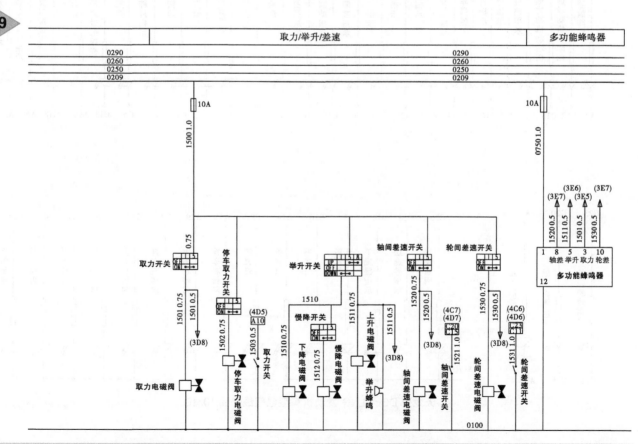

天龙配 DCI–LNG 发动机车型电气线路图 9/10

东风天龙车系电气线路图 (6/6)

仪表原理

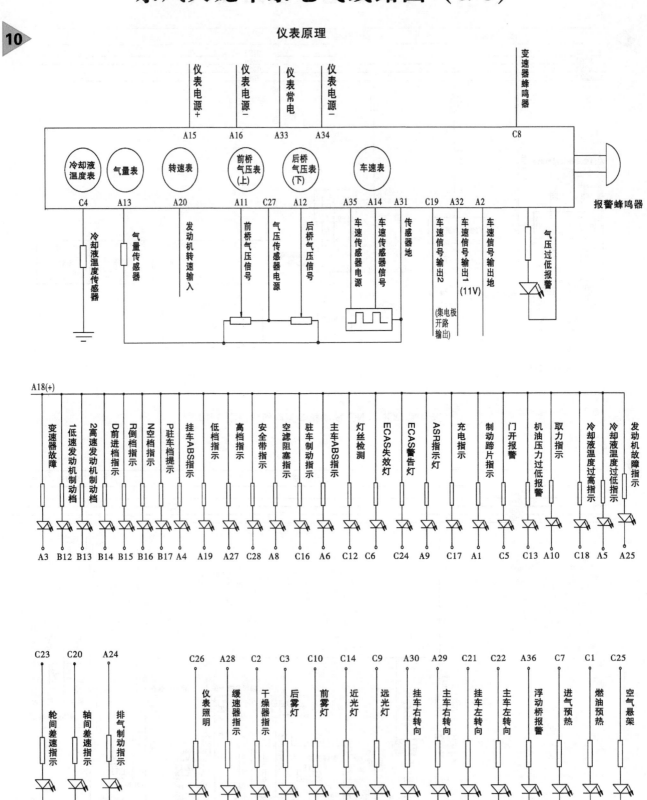

天龙配 DCI－LNG 发动机车型电气线路图 10/10

东风乘龙 M3 车型电气线路图 (1/4)

电源、起动机、发电机	格栅预热	起动回路	熄火	电锁	驾驶室举升电动机	ACC/ON继电器

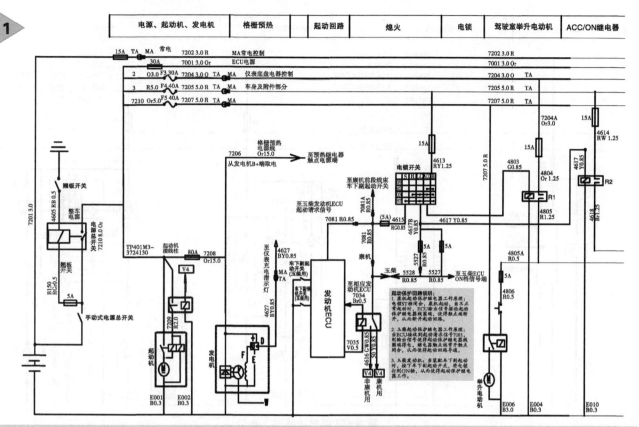

乘龙 M3 电气线路图 1/8

电动刮水器	喇叭	手动空调	电动门窗玻璃升降器	

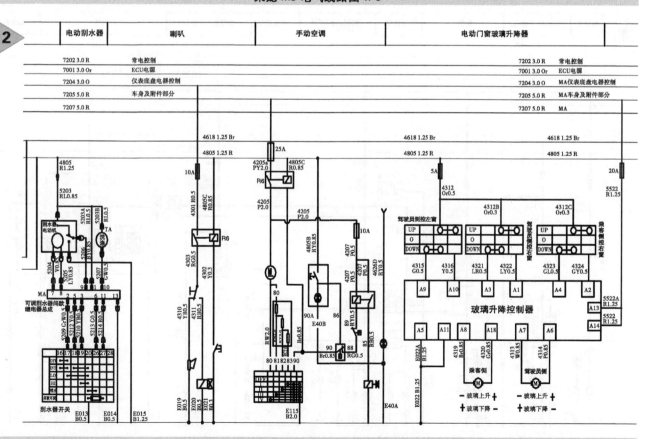

乘龙 M3 电气线路图 2/8

东风乘龙 M3 车型电气线路图 （2/4）

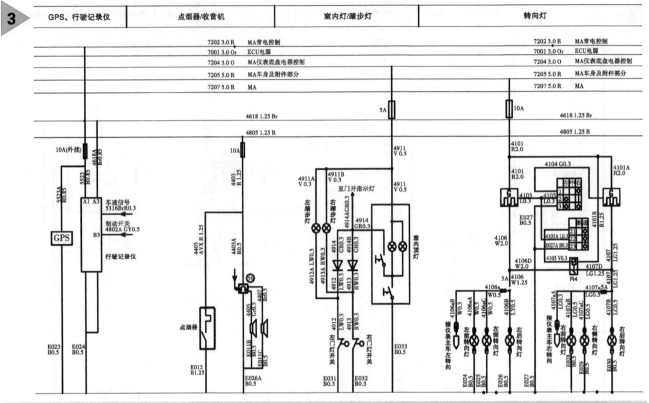

乘龙 M3 电气线路图 3/8

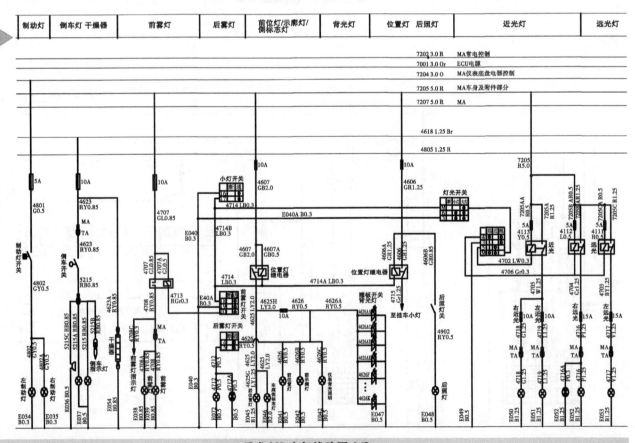

乘龙 M3 电气线路图 4/8

东风乘龙 M3 车型电气线路图 (3/4)

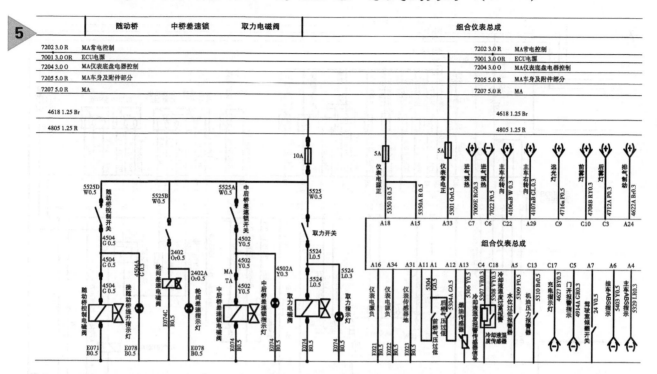

乘龙 M3 电气线路图 5/8

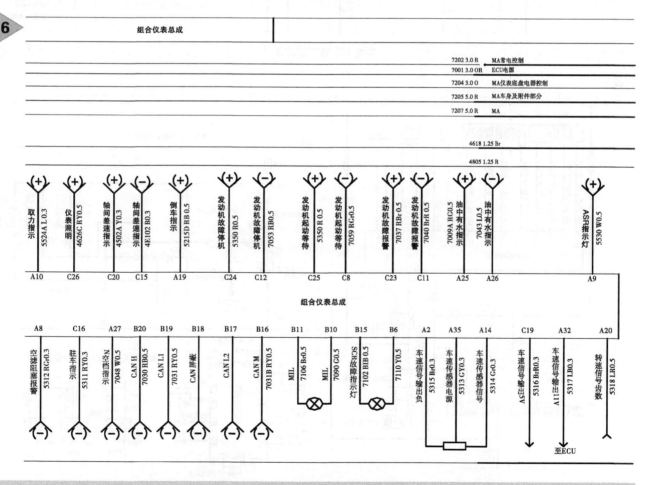

乘龙 M3 电气线路图 6/8

东风乘龙 M3 车型电气线路图 (4/4)

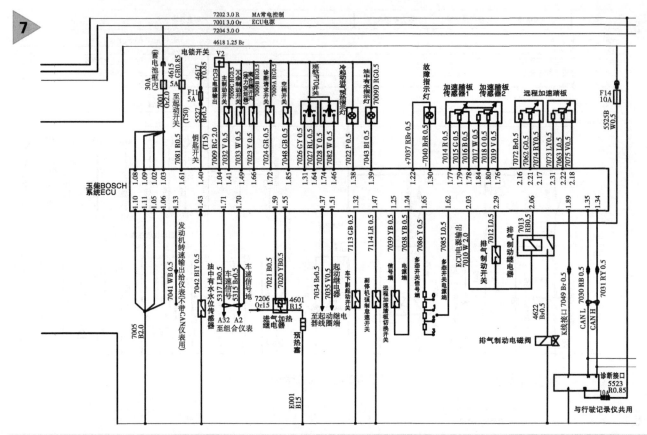

乘龙 M3 电气线路图 7/8

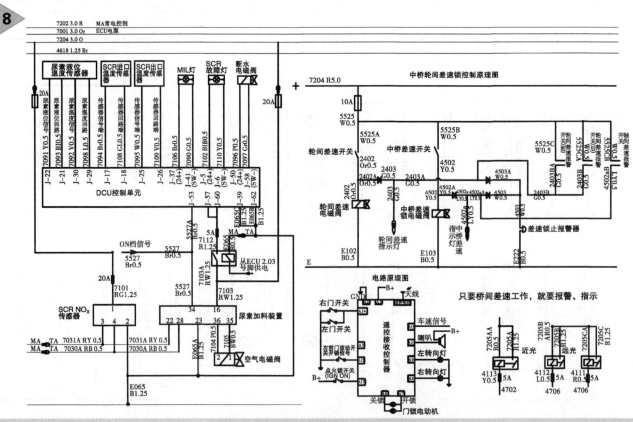

乘龙 M3 电气线路图 8/8

东风乘龙M5车型电气线路图（1/11）

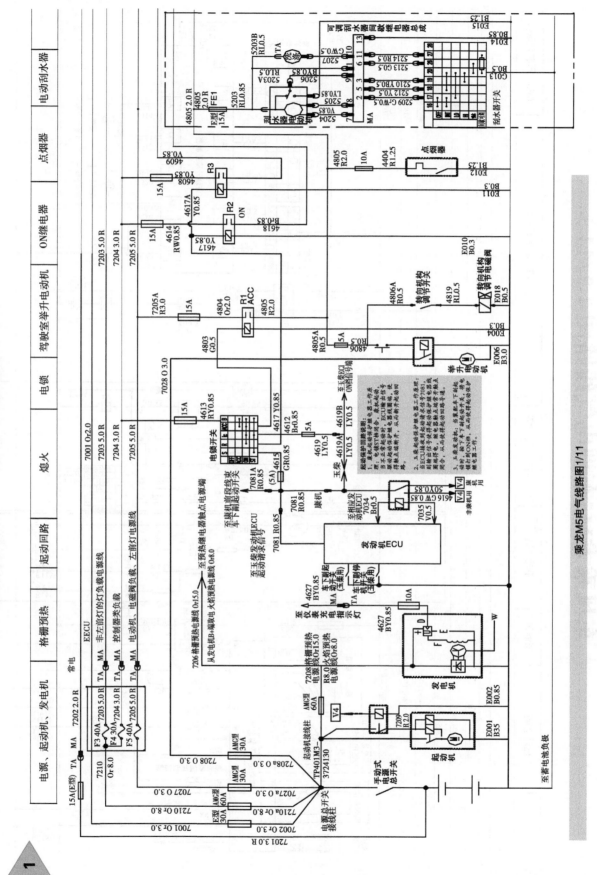

东风乘龙M5车型电气线路图（2/11）

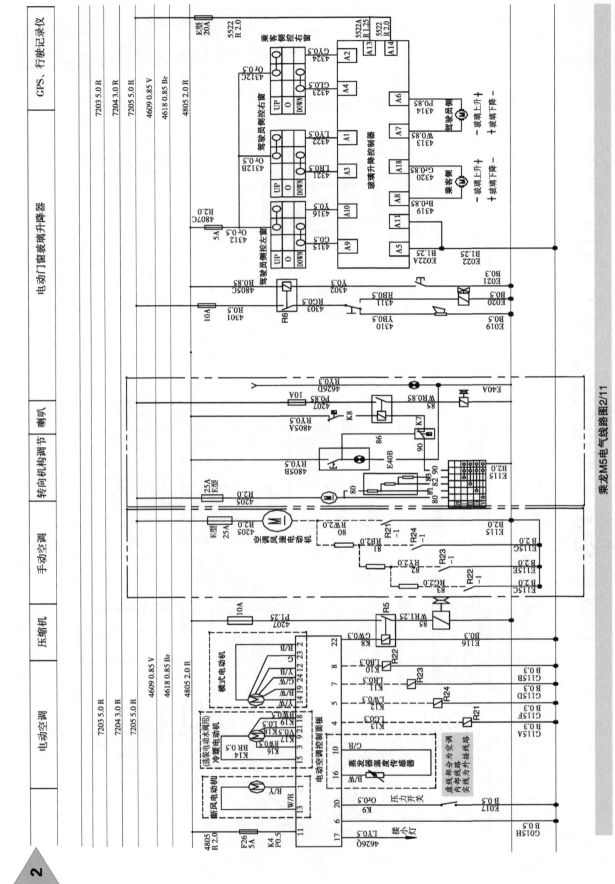

乘龙M5电气线路图2/11

东风乘龙M5车型电气线路图（3/11）

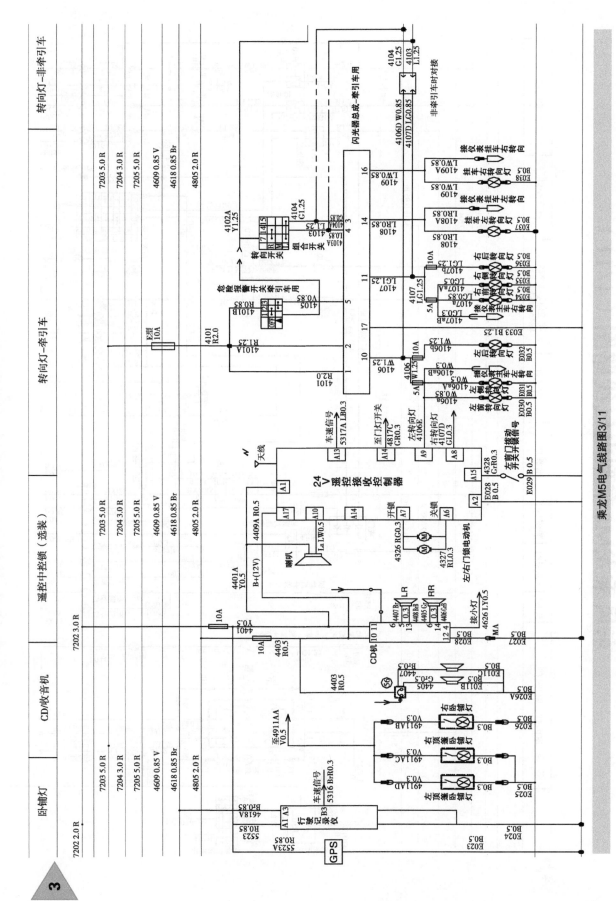

东风乘龙M5车型电气线路图（4/11）

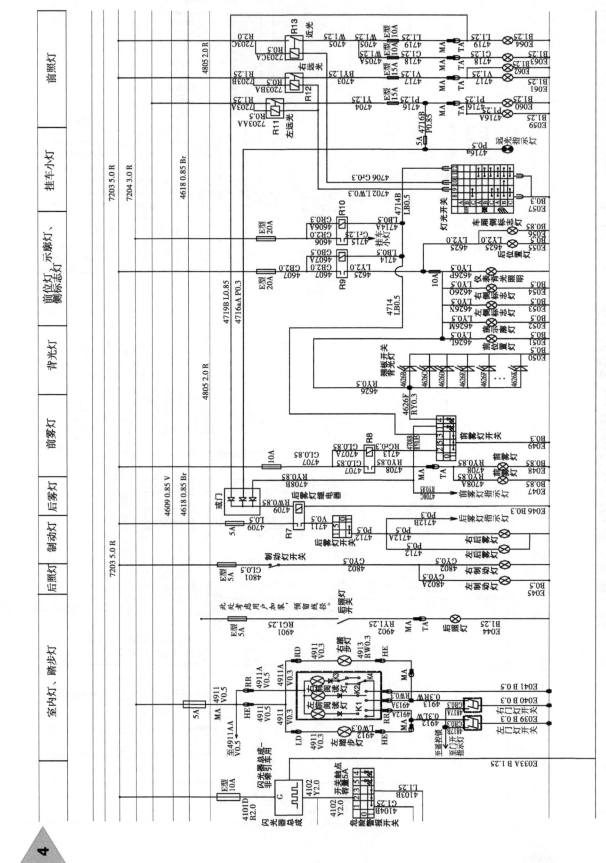

东风乘龙M5车型电气线路图（5/11）

前侧灯　倒车灯　干燥器　随动桥　排气制动　中桥差速锁　取力电磁阀

东风乘龙M5车型电气线路图（6/11）

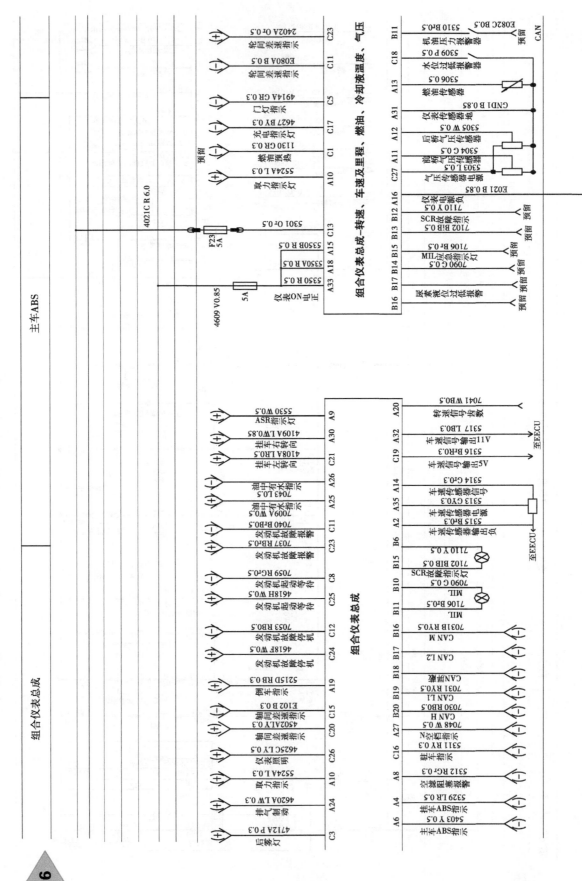

组合仪表总成

主车ABS

组合仪表总成

东风乘龙M5车型电气线路图（7/11）

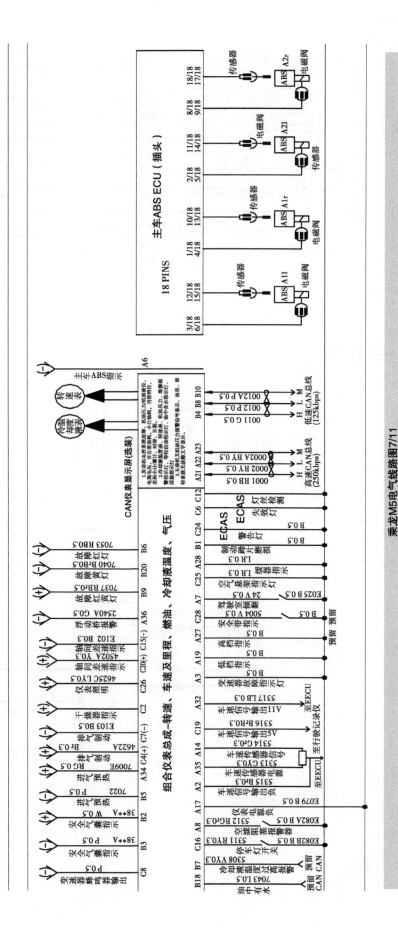

东风乘龙M5车型电气线路图（8/11）

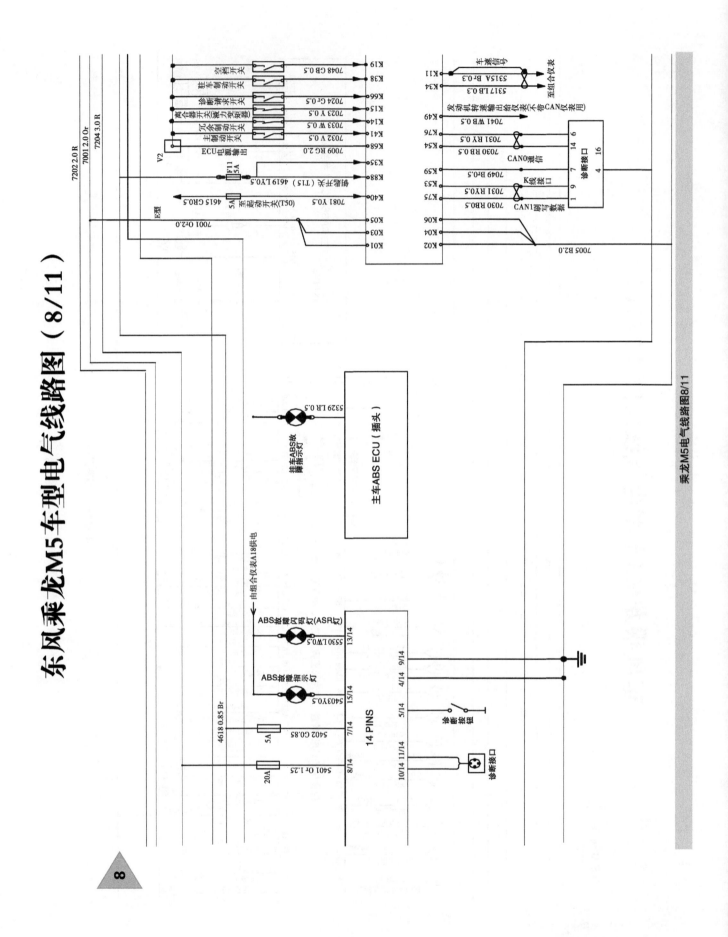

东风乘龙M5车型电气线路图（9/11）

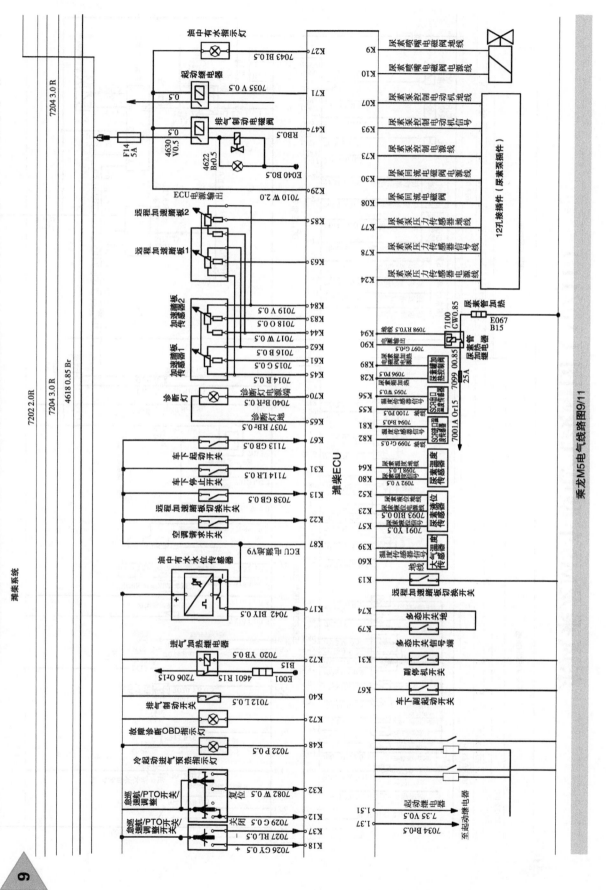

乘龙M5电气线路图9/11

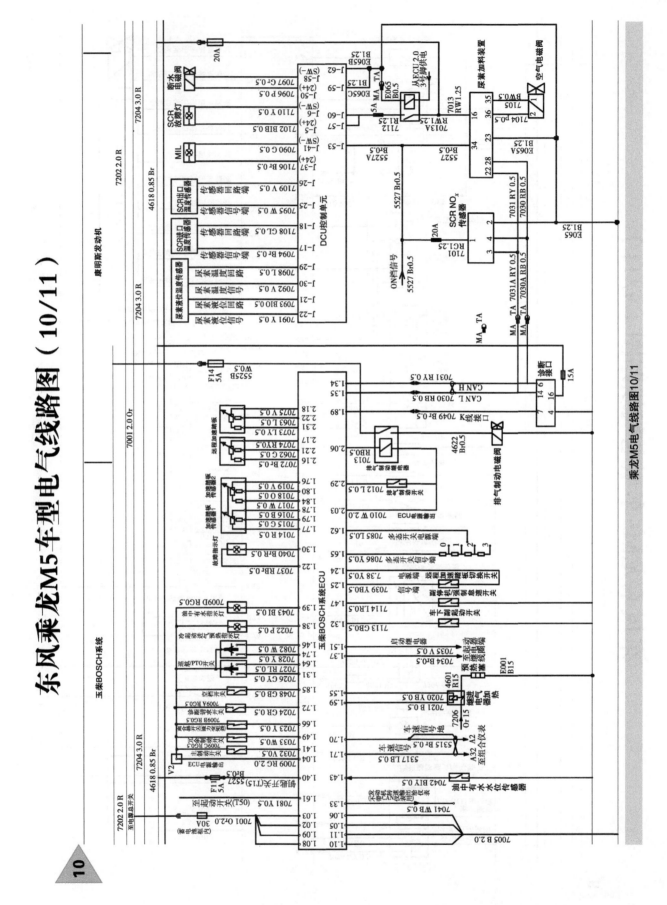

东风乘龙M5车型电气线路图（11/11）

玉柴威特系统

杭发EGR发动机

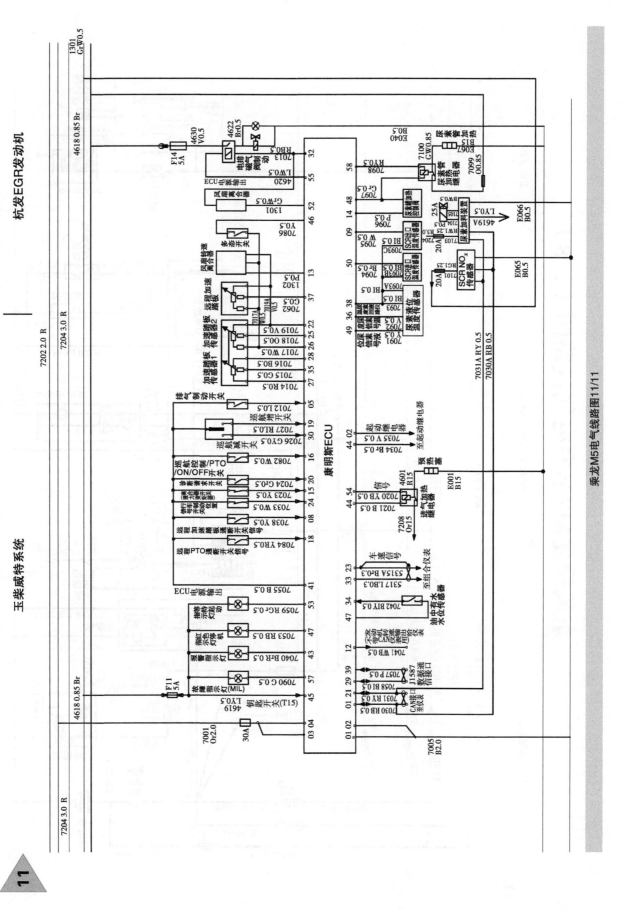

康明斯ECU

乘龙M5电气线路图11/11

11

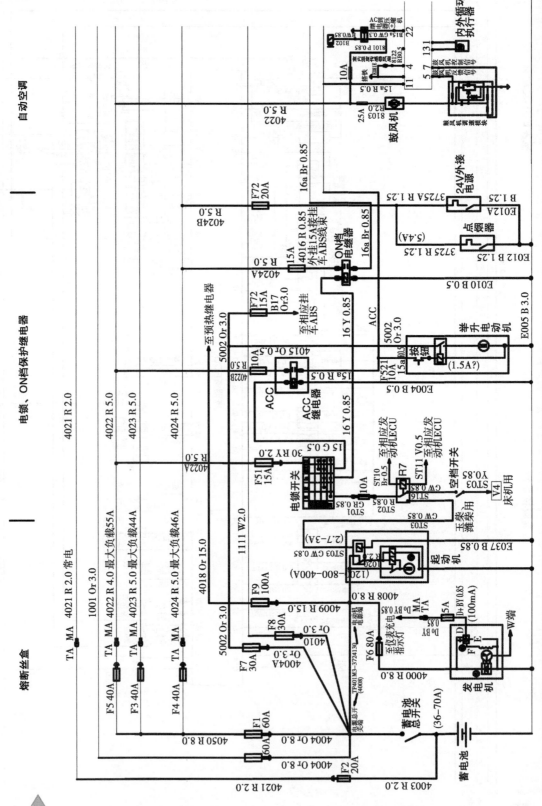

东风乘龙M7车型电气线路图（1/8）

乘龙M7电气线路图1/8

东风乘龙M7车型电气线路图（2/8）

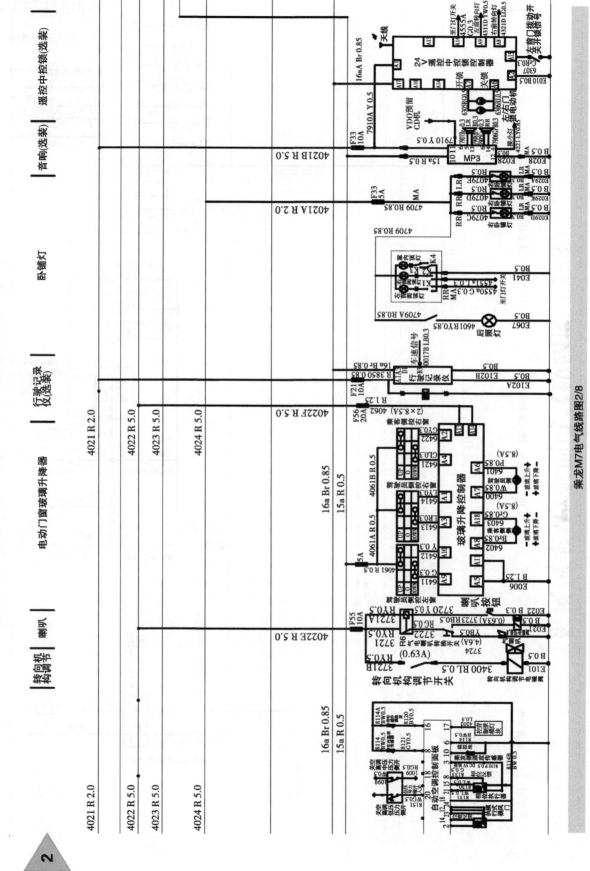

东风乘龙M7车型电气线路图（3/8）

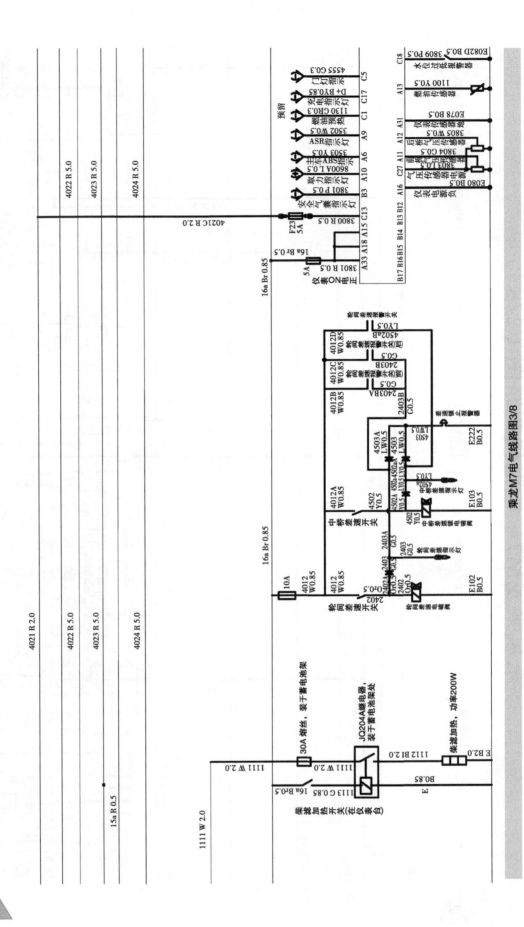

乘龙M7电气线路图3/8

东风乘龙M7车型电气线路图（4/8）

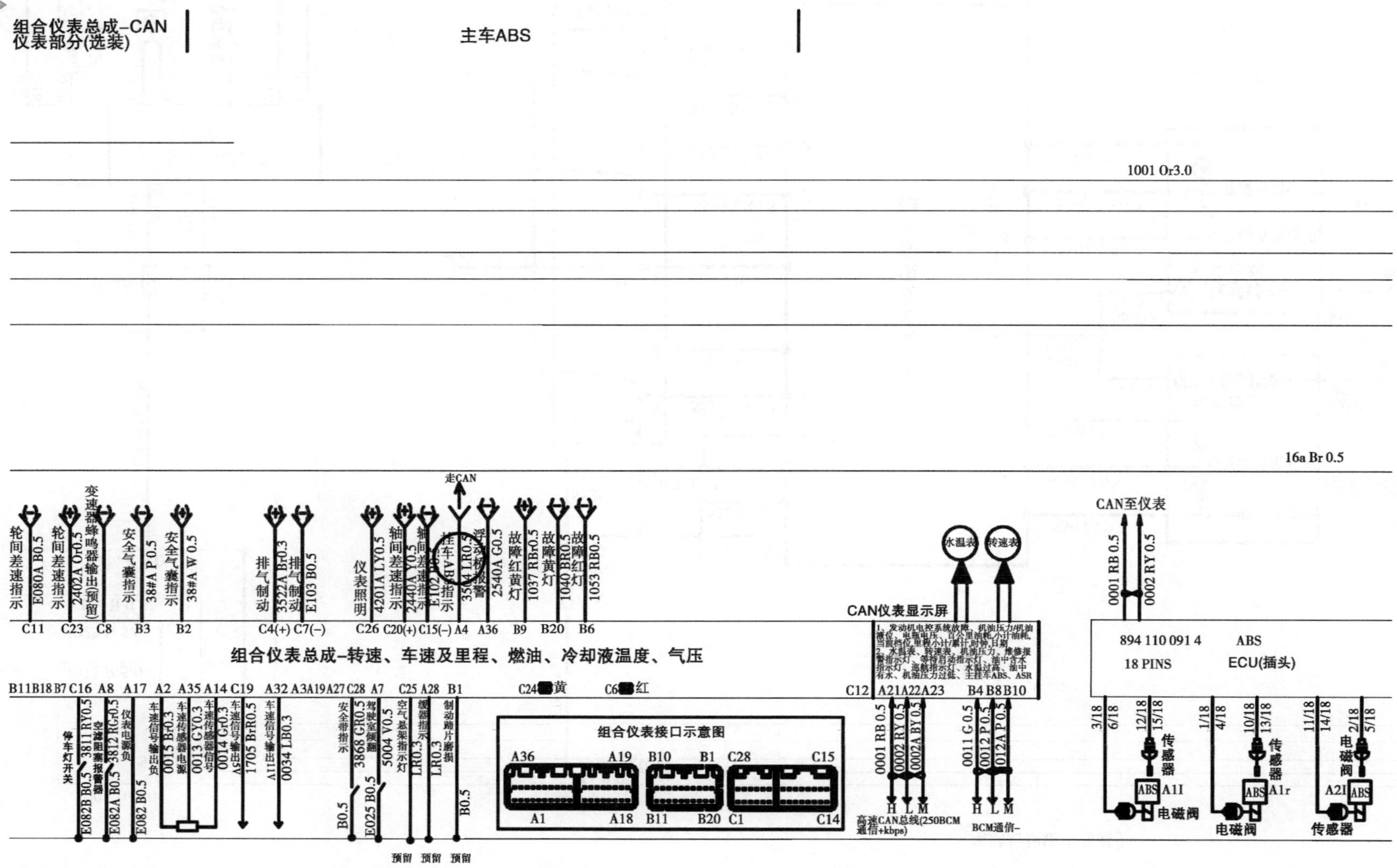

乘龙M7电气线路图4/8

东风乘龙M7车型电气线路图（5/8）

电动后视镜（选装）

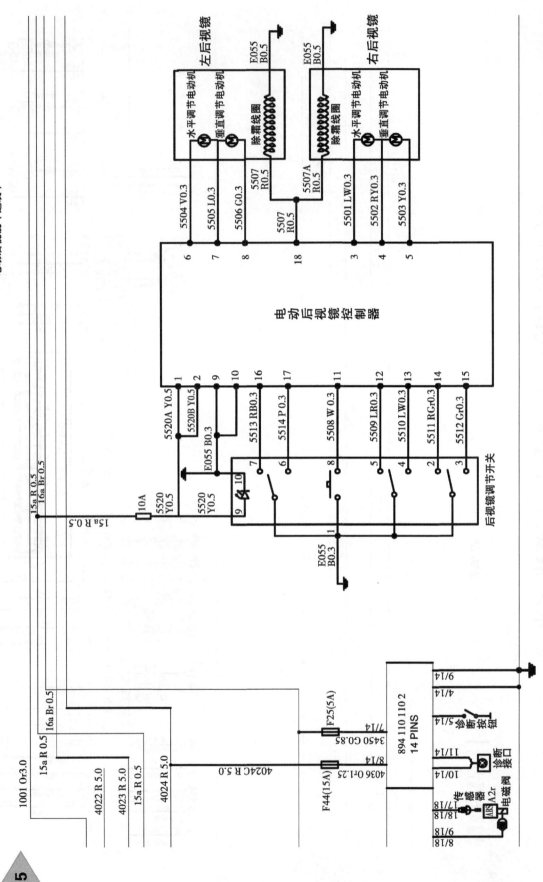

东风乘龙M7车型电气线路图（6/8）

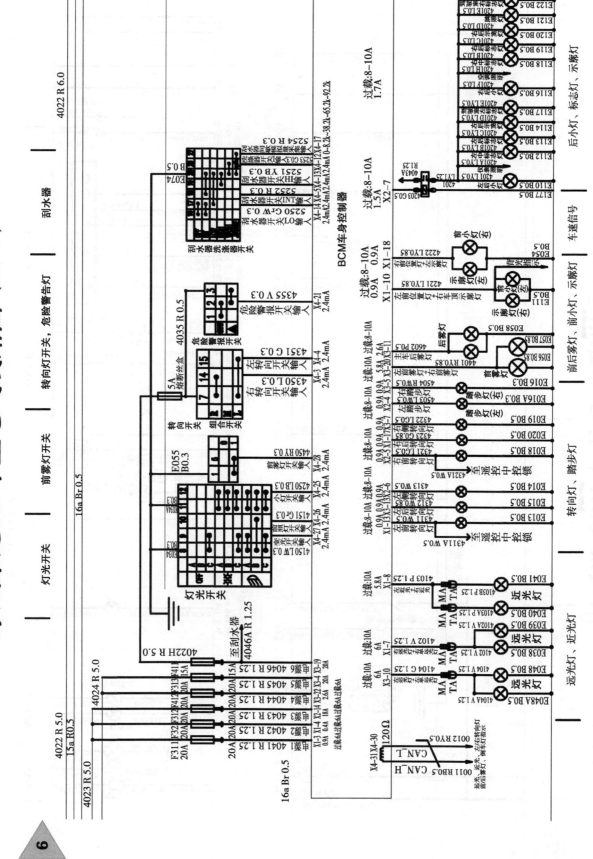

东风乘龙M7车型电气线路图（7/8）

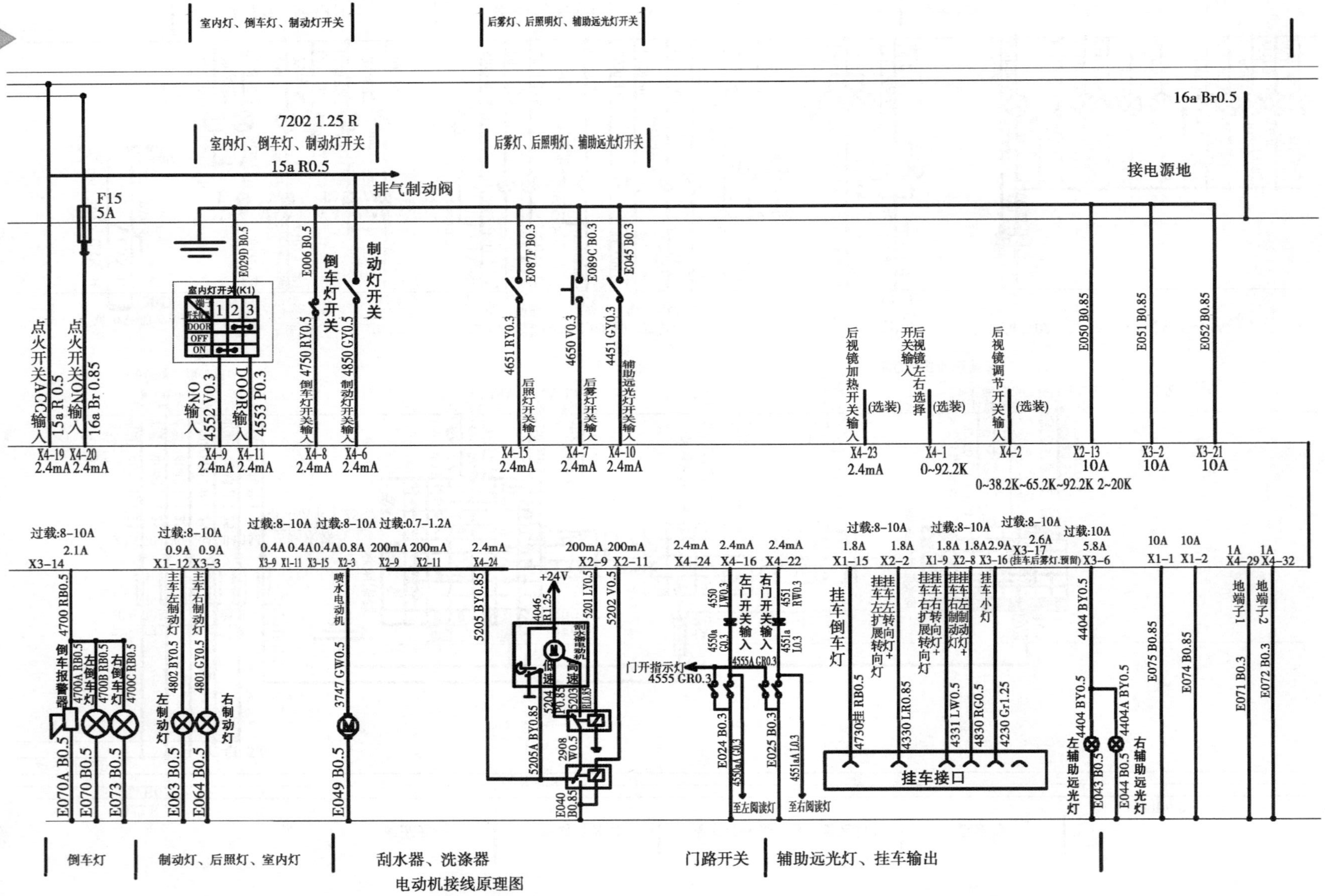

乘龙M7电气线路图7/8

东风乘龙M7车型电气线路图（8/8）

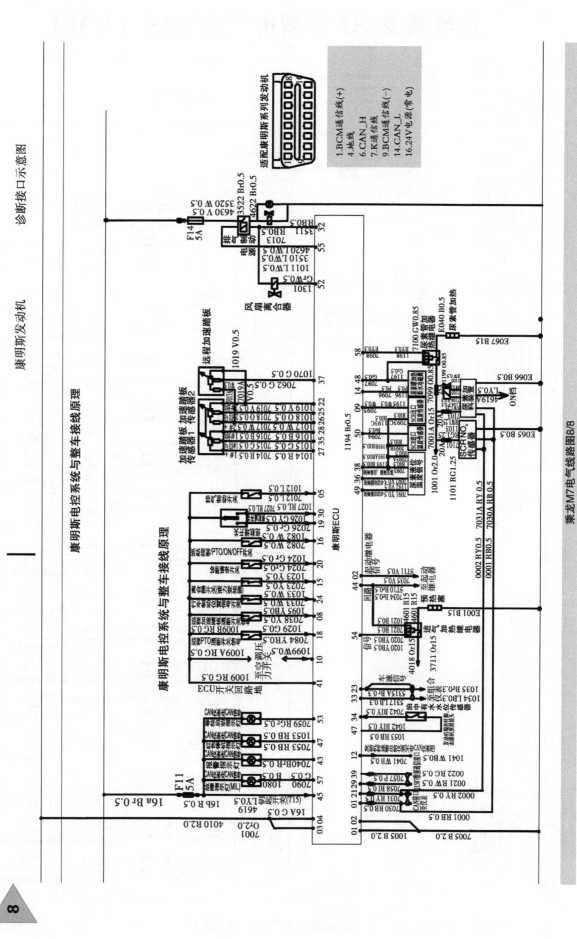

适配康明斯系列发动机

1.BCM通信线(+)
4.地线
6.CAN_H
7.K通信线
9.BCM通信线(−)
14.CAN_L
16.24V电源(常电)

诊断接口示意图

康明斯发动机

康明斯电控系统与整车接线原理

康明斯电控系统与整车接线原理

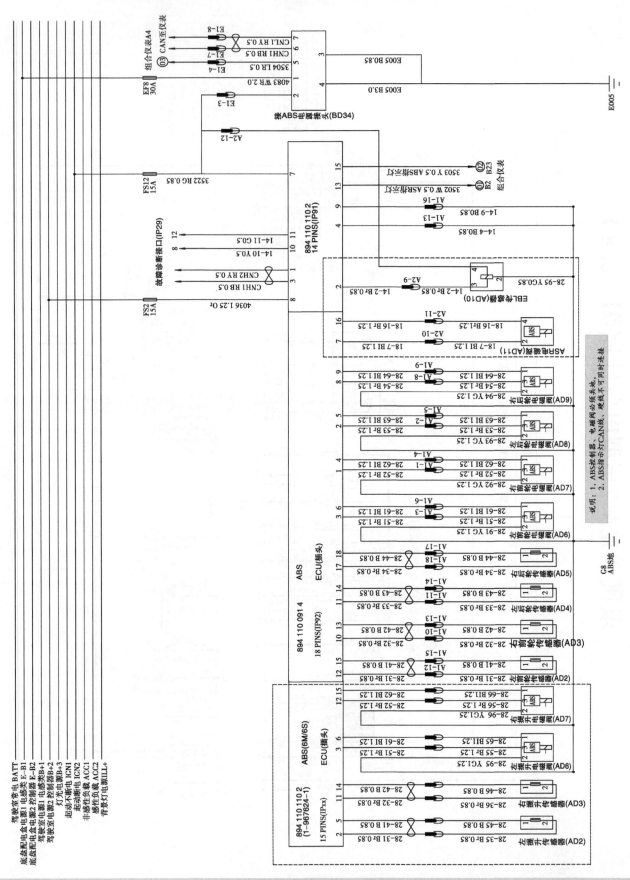

ABS 防抱死制动系统电路图

东风乘龙 H7 车型电气线路图 （2/10）

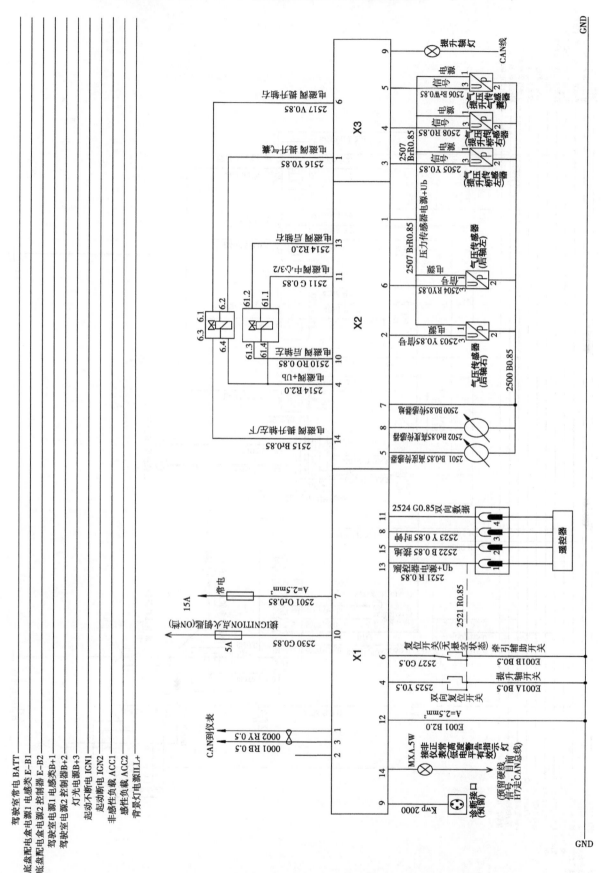

ECAS 空气悬架系统电路图

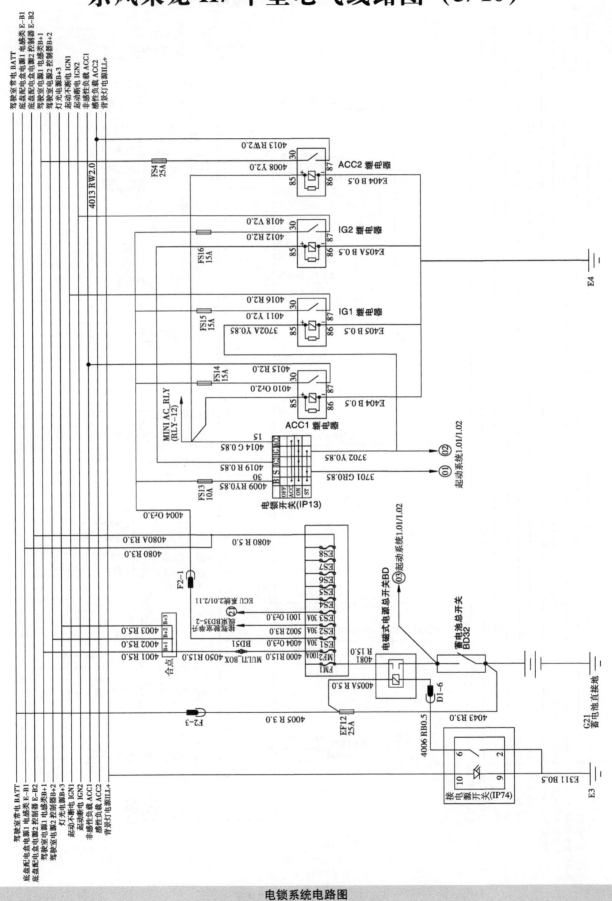

电锁系统电路图

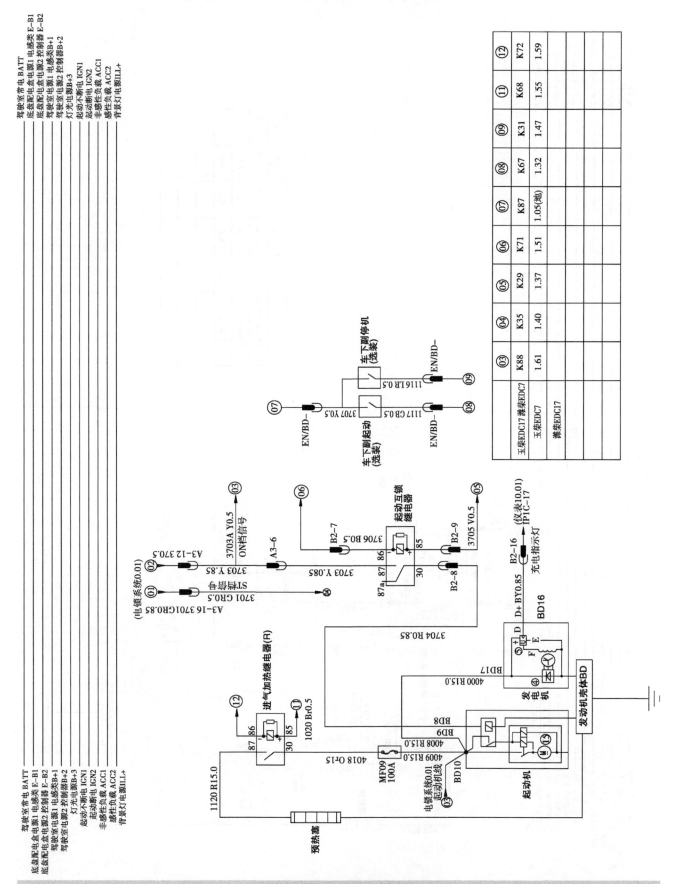

			03	04	05	06	07	08	09	⑪	⑫
玉柴EDC17 维柴EDC7			K88	K35	K29	K71	K87	K67	K31	K68	K72
玉柴EDC7			1.61	1.40	1.37	1.51	1.05(地)	1.32	1.47	1.55	1.59
维柴EDC17											

玉柴与维柴发动机启动系统电路图

东风乘龙 H7 车型电气线路图 （5/10）

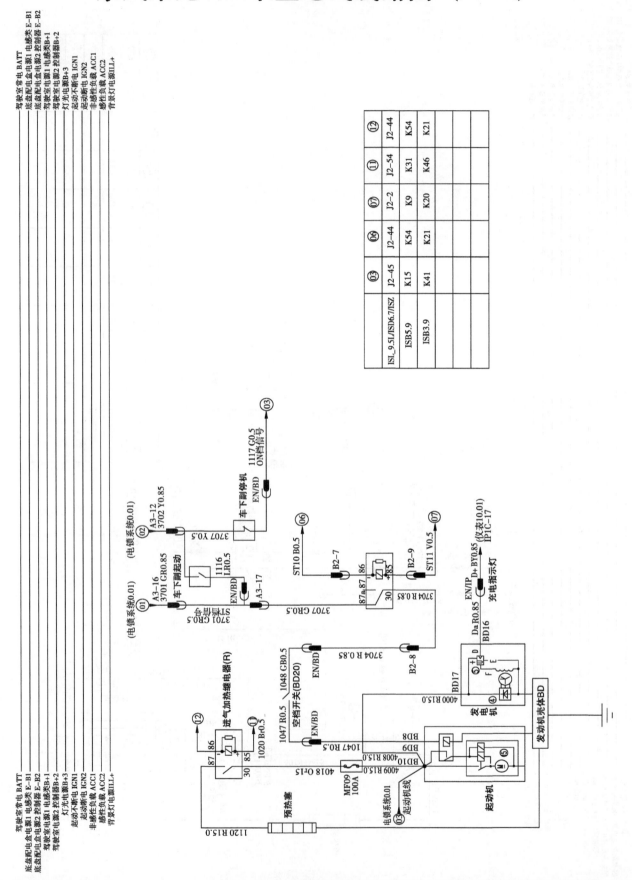

	⑬	⑪	⑰	⑥	⑬
	J2-44	J2-54	J2-2	J2-44	J2-45
	K54	K31	K9	K54	K15
	K21	K46	K20	K21	K41
ISL_9.5L/ISD6.7/ISZ					
ISB5.9					
ISB3.9					

康明斯发动机起动系统电路图

东风乘龙 H7 车型电气线路图 （6/10）

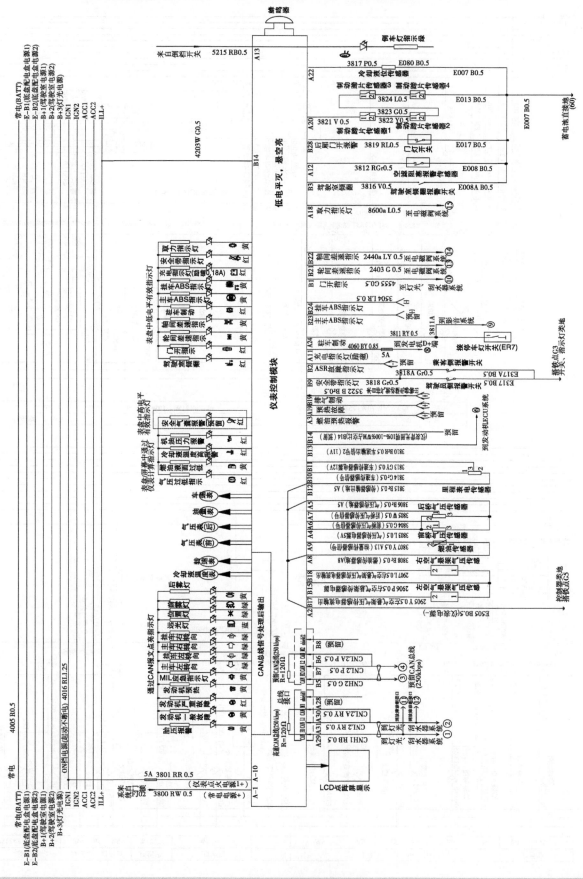

组合仪表电路图

东风乘龙 H7 车型电气线路图 (7/10)

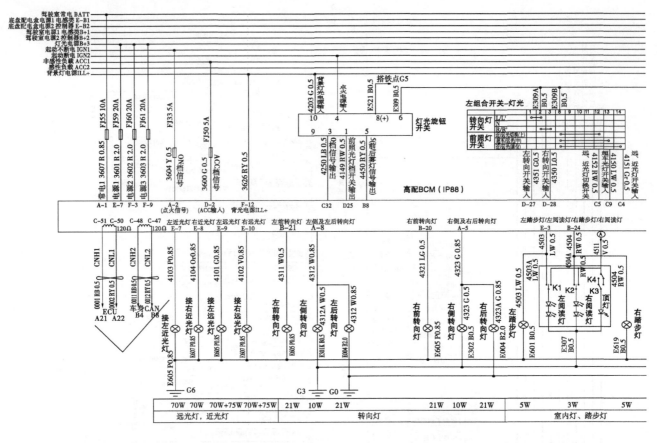

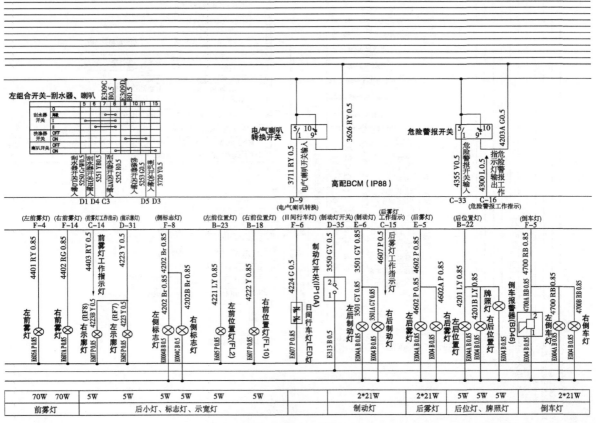

照明与刮水器系统电路图 1/2

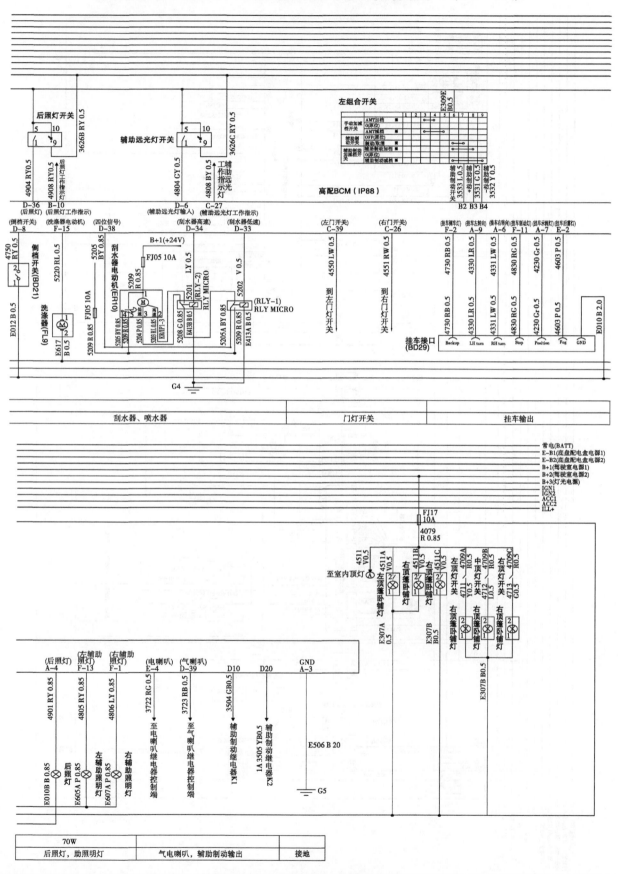

左组合开关

		1	2	3	4	5	6	7	8	9
手动加减档开关	AMT加档									
	0(原位)									
	AMT减档									
制动缓速器开关	OFF(原位)									
	制动(取消)									
	0(原位)									
辅助制动加减开关	辅助制动加档									
	0(原位)									
	辅助制动减档									

高配BCM(IP88)

照明与刮水器系统电路图 2/2

东风乘龙 H7 车型电气线路图 （9/10）

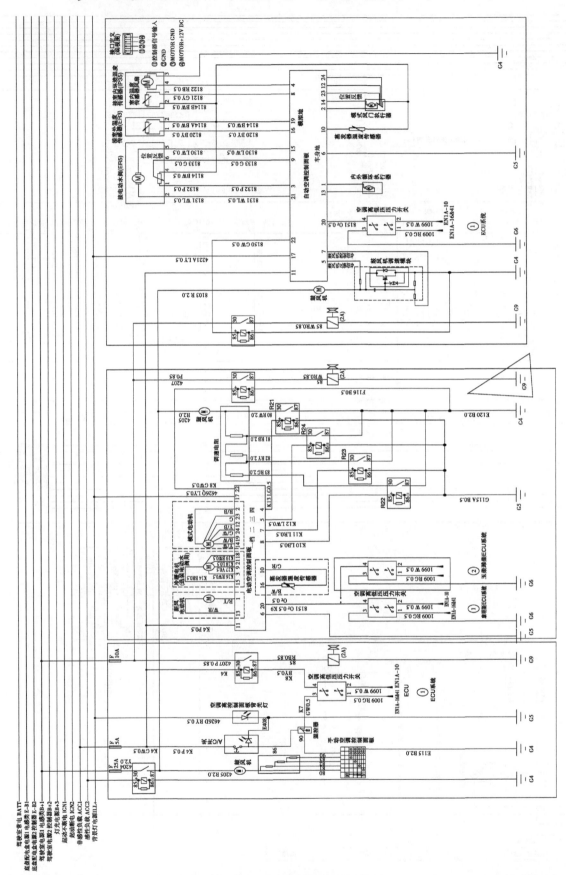

空调系统电路图

东风乘龙 H7 车型电气线路图 （10/10）

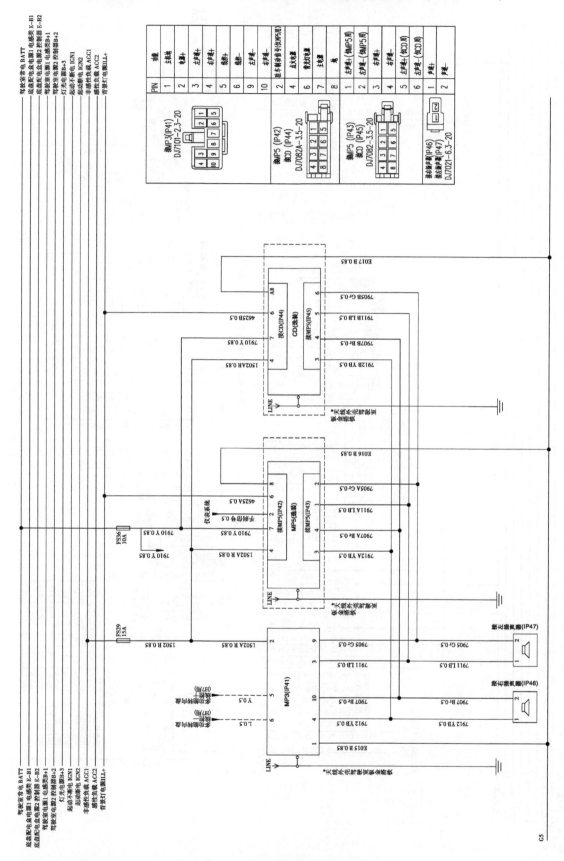

影音娱乐系统电路图

东风康明斯 ISL 发动机电控系统电路图

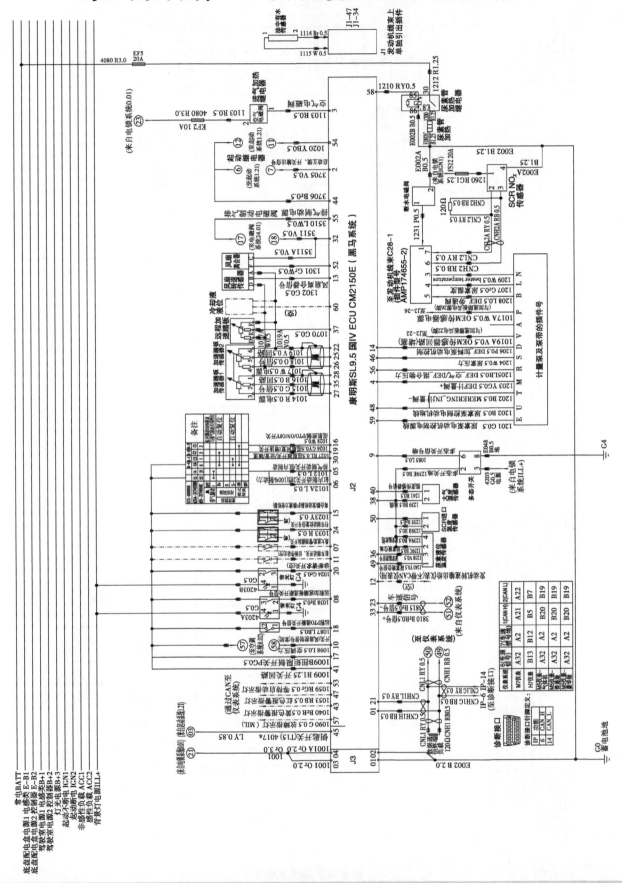

康明斯 ISL9.5（CM2150E）国四发动机电路原理图

东风康明斯 ISZ 发动机电控系统电路图

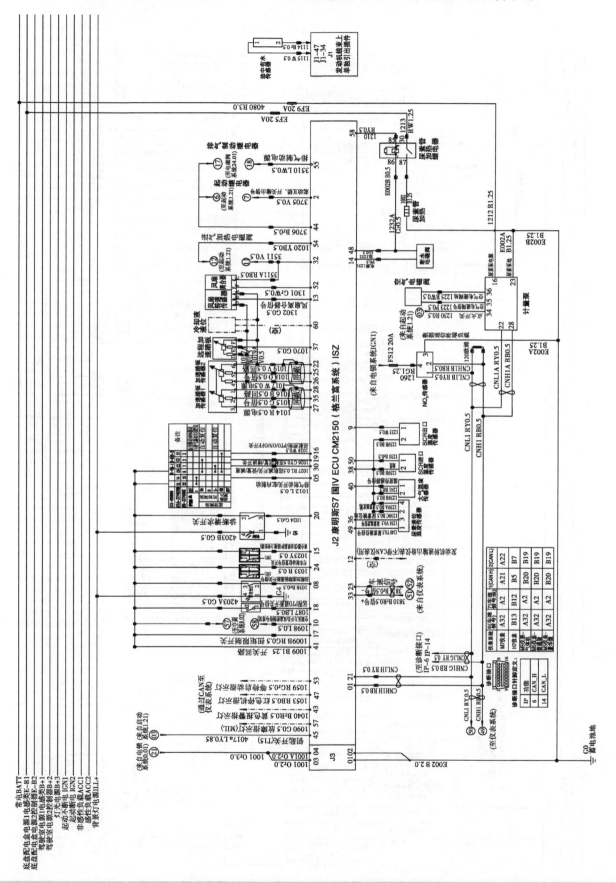

康明斯 ISZ（CM2150）国 4 发动机电路原理图

东风康明斯 ISG 发动机电控系统电路图

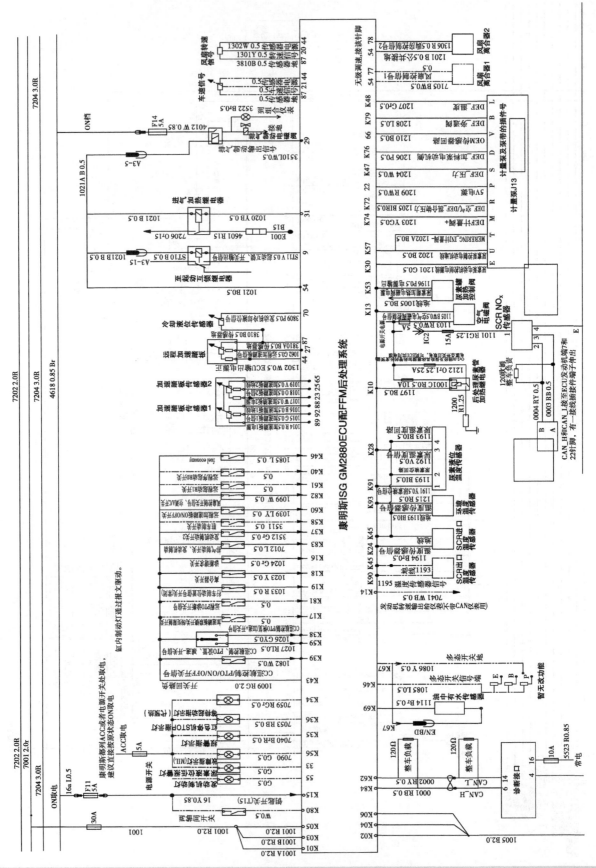

康明斯 ISG (CM2880) 发动机电路原理图

东风玉柴 YC6K 发动机电控系统电路图

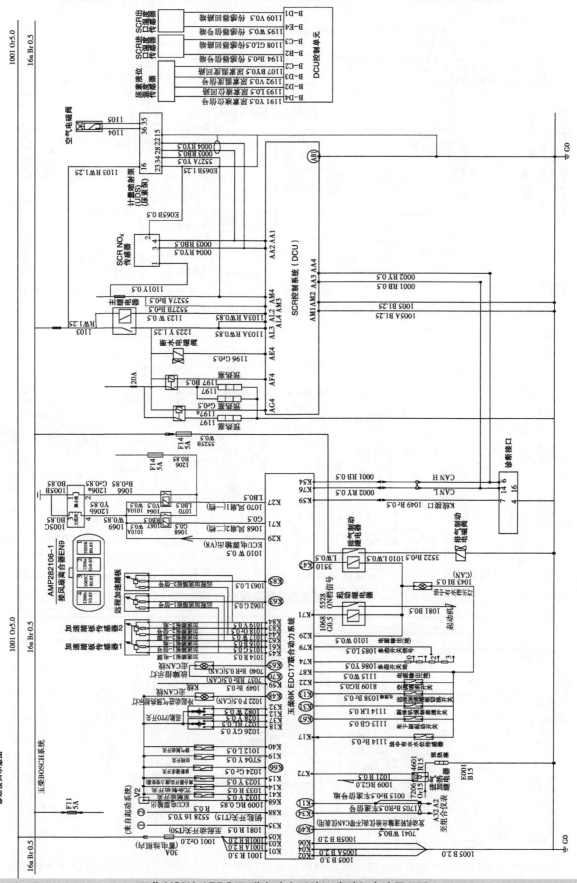

玉柴 YC6K（EDC17 联合动力系统）发动机电路原理图

福田欧曼 EXT 自卸车型电气线路图 (1/4)

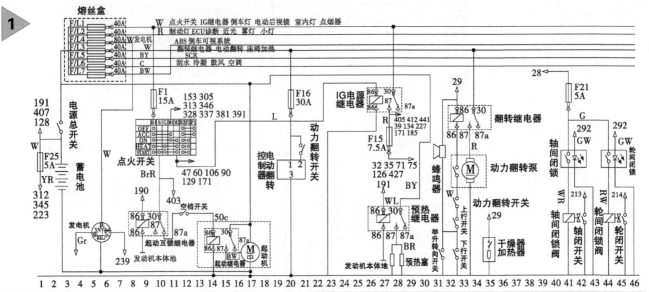

欧曼 EXT 自卸车整车线路 1/10

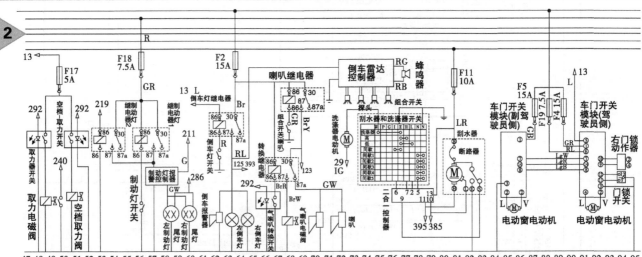

欧曼 EXT 自卸车整车线路 2/10

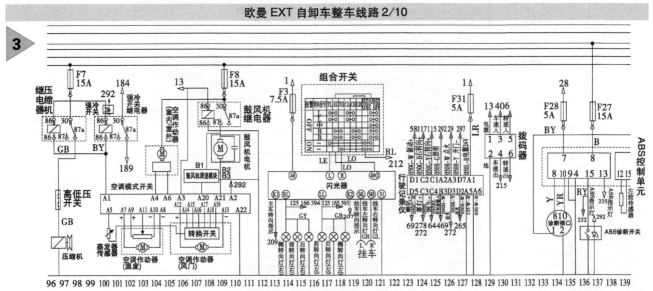

欧曼 EXT 自卸车整车线路 3/10

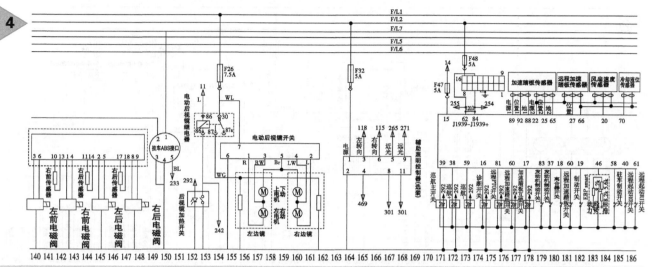

欧曼 EXT 自卸车整车线路 4/10

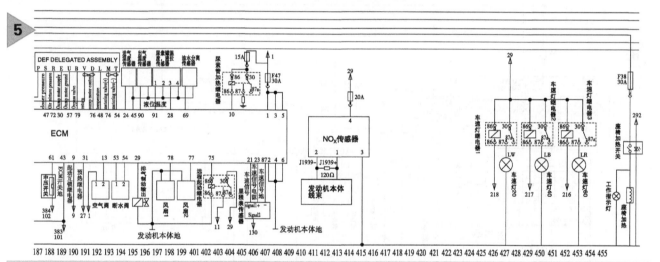

欧曼 EXT 自卸车整车线路 5/10

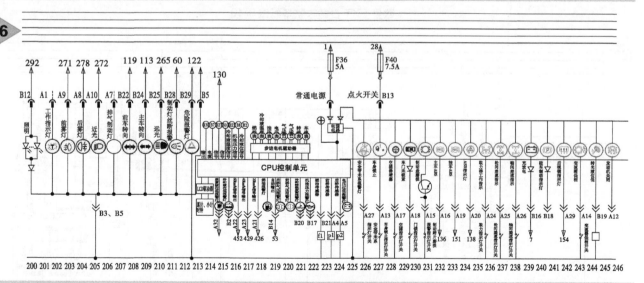

欧曼 EXT 自卸车整车线路 6/10

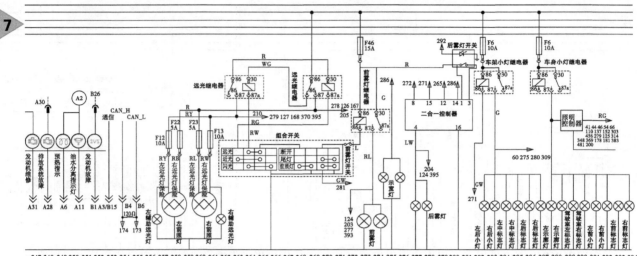

欧曼 EXT 自卸车整车线路 7/10

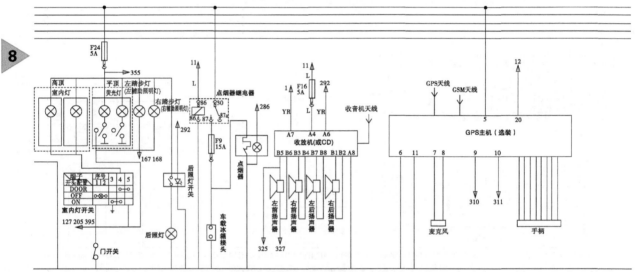

欧曼 EXT 自卸车整车线路 8/10

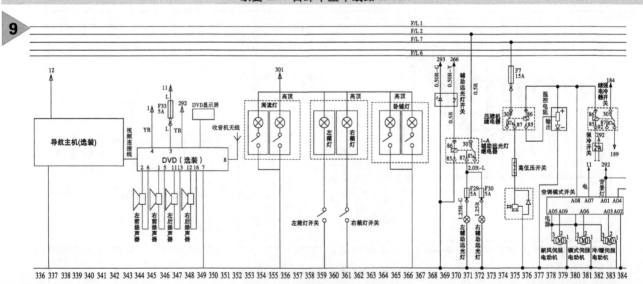

欧曼 EXT 自卸车整车线路 9/10

福田欧曼 EXT 自卸车型电气线路图 (4/4)

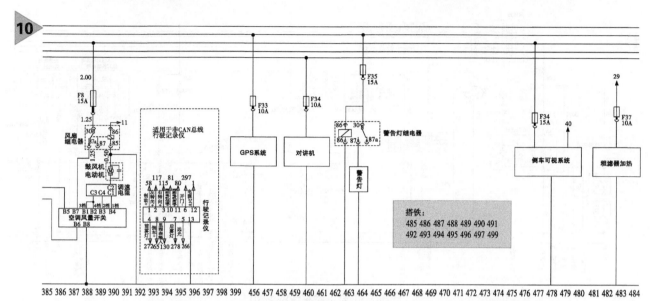

10

2.00

F8
15A

1.25   11

风扇
继电器   30   86

鼓风机   87a 87 85
电动机

C2
C3 C4 C1   调速
电阻

B5 B7 B1 B2 B3 B4
空调风量开关
B6 B8

适用于非CAN总线
行驶记录仪

117 81 297
58   115 80   1

1 2 3 10 11 6 12
4   8   9 7 5 13

27 26 51 30 278 266

行驶记录仪

F33
10A

GPS系统

F34
10A

对讲机

F35
15A

86   30
86a 87 87a   警告灯继电器

警告灯

搭铁:
485 486 487 488 489 490 491
492 493 494 495 496 497 499

F34
15A   40

倒车可视系统

29

F37
10A

粗滤器加热

385 386 387 388 389 390 391 392 393 394 395 396 397 398 399   456 457 458 459 460 461 462 463 464 465 466 467 468 469 470 471 472 473 474 475 476 477 478 479 480 481 482 483 484

欧曼 EXT 自卸车整车线路 10/10

福田欧曼 EXT 牵引车型电气线路图 (1/4)

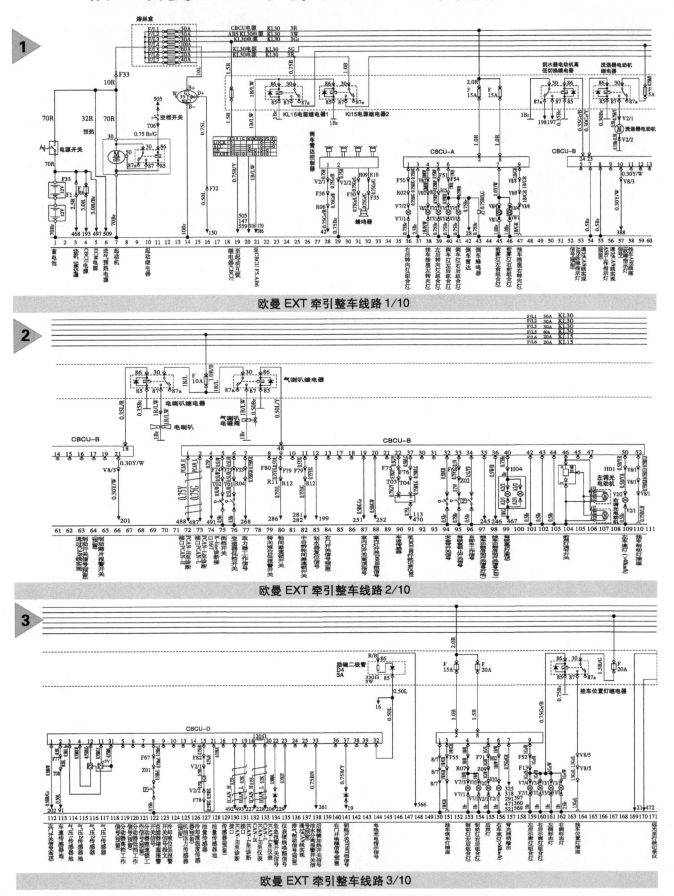

欧曼 EXT 牵引整车线路 1/10

欧曼 EXT 牵引整车线路 2/10

欧曼 EXT 牵引整车线路 3/10

福田欧曼 EXT 牵引车型电气线路图 (2/4)

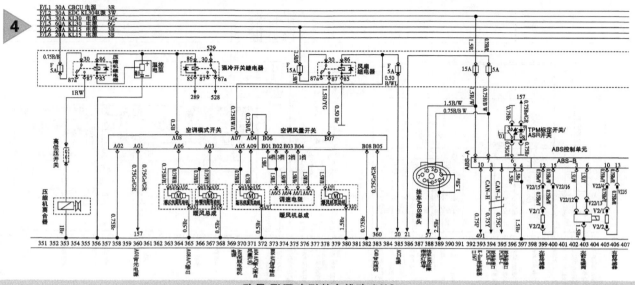

欧曼 EXT 牵引整车线路 4/10

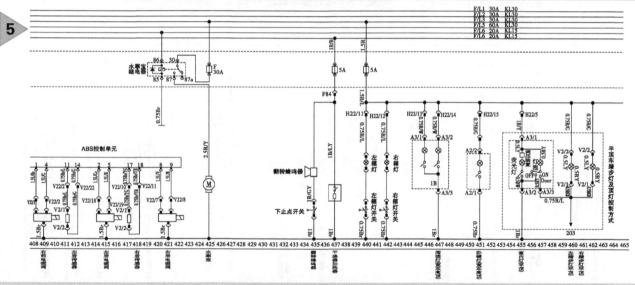

欧曼 EXT 牵引整车线路 5/10

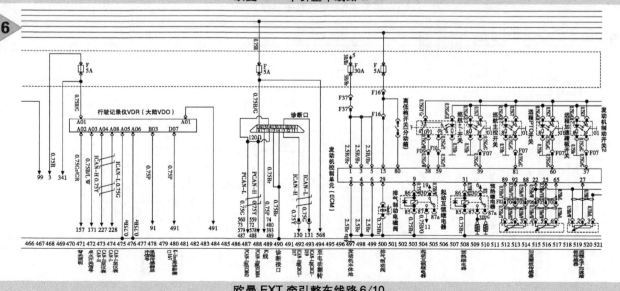

欧曼 EXT 牵引整车线路 6/10

福田欧曼 EXT 牵引车型电气线路图 （3/4）

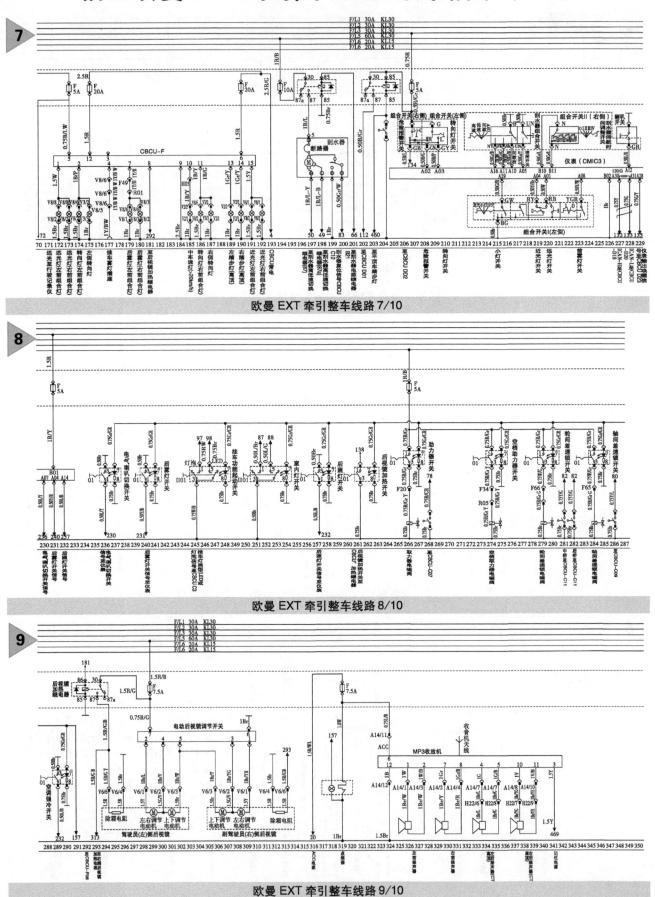

欧曼 EXT 牵引整车线路 7/10

欧曼 EXT 牵引整车线路 8/10

欧曼 EXT 牵引整车线路 9/10

福田欧曼 EXT 牵引车型电气线路图 （4/4）

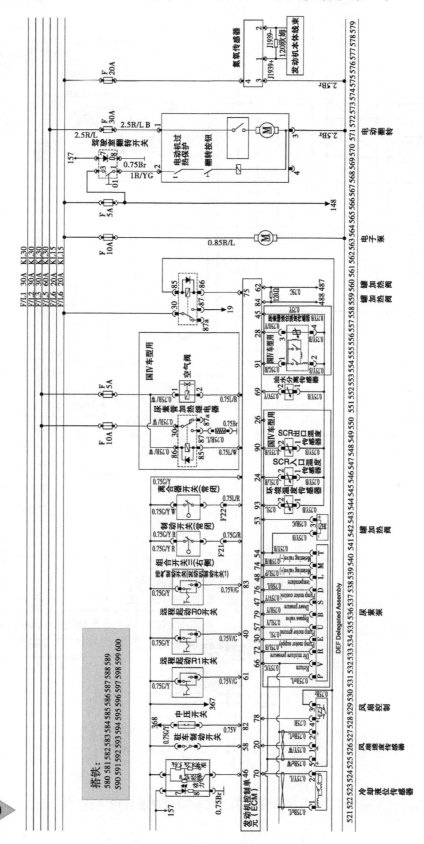

福田欧曼 GTL 车型电气线路图（1/11）

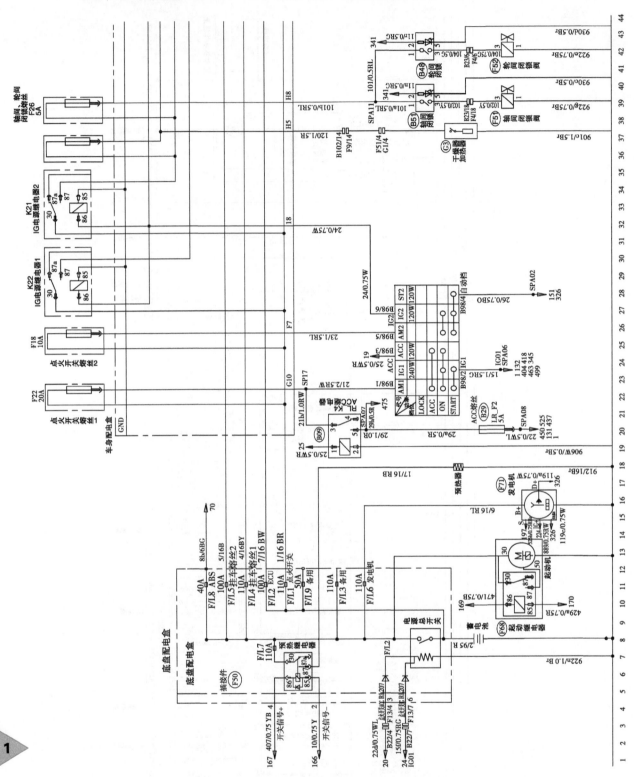

欧曼 GTL 带 CBCU 原理图 1/12

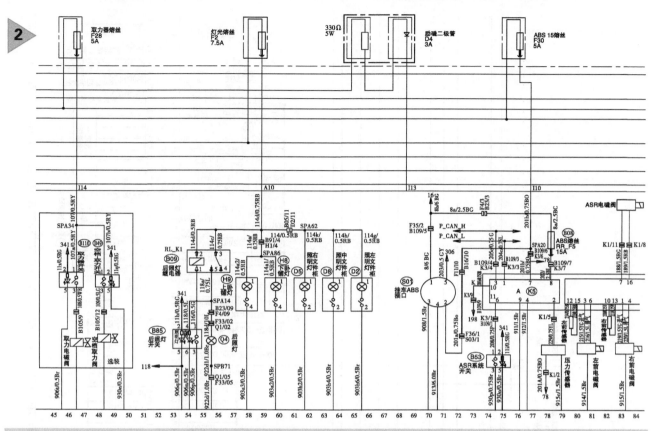

欧曼 GTL 带 CBCU 原理图 2/12

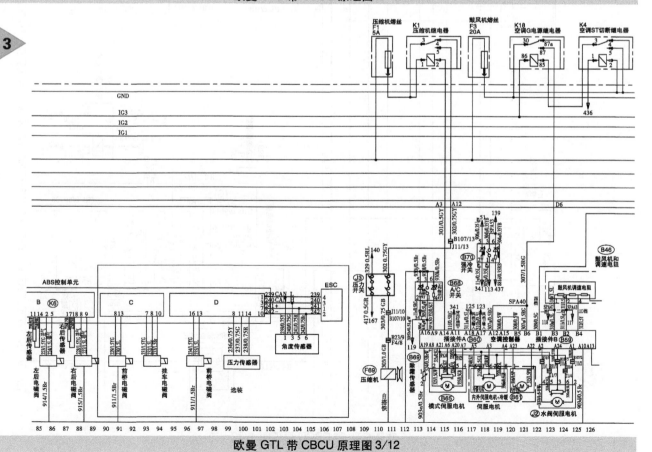

欧曼 GTL 带 CBCU 原理图 3/12

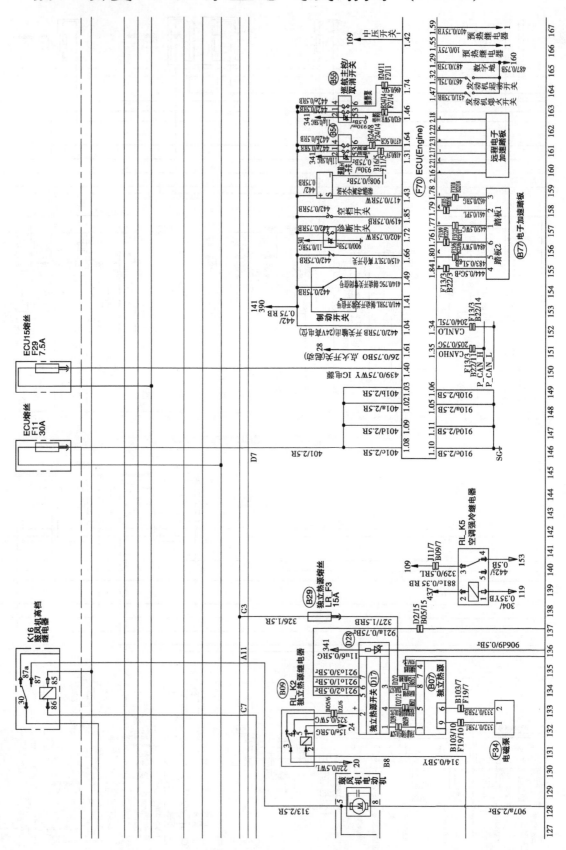

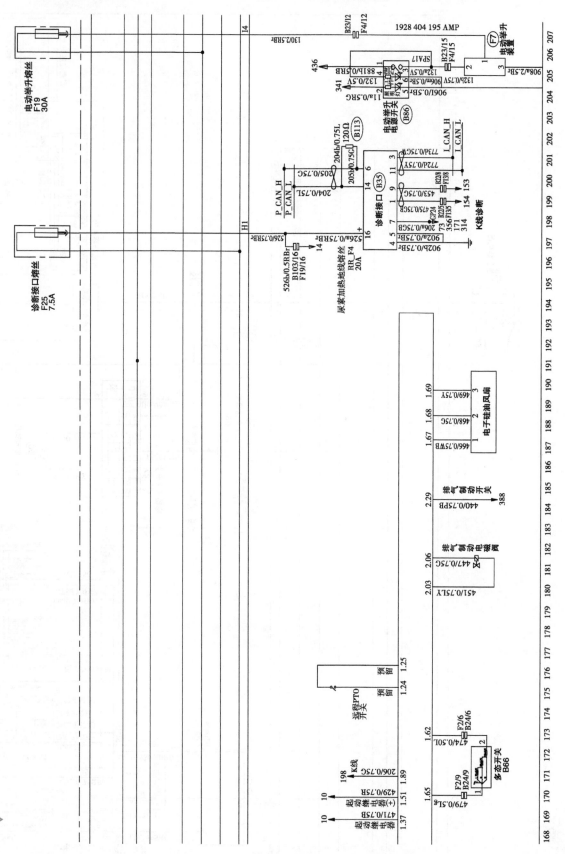

福田欧曼 GTL 车型电气线路图 （5/11）

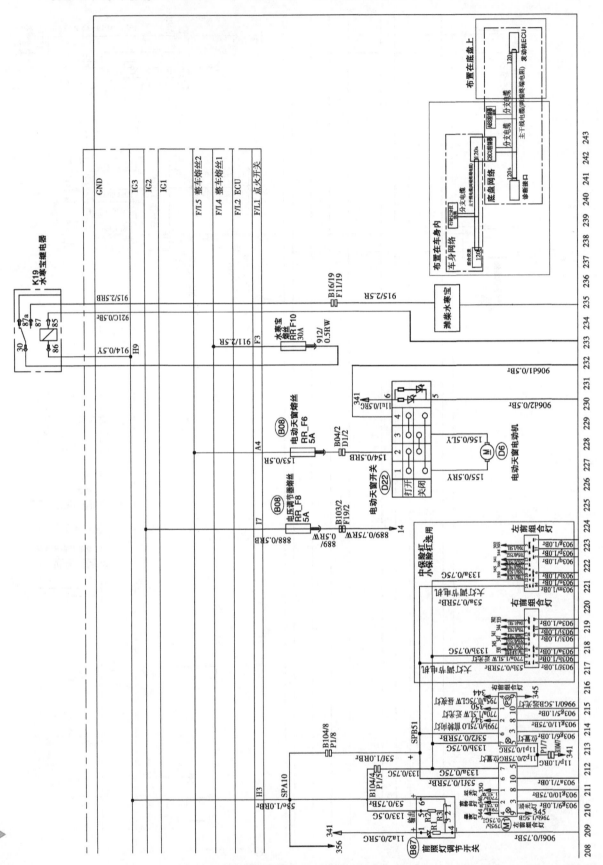

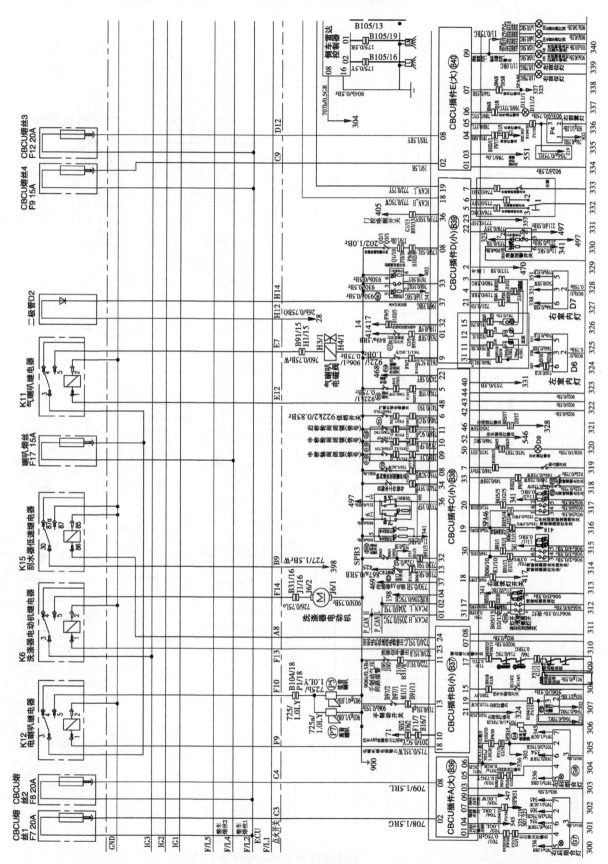

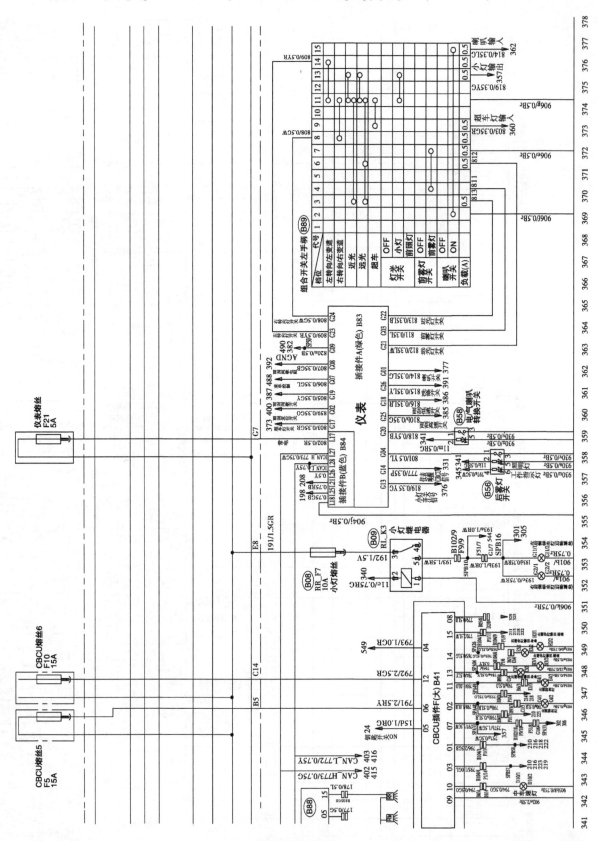

福田欧曼 GTL 车型电气线路图 (8/11)

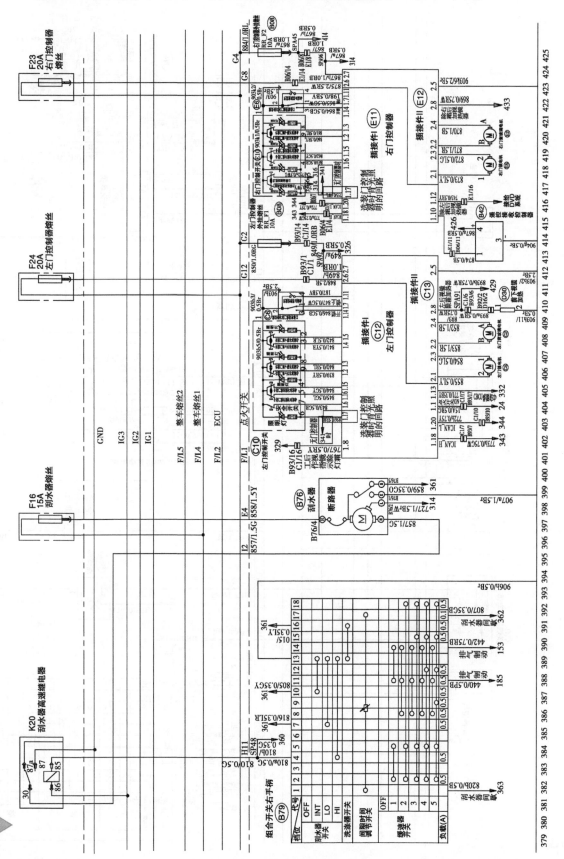

欧曼 GTL 带 CBCU 原理图 9/12

福田欧曼 GTL 车型电气线路图 （9/11）

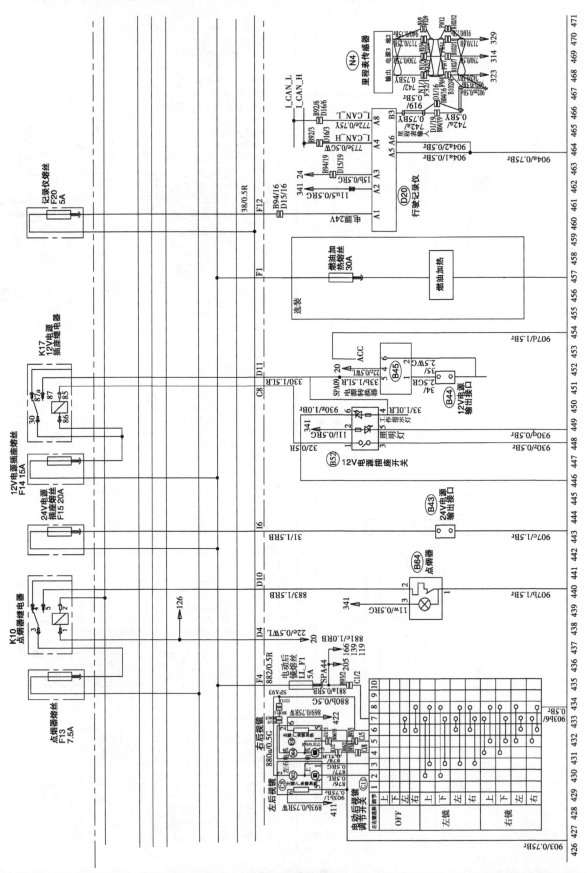

欧曼 GTL 带 CBCU 原理图 10/12

福田欧曼 GTL 车型电气线路图 （10/11）

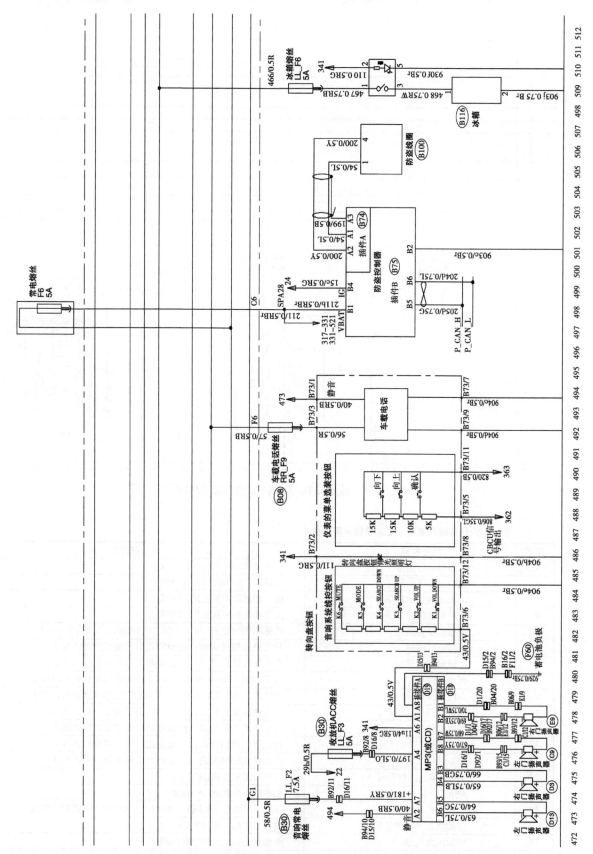

欧曼 GTL 带 CBCU 原理图 11/12

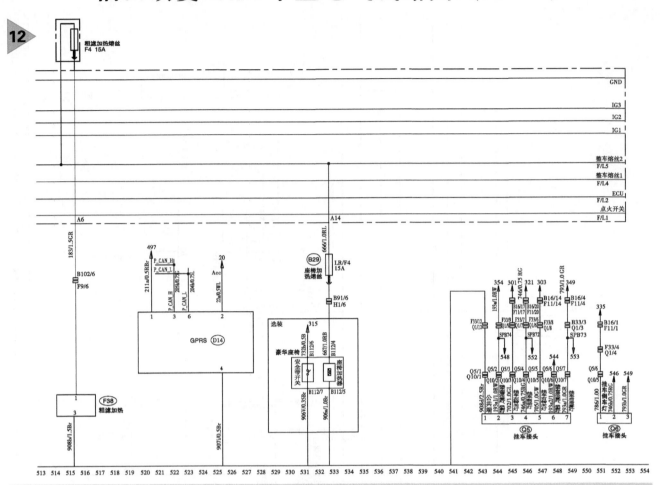

欧曼 GTL 带 CBCU 原理图 12/12

通过CAN线传输的信号（线束硬线不再连接）

序号	信号名称	说明
1	预热指示灯信号	由发动机ECU发送到CAN线上
2	OBD指示灯信号	由发动机ECU发送到CAN线上
3	油水分离指示灯信号	由发动机ECU发送到CAN线上
4	发动机故障诊断指示灯信号	由发动机ECU发送到CAN线上
5	气压低报警信号	传感器硬线接到CBCU，CBCU将此信号发送到CAN线上
6	右转向灯信号	开关硬线接到仪表，仪表将此信号发送到CAN线上
7	左转向灯信号	开关硬线接到仪表，仪表将此信号发送到CAN线上
8	倒车灯信号	传感器硬线接到CBCU，CBCU将此信号发送到CAN线上
9	车门门开信号	传感器硬线接到CBCU，CBCU将此信号发送到CAN线上
10	雾灯信号	开关硬线接到仪表，仪表将此信号发送到CAN线上
11	前照灯信号	开关硬线接到仪表，仪表将此信号发送到CAN线上
12	小灯信号	开关硬线接到仪表，仪表将此信号发送到CAN线上
13	喇叭信号	开关硬线接到仪表，仪表将此信号发送到CAN线上
14	ABS故障指示灯信号	ABS ECU发送到CAN线上
15	ASR工作信号	ABS ECU发送到CAN线上
16	车速里程表信号	传感器硬线接到CBCU、VDR上，由CBCU发送到CAN线上
17	冷却液温度传感器信号	由发动机ECU发送到CAN线
18	机油压力信号	由发动机ECU发送到CAN线
19	发动机转速信号	由发动机ECU发送到CAN线
20	制动灯开关信号	开关硬线接到发动机ECU上，发动机ECU将此信号发送到CAN线上
21	排气制动工作信号	由发动机ECU发送到CAN线上

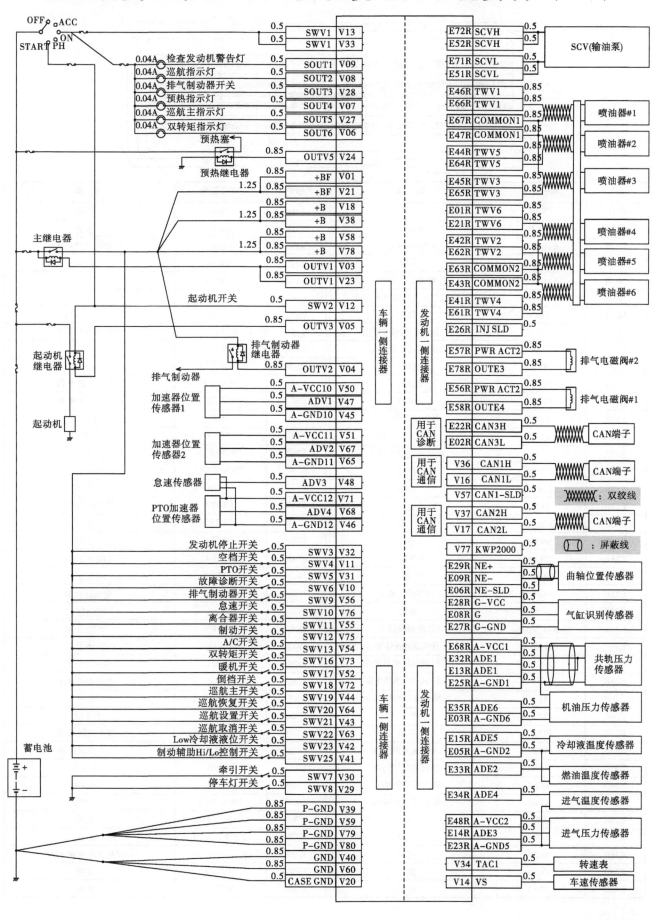

福田欧曼上柴 SC9DF 发动机电控系统资料（2/4）

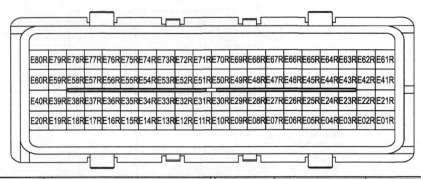

编号	端子记号	连 接	编号	端子记号	连 接
E01R	TWV6	备用	E41R	TWV4	备用
E02R	CAN3L	CAN3L	E42R	TWV2	备用
E03R	A-GND6	传感器接地 6	E43R	COM2	喷油器共用 2
E04R	A-GND4	备用	E44R	TWV5	备用
E05R	A-GND2	传感器接地 2	E45R	TWV3	备用
E06R	NE-SLD	曲轴位置传感器屏蔽接地	E46R	TWE1	备用
E07R	PIN3	备用	E47R	COM1	喷油器共用 1
E08R	G	气缸识别传感器输出	E48R	A-VCC2	传感器电源 2
E09R	NE-	曲轴位置传感器（-）	E49R	PRD+	未使用
E10R	PIN1-	备用	E50R	NE(MRE)	备用
E11R	PIN2-	备用	E51R	SCV-LO	吸入控制阀 低
E12R	ADE11	备用	E52R	SCV-HI	吸入控制阀 高
E13R	ADE1	共轨压力传感器	E53R	PCV2	未使用
E14R	ADE3	进气压力传感器	E54R	PCV1	未使用
E15R	ADE5	冷却液温度传感器	E55R	PWR-PCV	未使用
E16R	ADE12	备用	E56R	PWR-ACT2	执行器电源 2
E17R	ADE14	备用	E57R	PWR-ACT2	执行器电源 2
E18R	ADE8	备用	E58R	OUTE4	排气电磁阀 #1
E19R	ADE10	备用	E59R	OUTE2	备用
E20R	SWE2	备用	E60R	OUTE6	备用
E21R	TWV6	喷油器 #6	E61R	TWV4	喷油器 #4
E22R	CAN3H	CAN3H	E62R	TWV2	喷油器 #2
E23R	A-GND5	传感器接地 5	E63R	COM2	喷油器共用 2
E24R	A-GND3	备用	E64R	TWV5	喷油器 #5
E25R	A-GND1	传感器接地 1	E65R	TWV3	喷油器 #3
E26R	INJ-SLD	喷油器屏蔽接地	E66R	TWV1	喷油器 #1
E27R	G-GND	气缸识别传感器接地	E67R	COM1	喷油器共用 1
E28R	G-VCC	气缸识别传感器电源	E68R	A-VCC1	传感器电源 1
E29R	NE+	曲轴位置传感器（+）	E69R	A-VAF	备用
E30R	PIN1+	备用	E70R	PRD-	未使用
E31R	PIN2+	备用	E71R	SCV-LO	吸入控制阀 低
E32R	ADE1	共轨压力传感器	E72R	SCV-HI	吸入控制阀 高
E33R	ADE2	燃油温度传感器	E73R	PCV2	未使用
E34R	ADE4	进气温度传感器	E74R	PCV1	未使用
E35R	ADE6	机油压力传感器	E75R	PWR-PCV	未使用
E36R	ADE13	备用	E76R	AUX2	备用
E37R	ADE7	备用	E77R	PWR-ACT2	备用
E38R	ADE9	备用	E78R	OUTE3	排气电磁阀 #2
E39R	SWE3	备用	E79R	OUTE1	备用
E40R	SWE1	备用	E80R	OUTE5	备用

福田欧曼上柴 SC9DF 发动机电控系统资料（3/4）

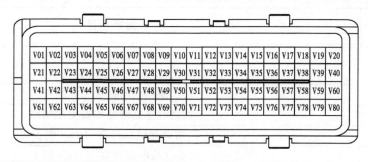

编号	端子记号	连　接	编号	端子记号	连　接
V01	+BF	蓄电池（+）用于测量反向电压	V41	SWV25	制动辅助 Hi/Lo 控制开关
V02	PWR–ACT1	备用	V42	SWV23	Low 冷却液液位开关
V03	OUTV1	主继电器	V43	SWV21	巡航设置开关
V04	OUTV2	排气制动器继电器	V44	SWV19	巡航主开关
V05	OUTV3	起动机继电器	V45	A–GND10	传感器接地 10
V06	SOUT6	双转矩指示灯	V46	A–GND12	传感器接地 12
V07	SOUT4	预热指示灯	V47	ADV1	加速器位置传感器 1
V08	SOUT2	巡航指示灯	V48	ADV3	急速传感器
V09	SOUT1	检查发动机警告灯	V49	ADV5	备用
V10	SWV6	故障诊断开关	V50	A–VCC10	传感器电源 10
V11	SWV4	空档开关	V51	A–VCC11	传感器电源 11
V12	SWV2	起动机开关	V52	SWV17	暖机开关
V13	SWV1	点火开关	V53	SWV15	备用
V14	VS	车速传感器	V54	SWV13	A/C 开关
V15	POUT1	备用	V55	SWV11	离合器开关
V16	CAN1L	CAN1L	V56	SWV9	排气制动器开关
V17	CAN2L	CAN2L	V57	CAN–SLD	CAN1 屏蔽接地
V18	+B	蓄电池（+）	V58	+B	蓄电池（+）
V19	BATT	未使用	V59	P–GND	电源接地
V20	CASE–GND	壳体接地	V60	GND	信号接地
V21	+BF	蓄电池（+）用于测量反向电压	V61	SWV26	备用
V22	OUTV4	备用	V62	SWV24	备用
V23	OUTV1	主继电器	V63	SWV22	巡航取消开关
V24	OUTV5	预热继电器或加热器继电器	V64	SWV20	巡航恢复开关
V25	SOUT8	备用	V65	A–GND11	传感器接地 11
V26	SOUT7	备用	V66	A–GND13	备用
V27	SOUT5	巡航主指示灯	V67	ADV2	加速踏板位置传感器 2
V28	SOUT3	排气制动器开关	V68	ADV4	PTO 加速踏板位置传感器
V29	SWV8	停车灯开关	V69	ADV6	备用
V30	SWV7	牵引开关	V70	ADV7	备用
V31	SWV5	PTO 开关	V71	A–VCC12	传感器电源 12
V32	SWV3	发动机停止开关	V72	SWV18	倒档开关
V33	SWV1	点火开关	V73	SWV16	双转矩开关
V34	TAC1	转速表	V74	SWV14	备用
V35	PIN5	备用	V75	SWV12	制动开关
V36	CAN1H	CAN1H	V76	SWV10	急速开关
V37	CAN2H	CAN2H	V77	KWP	ISO9141–K
V38	+B	蓄电池（+）	V78	+B	蓄电池（+）
V39	P–GND	电源接地	V79	P–GND	电源接地
V40	GND	信号接地	V80	P–GND	电源接地

福田欧曼上柴 SC9DF 发动机电控系统资料（4/4）

DTC SAE 代码	诊断项目
P0502	车速传感器异常
P0503	车速超速频率异常
P0541	预热继电器接地短路
P0542	预热继电器开路和蓄电池短路
P0562	蓄电池电压异常（Low 侧）
P0563	蓄电池电压异常（High 侧）
P0601	Flash ROM 内数据异常
P0602	QR 代码校正数据异常
P0606	CPU 异常
P0607	CPU 监视用 IC 异常
P0611	喷油器充电电流过小
P0617	起动机开关蓄电池短路
P0627	SCV 驱动电路 开路和接地短路
P0629	SCV 驱动电路 蓄电池短路
P0686	主继电器异常
P0704	离合器开关异常
P0850	空档开关异常
P1089	共轨压力异常高压（第 1 阶段）
P1190	SCV 阀卡死
P1219	压力限制器阀门打开
P1530	发动机停止开关异常
P1565	巡航开关异常
P1602	QR 代码校正数据写入异常
P1676	1 档 / 倒档开关开路、接地短路
P1677	1 档 / 倒档开关 蓄电池短路
P1681	排气制动电磁阀开路和接地短路
P1682	排气制动电磁阀蓄电池短路
P1683	排气制动电磁阀开路、接地短路
P1684	排气制动电磁阀 1 蓄电池短路
P1685	排气制动电磁阀开路、接地短路
P1686	排气制动电磁阀蓄电池短路
P2109	怠速开关 ON 侧卡死故障
P2120	两个加速踏板位置传感器均发生开路和异常
P2146	喷油器开路（COM1 系统或 TWV1 和 TWV3 和 TWV5）
P2147	喷油器接地短路（COM1 系统或 TWV1 或 TWV3 或 TWV5）
P2148	喷油器蓄电池短路（COM1 系统或 TWV1 或 TWV3 或 TWV5）
P2149	喷油器开路（COM2 系统或 TWV2 和 TWV4 和 TWV6）
P2150	喷油器接地短路（COM2 系统或 TWV2 或 TWV4 或 TWV6）
P2151	喷油器蓄电池短路（COM2 系统或 TWV2 或 TWV4 或 TWV6）
P2163	怠速开关 OFF 侧卡死故障
P2228	大气压力传感器异常（Low 侧）
P2229	大气压力传感器异常（High 侧）

广汽日野700系列车型电气线路图（1/5）

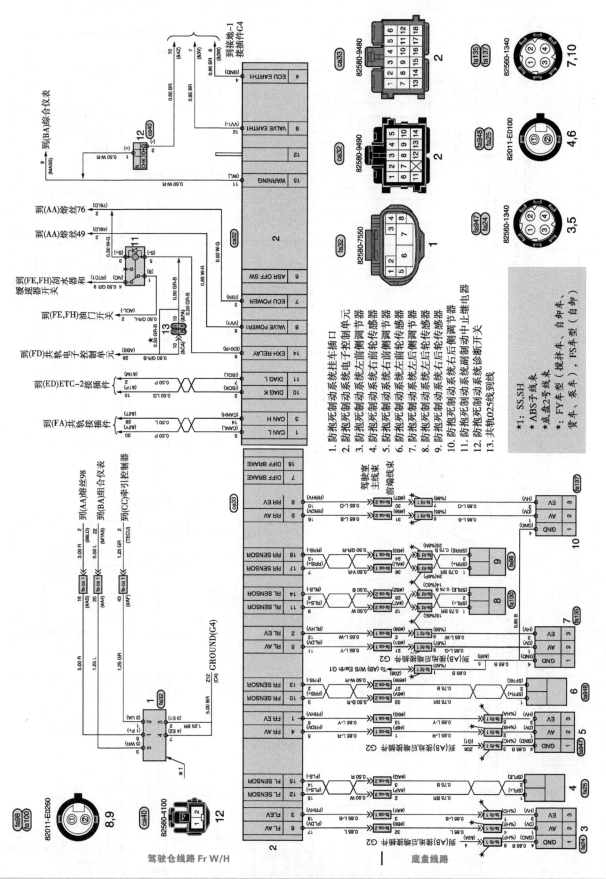

防抱死制动系统电路

广汽日野 700 系列车型电气线路图 (2/5)

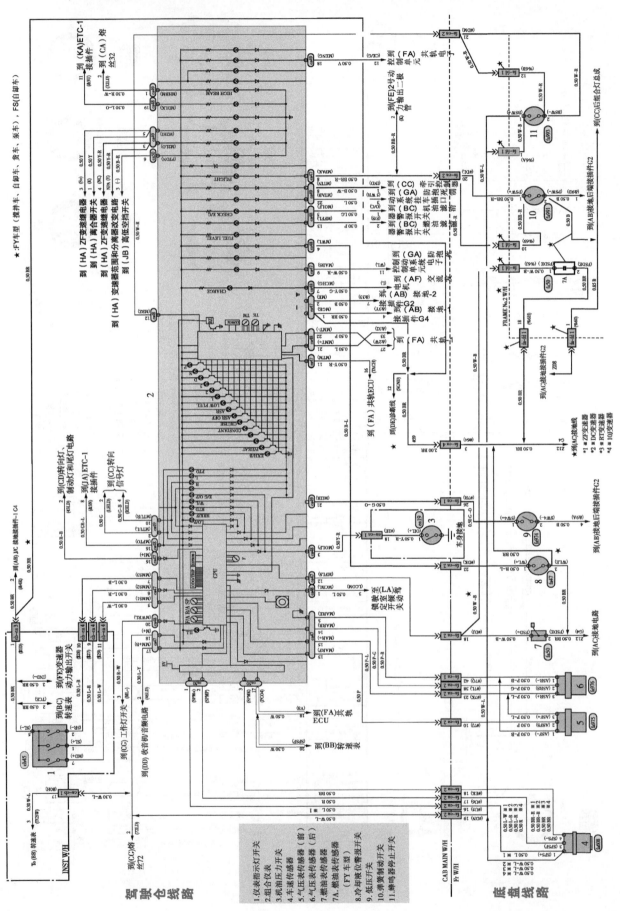

1.仪表指示灯开关
2.组合仪表
3.机油压力开关
4.车速传感器
5.气压表传感器(前)
6.气压表传感器(后)
7.燃油表传感器
(FY车型)
8.冷却液位置警报开关
9.低压开关
10.弹簧制动开关
11.弹簧制动器停止开关

广汽日野 700 系列车型电气线路图 (3/5)

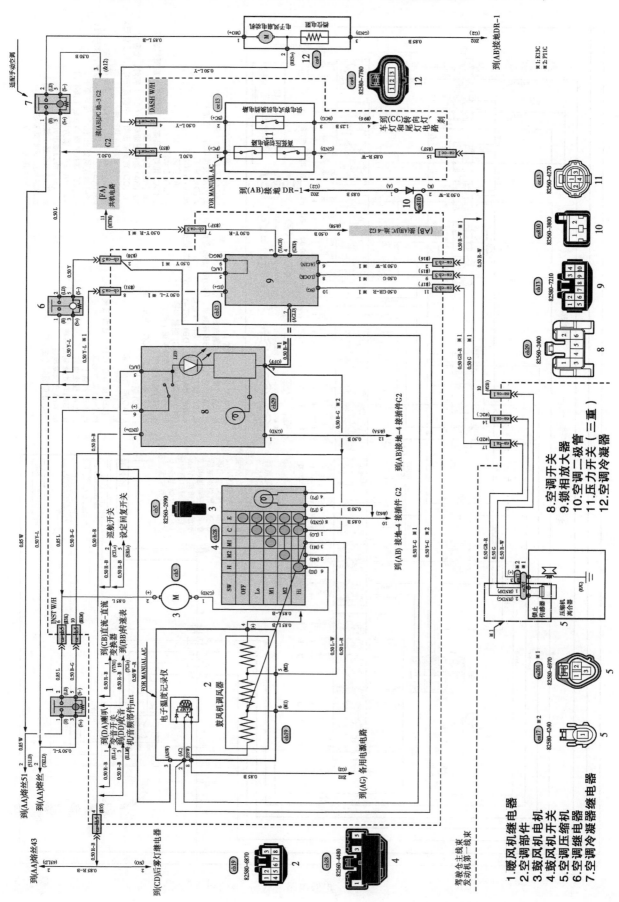

1. 暖风机继电器
2. 空调部件
3. 鼓风机电机
4. 空调压缩机
5. 空调继电器
6. 空调冷凝器继电器
7. 空调冷凝器继电器

8. 空调开关
9. 锁相放大器
10. 空调二极管
11. 压力开关
12. 空调冷凝器（三重）

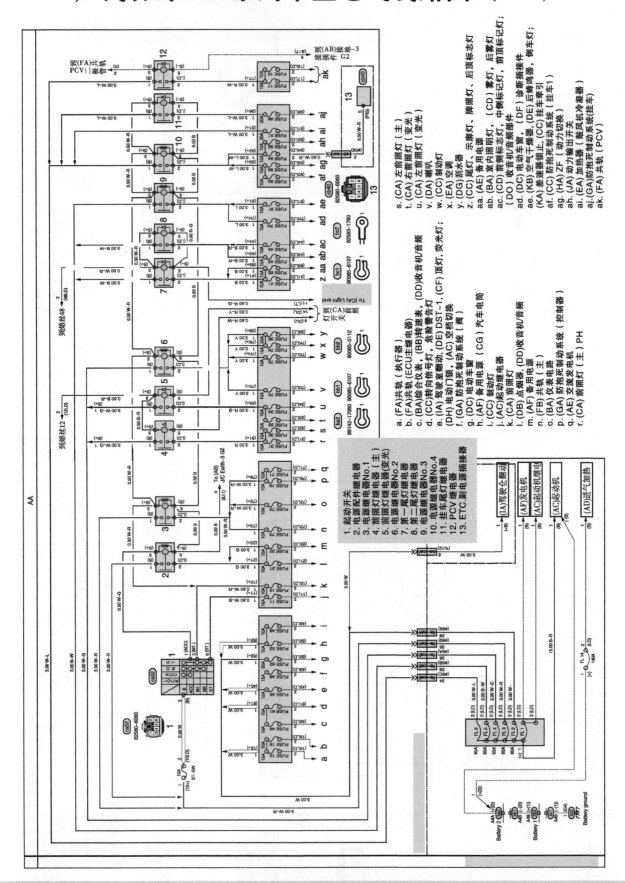

广汽日野700系列车型电气线路图（5/5）

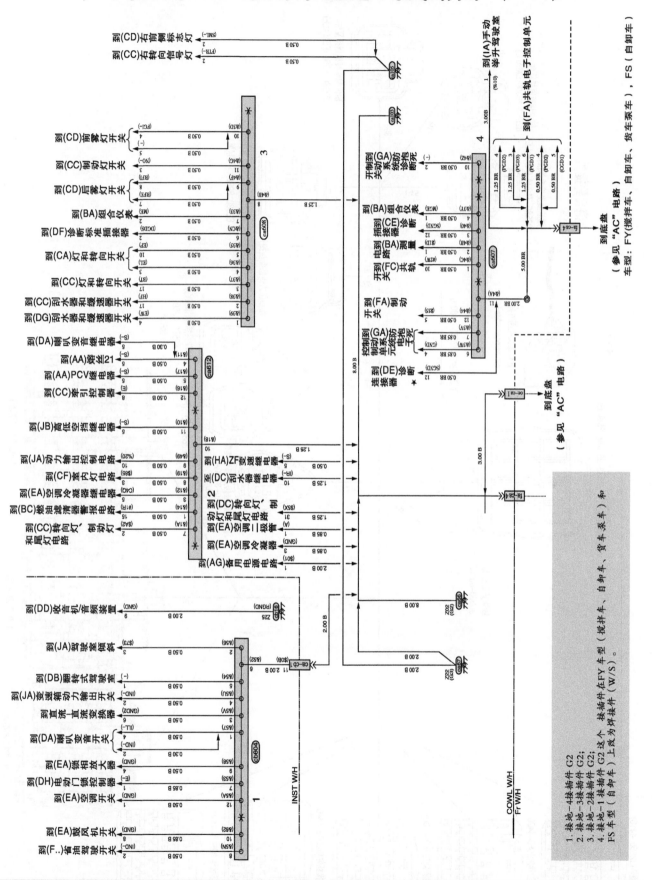

接地分布电路

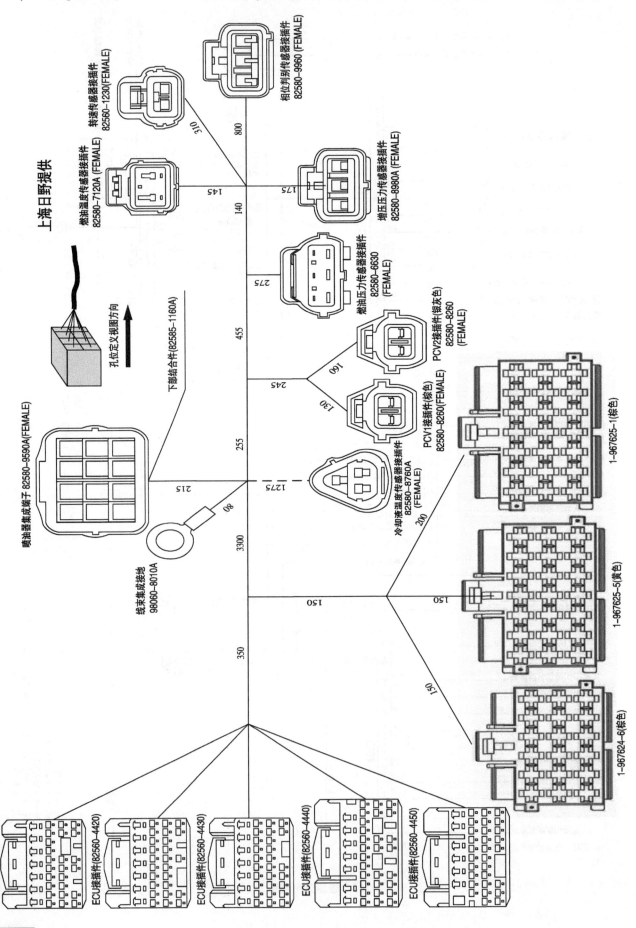

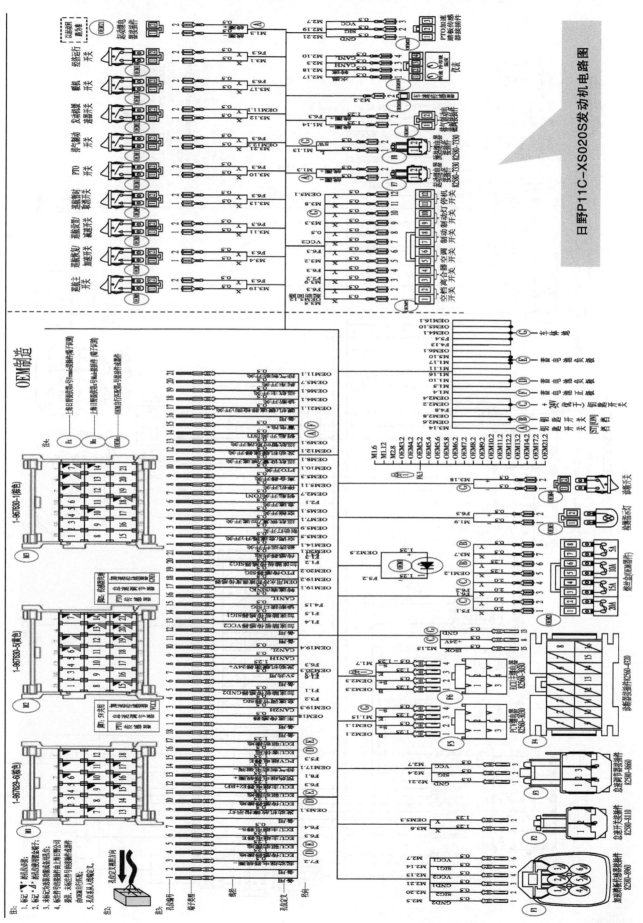

日野P11C-XS020S发动机电路图

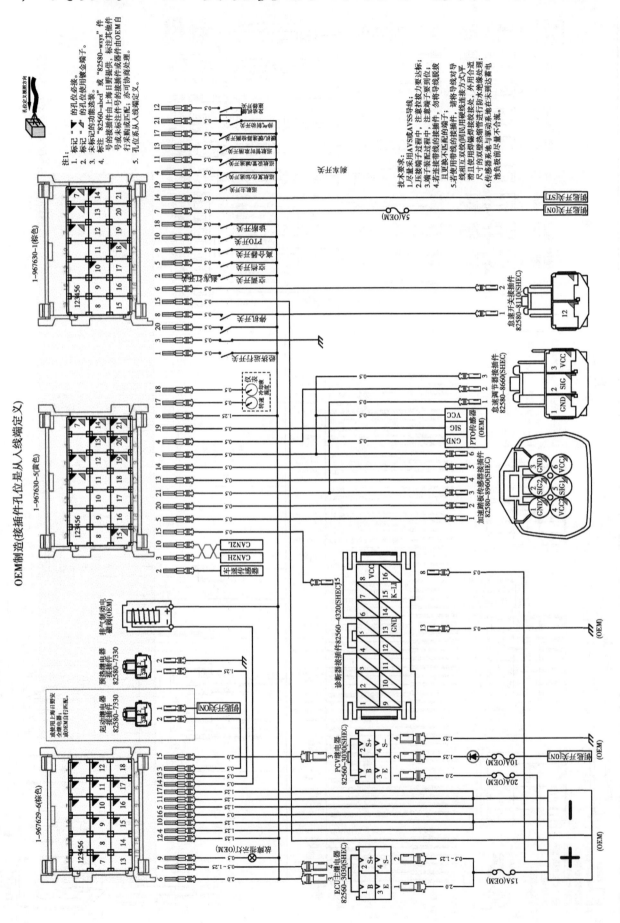

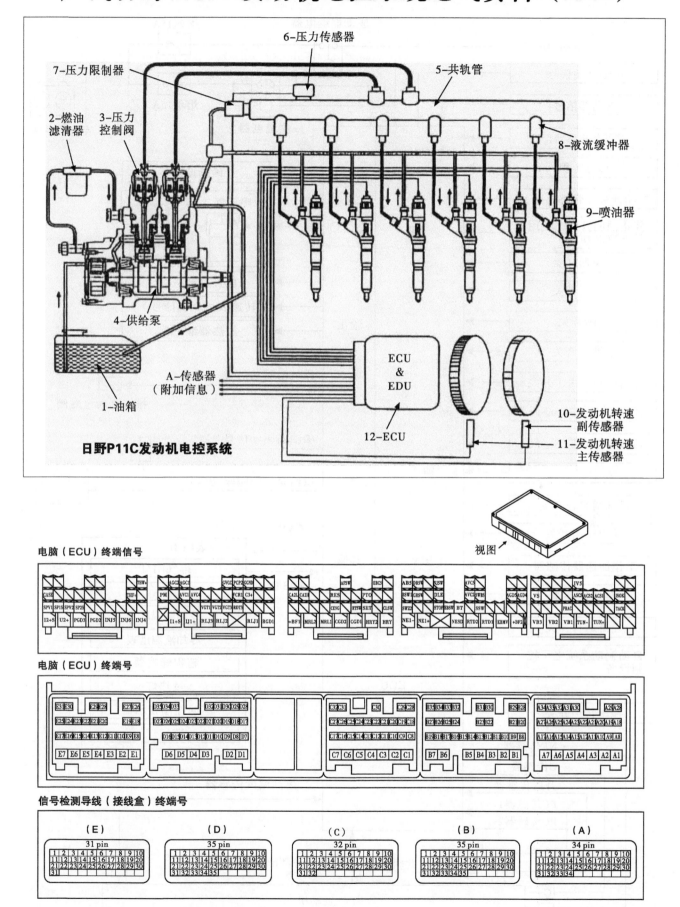

6-压力传感器

7-压力限制器

5-共轨管

2-燃油滤清器

3-压力控制阀

8-液流缓冲器

9-喷油器

4-供给泵

A-传感器（附加信息）

1-油箱

ECU & EDU

10-发动机转速副传感器

11-发动机转速主传感器

12-ECU

日野P11C发动机电控系统

视图

电脑（ECU）终端信号

电脑（ECU）终端号

信号检测导线（接线盒）终端号

（E）　31 pin

（D）　35 pin

（C）　32 pin

（B）　35 pin

（A）　34 pin

广汽日野 P11C 发动机电控系统电气资料 （5/11）

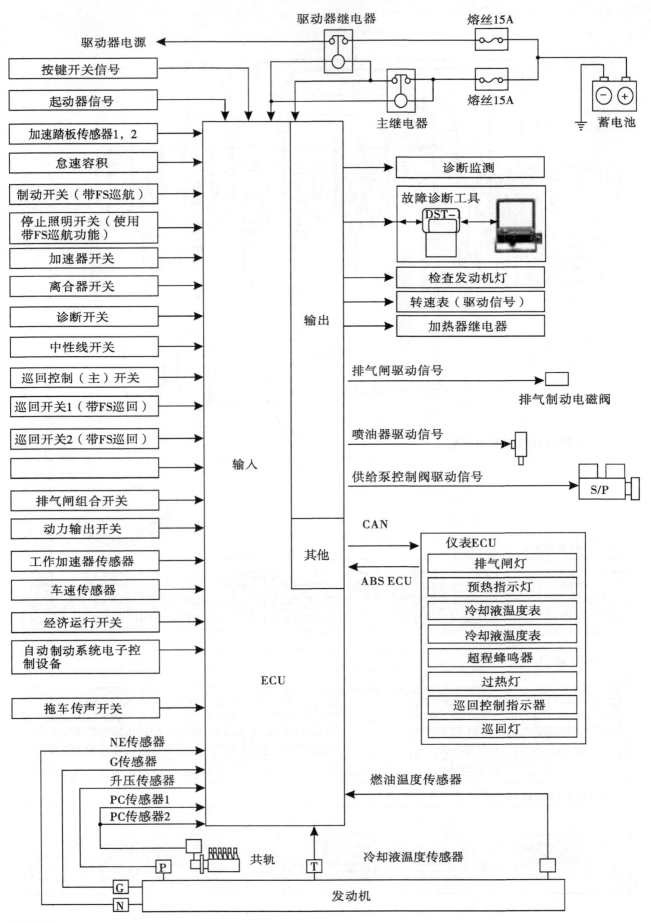

●电脑（ECU）连接

表内终端号与信号检测导线的接线盒一致。

序号	信号	连接目标	序号	信号	连接目标
	接线盒（A）				
1	—	—	21	ACS1	加速踏板传感器1
2	—	—	22	ACS2	加速踏板传感器2
3	TUN+	涡轮增压器速度传感器+	23	ACS3	动力输出传感器
4	TUN−	涡轮增压器速度传感器−	24		
5	VB1	ECU主继电器	25	—	—
6	VB2	ECU主继电器	26	—	—
7	VB3	ECU主继电器	27	VS	车速脉冲变换器
8	—	—	28		
9	TACH	转速表	29		
10	—	—	30	TVS	节流控制信号
11			31		
12			32		
13			33		
14	PRAC	动力输出传感器	34		
15			35		
16			36		
17			37		
18			38		
19	ISOK	诊断连接器	39		
20			40		

序号	信号	连接目标	序号	信号	连接目标
	接线盒（B）				
1	+Bf2	驱动器功率继电器	18	—	—
2	EBMV	排气闸电磁阀	19	BSW2	制动灯开关
3	RTD1	电磁阀（减速器）	20	AGD4	加速踏板传感器
4	RTD2	电磁阀（减速器）	21	AGD5	加速踏板传感器
5	NESD	发动机转速主传感器地屏蔽	22	SWSS	熔丝U2（M）
6	NE1+	发动机转速主传感器+	23	AVC2	共轨压力传感器
7	NE1−	发动机转速主传感器−	24	IDLE	加速器传感器
8	—		25	—	
9			26	CRSW	自动巡回主开关
10			27	BSW1	制动灯开关
11			28		
12	SSWS	熔丝U2（M）	29		
13			30		
14	ST	起动继电器	31	AVC5	加速踏板传感器
15	EBSW	组合开关	32	NUSW	中性线开关
16	STOP	发动机停止开关	33		
17	—		34	DGSW	诊断连接器

接线盒（B）（续表）					
序号	信号	连接目标	序号	信号	连接目标
35	ABS	ABS切断继电器	38	—	—
36	—	—	39	—	—
37	—	—	40	—	—

接线盒（C）					
序号	信号	连接目标	序号	信号	连接目标
1	HRY	进气加热器继电器	21	—	—
2	HRY2	进气加热器继电器	22	—	—
3	CGD1	驾驶室接地	23	RES	照明与旋转开关
4	CGD2	驾驶室接地	24	—	—
5	MRL1	ECU主继电器	25	—	—
6	MRL2	ECU主继电器	26	CA2H	组合仪表
7	+Bf1	驱动器功率继电器	27	CA2L	组合仪表
8	CLSW	离合器开关	28	—	—
9	—	—	29	EBCS	排气闸检查开关
10		照明与旋转开关	30	AFSW	经济运行开关
11		减速器开关	31	—	—
12			32	—	—
13		检查发动机照明	33	—	—
14	—	—	34	—	—
15	—	—	35	—	—
16	—	—	36	—	—
17	—	—	37	—	—
18	—	—	38	—	—
19	—	—	39	—	—
20	PTO	动力输出开关	40	—	—

接线盒（D）					
序号	信号	连接目标	序号	信号	连接目标
1	PGD1	驾驶室接地	15	—	—
2	INJ1	1号喷油器	16	—	—
3	INJ2	2号喷油器	17	—	—
4	INJ3	3号喷油器	18	—	—
5	IJ1+	1号喷油器	19	G3+	发动机转速子传感器
6	I1+S	2号与3号喷油器	20	PCR1	共轨压力传感器
7	—	—	21		
8	—	—	22		
9	—	—	23		
10	RTD3	电磁阀	24	AVC4	加速踏板传感器
11	VGT3	电磁阀	25	AVC1	升压传感器
12	VGT2	电磁阀	26		
13	VGT1	电磁阀	27	PIM	升压传感器
14	—	—	28		

序号	信号	连接目标	序号	信号	连接目标
接线盒（D）（续表）					
29	—	—	35	—	—
30	GGND	发动机转速子传感器	36	—	—
31	PCR2	共轨压力传感器	37	—	—
32	GVCC	发动机转速子传感器	38	—	—
33	AGD1	升压传感器与共轨压力传感器	39	—	—
34	AGD2	冷却液温度传感器与燃油温度传感器	40	—	—
接线盒（E）					
序号	信号	连接目标	序号	信号	连接目标
1	INJ4	1号喷油器	21	—	
2	INJ6	6号喷油器	22	—	
3	INJ5	5号喷油器	23	—	
4	PGD2	驾驶室接地	24	—	
5	PGD3	驾驶室接地	25	CASE	发动机接地
6	IJ2+	4号与5号喷油器	26	THF+	燃油温度传感器
7	I2+S	6号喷油器	27	—	
8	—		28	—	
9	—		29	—	
10	—		30	—	
11	—		31	—	
12	—		32	—	
13	—		33	—	
14	SP2S	2号泵控阀（PCV2）	34	—	
15	PSV2	2号泵控阀（PCV2）	35	—	
16	SP1S	1号泵控阀（PCV1）	36	—	
17	SPV1	1号泵控阀（PCV1）	37	—	
18	—		38	—	
19	THW+	冷却液温度传感器	39	—	
20	—		40	—	

● **无线电设备**

如果在车辆内安装一个高输出无线电发射机（大于50W），可能出现引起控制设备故障的危险。

● **使用快速充电机**

使用快速充电机前，断开2个蓄电池端子。

● **空调安装**

安装空调时，谨慎不要划伤或损坏发动机，底盘和导线。

安装过程中，确保后来重新安装断开的连接器。

● **实施电焊**

实施电焊前，断开与控制设备连接的连接器。

● **其他**

连接其他连接器时确保对其进行检查，以便于阻止错误连接。

实施检验，拆除并更换部件时，确保不要让连接器被灰尘，水、燃料或油类污染。

● 诊断监测器代码与故障码表

注意

MC号：诊断监测器代码（使用诊断监测器）
DTC号：故障码（使用PC诊断工具）
A：发动机不起动
B：发动机停止
C：发动机功率低
是：检查发动机照明：亮起
否：检查发动机照明：熄灭

检查发动机照明	症状	诊断监测器代码号	故障码号	诊断项目	检查项目
—	—	—	—	检查ECU电源电压	线束，熔丝与蓄电池
—	—	—	—	检查接地	线束
是	—	2	P1601	确定错误的喷油器校正数据	ECU（ECU连接器）
是	C	3	P0605	Flash ROM错误	ECU（ECU连接器）
是	A,B	3	P0606	CPU故障（硬件检查）	ECU（ECU连接器）
是	C	3	P0607	CPU内监测IC故障	ECU（ECU连接器）
是	—	5	P0686	主继电器故障	主继电器，线束与ECU（ECU连接器）
否	C	6	P0217	发动机过热	ECU（ECU连接器），冷却液温度传感器与发动机冷却系统
否	—	7	P0219	发动机超程	—
否	—	9	U0121	CAN通传故障（ABS）	线束，ECU（ECU连接器）
否	—	9	U0155	CAN通传故障（仪表）	线束，ECU（ECU连接器）
否	—	9	U1001	CAN2失灵（车辆）	线束，ECU（ECU连接器）
是	—	11	P0117	冷却液温度传感器电路低输入	线束，ECU（ECU连接器）与冷却液温度传感器
是	—	11	P0118	冷却液温度传感器电路高输入	线束，ECU（ECU连接器）与冷却液温度传感器
是	—	12	P0340	发动机转速子传感器电路失效	线束，ECU（ECU连接器）与发动机转速副传感器
是	A,B	13	P0335	发动机转速主传感器电路失效	线束，ECU（ECU连接器）与发动机转速主传感器
是	—	14	P0187	燃油温度传感器电路低输入	线束，ECU（ECU连接器）与发动机转速副传感器
是	—	14	P0188	燃油温度传感器电路高输入	线束，ECU（ECU连接器）与燃料油度传感器
是	—	15	P2228	大气压力传感器电路低输入	ECU
是	—	15	P2229	大气压力传感器电路高输入	ECU
是	—	21	P0500	车速传感器电路低输入	ECU(EUC连接器),线束与车速传感器
是	—	21	P0501	车速传感器电路低输入	ECU(EUC连接器),线束与车速传感器
是	C	22	P2120	1号与2号加速踏板传感器故障	线束,ECU(EUC连接器)与加速踏板传感器
是	—	22	P2121	1号加速踏板传感器故障	线束,ECU(EUC连接器)与加速踏板传感器
是	—	22	P2122	1号加速踏板传感器电路低压	线束,ECU(EUC连接器)与加速踏板传感器
是	—	22	P2123	1号加速踏板传感器电路高压	线束,ECU(EUC连接器)与加速踏板传感器
是	—	22	P2126	2号加速踏板传感器故障	线束,ECU(EUC连接器)与加速踏板传感器
是	—	22	P2127	2号加速踏板传感器电路低压	线束,ECU(EUC连接器)与加速踏板传感器

检查发动机照明	症状	诊断监测器代码号	故障码号	诊断项目	检查项目
是	—	22	P2128	2号加速踏板传感器电路高压	线束,ECU(EUC连接器)与加速踏板传感器
否	—	23	P1132	加速踏板传感器电路低压	线束,ECU(EUC连接器)与加速踏板传感器
否	—	23	P1133	加速踏板传感器电路高压	线束,ECU(EUC连接器)与加速踏板传感器
否	—	25	P0540	进气加热器电路失效	线束,ECU(EUC连接器)与进气加热器继电器
是	C	31	P0047	VGT阀1开路电路,短线接地	线束,电子控制单元(ECU插接器)VGT阀
是	C	31	P0048	VGT阀1短线接蓄电池	线束,电子控制单元(ECU插接器)VGT阀
是	C	32	P1062	VGT阀2开路电路,短线接地	线束,电子控制单元(ECU插接器)VGT阀
是	C	32	P1063	VGT阀2短路接蓄电池	线束,电子控制单元(ECU插接器)VGT阀
是	C	33	P1067	VGT阀3开路电路,短线接地	线束,电子控制单元(ECU插接器)VGT阀
是	C	33	P1068	VGT阀3开路电路,短线接地	线束,电子控制单元(ECU插接器)VGT阀
是	C	37	P0108	升压传感器电路高输入	线束,ECU(ECU连接器)与升压传感器
是	C	37	P0237	升压传感器电路高输入	线束,ECU(ECU连接器)与升压传感器
否	C	39	P0234	涡轮增压器超增压	ECU(ECU连接器)与涡轮增压器系统
否	—	41	P0704	离合器开关故障	ECU(ECU连接器)与束线级离合器开关
否	—	42	P510	加速器开关故障	ECU(ECU连接器),束线与急速开关
否		43	P1565	自动巡回开关故障	束线,自动巡回开关与ECU(ECU连接器)
否	—	44	P1142	急速设备控制器低压	ECU(ECU连接器),束线与急速设备控制器
否	—	44	P1143	急速设备控制器高压	ECU(ECU连接器),束线与急速设备控制器
否	—	45	P0617	起动器信号故障	束线,起动器信号与ECU(ECU连接器)
否	—	47	P0850	中性线开关故障	ECU(ECU连接器),束线与中性线开关
是	C	51	P0201	喷油器电路失效-1号气缸	ECU(ECU连接器),束线与喷油器
是	C	52	P0202	喷油器电路失效-2号气缸	ECU(ECU连接器),束线与喷油器
是	C	53	P0203	喷油器电路失效-3号气缸	ECU(ECU连接器),束线与喷油器
是	C	54	P0204	喷油器电路失效-4号气缸	ECU(ECU连接器),束线与喷油器
是	C	55	P0205	喷油器电路失效-5号气缸	ECU(ECU连接器),束线与喷油器
是	C	56	P0206	喷油器电路失效-6号气缸	ECU(ECU连接器),束线与喷油器
是	C	57	P1211	1号普通喷油器接地不足	束线,喷油器ECU(ECU连接器)
是	C	57	P1212	1号普通喷油器BATT不足	束线,喷油器ECU(ECU连接器)

广汽日野 P11C 发动机电控系统电气资料（11/11）

检查 发动机 照明	症状	诊断 监测器 代码号	故障 码号	诊断项目	检查项目
是	C	58	P1214	2号普通喷油器接地不足	束线,喷油器ECU(ECU连接器)
是	C	58	P1215	2号普通喷油器BATT不足	束线,喷油器ECU(ECU连接器)
是	C	59	P0200	ECU充电电路高输入	ECU(ECU连接器)
是	C	59	P0611	ECU充电电路故障	ECU(ECU连接器)
否	—	61	P0263	1号气缸作用/平衡故障	流量阻尼器,喷油器,燃油滤清器,喷油管与ECU(ECU连接器)
否	—	62	P0266	2号气缸作用/平衡故障	流量阻尼器,喷油器,燃油滤清器,喷油管与ECU(ECU连接器)
否	—	63	P0269	3号气缸作用/平衡故障	流量阻尼器,喷油器,燃油滤清器,喷油管与ECU(ECU连接器)
否	—	64	P0272	4号气缸作用/平衡故障	流量阻尼器,喷油器,燃油滤清器,喷油管与ECU(ECU连接器)
否	—	65	P0275	5号气缸作用/平衡故障	流量阻尼器,喷油器,燃油滤清器,喷油管与ECU(ECU连接器)
否	—	66	P0278	6号气缸作用/平衡故障	流量阻尼器,喷油器,燃油滤清器,喷油管与ECU(ECU连接器)
是	C	67	P0191	共轨压力传感器故障	共轨压力传感器,束线与ECU(ECU连接器)
是	C	67	P0192	共轨压力传感器电路低输入	ECU(ECU连接器),束线与共轨压力传感器
是	C	67	P0193	共轨压力传感器电路高输入	ECU(ECU连接器),束线与共轨压力传感器
是	C	68	P0088	共轨超压(第一步)	共轨压力传感器,ECU(ECU连接器)与束线
是	C	69	P0088	共轨超压(第二步)	共轨压力传感器,ECU(ECU连接器)与束线
是	C	71	P0628	PCV 1故障	供给泵,束线与ECU(ECU连接器)
是	C	71	P0629	接地的PCV输出不足	供给泵,束线与ECU(ECU连接器)
是	C	72	P2633	PCV 2故障	供给泵,束线与ECU(ECU连接器)
是	C	72	P2634	接地的PCV输出不足	供给泵,束线与ECU(ECU连接器)
是	A,B	73	P0628	PCV 故障	供给泵,束线与ECU(ECU连接器)
是	A,B	73	P0629	PCV 故障	供给泵,束线与ECU(ECU连接器)
是	C	76	P0088	共轨超压,供给泵过量强制供给	供给泵,共轨压力传感器,ECU(ECU连接器)与束线
是	C	76	P1229	供给泵过量强制供给	共轨压力传感器,供给泵与燃料系统
是	C	77	P1266	供给泵故障	共轨压力传感器,供给泵与燃料系统
是	A,B	78	P0093	燃油泄漏	ECU(ECU连接器)与燃油系统

注意:

　　供给泵服务更换时，在必要使用诊断工具重新设置缺省值。此外，ECU还拥有一个功能，那就是在ECU服务更换时，可便自身学会供给泵的性能，所以必定确保有足够的时间（几分钟）。

　　当在车上新安装一个喷射器时，使用诊断工具在发动机ECU内输入ID代码。

广汽日野 E13C 发动机电控系统电气资料（1/12）

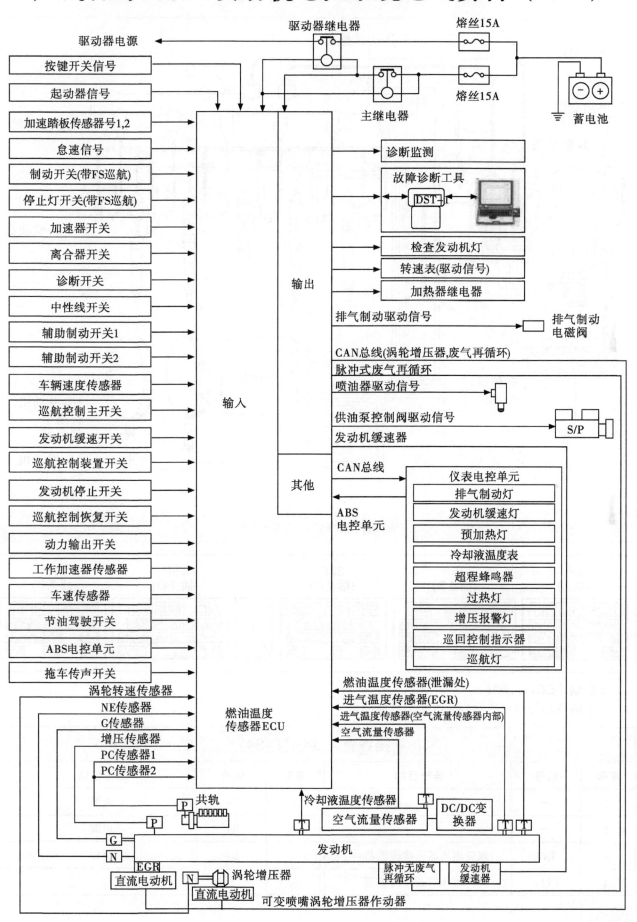

驱动器继电器　熔丝15A

驱动器电源

按键开关信号

起动器信号

主继电器　熔丝15A　蓄电池

加速踏板传感器号1,2

急速信号

制动开关(带FS巡航)

停止灯开关(带FS巡航)

加速器开关

离合器开关

诊断开关

中性线开关

辅助制动开关1

辅助制动开关2

车辆速度传感器

巡航控制主开关

发动机缓速开关

巡航控制装置开关

发动机停止开关

巡航控制恢复开关

动力输出开关

工作加速器传感器

车速传感器

节油驾驶开关

ABS电控单元

拖车传声开关

涡轮转速传感器

NE传感器

G传感器

增压传感器

PC传感器1

PC传感器2

输入

输出

其他

诊断监测

故障诊断工具 DST

检查发动机灯

转速表(驱动信号)

加热器继电器

排气制动驱动信号　排气制动电磁阀

CAN总线(涡轮增压器,废气再循环)

脉冲式废气再循环

喷油器驱动信号

供油泵控制阀驱动信号　S/P

发动机缓速器

CAN总线

ABS电控单元

仪表电控单元

排气制动灯

发动机缓速灯

预加热灯

冷却液温度表

超程蜂鸣器

过热灯

增压报警灯

巡回控制指示器

巡航灯

燃油温度传感器ECU

燃油温度传感器(泄漏处)

进气温度传感器(EGR)

进气温度传感器(空气流量传感器内部)

空气流量传感器

共轨

P

P

G

N

EGR

直流电动机

N

涡轮增压器

直流电动机

可变喷嘴涡轮增压器作动器

冷却液温度传感器

空气流量传感器

DC/DC变换器

发动机

脉冲无废气再循环

发动机缓速器

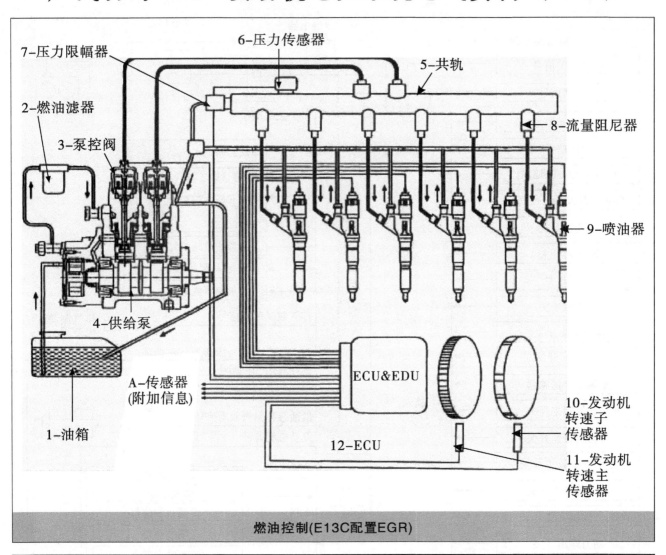

燃油控制(E13C配置EGR)

● 电脑（ECU）连接

表内终端号与信号检测导线的接线盒一致。

接线盒A 34P(1-34)					
序号	信号	连接目标	序号	信号	连接目标
1	—		5	B+	电源
2	—		6	B+	电源
3	IN3	涡轮增压器速度传感器+	7	B+	电源
4	IN3-	涡轮增压器速度传感器-	8	—	

接线盒A 34P(1-34)(续表)

序号	信号	连接目标	序号	信号	连接目标
9		转速表	22	AD2	加速踏板传感器2
10	—		23	AD10	动力输出传感器
11	—		24	—	
12	—		25	—	
13	—		26	—	
14	PIN1	加速信号	27	VS1	车速脉冲变换器
15	—		28	—	
16	—		29	—	
17	BATT	电池	30	AD14	IMC电压
18	—		31		
19	KWP 2000	ISO 9141-K	32	AD16	进气温度传感器
20	—		33		
21	AD1	加速踏板传感器1	34	AD18	EGR冷却液温度传感器（EGR冷却液出口）

接线盒B 35P(1-35)

序号	信号	连接目标	序号	信号	连接目标
1	+BF	+BF	16	SW4	发动机停止开关
2	OUT5	排气制动电磁阀	17	—	
3	OUT6	电磁阀(减速器)	18	—	
4	OUT7	电磁阀(减速器)	19	SW7	制动灯开关
5	NE-SLD	发动机转速主传感器地屏蔽	20	A-GD4	传感器4接地
6	NE+	发动机转速主传感器+	21	A-GD5	传感器5接地
7	NE-	发动机转速主传感器–	22	SW1	钥匙开关
8	–		23	A-VCC4	传感器4动力源
9	OUT2	发动机减速器3	24	SW8	加速踏板传感器
10	OUT3	发动机减速器3	25	—	
11	OUT4	发动机减速器3	26	SW12	速度控制开关
12	SW1	钥匙开关	27	SW17	制动灯开关
13	–		28		
14	SW2	点火开关	29	—	
15	SW3	排气开关	30	—	

接线盒B 35P(1-35)(续表)

序号	信号	连接目标	序号	信号	连接目标
31	A–VCC5	传感器5动力源	34	SW16	诊断连接器开关
32	SW9	中性线开关	35	SW18	ABS控制信号
33	–				

接线盒C 32P(1-32)

序号	信号	连接目标	序号	信号	连接目标
1	OUT19	进气加热器继电器	17	–	
2	OUT20	进气加热器继电器	18	–	
3	GND	ECU接地	19	–	
4	GND	ECU接地	20	SW21	动力输出开关
5	OUT17	ECU主继电器	21	–	
6	OUT18	ECU主继电器	22	–	
7	+BF	+BF	23	SW13	巡航控制恢复开关1
8	SW27	离合器开关	24	–	
9	–		25	–	
10	SW14	巡航控制开关2	26	CAN2H	CAN2高端
11	SW15	减速器开关	27	CAN2L	CAN2低端
12	–		28	–	
13	S–OUT1	检查发动机照明	29	SW22	预热开关
14	–		30	SW23	经济运行开关
15	–		31	–	
16	–		32	–	

接线盒D 35P(1-35)

序号	信号	连接目标	序号	信号	连接目标
1	P–GND	电源接地	9	—	
2	TWV1	1号喷油器信号	10	OUT12	发动机加速器1
3	TWV3	2号喷油器信号	11	OUT13	VCT1(巡航灯)
4	TWV5	3号喷油器信号	12	OUT14	VCT2
5	COMMON1	喷油器电源1	13	OUT15	VCT3(排气制动灯)
6	COMMON1	喷油器电源1	14		
7	—		15		
8	—		16		

接线盒D 35P(1-35)(续表)

序号	信号	连接目标	序号	信号	连接目标
17	A-GND6	空气流量传感器接地	26	–	
18	—		27	AD3	增压传感器
19	G	发动机转速子传感器（凸轮转角）	28	–	
20	AD4	共轨压力传感器	29	–	
			30	G-GND	凸轮转角接地
21	AD11	空气流量传感器	31	AD5	共轨压力传感器
22	–		32	G-VCC	发动机转速副传感器（凸轮转角）
23	–				
24	A-VCC2	传感器2电源	33	A-GD1	传感器接地1
			34	A-GD2	传感器接地2
25	G	增压传感器	35	–	

接线盒E 31P(1-31)

序号	信号	连接目标	序号	信号	连接目标
1	TWV2	2号喷油器信号	17	PCV1	1号泵控阀
2	TWV4	4号喷油器信号	18	—	
3	TWV6	6号喷油器信号	19	AD7	冷却液温度传感器
4	P-GND	电源接地	20	—	
5	P-GND	电源接地	21	CAN1H	CAN1高端
6	COMMON2	喷油器电源2	22	CAN1L	CAN1低端
7	COMMON2	喷油器电源2	23		
8	—		24		
9	—		25	CASE-GND	发动机接地
10	—		26	AD8	燃油温度传感器
11	—		27	AD9	进气歧管温度传感器
12	—		28	—	
13	—		29	—	
14	PCV2	2号泵控阀	30	—	
15	PCV2	2号泵控阀	31	—	
16	PCV1	1号泵控阀			

● 无线电设备

　　如果在车辆内安装一个高输出无线电发射机（大于50W），可能会引起控制设备故障的危险。

广汽日野 E13C 发动机电控系统电气资料（6/12）

● **使用快速充电机**

使用快速充电机前，断开2个蓄电池端子。

● **空调安装**

安装空调时，谨慎不要划伤或损坏驾驶室内的发动机，底盘或导线。安装过程中，确保后来重新安装断开的连接器。

● **实施电焊**

实施电焊前，断开与控制设备连接的连接器。

● **其他**

连接其他连接器时确保对其进行检查，以便于阻止错误连接。

实施检查，拆除并更换部件时，确保不要让连接器被灰尘，水，燃料或油类污染。

● **诊断监测器代码与故障码表**

注意：

Mt号：诊断监测器代码（使用诊断监测器）

DTC号：故障码（使用PC诊断工具）

A：发动机不起动

B：发动机停止

C：发动机功率低

D：发动机起动困难

E：转矩极限（欧Ⅳ标准第二步，连线诊断系统）

是：检查发动机照明：亮起

F：检查发动机灯：闪烁

否：检查发动机照明：熄灭

检查发动机照明	症状	诊断监测器代码	故障码	诊断项目	检查项目
—	—	—	—	检查ECU电源电压	线束，熔丝与蓄电池
—	—	—	—	检查接地	线束
是	—	2	P1601	确定错误的喷射器校正数据	ECU（ECU连接器）
是	C	3	P0605	Flash ROM错误	ECU（ECU连接器）
是	A,B	3	P0606	CPU故障（硬件检查）	ECU（ECU连接器）
是	C	3	P0607	CPU内监测IC故障	ECU（ECU连接器）
是	—	5	P0686	主继电器故障	主继电器，线束与ECU（ECU连接器）
否	C	6	P0217	发动机过热	ECU（ECU连接器），冷却液温度传感器与发动机冷却系统
否	—	7	P0219	发动机超限	—
否	C	8	U0073	CAN1故障（发动机）	线束,ECU（ECU连接器）
F	C,E	8	U1122	CAN通信故障（EGR）	线束,ECU（ECU连接器）

检查发动机照明	症状	诊断监测器代码	故障码	诊断项目	检查项目
是	C	8	U1123	CAN通信故障（VNT）	线束,ECU（ECU连接器）
否	——	9	U0101	CAN通信故障（变速箱）	线束,ECU（ECU连接器）
否	——	9	U0104	CAN通信故障（巡航）	线束,ECU（ECU连接器）
否	——	9	U0121	CAN通信故障（ABS）	线束,ECU（ECU连接器）
否	——	9	U0155	CAN通信故障（仪表）	线束,ECU（ECU连接器）
否	——	9	U1001	CAN2通信（车辆）	线束,ECU（ECU连接器）
是	——	11	P0116	冷却液温度传感器波形故障	线束，ECU（ECU连接器）与冷却液温度传感器
是	——	11	P0117	冷却液温度传感器电路低输入	线束，ECU（ECU连接器）与冷却液温度传感器
是	——	11	P0118	冷却液温度传感器电路高输入	线束，ECU（ECU连接器）与冷却液温度传感器
是	——	12	P0340	发动机转速子传感器电路失效	线束，ECU（ECU连接器）与发动机转速子传感器
否	——	12	P0341	发动机转速子传感器脉冲异常	线束，ECU（ECU连接器）与发动机转速子传感器
是	A,B	13	P0335	发动机转速主传感器（子传感器）电路失效	线束，ECU（ECU连接器）与发动机转速主传感器
否	——	13	P0336	发动机转速主传感器脉冲异常	线束，ECU（ECU连接器）与发动机转速主传感器
是	——	14	P0187	燃油温度传感器电路低输入	线束，ECU（ECU连接器）与发动机转速子传感器
是	——	14	P0188	燃油温度传感器电路高输入	线束，ECU（ECU连接器）与燃油温度传感器
是	C	15	P2227	大气压力传感器典型故障	ECU
是	——	15	P2228	大气压力传感器电路低输入	ECU

广汽日野 E13C 发动机电控系统电气资料 （8/12）

检查发动机照明	症状	诊断监测器代码	故障码	诊断项目	检查项目
是	——	15	P2229	大气压力传感器电路高输入	ECU
是	——	16	P0112	进气温度传感器故障（低端输入）	线束，ECU（ECU连接器），空气流量传感器
是	——	16	P0113	进气温度传感器故障（高端输入）	线束，ECU（ECU连接器），空气流量传感器
F	C,E	17	P0101	空气流量传感器典型故障	线束，ECU（ECU连接器），空气流量传感器
F	C,E	17	P0102	空气流量传感器（低端输入）	线束，ECU（ECU连接器），空气流量传感器
F	C,E	17	P0103	空气流量传感器（高端输入）	线束，ECU（ECU连接器），空气流量传感器
否	——	19	P1416	EGR冷却液温度传感器典型故障	线束，ECU（ECU连接器），EGR冷却液温度传感器
否	——	19	P1417	EGR冷却液温度传感器故障（低端）	线束，ECU（ECU连接器），EGR冷却液温度传感器
否	——	19	P1418	EGR冷却液温度传感器故障(高端)	线束，ECU（ECU连接器),EGR冷却液温度传感器
是	——	21	P0500	车速传感器电路低输入	ECU（ECU连接器），线束与车速传感器
是	——	21	P0501	车速传感器电路低输入	ECU（ECU连接器），线束与车速传感器
是	C	22	P2120	1号与2号加速踏板传感器故障	线束，ECU（ECU连接器）与加速踏板传感器
是	——	22	P2121	1号加速踏板传感器故障	线束，ECU（ECU连接器）与加速踏板传感器
是	——	22	P2122	1号加速踏板传感器电路低压	线束，ECU（ECU连接器）与加速踏板传感器
是	——	22	P2123	1号加速踏板传感器电路高压	线束，ECU（ECU连接器）与加速踏板传感器
是	——	22	P2126	2号加速踏板传感器故障	线束，ECU（ECU连接器）与加速踏板传感器
是	——	22	P2127	2号加速踏板传感器电路低压	线束，ECU（ECU连接器）与加速踏板传感器
是	——	22	P2128	2号加速踏板传感器电路高压	线束，ECU（ECU连接器）与加速踏板传感器

检查发动机照明	症状	诊断监测器代码	故障码	诊断项目	检查项目
否	——	23	P1132	取力器加速器传感器电路低端电压	线束，ECU（ECU连接器），取力器加速踏板传感器
否	——	23	P1133	取力器加速器传感器电路高端电压	线束，ECU（ECU连接器），取力器加速踏板传感器
否	——	25	P0540	进气加热器电路失效	线束，ECU（ECU连接器）与进气加热器继电器
否	——	26	P1462	发动机缓速器1开路电路,短线接地	线束，电子控制单元（ECU插接器）、发动机缓速器阀
否	——	26	P1463	发动机缓速器1,短线接蓄电池	线束，电子控制单元（ECU插接器）、发动机缓速器阀
否	——	27	P1467	发动机缓速器2开路电路,短线接地	线束，电子控制单元（ECU插接器）、发动机缓速器阀
否	——	27	P1468	发动机缓速器2,短线接蓄电池	线束，电子控制单元（ECU插接器）、发动机缓速器阀
是	C	35	P0045	VNT控制器故障1(主要故障)	VNT控制器
是	C	35	P2263	VNT喷嘴堵塞	VNT
是	C	36	P0045	VNT控制器故障2(主要故障)	VNT控制器
F	C,E	37	P0106	增压压力传感器典型故障	线束，ECU（ECU插接器）、增压传感器
F	C,E	37	P0108	增压传感器高输入电路	线束，电子控制单元（ECU插接器）、增压传感器
F	C,E	37	P0237	增压传感器低输入电路	线束、电子控制单元（ECU插接器）、增压传感器
否	——	38	P1071	涡轮增压器转速传感器高输入电路	线束、电子控制单元（ECU插接器）、涡轮增压器转速传感器
否	——	38	P1072	涡轮增压器转速传感器高输入电路	线束、电子控制单元（ECU插接器）、涡轮增压器转速传感器
否	C	39	P0049	涡轮增压器超限	电子控制单元（ECU插接器）、涡轮增压器系统

检查发动机照明	症状	诊断监测器代码	故障码	诊断项目	检查项目
否	C	39	P0234	涡轮增压器增压过度	电子控制单元（ECU插接器）、涡轮增压器系统
否	——	41	P0704	离合器开关故障	电子控制单元（ECU插接器）、线束、离合器开关
否	——	42	P0510	油门开关故障	电子控制单元（ECU插接器）、线束、离合器开关
否	——	43	P1565	油门开关故障	线束、自动巡航开关、电子控制单元（ECU插接器）
否	——	44	P1142	低电压空转设置控制器	电子控制单元（ECU插接器）、线束、空转设置控制器
否	——	44	P1143	高电压空转设置控制器	电子控制单元（ECU插接器）、线束、空转设置控制器
否	——	45	P0617	起动器信号故障	线束、起动器信号、电子控制单元（ECU插接器）
否	——	46	P1530	发动机停止开关故障	电子控制单元（ECU插接器）、线束、发动机停止开关
否	——	47	P0850	空档开关故障	电子控制单元（ECU插接器）、线束、空档开关
否	——	48	P1676	变速器档位开关故障	ECU（ECU插接器）、线束、变速器档位开关
是	C	51	P0201	喷油器电路故障—气缸1	电子控制单元（ECU插接器）、线束、喷油器
是	C	52	P0202	喷油器电路故障—气缸2	电子控制单元（ECU插接器）、线束、喷油器
是	C	53	P0203	喷油器电路故障—气缸3	电子控制单元（ECU插接器）、线束、喷油器
是	C	54	P0204	喷油器电路故障—气缸4	电子控制单元（ECU插接器）、线束、喷油器
是	C	55	P0205	喷油器电路故障—气缸5	电子控制单元（ECU插接器）、线束、喷油器
是	C	56	P0206	喷油器电路故障—气缸6	电子控制单元（ECU插接器）、线束、喷油器
是	C	57	P1211	喷油器共轨1，短线接地	线束、喷油器、电子控制单元（ECU插接器）
是	C	57	P1212	喷油器共轨1，短线接蓄电池	线束、喷油器、电子控制单元（ECU插接器）
是	C	58	P1214	喷油器共轨2，短线接地	线束、喷油器、电子控制单元（ECU插接器）
是	C	58	P1215	喷油器共轨2，短线接蓄电池	线束、喷油器、电子控制单元（ECU插接器）

检查发动机照明	症状	诊断监测器代码	故障码	诊断项目	检查项目
是	C	59	P0200	ECU充电高输入电路	电子控制单元（ECU插接器）
是	C	59	P0611	ECU充电电路故障	电子控制单元（ECU插接器）
否	—	61	P0263	1号气缸组成/平衡出错	喷油器、燃油滤清器、喷油管、电子控制单元（ECU插接器）
否	—	62	P0266	2号气缸组成/平衡出错	喷油器、燃油滤清器、喷油管、电子控制单元（ECU插接器）
否	—	63	P0269	3号气缸组成/平衡出错	喷油器、燃油滤清器、喷油管、电子控制单元（ECU插接器）
否	—	64	P0272	4号气缸组成/平衡出错	喷油器、燃油滤清器、喷油管、电子控制单元（ECU插接器）
否	—	65	P0275	5号气缸组成/平衡出错	喷油器、燃油滤清器、喷油管、电子控制单元（ECU插接器）
否	—	66	P0278	6号气缸组成/平衡出错	喷油器、燃油滤清器、喷油管、电子控制单元（ECU插接器）
是	C	67	P0191	共轨压力传感器故障	共轨压力传感器、线束、电子控制单元（ECU插接器）
是	C	67	P0192	共轨压力传感器低输入电路	电子控制单元（ECU插接器）、线束、共轨压力传感器
是	C	67	P0193	共轨压力传感器低输入电路	电子控制单元（ECU插接器）、线束、共轨压力传感器
是	C	68	P0088	共轨压力过大（第1步）	共轨压力传感器、电子控制单元（ECU插接器）、线束
是	C	69	P0088	共轨压力过大（第2步）	共轨压力传感器、电子控制单元（ECU插接器）、线束
是	C	71	P0628	PCV1故障	供油泵、线束、电子控制单元（ECU插接器）
是	C	71	P0629	PCV输出，短线接地	供油泵、线束、电子控制单元（ECU插接器）
是	C	72	P2633	PCV2故障	供油泵、线束、电子控制单元（ECU插接器）
是	C	72	P2634	PCV输出，短接线地	供油泵、线束、电子控制单元（ECU插接器）
是	A,B	73	P0628	PCV故障	供油泵、线束、电子控制单元（ECU插接器）
是	A,B	73	P0629	PCV故障	供油泵、线束、电子控制单元（ECU插接器）

广汽日野 E13C 发动机电控系统电气资料（12/12）

检查 发动机 照明	症状	诊断监测 器代码	故障码	诊断项目	检查项目
是	C	76	P0088	共轨压力过大、供油泵注油过度	供油泵、共轨压力传感器、电子控制单元（ECU插接器）、线束
是	C	76	P1229	供油泵注油过度	共轨压力传感器、供油泵、燃油系统
是	C	77	P1266	供油泵故障	共轨压力传感器、供油泵、燃油系统
是	A,B	78	P0093	燃油泄漏	电子控制单元（ECU插接器）、燃油系统
F	C,E	81	P1458	EGR促动器故障1（主故障）	EGR促动器
是	C	84	P1412	脉冲式EGR电磁阀故障（+B短路或底线短路）	线束，电磁阀
是		84	P1413	脉冲式电磁阀故障（电路开路）	线束，电磁阀
否	C	85	P1416	EGR冷却液过热	发动机冷却系统，EGR冷却液，线束、ECU（ECU连接器）
F	C,E	86	P1459	EGR促动器故障2（主故障）	EGR促动器
F	C,E	86	P0400	EGR系统流量异常	EGR
F	C,E	88	P0404	EGR阀1堵塞	EGR阀1
F	E	18	P0096	进气歧管温度传感器曲型故障	EGR（ECU连接器），线束
F	E	18	P0097	进气歧管温度传感器电路低端输入	EGR（ECU连接器），线束
F	E	18	P0098	进气歧管温度传感器电路高端输入	EGR（ECU连接器），线束
F	E	85	P0401	EGR流量低	EGR冷却液，EGR促动器，EGR气管

注意：
· 供给泵服务更换时，有必要使用诊断工具重新设置缺省值。此外，ECU还拥有一个功能，是在ECU服务更换时可使自学习以学会供给泵的性能，所以必定确保有足够的自学习时间。
· 当在车上新安装一个喷射器时，使用诊断工具在发动机ECU内输入ID代码。

江淮格尔发 AL、KL 车型电气线路图 （1/6）

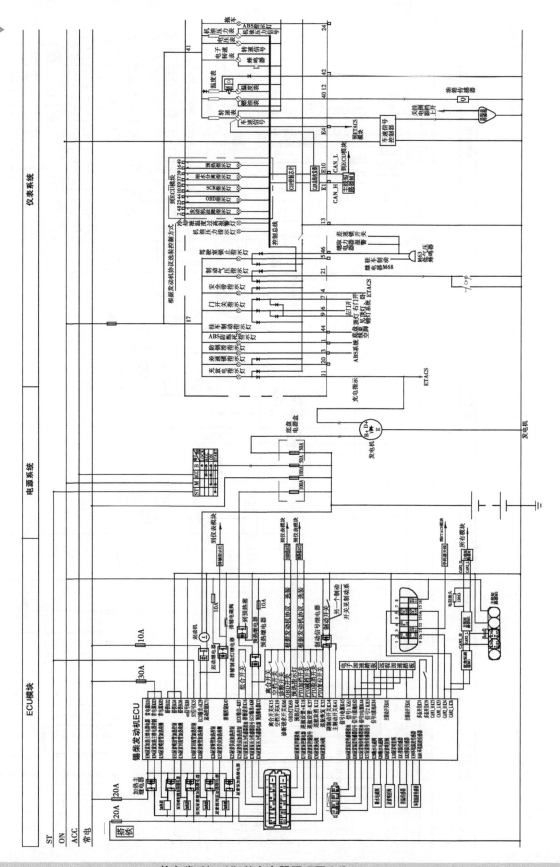

格尔发 AL、KL 整车电器原理图 1/6

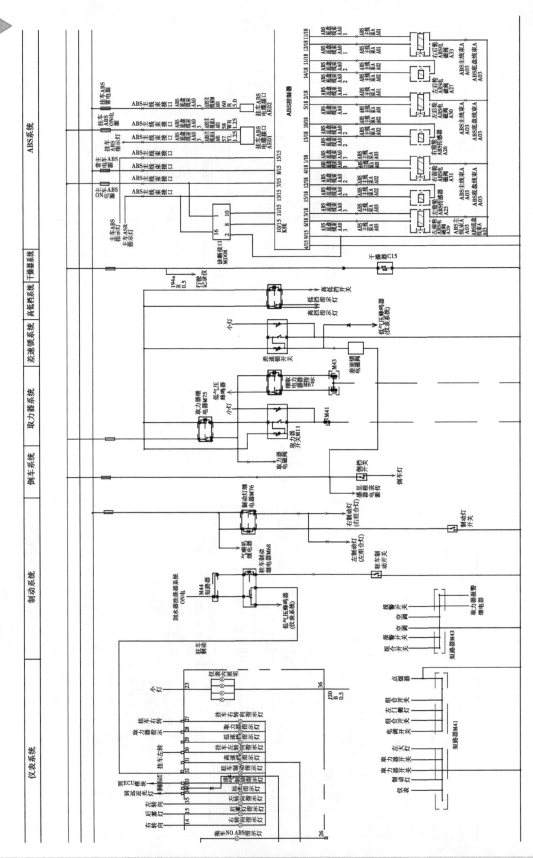

格尔发 AL、KL 整车电器原理图 2/6

江淮格尔发 AL、KL 车型电气线路图 (3/6)

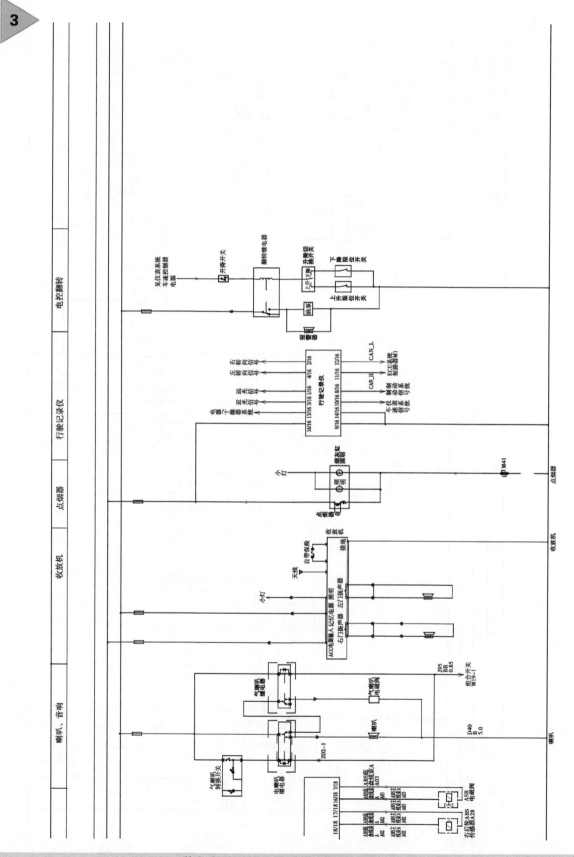

格尔发 AL、KL 整车电器原理图 3/6

江淮格尔发 AL、KL 车型电气线路图 (4/6)

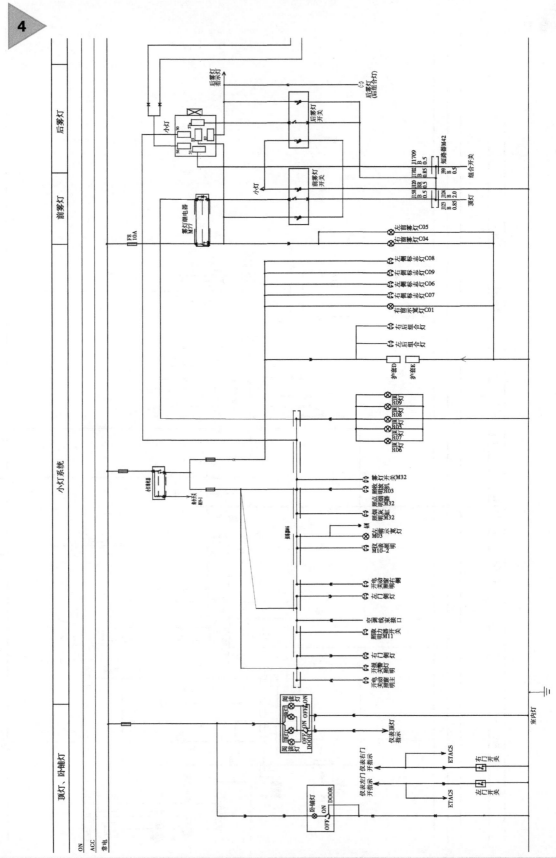

格尔发 AL、KL 整车电器原理图 4/6

江淮格尔发 AL、KL 车型电气线路图（5/6）

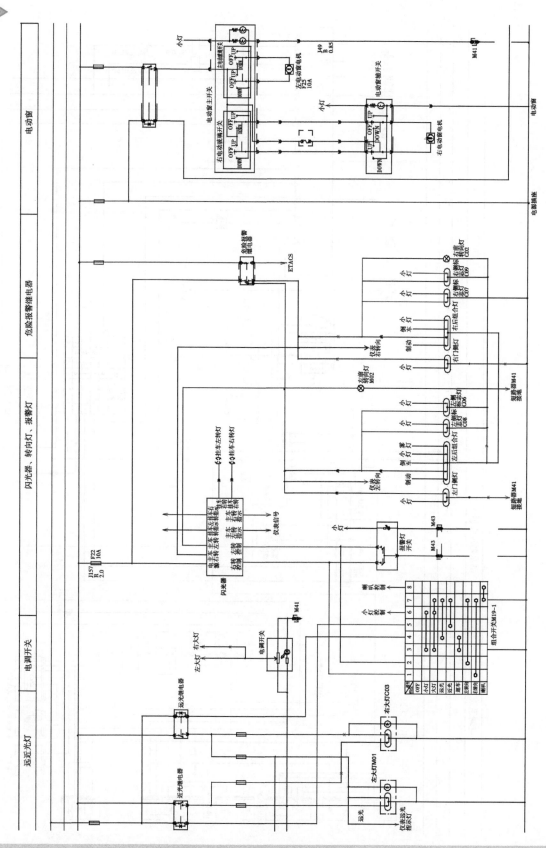

格尔发 AL、KL 整车电器原理图5/6

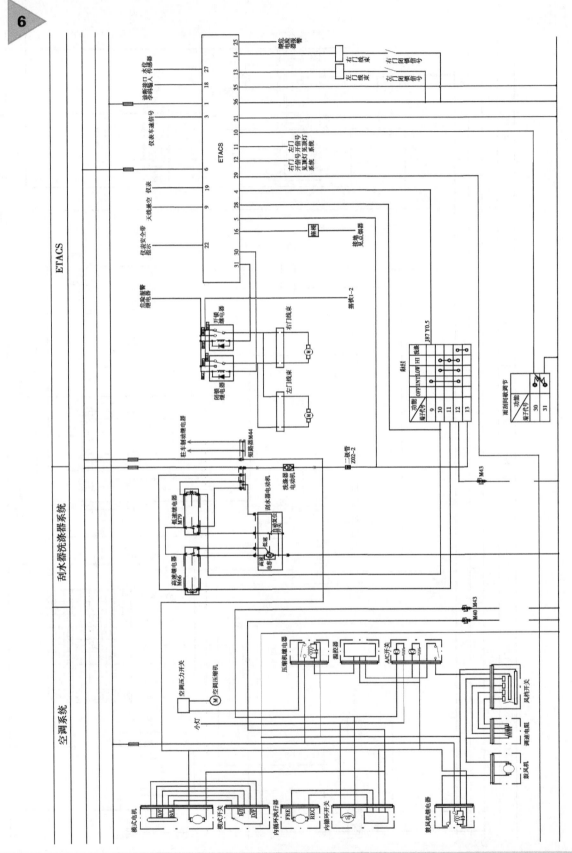

格尔发 AL、KL 整车电器原理图 6/6

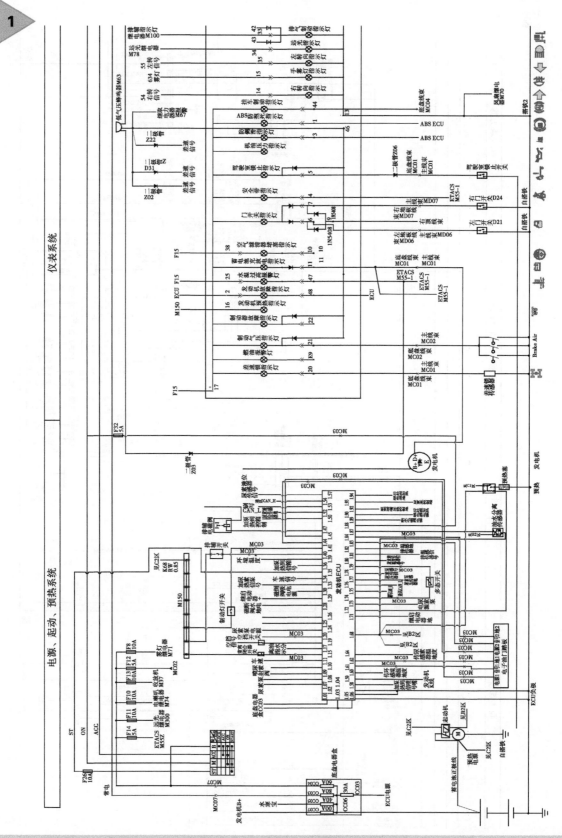

格尔发 AW、KW 整车电气线路图 1/6

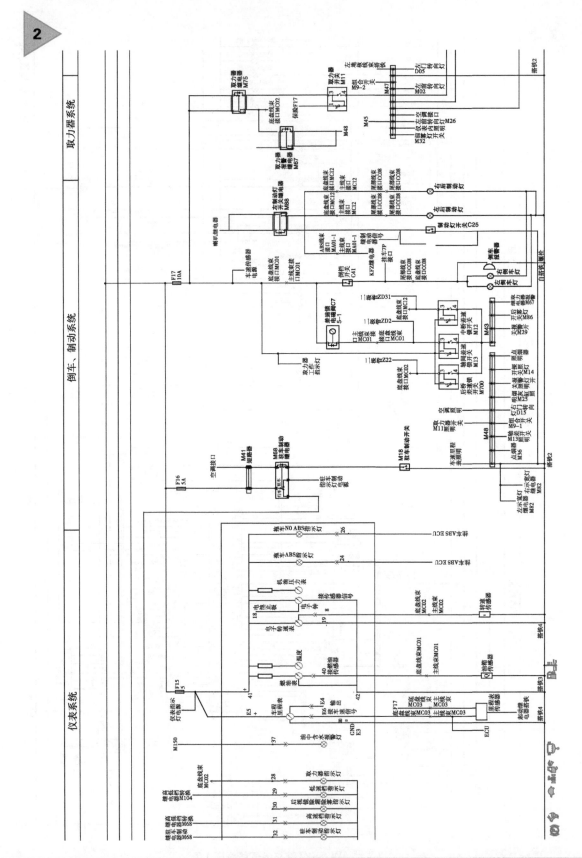

格尔发 AW、KW 整车电气线路图 2/6

3

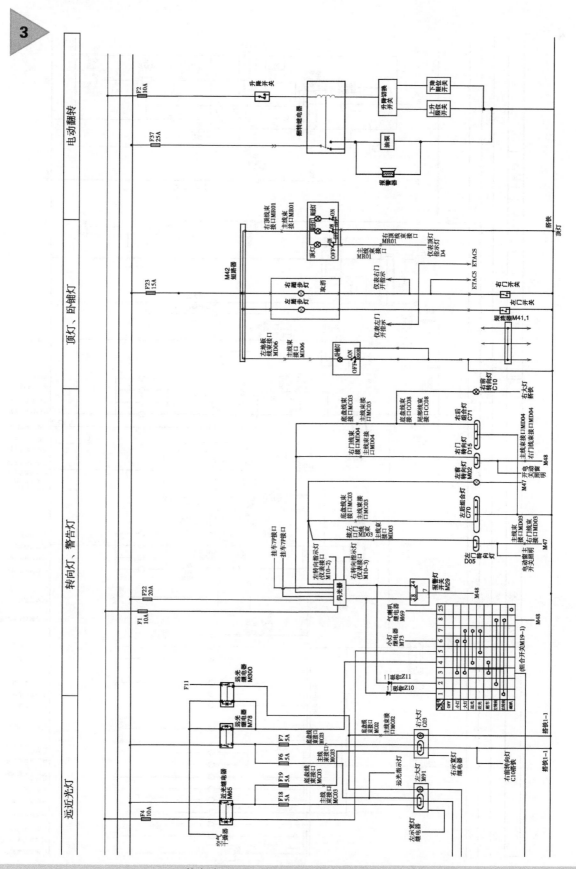

格尔发 AW、KW 整车电气线路图 3/6

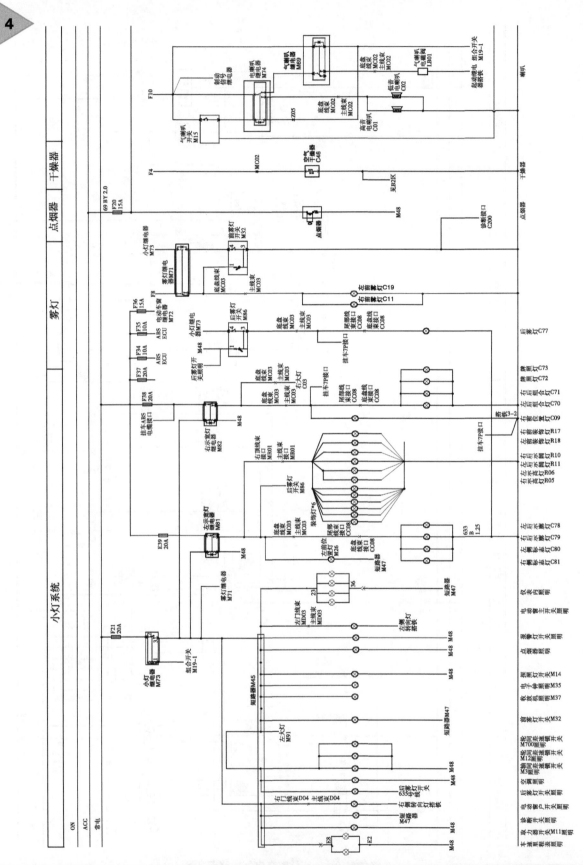

5

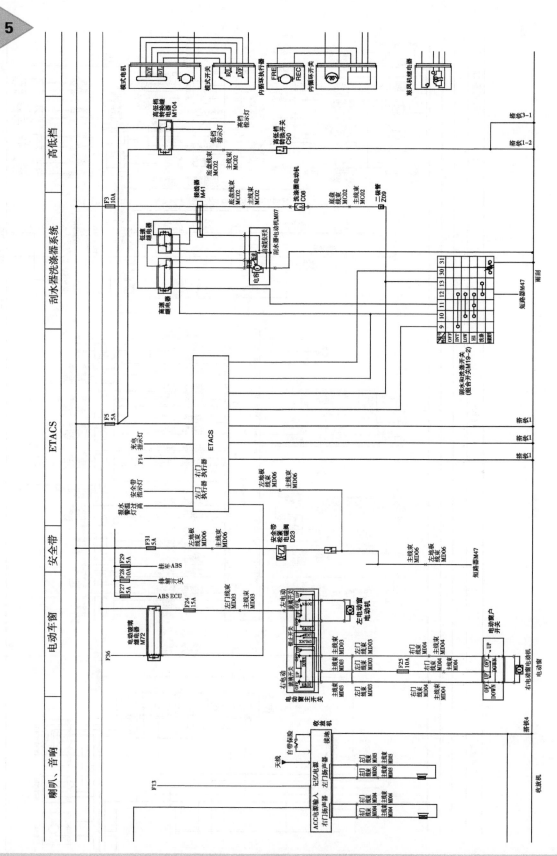

格尔发 AW、KW 整车电气线路图 5/6

江淮格尔发 AW、KW 车型电气线路图（6/6）

6

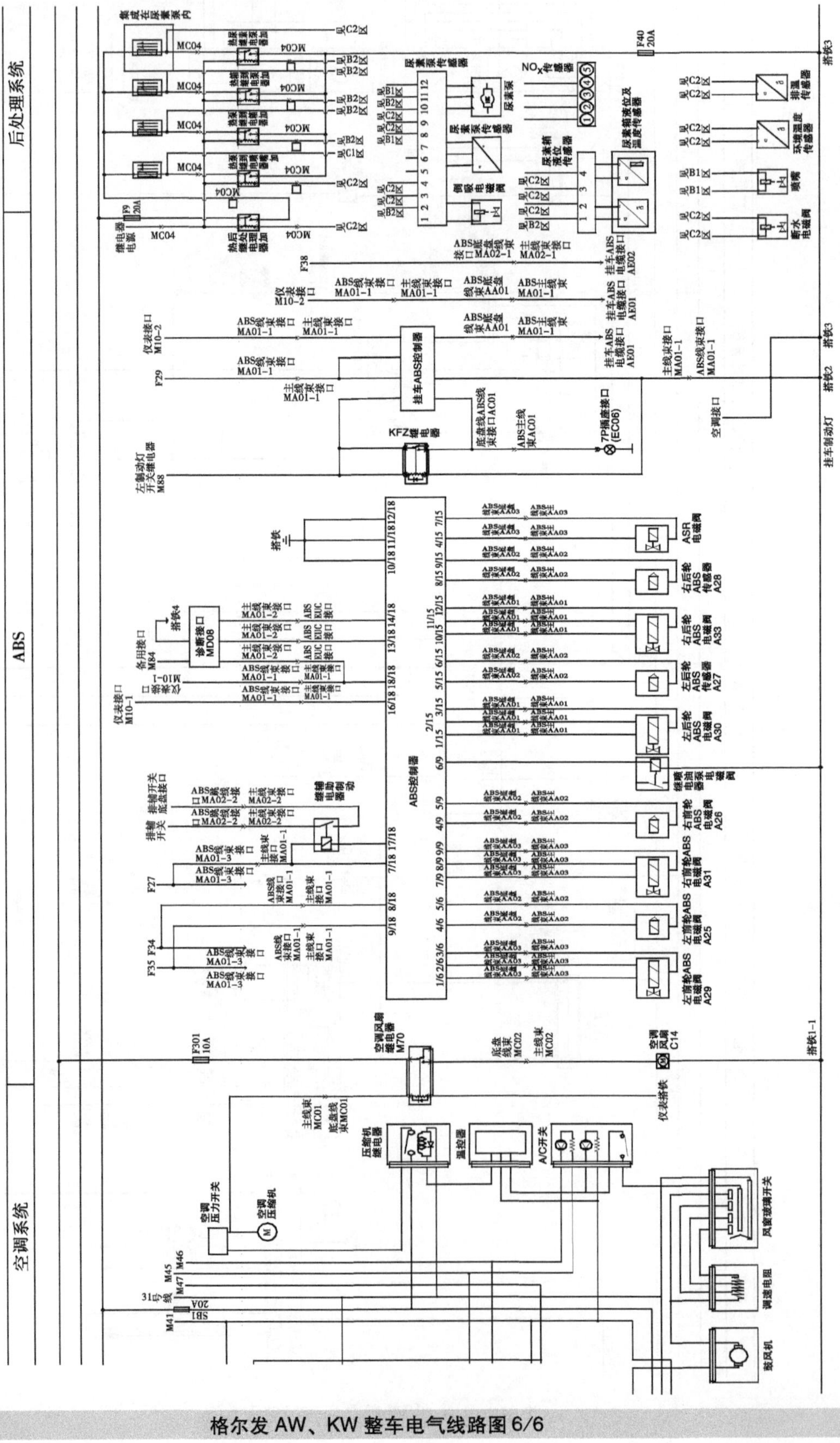

格尔发 AW、KW 整车电气线路图 6/6

联合卡车线束端子图与针脚信息 （1/13）

联合卡车底盘控制模块针脚信息

从左至右，依次为CON1、CON2、CON3、CON4、CON5接口，左下角为CON6接口，PIN编号为从左至右，从下到上。

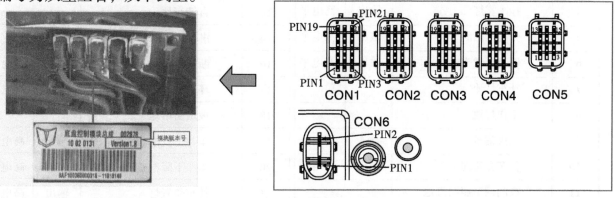

底盘模块针脚分布

◀ **底盘模块针脚定义**

CON6		
2	电源+	
1	电源–/地	

CON1							
针脚	定义	类型	值	针脚	定义	类型	值
1	尿素罐加热	输出	高电平	12	右位置灯	输出	高电平
2	工作灯	输出	高电平	13	1#轮间差速器	输出	高电平
3	倒车灯	输出	高电平	14	2#轮间差速器	输出	高电平
4	尿素罐加热地			15	夜间倒车照明灯	输出	高电平
5	左转向灯	输出	高电平	16	移动工作灯	输出	高电平
6	雾灯	输出	高电平	17	移动工作灯地		
7	粗滤器加热	输出	高电平	18	右转向灯	输出	高电平
8	粗滤器加热地			19	干燥剂加热	输出	高电平
9	左位置灯	输出	高电平	20	干燥剂加热地		
10	1#轴间差速器	输出	高电平	21	挂车制动灯	输出	高电平
11	2#轴间差速器	输出	高电平				

CON2							
针脚	定义	类型	值	针脚	定义	类型	值
1	挂车倒车灯	输出	高电平	2	PTO啮合电磁阀	输出	高电平

联合卡车线束端子图与针脚信息（2/13）

CON2								
针脚	定义	类型	值	针脚	定义	类型	值	
3	节油电磁输出	输出	高电平	13	挂车右转向灯	输出	高电平	
4	挂车雾灯	输出	高电平	14	自卸车地			
5	分离电磁阀	输出	高电平	15	淋水电磁阀地			
6	倒车摄像头电源	输出	高电平	16	断油电磁阀	输出	高电平	
7	挂车灯地			17	环保盖电磁阀	输出	高电平	
8	工作灯地			18	坡道防滑地			
9	点火信号	输入	高电平	19	车斗上升电磁阀	输出	高电平	
10	挂车左转向	输出	高电平	20	车斗下降电磁阀	输出	高电平	
11	夜间倒车照明灯地			21	挂车位置灯	输出	高电平	
12	轴间差速器地							

CON3				**CON4**			
针脚	定义	类型	值	针脚	定义	类型	值
1	右车灯输出地			1	车下熄火开关信号输入	输入	
2	预留			2	2#轴间差速器信号采集	输入	低电平
3	粗滤器液位传感器	输入	低电平	3	油压反馈报警信号	输入	低电平
4	左车灯输出地			4	预留A/D信号		
5	车速信号地			5	1#轮间差速器信号采集	输入	低电平
6	尿素罐液位传感器	输入		6	1#轴间差速器信号采集	输入	低电平
7	外排气制动地			7	预留地		
8	传感器信号地			8	输入信号地		
9	燃油传感器	输入	电阻值	9	2#轮间差速器信号采集	输入	低电平
10	左制动灯	输出	高电平	10	CAN_L		
11	右制动灯	输出	高电平	11	预留开关输入信号	输入	低电平
12	空滤堵塞传感器	输入	低电平	12	PTO啮合开关	输入	低电平
13	淋水器电磁阀	输出	高电平	13	CAN_GND		
14	坡道防滑电磁阀	输出	高电平	14	LED左转向故障报警信号	输入	低电平
15	发动机转速信号	输入	正弦波	15	LED右转向故障报警信号	输入	低电平
16	外排气制动	输出	高电平	16	CAN_H		
17	倒车蜂鸣器	输出	高电平	17	左侧驾驶室锁止	输入	低电平
18	转速信号地			18	右侧驾驶室锁止	输入	低电平
19	车速传感器电源	输出	高电平	19	外部排气制动输入（预留		
20	传感器电源	输出	高电平	20	倒档信号	输入	低电平
21	5V电源	输出	高电平	21	空档信号	输入	低电平

针脚	定义	类型	值	针脚	定义	类型	值
			CON5				
1	1#挂车信号采集	输入	低电平	9	左前制动片报警	输入	低电平
2	2#挂车信号采集	输入	低电平	10	坡道防滑反馈信号	输入	低电平
3	3#挂车信号采集	输入	低电平	11	右前制动片报警	输入	低电平
4	预留开关输入信号	输入	低电平	12	左中制动片报警	输入	低电平
5	4#挂车信号采集	输入	低电平	13	右后制动片报警	输入	低电平
6	5#挂车信号采集	输入	低电平	14	右中制动片报警	输入	低电平
7	挂车信号采集			15	右后制动片报警	输入	低电平
8	6#挂车信号采集	输入	低电平				

联合卡车BCM车身控制模块针脚信息

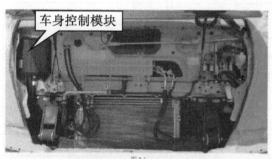

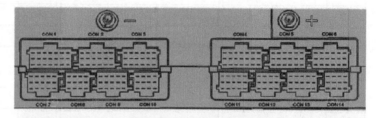

BCM的PIN编号顺序为从上向下、从左向右。

CON线接口编号从驾驶室内侧开始，上排左边第1个为CON1，上排右边第1个为CON6，下排左边第1个是CON7，下排右边第一个为CON14；前围外侧左边第1个为CON15，右边第一个为CON18。

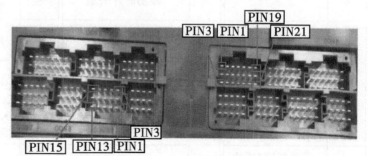

BCM 安装位置与端子分布

◀ BCM针脚定义

CON1		CON2		CON3		CON4	
1		1		1		1	
2		2		2	副驾驶安全带输入	2	
3	顶灯输出	3		3		3	气喇叭输出
4		4		4		4	
5		5		5	驾驶员安全带输入	5	
6	左阅读灯输出	6	刮水器低速输出	6		6	
7		7		7		7	
8		8		8	离合器开关输入	8	
9	右阅读灯输出	9	刮水器高速输出	9	驾驶室右示廓灯输出	9	BCAN_L
10		10		10		10	
11		11		11	辅助制动输入	11	
12		12	左轮胎照明灯输出	12		12	BCAN_H
13		13		13	钥匙照明输出	13	
14		14	刮水器回位输入	14	制动开关输入	14	
15		15		15	电池节能输出	15	
16		16		16		16	
17		17		17		17	
18		18	整车背光照明输出	18	驾驶室左示廓灯输出	18	
19	电池节能输出						
20							

CON5		CON6		CON7		CON8	
1		1	天然气液位传感器地	1	K9继电器输出端4，常闭端	1	K8继电器输出端4，常闭端
2	PCAN_L	2		2	K9继电器输出端5，常开端	2	地
3		3		3	K9继电输出端3	3	地
4		4	多功能开关地	4	K10继电器输出端4，常闭端	4	K8继电器输出3
5	PCAN_H	5	K8继电器线圈低端控制	5	K9继电器线圈端2	5	地
6	天然气罐1液位输入	6	K7继电器线圈低端控制	6	K9继电器线圈端1	6	地
7	天然气罐2液位输入	7		7	K10继电器输出端5，常开端	7	K8继电器线圈低端1
8	天然气罐3液位输入	8	安全带开关地	8	K10继电器线圈端2	8	地
9	天然气罐4液位输入	9		9	K10继电器线圈端1	9	地

	CON5		CON6		CON7		CON8
10	时钟消隐输出	10	左地图灯输出	10	K10继电器输出端3	10	K8继电器线圈高端2
11		11		11	K11继电器线圈端2	11	地
12	钥匙插入输入	12	LIN	12	K11继电器线圈端1	12	地
13	ACC档位输入	13	右地图灯输出	13	K11继电器输出端4，常闭端		
14	ON档位输入	14	离合器开关地	14	K11继电器输出端5，常开端		
15	起动档位输入	15	K线	15	K11继电器输出端3		
16	左多功能开关输入	16					
17	右多功能开关输入	17					
18		18					

	CON9		CON10		CON11		CON12
1	K7继电器线圈低端1	1	OBD电源（常电F28熔丝）	1	组合仪表电源（ON档电F33熔丝）	1	行驶记录仪电源（ACC档）
2	空调地	2	LIN开关地	2		2	
3	地	3	地	3	仪表电源（常电F32熔丝）	3	
4	尿素泵电源（常电F4熔丝）	4	挂车ABS电源（常电F7熔丝）	4	点火开关电源（常电F13熔丝）	4	备用电源（常电F15熔丝）
5	地	5	地	5		5	
6	地	6	地	6		6	
7	K7继电器输出端3	7	举升蜂鸣器电源	7	胎压监测模块电源（常电F12熔丝）	7	ABS控制器电源（ON档电F35熔丝）
8	地	8	地	8		8	
9	地	9	地	9	K6继电器线圈高端	9	
10		10	ABS控制器电源（常电F5熔丝）	10	远程终端模块电源（常电F11熔丝）	10	远程终端模块电源（ON档电F34熔丝）
11	地	11	地	11		11	左门模块电源（常电F14熔丝）
12	地	12	地	12	LIN开关电源（常电F30熔丝）	12	
13	K7继电器线圈高端2	13		13	音响系统电源（常电F10熔丝）	13	
14	地	14		14	自动空调电源（常电F9熔丝）	14	
15	地	15		15	发动机防盗模块电源（常电F8熔丝）	15	

	CON13		CON14		CON15		CON16
1	电动翻转模块电源（常电F19熔丝）	1	尿素泵电源（常电F21熔丝）	1	机油压力传感器输入	1	空调继电器线圈低端
2		2		2	发动机控制模块电源（ON档电F41熔丝）	2	
3		3		3	底盘模块电源（ON档电F42熔丝）	3	
4	右门模块电源（常电F18熔丝）	4	自动变速器控制模块电源（常电F20熔丝）	4	氧传感器电源（ON档电F40熔丝）	4	空调继电器输出
5		5		5	手动空调电源（ACC档电F38熔丝）	5	
6		6		6	手动空调电源（ACC档电F39熔丝）	6	膨胀水箱液位传感器输入
7	点烟器电源（常电F17熔丝）	7	自动变速器控制模块电源（常电F20熔丝）	7	驾驶室开关地	7	助力转向液位传感器输入
8		8		8	BCAN_H	8	排气制动开关输入
9		9		9	BCAN_L	9	辅助制动气压传感器输入
10	音响系统电源（ACC档电F37熔丝）	10		10	洗涤液位传感器输入	10	主制动气压传感器输入
11		11		11	动力CAN地	11	盾标灯输出
12		12		12	PCAN_H	12	洗涤器输出
13	逆变器电源（常电F16熔丝）			13	近光调节地	13	
14				14		14	
15				15	PCAN_L	15	主、辅制动气压传感器地
				16	电喇叭输出	16	
				17		17	手制动开关输入
				18	左前雾灯输出	18	油压/冷却液温度开关模拟地

	CON17		CON18
1	冷却液温度传感器输入	1	
2		2	
3	右远光灯输出	3	电池节能输出
4	驾驶室翻转控制地	4	
5		5	
6	驾驶室左位置灯输出	6	驾驶室左转向灯输出
7		7	发动机控制器电源
8		8	外部灯地
9		9	右近光灯输出
10	电池节能地	10	发动机控制器电源
11	发动机控制模块地	11	近光灯调节输出
12	右转向灯输出	12	驾驶室右位置灯输出
13	发动机控制模块地	13	发动机控制器电源
14	发动机控制模块地	14	近光灯调节输出
15	左近光灯输出	15	左远光灯输出
16	发动机控制模块地	16	发动机控制器电源
17	发动机控制模块地	17	驾驶室翻转授权信号
18	右前雾灯输出	18	日间行车灯输出

联合卡车车门控制模块针脚信息

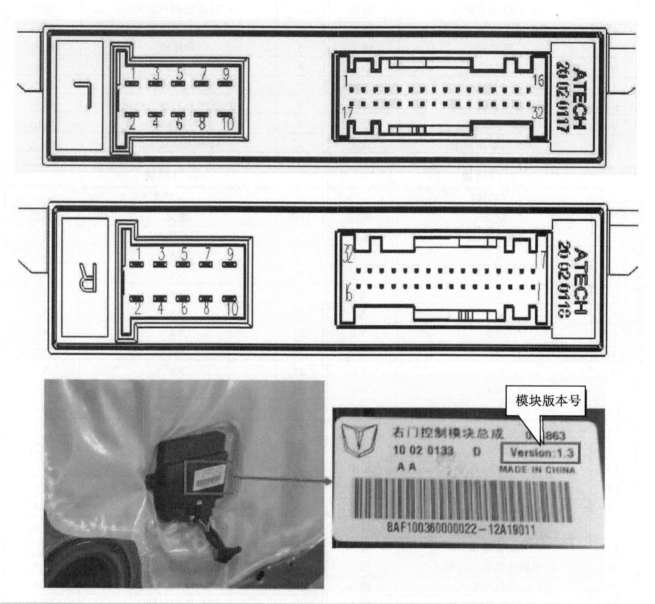

左、右门控制模块针脚分布

◀◀ 门控模块针脚定义

左门模块			右门模块		
CON1			CON1		
针脚	定义	类型	针脚	定义	类型
1	电源地	输入	1	电源地	输入
2	电源正	输入	2	电源正	输入

联合卡车线束端子图与针脚信息（8/13）

CON1			CON1		
针脚	定义	类型	针脚	定义	类型
3	后视镜调节输出	输出	3	后视镜调节输出	输出
4	后视镜上下调节输出	输出	4	后视镜上下调节输出	输出
5	除霜地	输出	5	除霜地	输出
6	NA	NA	6	NA	NA
7	窗户上升输出	输出	7	窗户上升输出	输出
8	后视镜左右调节输出	输出	8	后视镜左右调节输出	输出
9	窗户下降输出	输出	9	窗户下降输出	输出
10	后视镜除霜输出	输出	10	后视镜除霜输出	输出

左门模块			右门模块		
CON2			CON2		
针脚	定义	类型	针脚	定义	类型
1	闭锁输出	输出	32	闭锁输出	输出
2	NA	NA	31	NA	NA
3	NA	NA	30	NA	NA
4	NA	NA	29	NA	NA
5	NA	NA	28	NA	NA
6	NA	NA	27	NA	NA
7	NA	NA	26	NA	NA
8	NA	NA	25	NA	NA
9	NA	NA	24	NA	NA
10	NA	NA	23	NA	NA
11	NA	NA	22	NA	NA
12	闭锁指示	输出	21	闭锁指示	输出
13	门状态地信号	输出	20	门状态地信号	输出
14	闭锁指示返回地	输出	19	闭锁指示返回地	输出
15	除霜指示返回地	输出	18	NA	NA
16	门灯返回地	输出	17	门灯返回地	输出
17	解锁输出	输出	16	解锁输出	输出
18	门解锁止状态信号输入	输入	15	门解锁止状态信号输入	输入
19	除霜信号输入	输入	14	NA	NA
20	门开关信号输入	输入	13	门开关信号输入	输入
21	左窗输入	输入	12	右窗输入	输入
22	右窗输入	输入	11	顶灯和阅读灯输入	输入
23	开闭锁输入	输入	10	开闭锁输入	输入
24	后视镜方向输入	输入	9	NA	NA
25	后视镜选择输入	输入	8	NA	NA
26	门全锁信号输入	输入	7	门全锁信号输入	输入
27	门灯输出	输出	6	门灯输出	输出
28	除霜指示	输出	5	NA	NA
29	K-LINE（预留）	双向	4	K-LINE（预留）	双向
30	CAN地	NA	3	CAN地	NA
31	CAN高	双向	2	CAN高	双向
32	CAN低	双向	1	CAN低	双向

联合卡车线束端子图与针脚信息 （9/13）

线束接口定义

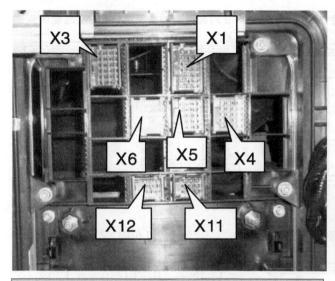

X1–X12 位置位于车身控制模块处

YB1–YB6 位置位于右侧仪表板下护板内

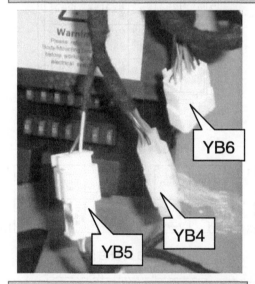

YB1–YB6 位置位于右侧仪表板下护板内

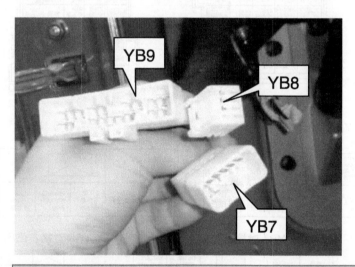

YB7–YB9 位置位于左侧仪表板下护板内

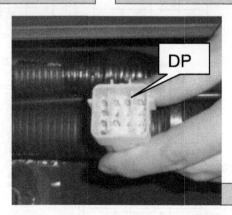

DP 位置位于变速器右侧车架附近

线束接口位置

联合卡车线束端子图与针脚信息（10/13）

◀ 6K10车型线束接口定义

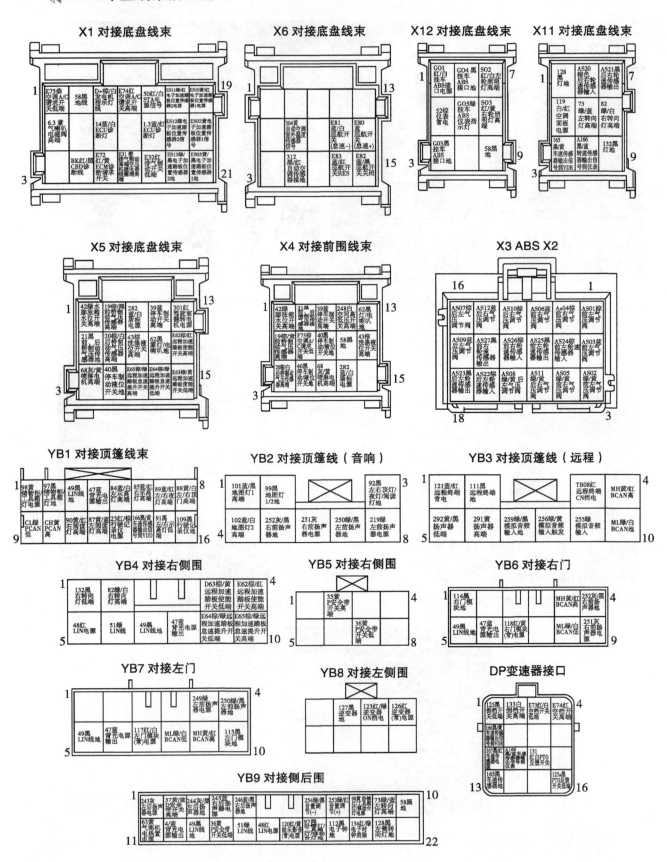

联合卡车线束端子图与针脚信息 （11/13）

◀ 6K12车型线束接口定义

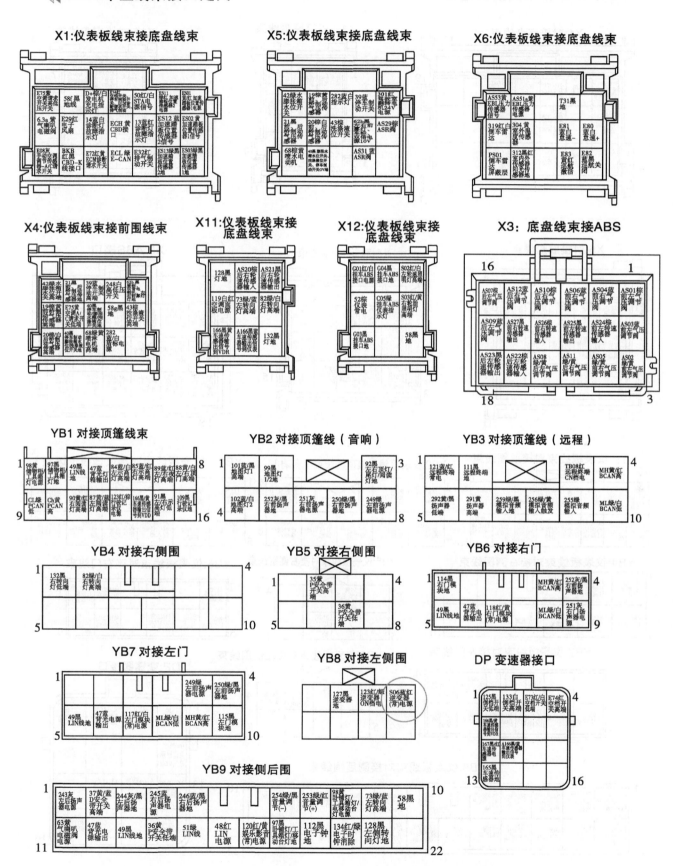

联合卡车线束端子图与针脚信息 （12/13）

◀ EGR车型线束接口定义

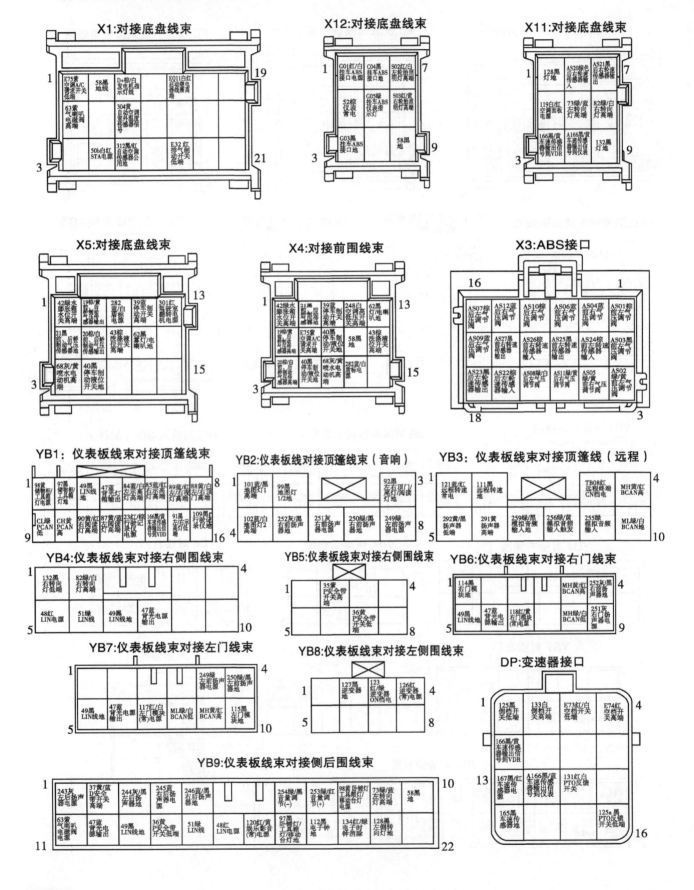

联合卡车线束端子图与针脚信息（13/13）

◀ **LNG车型线束接口定义**

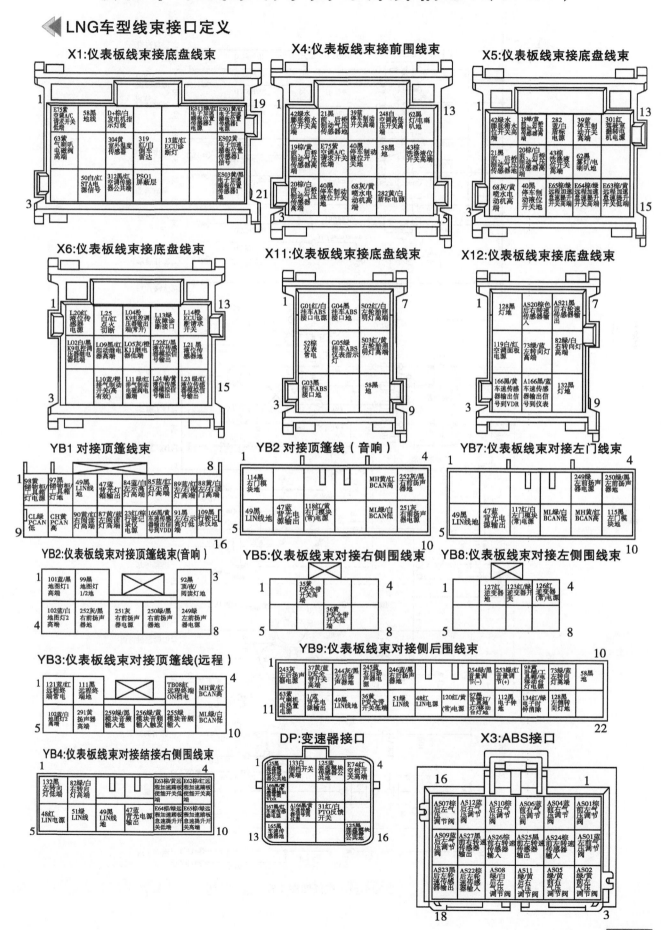

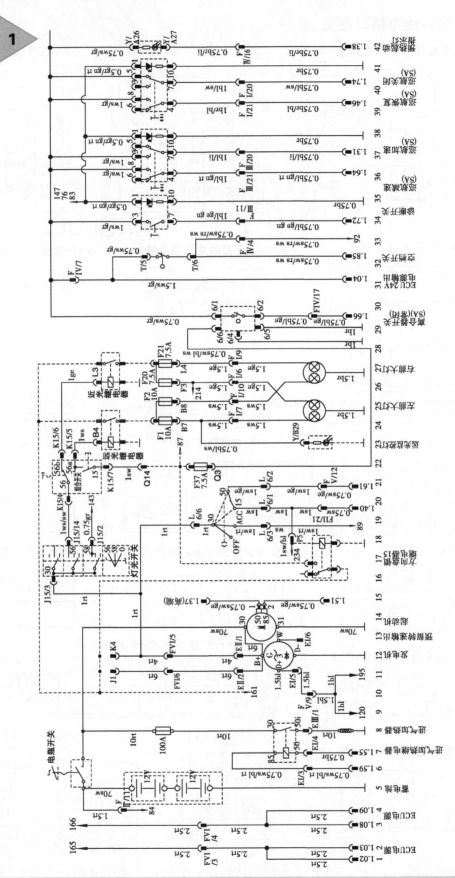

自卸车型电气线路图 1/6

北奔重卡自卸车型电气线路图 (2/6)

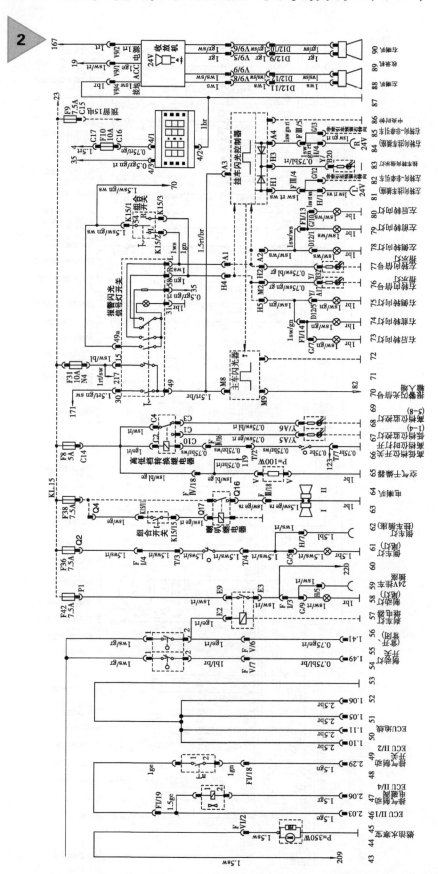

自卸车型电气线路图 2/6

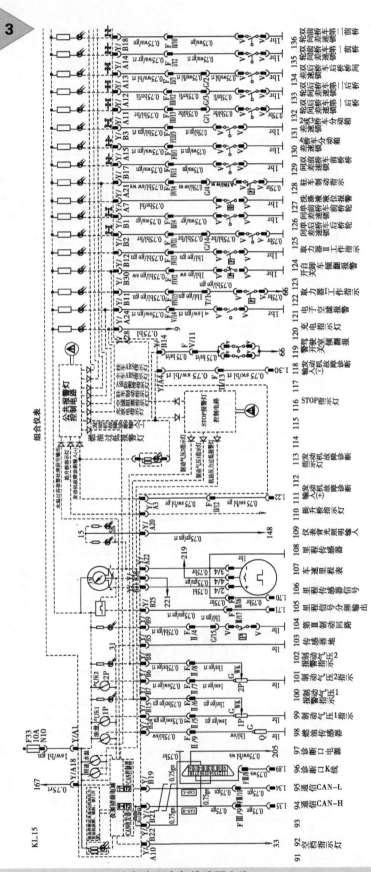

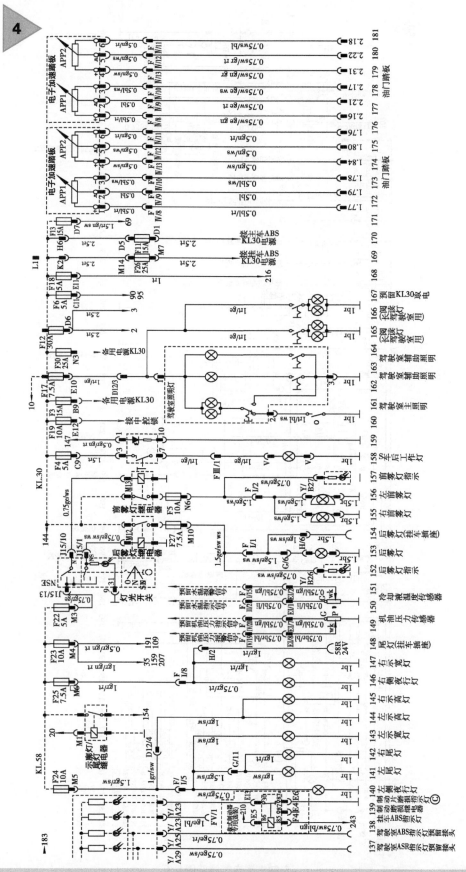

自卸车型电气线路图 4/6

北奔重卡自卸车型电气线路图 （5/6）

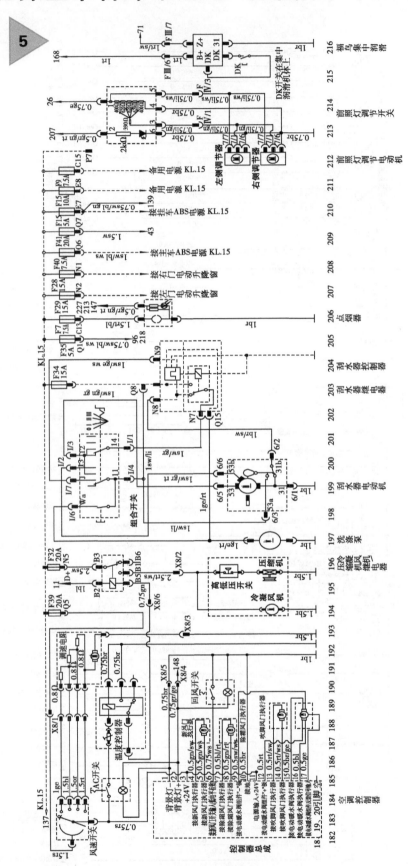

自卸车型电气线路图 5/6

北奔重卡自卸车型电气线路图（6/6）

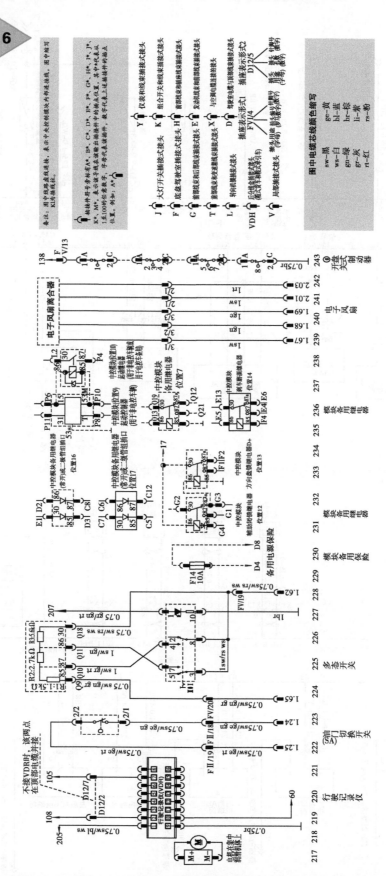

自卸车型电气线路图6/6

一汽解放 J7 车型电气线路图 （1/6）

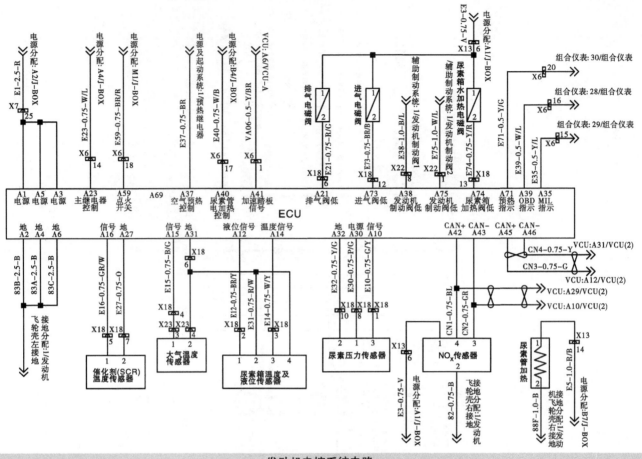

发动机电控系统电路

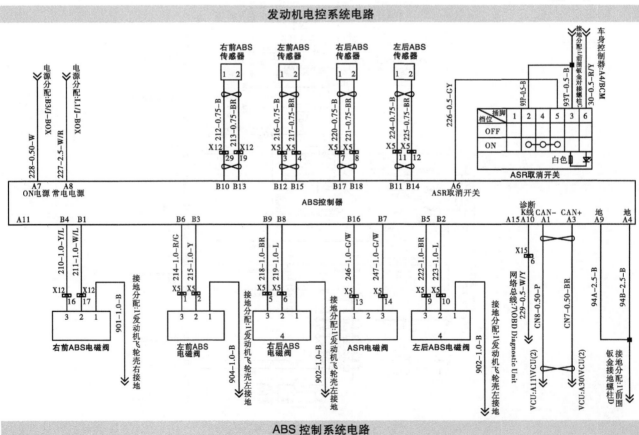

ABS 控制系统电路

一汽解放 J7 车型电气线路图 (2/6)

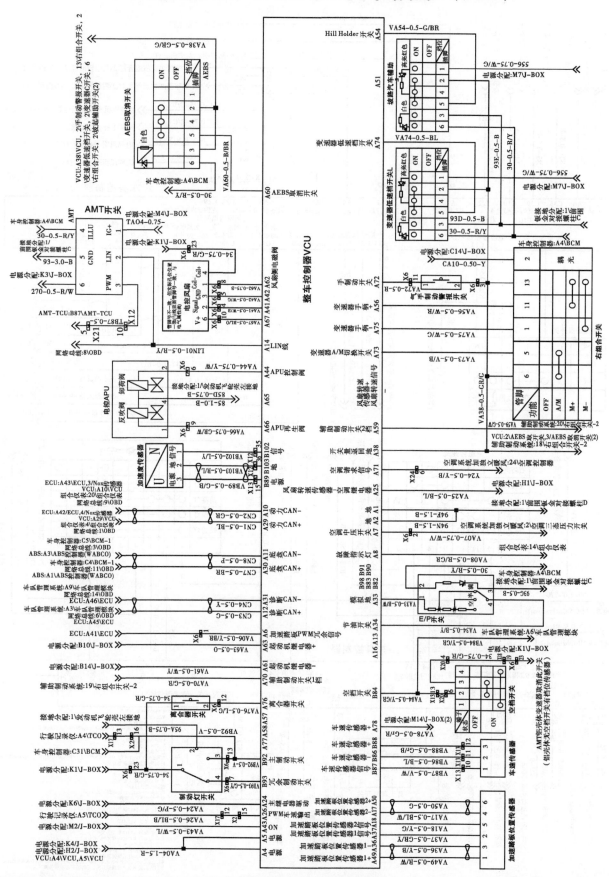

VCU 整车控制系统电路

一汽解放 J7 车型电气线路图 (3/6)

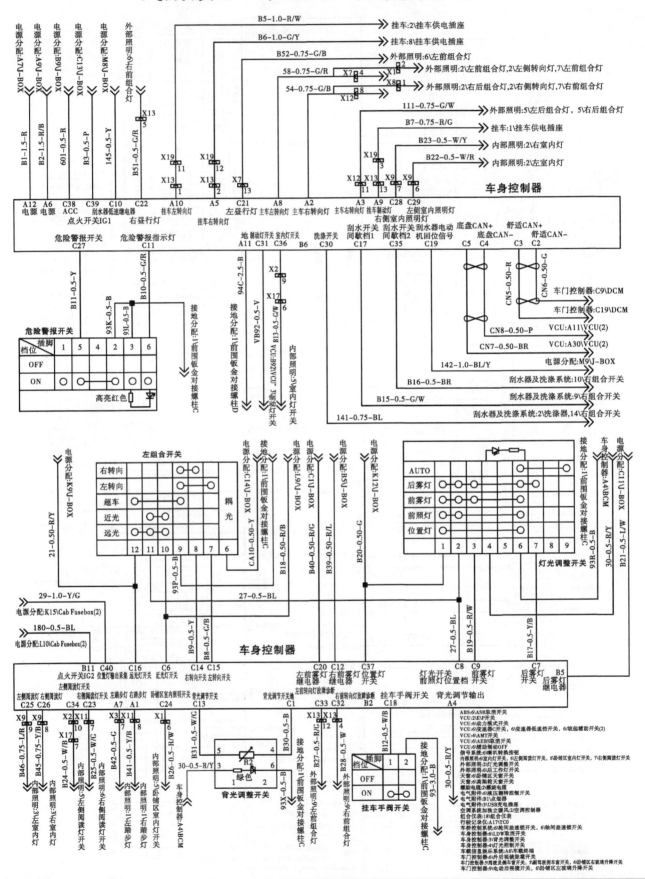

BCM 车身控制器电路

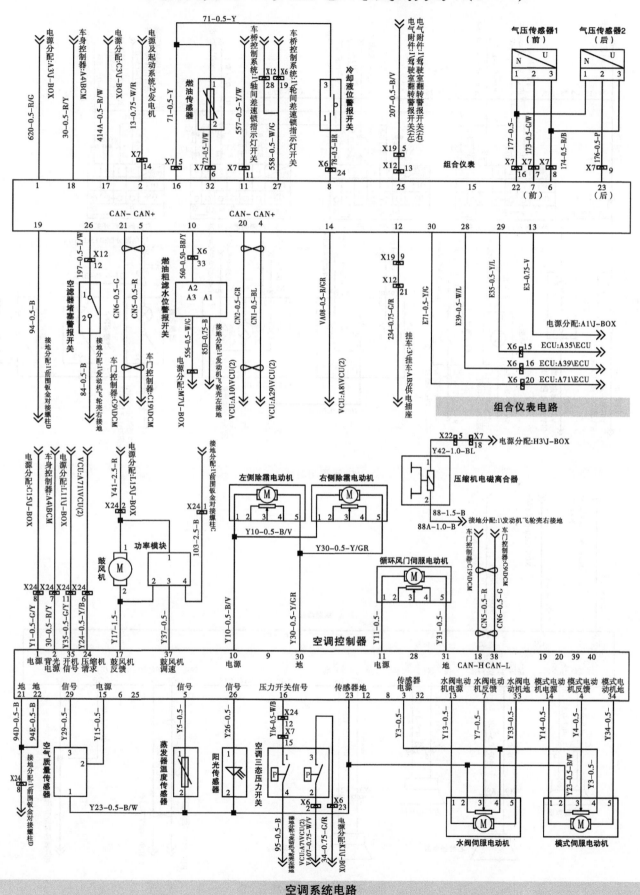

空调系统电路

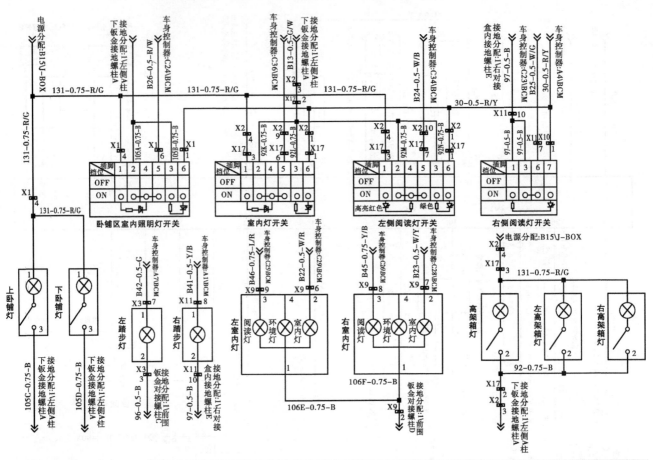

内部照明电路

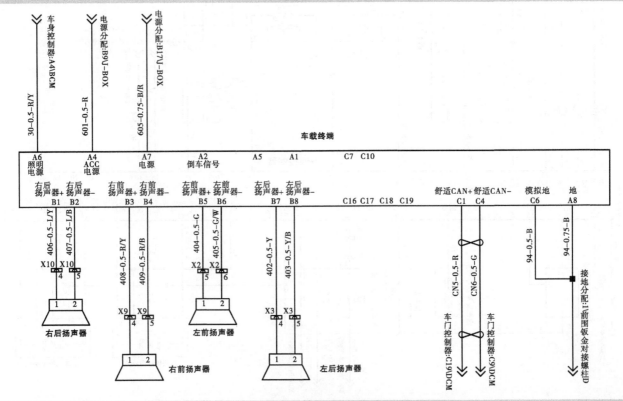

车载信息娱乐系统

一汽解放 J7 车型电气线路图 (6/6)

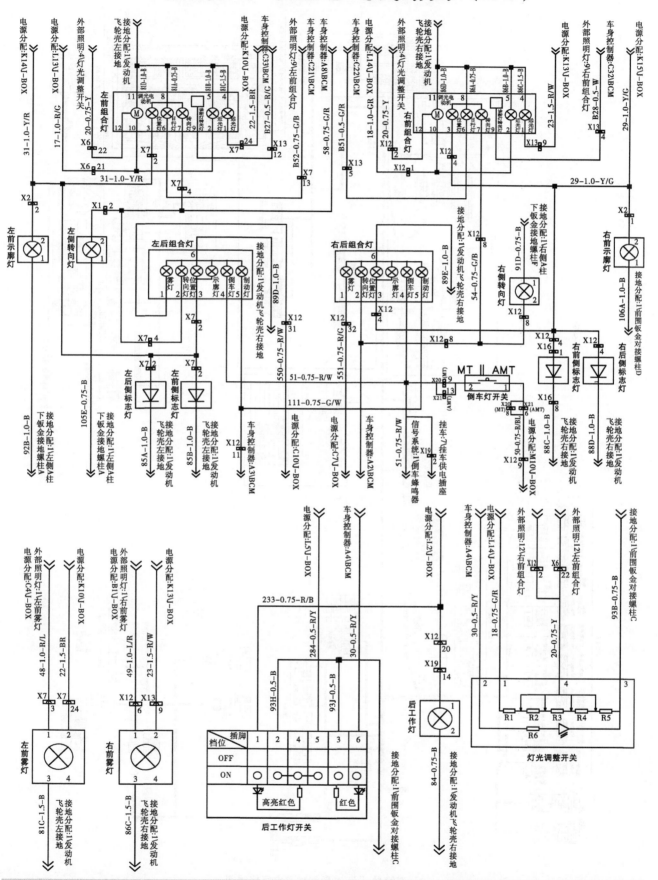

外部照明电路

一汽解放 JH6 车型电气线路图 （1/2）

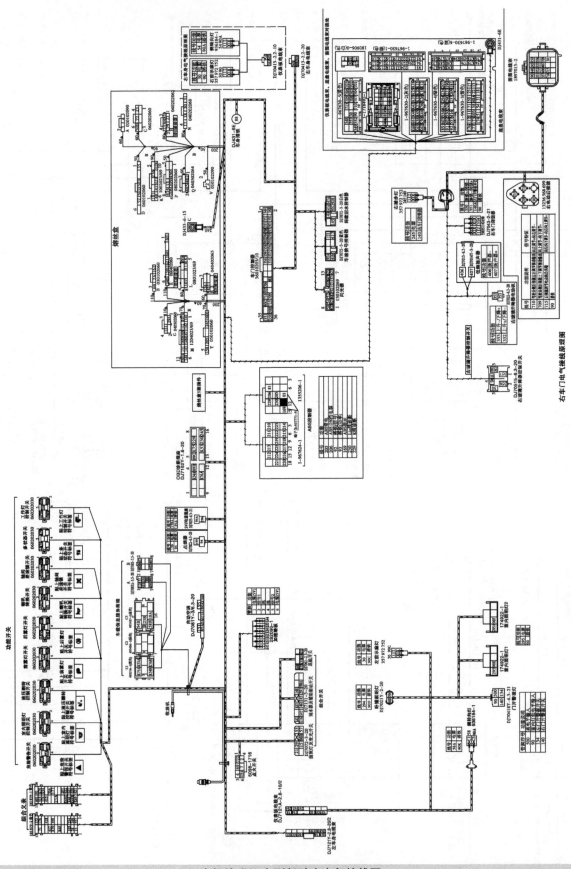

一汽解放 JH6 车型驾驶室电气接线图

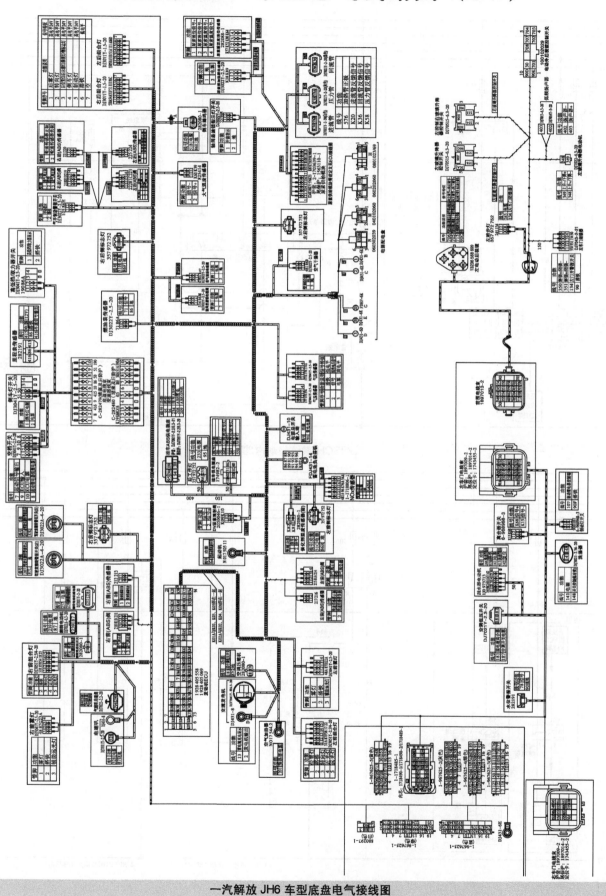

一汽解放 JH6 车型底盘电气接线图

一汽解放 J6P 车型电气线路图 (1/12)

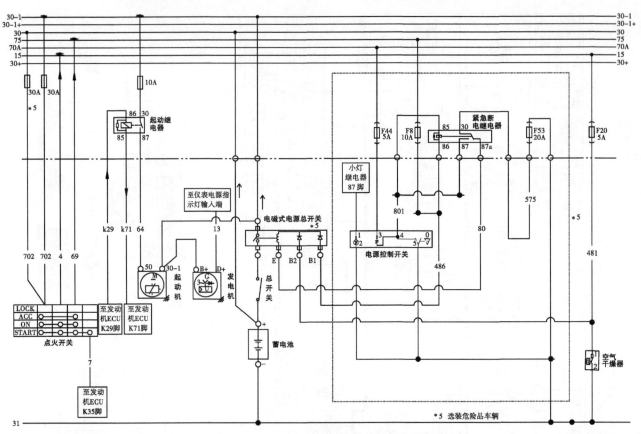

BOSCH 系统起动电路

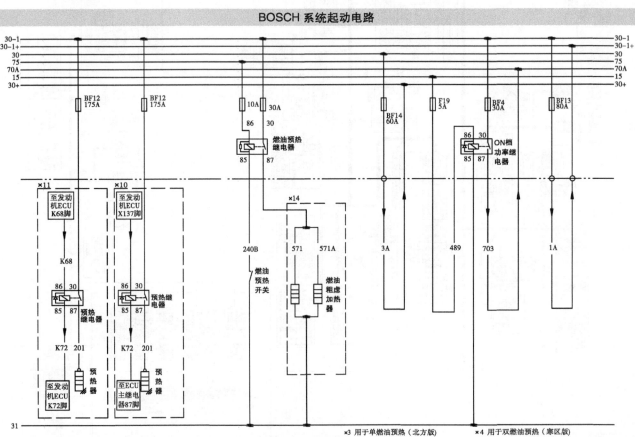

电源、预热系统电路

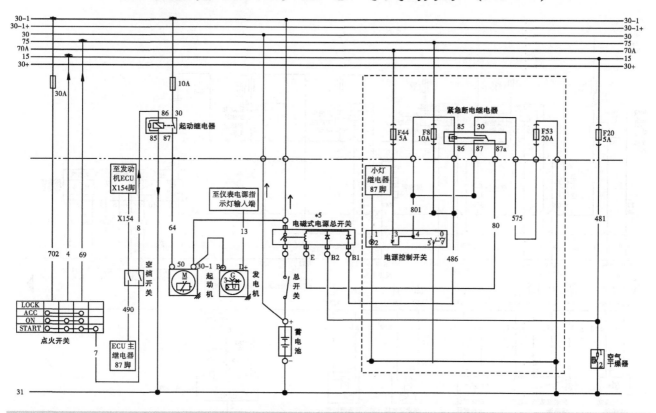

自主气驱系统起动电路

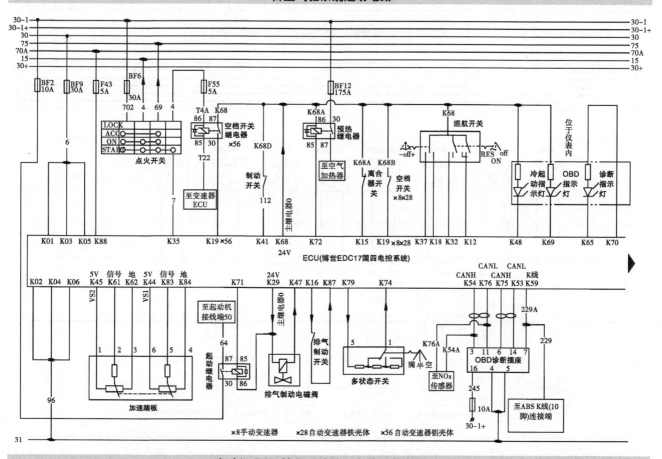

发动机 ECU 博世系统接口电路（整车部分）

一汽解放 J6P 车型电气线路图 (3/12)

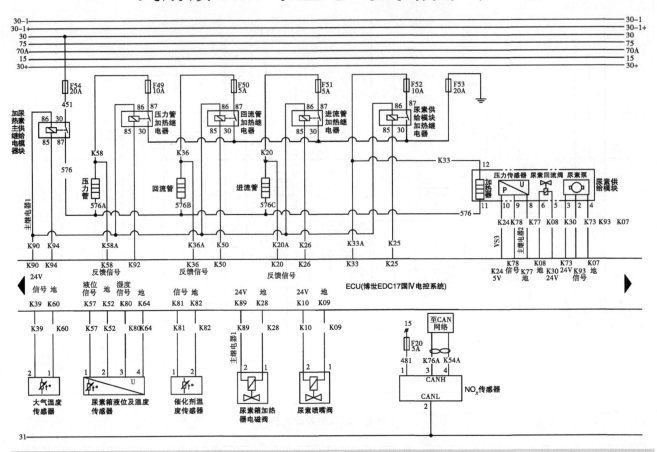

发动机 ECU 博世系统接口电路（后处理部分）

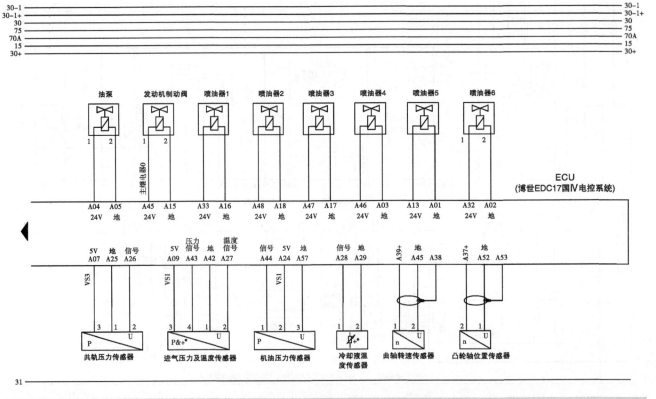

发动机 ECU 博世系统接口电路（缸体部分）

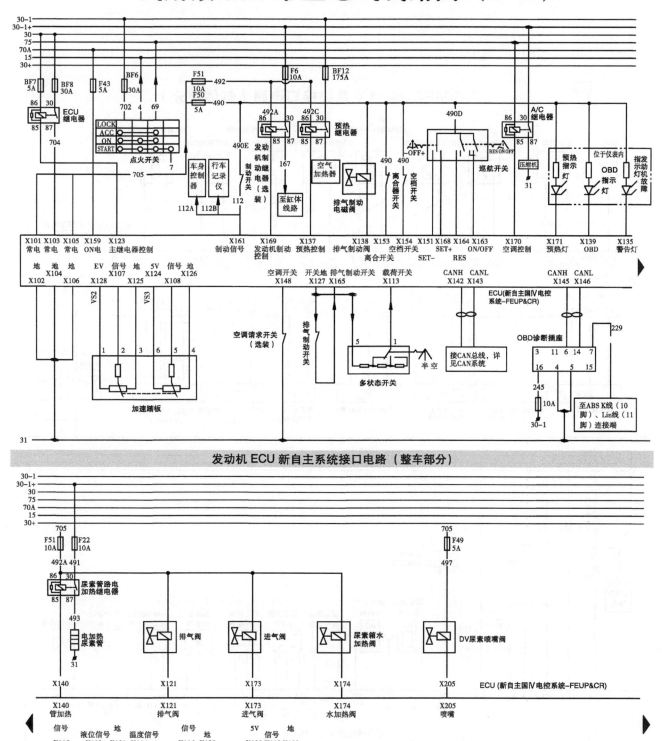

发动机 ECU 新自主系统接口电路（整车部分）

发动机 ECU 新自主系统接口电路（后处理部分）

一汽解放 J6P 车型电气线路图（5/12）

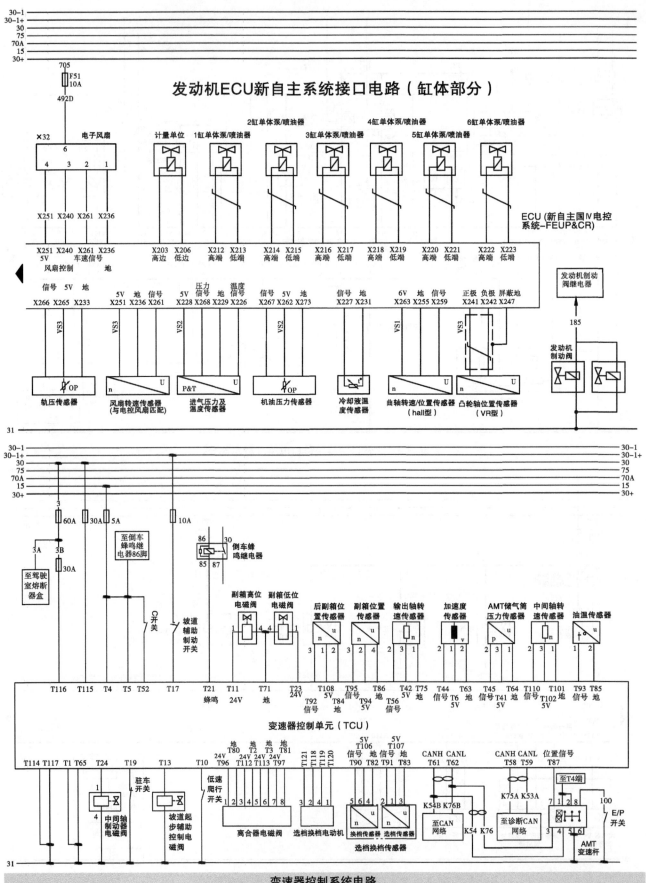

发动机ECU新自主系统接口电路（缸体部分）

变速器控制系统电路

一汽解放 J6P 车型电气线路图 (6/12)

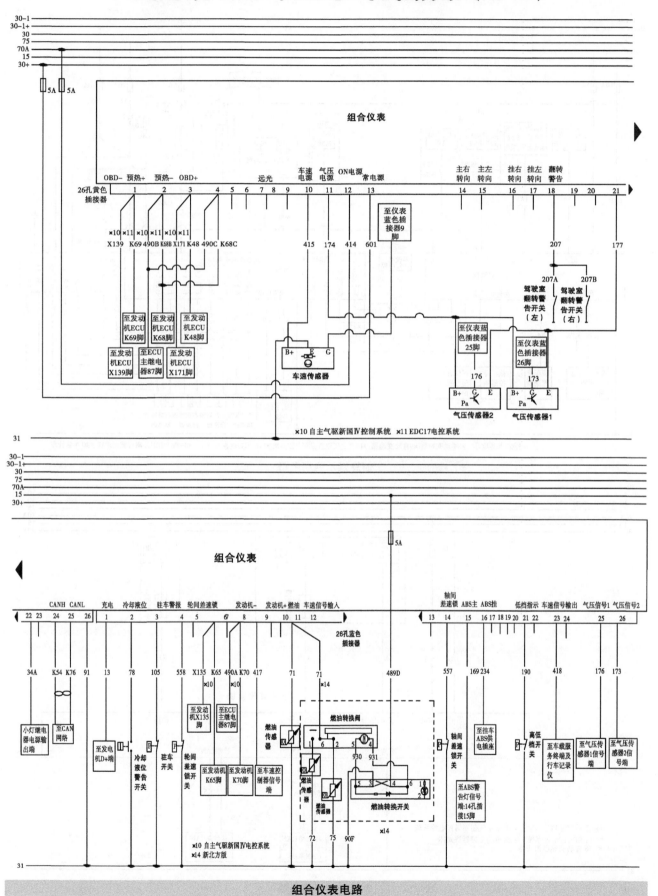

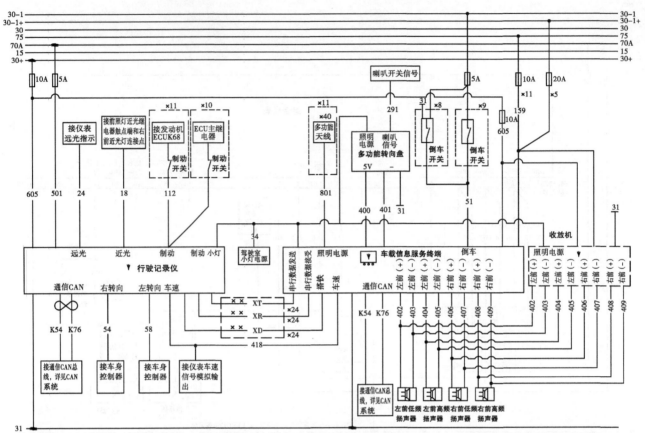

信息娱乐终端电路

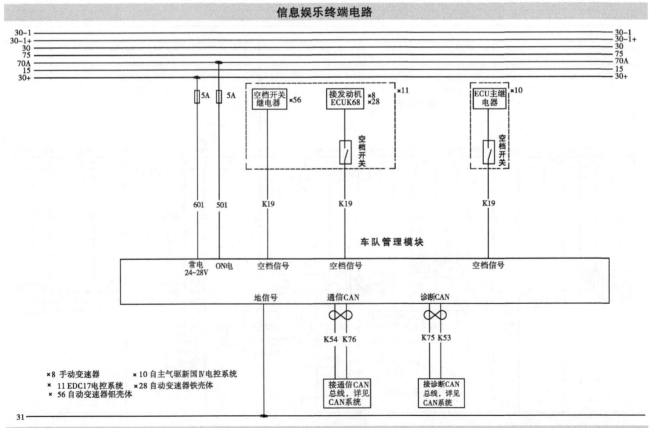

车队管理模块电路

一汽解放 J6P 车型电气线路图 (8/12)

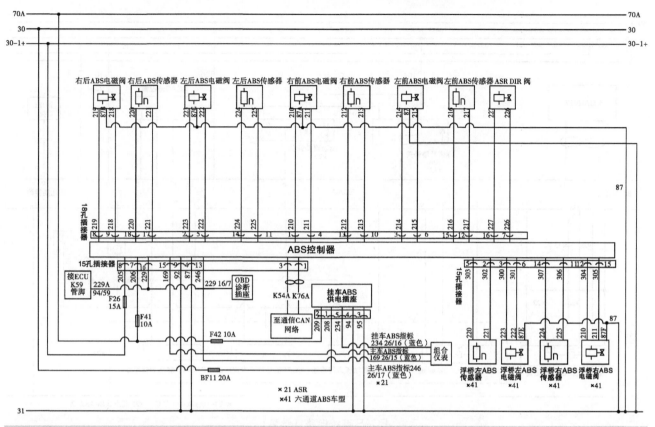

ABS、ASR 系统电路（选装）

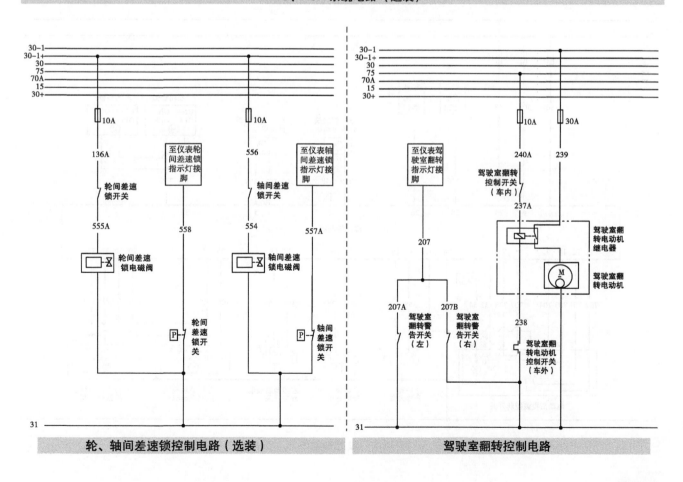

轮、轴间差速锁控制电路（选装）

驾驶室翻转控制电路

-237-

一汽解放 J6P 车型电气线路图 （9/12）

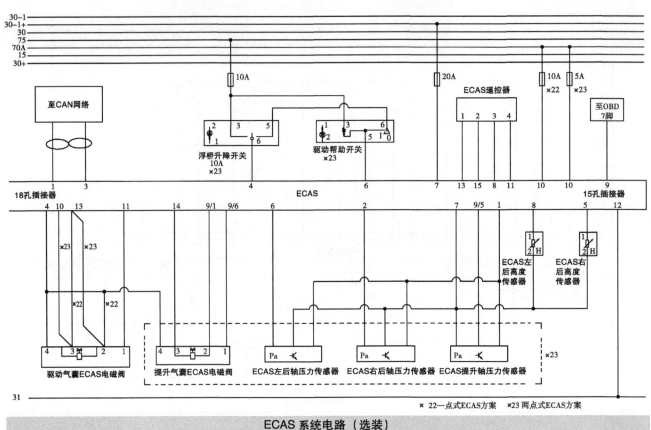

ECAS 系统电路（选装）

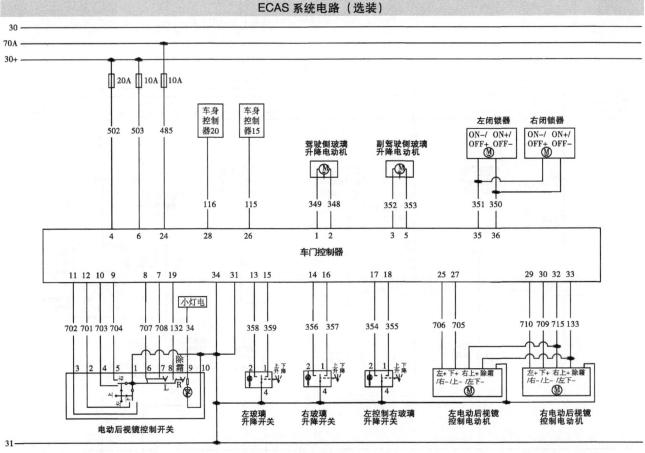

车门锁控制电路

一汽解放 J6P 车型电气线路图（10/12）

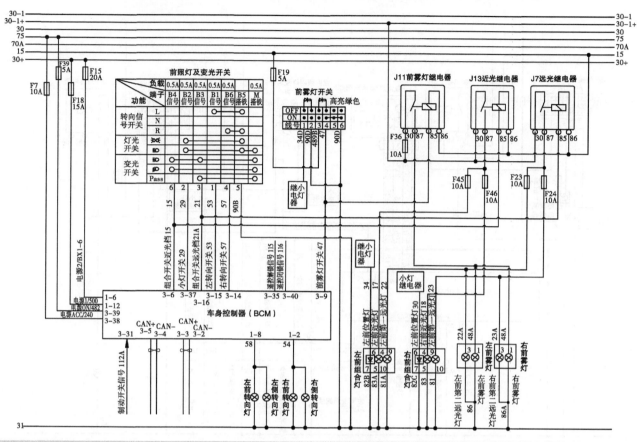

前组合灯及前雾灯电路

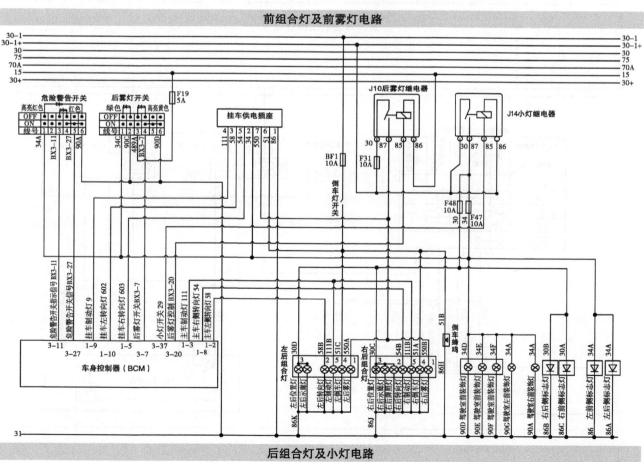

后组合灯及小灯电路

一汽解放 J6P 车型电气线路图 （11/12）

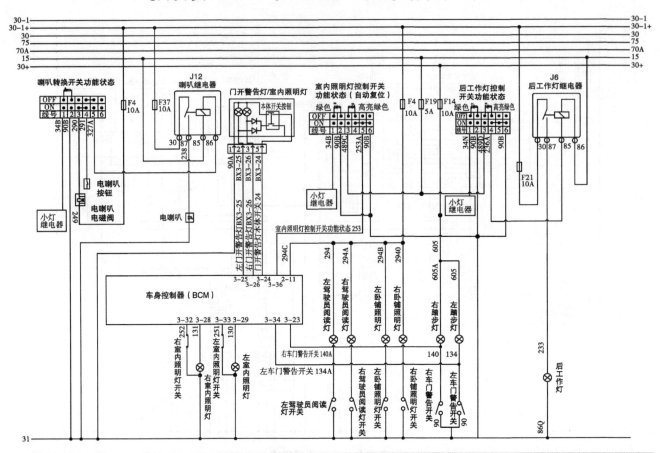

室内灯及后工作灯电路

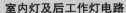

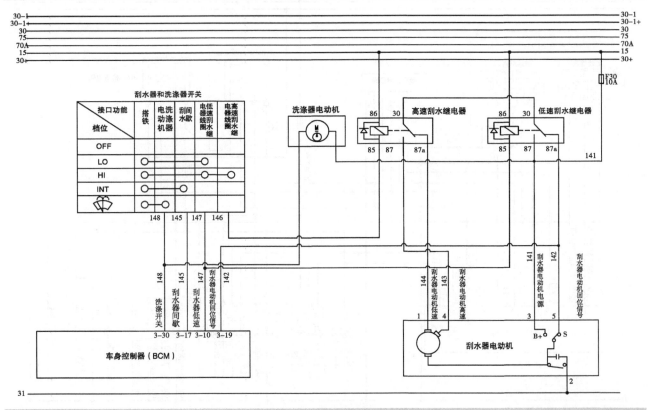

刮水、洗涤系统电路

一汽解放 J6P 车型电气线路图（12/12）

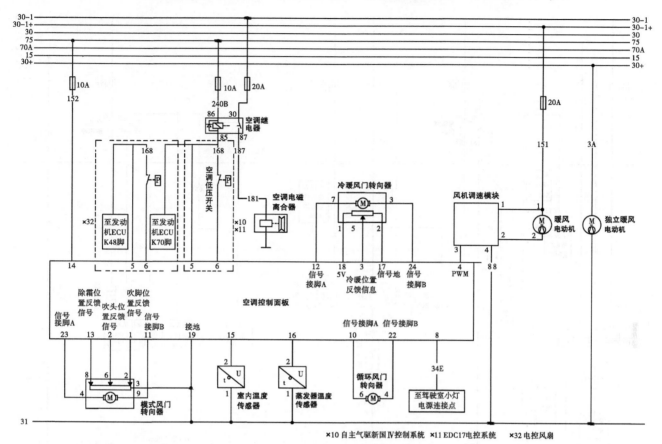

暖风空调系统电路

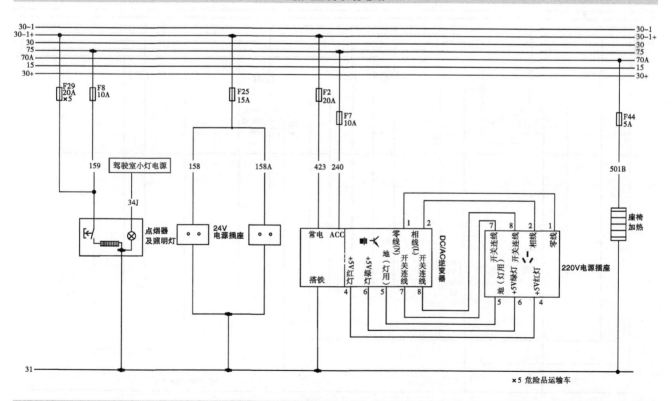

电气附件电路

一汽解放 J6M/J6L 车型电气线路图 (1/11)

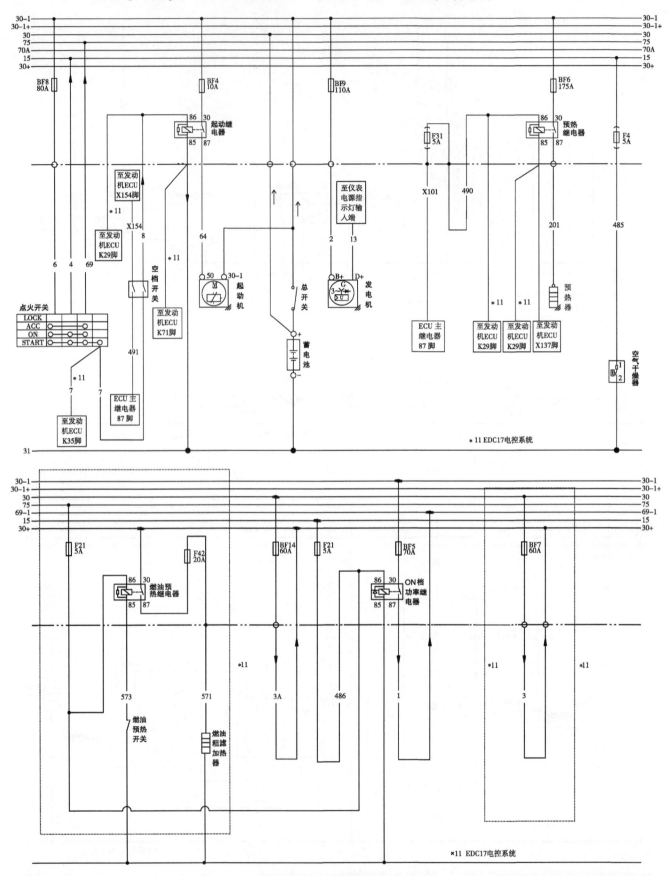

自主气驱非危险器、博世系统起动电路

一汽解放 J6M/J6L 车型电气线路图 (2/11)

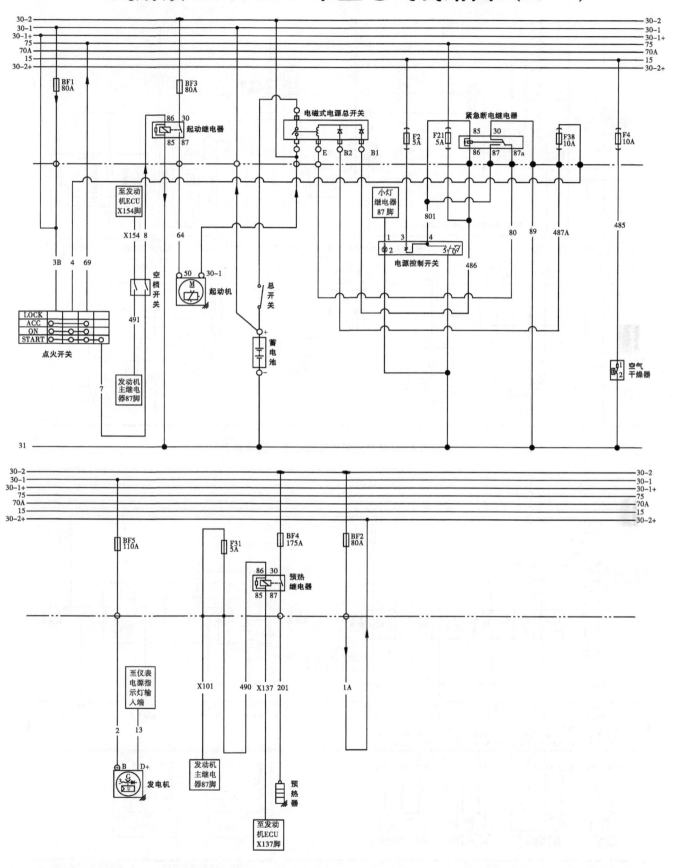

自主气驱危险品车型起动电路

一汽解放 J6M/J6L 车型电气线路图（3/11）

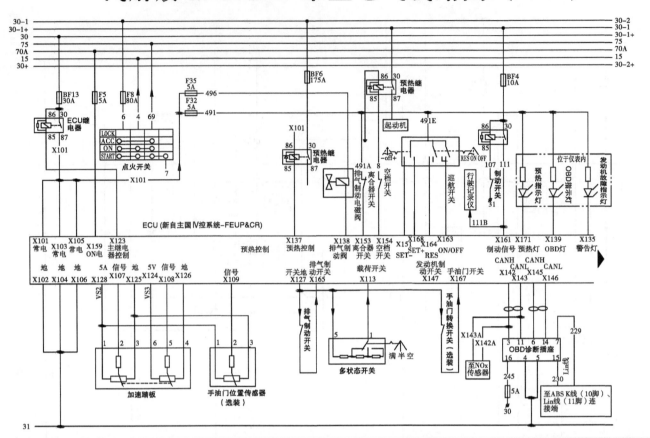

发动机 ECU 新自主系统接口电路（整车部分）

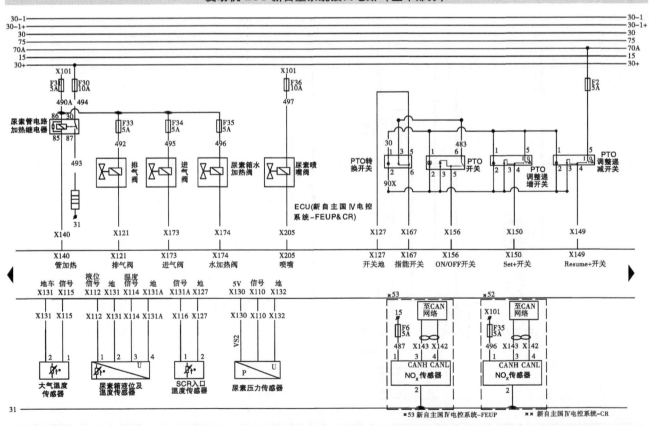

发动机 ECU 新自主系统接口电路（后处理部分）

一汽解放 J6M/J6L 车型电气线路图 (4/11)

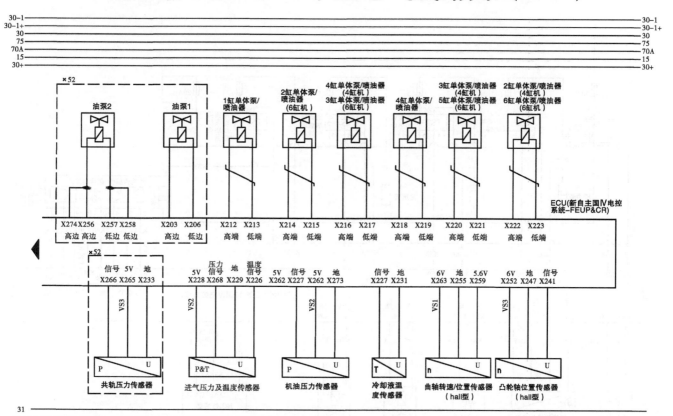

发动机 ECU 新自主系统接口电路（缸体部分）

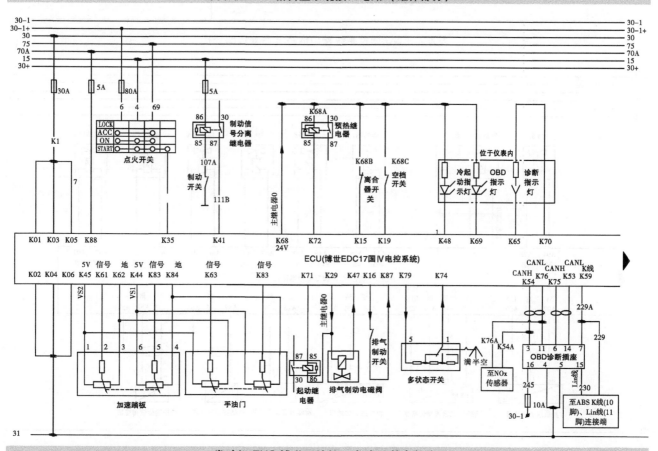

发动机 EUC 博世系统接口电路（整车部分）

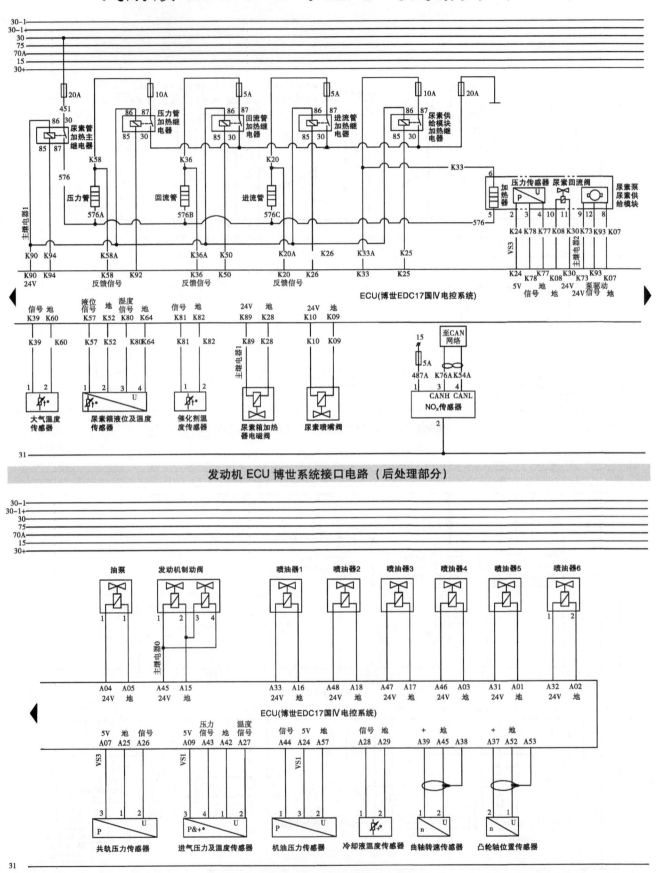

发动机 ECU 博世系统接口电路（后处理部分）

发动机 ECU 博世系统接口电路（缸体部分）

一汽解放 J6M/J6L 车型电气线路图 (6/11)

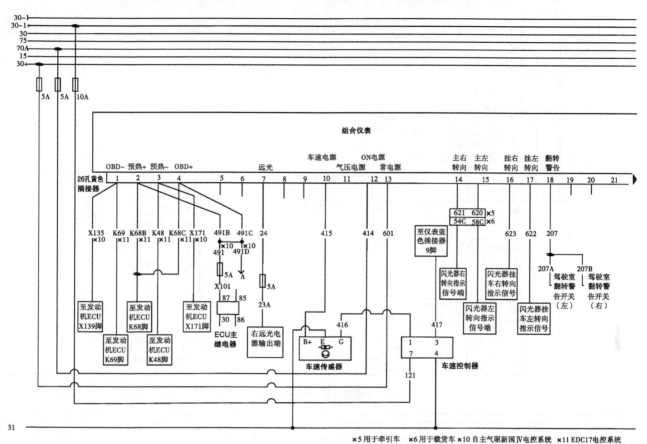

×5 用于牵引车　×6 用于载货车　×10 自主气驱新国Ⅳ电控系统　×11 EDC17电控系统

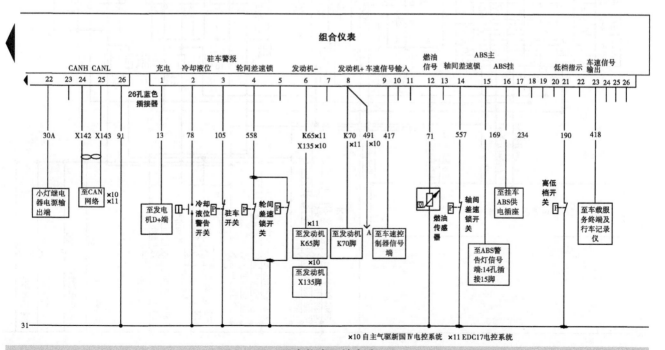

×10 自主气驱新国Ⅳ电控系统　×11 EDC17电控系统

组合仪表系统电路

一汽解放 J6M/J6L 车型电气线路图 (7/11)

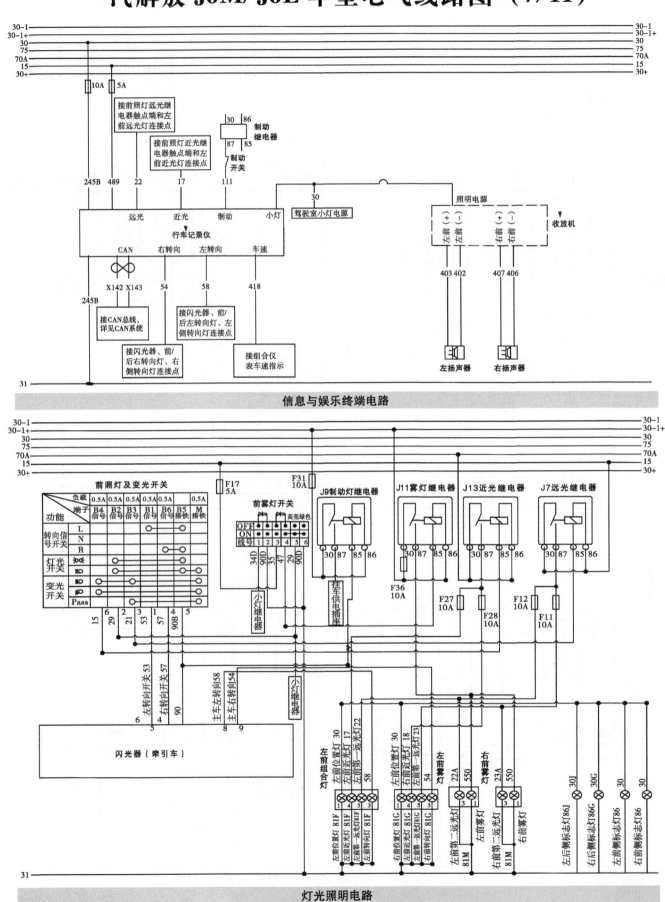

信息与娱乐终端电路

灯光照明电路

一汽解放 J6M/J6L 车型电气线路图 (8/11)

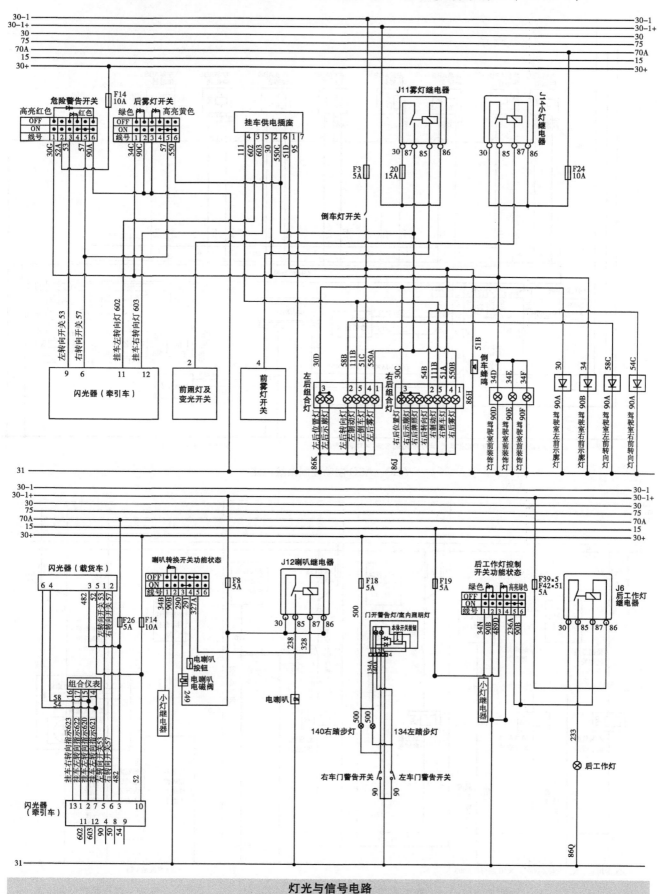

灯光与信号电路

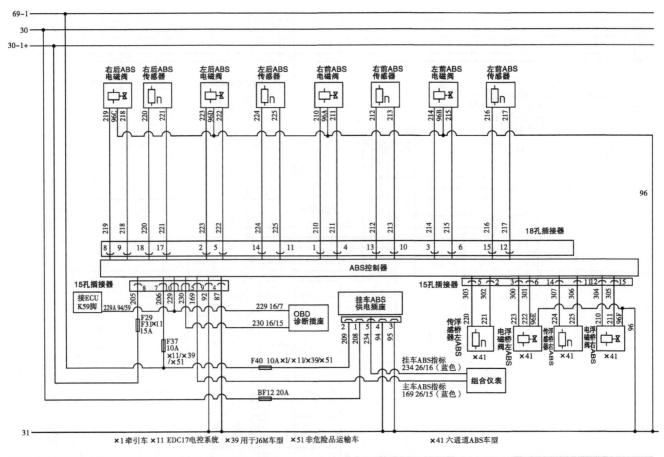

ABS、ASR 制动控制系统电路

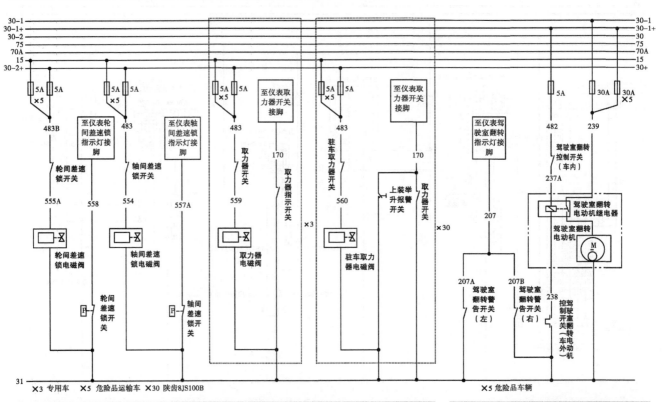

轮、轴间差速锁控制、取力器控制电路　　　　**驾驶室液压翻转控制电路**

一汽解放 J6M/J6L 车型电气线路图 (10/11)

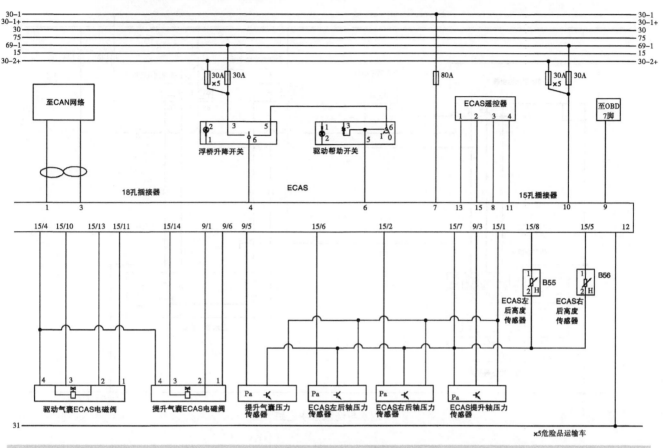

ECAS 系统电路（选装）

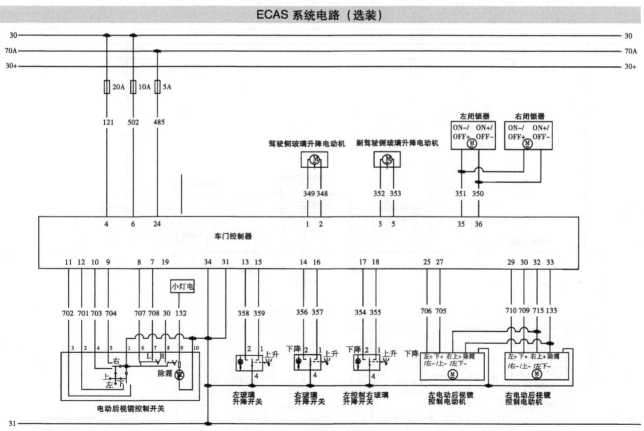

车门锁控制电路

一汽解放 J6M/J6L 车型电气线路图 (11/11)

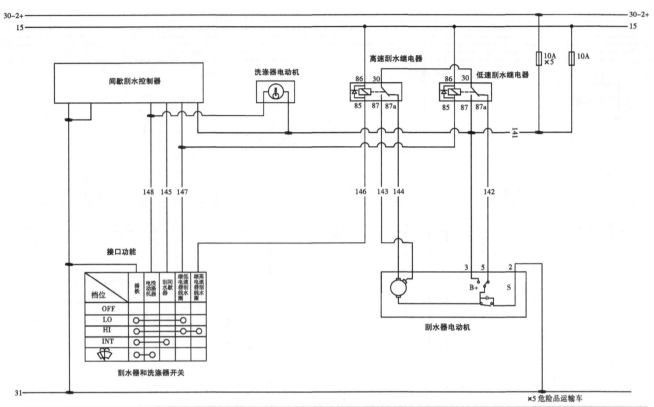

刮水与洗涤系统电路

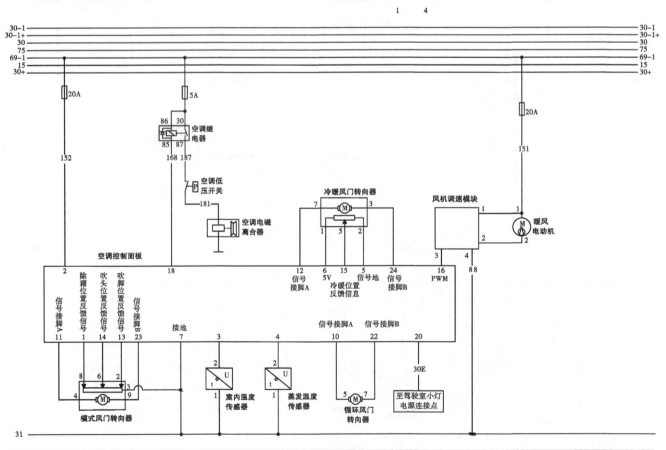

暖风空调

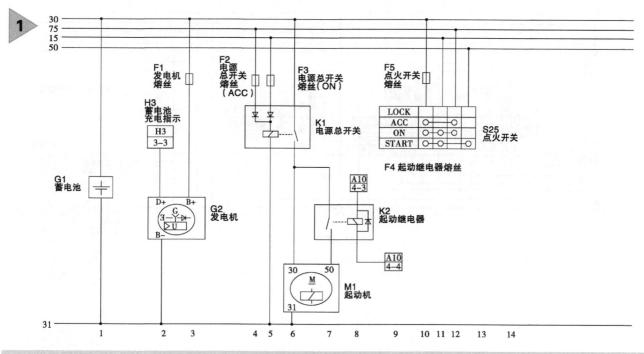

1 – 电源和起动

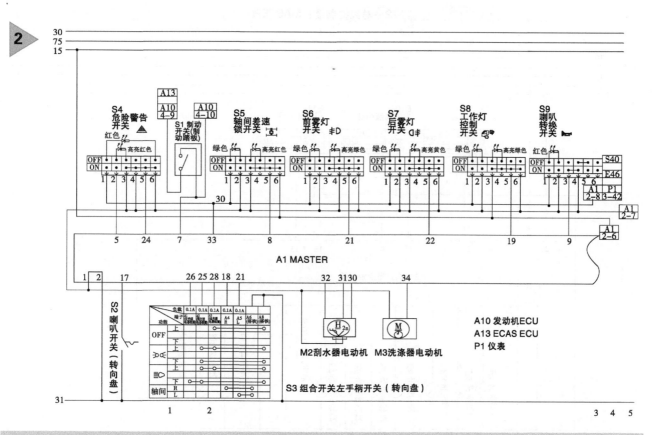

2 – 总线控制器：MASTER

一汽解放 J5 车型电气线路图 （2/12）

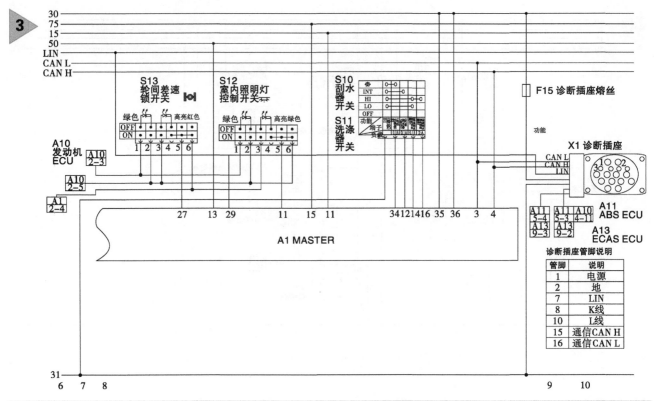

2－总线控制器：MASTER

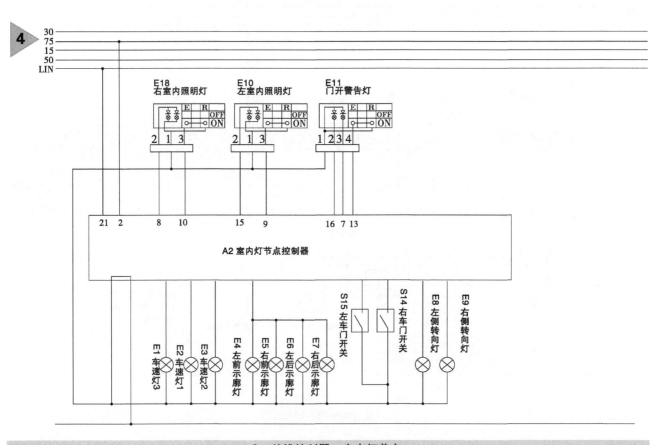

2－总线控制器：室内灯节点

一汽解放 J5 车型电气线路图 （3/12）

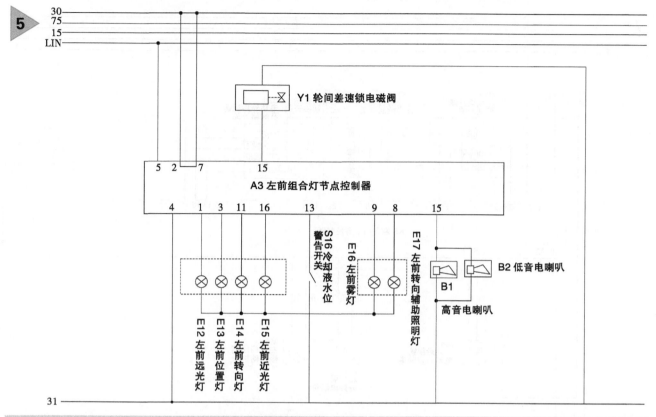

5

30
75
15
LIN

Y1 轮间差速锁电磁阀

5 2 7   15

A3 左前组合灯节点控制器

4 1 3 11 16   13   9 8   15

S16 冷却液水位警告开关

E16 左前雾灯

E17 左前转向辅助照明灯

B1 高音电喇叭

B2 低音电喇叭

E12 左前远光灯
E13 左前位置灯
E14 左前转向灯
E15 左前近光灯

31

2－总线控制器：左前组合灯节点

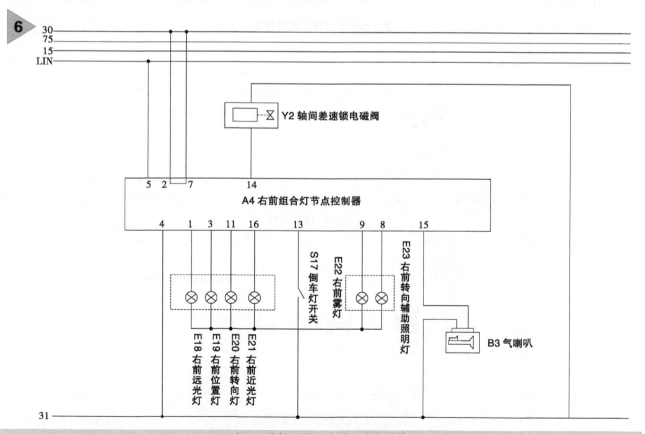

6

30
75
15
LIN

Y2 轴间差速锁电磁阀

5 2 7   14

A4 右前组合灯节点控制器

4 1 3 11 16   13   9 8   15

S17 倒车灯开关

E22 右前雾灯

E23 右前转向辅助照明灯

B3 气喇叭

E18 右前远光灯
E19 右前位置灯
E20 右前转向灯
E21 右前近光灯

31

2－总线控制器：右前组合灯节点

一汽解放 J5 车型电气线路图（4/12）

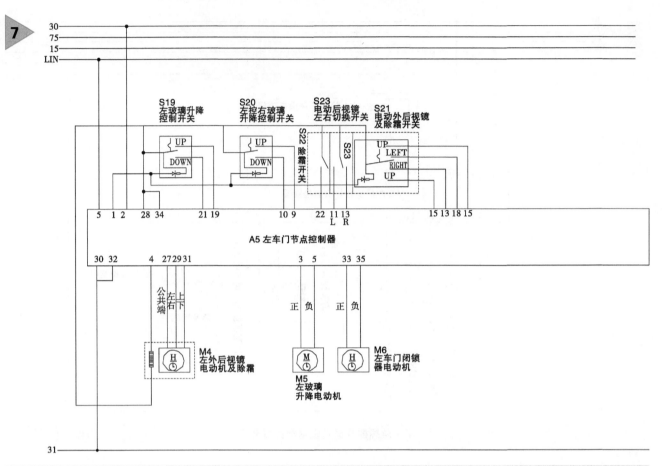

S19
左玻璃升降
控制开关

S20
左控右玻璃
升降控制开关

S23
电动后视镜
左右切换开关

S21
电动外后视镜
及除霜开关

S22
除霜开关

S23

UP
DOWN

UP
DOWN

UP
LEFT
RIGHT
UP

5 1 2   28 34   21 19   10 9   22 11 13   15 13 18 15
                                      L R

A5 左车门节点控制器

30 32   4 27 29 31   3 5   33 35

公共端 左右上下   正 负   正 负

M4
左外后视镜
电动机及除霜

M5
左玻璃
升降电动机

M6
左车门闭锁
器电动机

31

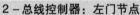

2－总线控制器：左门节点

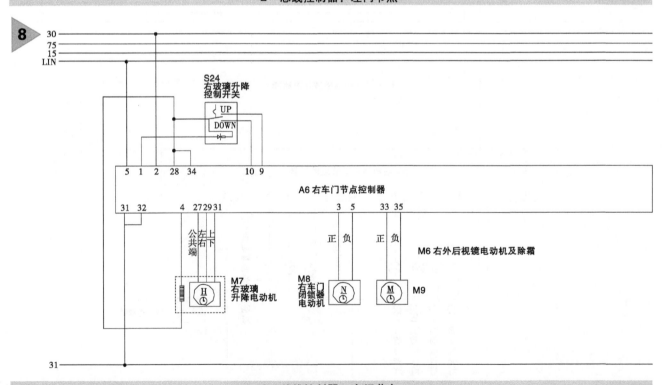

S24
右玻璃升降
控制开关

UP
DOWN

5 1 2   28 34   10 9

A6 右车门节点控制器

31 32   4 27 29 31   3 5   33 35

公共端 左右上下   正 负   正 负

M7
右玻璃
升降电动机

M8
右车门
闭锁器
电动机

M6 右外后视镜电动机及除霜

M9

31

2－总线控制器：右门节点

一汽解放 J5 车型电气线路图 (5/12)

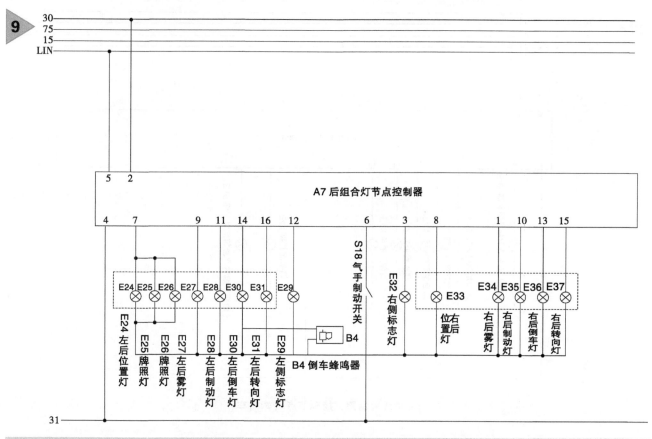

2 - 总线控制器：后组合灯节点（国内车）

2 - 总线控制器：后组合灯节点（出口车）

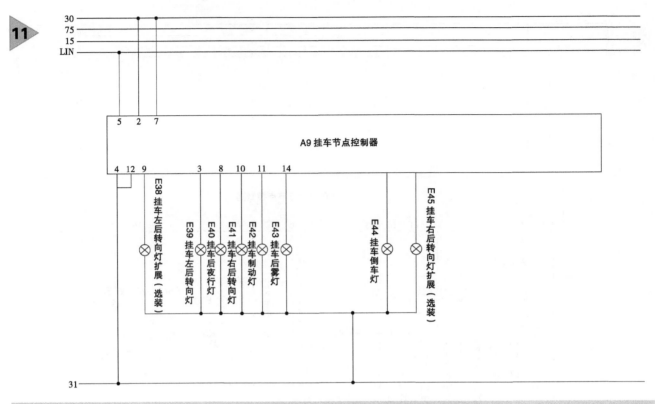

2 – 总线控制器：挂车节点（牵引车）

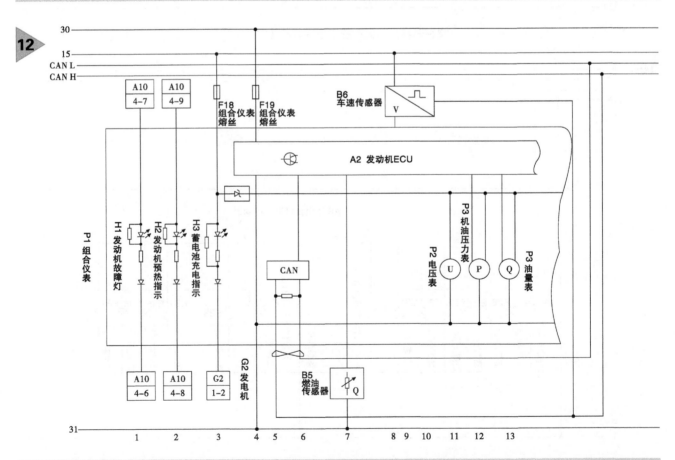

3 – 仪表

一汽解放 J5 车型电气线路图 (7/12)

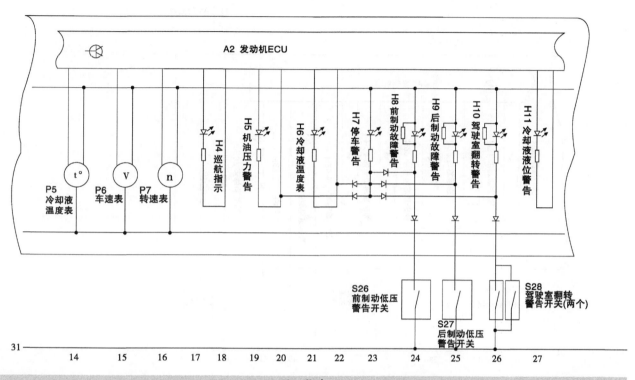

13

30
15

A2 发动机ECU

P5 冷却液温度表 P6 车速表 P7 转速表 H4 巡航指示 H5 机油压力警告 H6 冷却液温度表 H7 停车警告 H8 前制动故障警告 H9 后制动故障警告 H10 驾驶室翻转警告 H11 冷却液位警告

S26 前制动低压警告开关 S27 后制动低压警告开关 S28 驾驶室翻转警告开关(两个)

31

14 15 16 17 18 19 20 21 22 23 24 25 26 27

3－仪表

14

30
15

A2 发动机ECU

H12 空滤堵塞警告 H13 取力器指示 H14 ABS故障警告 H15 挂车ABS故障警告 H16 轴间差速锁指示 H17 轮间差速锁指示 H18 驻车制动指示 H19 车门警告

S29 空滤堵塞警告开关 S30 取力器指示开关 A4 ABS控制器 5－5 X3 挂车ABS供电插座 5－17

31

28 29 30 31 32 33 34 35

3－仪表

一汽解放 J5 车型电气线路图（8/12）

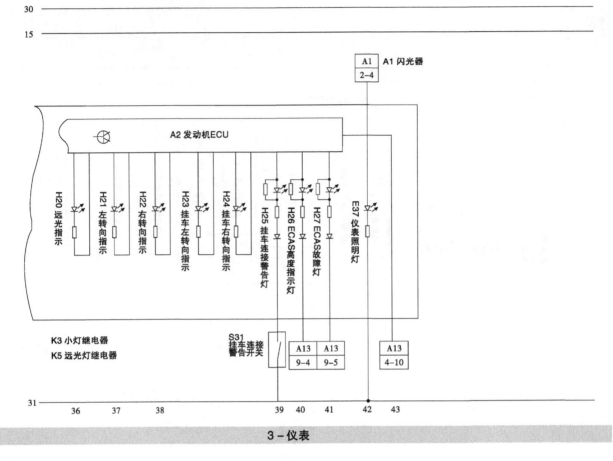

3－仪表

3－仪表（附表1）

仪表系统符号

序号	符号	显示颜色	标志意义	序号	符号	显示颜色	标志意义	序号	符号	显示颜色	标志意义
1		黄色	发动机故障警告	12		红色	冷却液液位警告	23		绿色	右转向指示
2		红色	驻车制动指示	13		红色	制动系统故障警告	24		绿色	左转向指示
3		红色	燃油滤清器堵塞警告	14		红色	机油压力警告	25		绿色	挂车左转向指示
4		红色	空气滤清器堵塞警告	15		红色	驾驶室翻转警告	26		红色	蓄电池充电指示
5		黄色	低速档指示	16		红色	冷却液温度警告	27		黄色	ECAS高度指示
6		黄色	取力器工作指示	17	STOP	红色	STOP故障警告	28	(ECAS)	红色	ECAS故障警告
7	(ABS)	红色	ABS（主车）	18		黄色	灯具故障警告	29		红色	挂车连接警告
8	(ABS)	黄色	ABS1（挂车）	19		黄色	发动机预热指示	30	(CC)	黄色	巡航指示
9	(ASR)	黄色	ASR警告	20	(H)	黄色	辅助制动指示				
10		黄色	轮间差速器指示	21		蓝色	远光指示				
11		黄色	轴间差速器指示	22		绿色	挂车右转向指示				

3-仪表（附表2）

管脚说明

黄色插接器			蓝色插接器		
管脚序号	功能说明	信号特征	管脚序号	功能说明	信号特征
X1:1	预留（辅助制动指示）	CAN数据	X2:1	蓄电池充电指示	低电平
X1:2	发动机预热指示	高电平24V	X2:2	预留(冷却液液位警告)	CAN数据
X1:3	发动机预热指示	低电平	X2:3	预留（驻车制动指示）	CAN数据
X1:4	预留（辅助制动指示）	CAN数据	X2:4	轮间差速器指示	低电平
X1:5	预留（冷却液温度警告）	CAN数据	X2:5	预留（灯具故障警告）	CAN数据
X1:6	预留（机油压力警告）	CAN数据	X2:6	发动机故障警告	低电平
X1:7	预留（远光灯指示）	CAN数据	X2:7	燃油滤清器堵塞警告	低电平
X1:8	CAN-H(L)	125kbps	X2:8	发动机故障警告	高电平（24V）
X1:9	CAN-L(L)	125kbps	X2:9	车速表信号输入	
X1:10	电源输出（车速传感器）	12V(40mA)	X2:10	预留(转速表信号输入)	CAN数据
X1:11	电源输出（气压传感器）	5V(60mA)	X2:11	预留（冷却液温度表信号输入）	CAN数据
X1:12	电源（ON档）		X2:12	燃油表信号输入	
X1:13	电源（蓄电池）		X2:13	预留(机油压力信号输入)	CAN数据
X1:14	预留（右转向指示）	CAN数据	X2:14	轴间差速器指示	CAN数据
X1:15	预留（左转向指示）	CAN数据	X2:15	ABS(主车)指示	低电平
X1:16	预留（挂车右转向指示）	CAN数据	X2:16	ABS1(挂车)指示	低电平
X1:17	预留（挂车左转向指示）	CAN数据	X2:17	ASR警告	低电平
X1:18	驾驶室翻转警告	低电平	X2:18	取力器工作指示	低电平
X1:19	ECAS故障警告	低电平	X2:19	制动系统故障警告	
X1:20	挂车连接警告	低电平	X2:20	空气滤清器堵塞警告	低电平
X1:21	搭铁（仪表照明）		X2:21	低速档指示	低电平
X1:22	电源（仪表照明）		X2:22	搭铁(气压传感器)	
X1:23	预留		X2:23	车速表信号(C3)输出	
X1:24	CAN-H(H)	转速、冷却液温度、油压信号输入	X2:24	ECAS高度指示	低电平
X1:25	CAN-L(H)	车速信息输出、故障码显示	X2:25	气压表1信号输入	
X1:26	搭铁（仪表）		X2:26	气压表2信号输入	

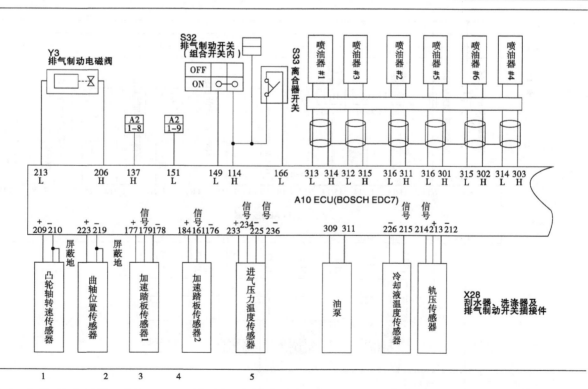

4 - 发动机 ECU

一汽解放 J5 车型电气线路图 (10/12)

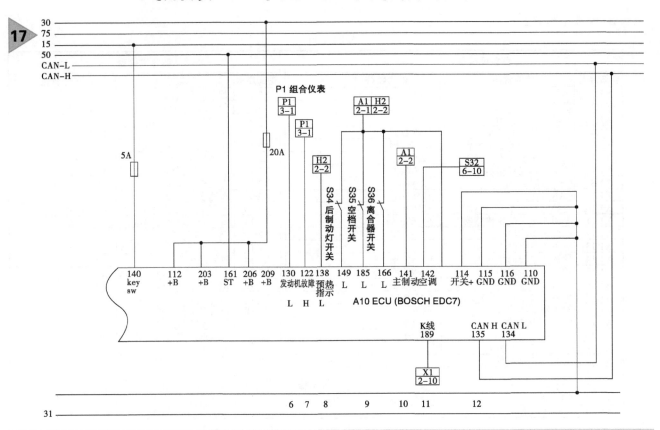

4 – 发动机 ECU

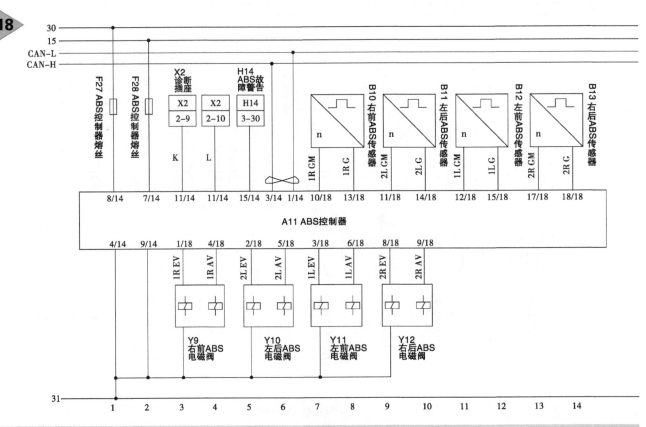

5 – ABS

一汽解放 J5 车型电气线路图（11/12）

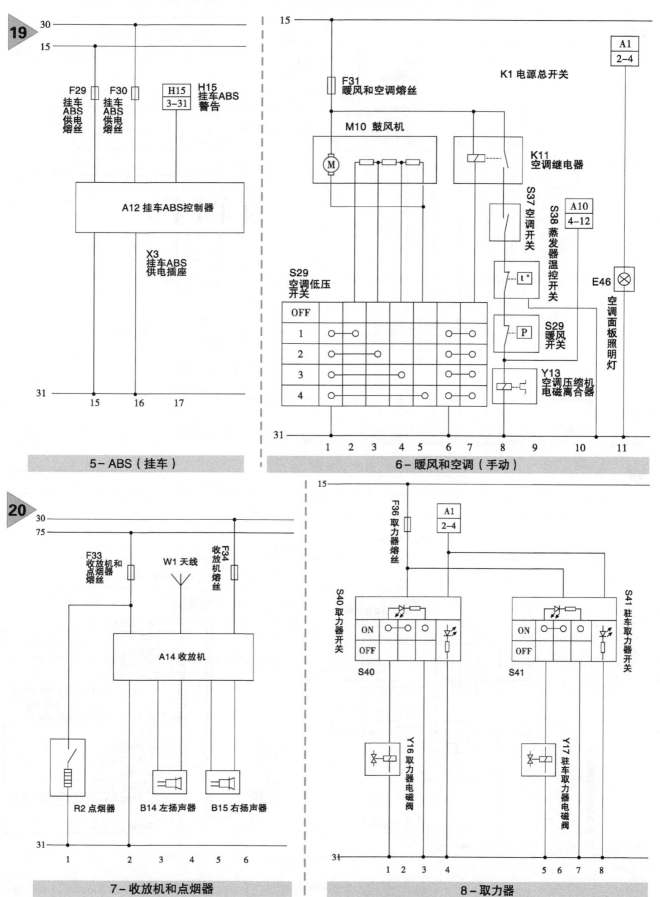

5-ABS（挂车）

6-暖风和空调（手动）

7-收放机和点烟器

8-取力器

一汽解放 J5 车型电气线路图 (12/12)

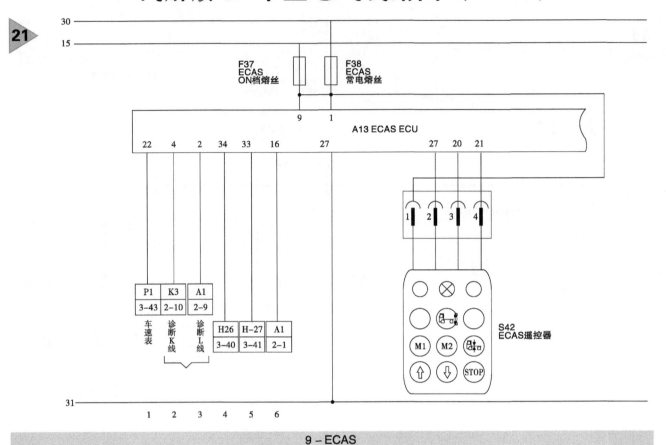

9 – ECAS

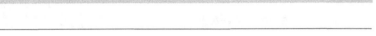

ECAS-ECU 管脚编号	功能说明
1	常电电源输入
2	诊断线（L）
4	诊断线（K）
8	高度传感器1
9	ON档电源输入
13	高度阀输出1（1或2个高度传感器系统用）
15	高度阀输出2（1或2个高度传感器系统用）
16	制动灯开关输入（高电平有效）
20	遥控器输出1
21	遥控器输出2
22	车速信号输入（C3）
27	蓄电池地
25	高度传感器1
31	高度阀输出3（2个高度传感器系统用）
33	故障指示灯输出
34	高度指示灯输出

ECAS管脚说明

9 – ECAS

一汽解放 J5M 车型电气线路图（1/12）

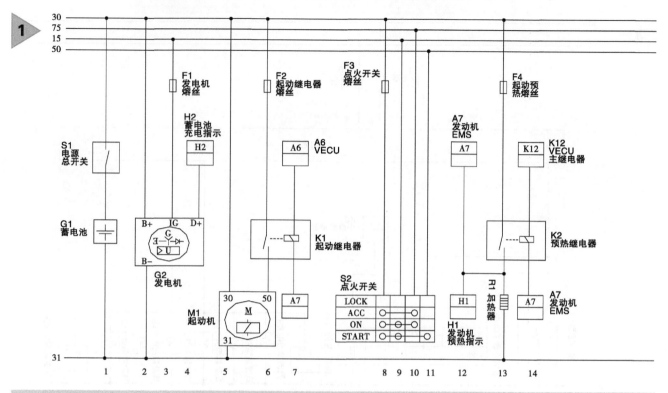

电源和起动

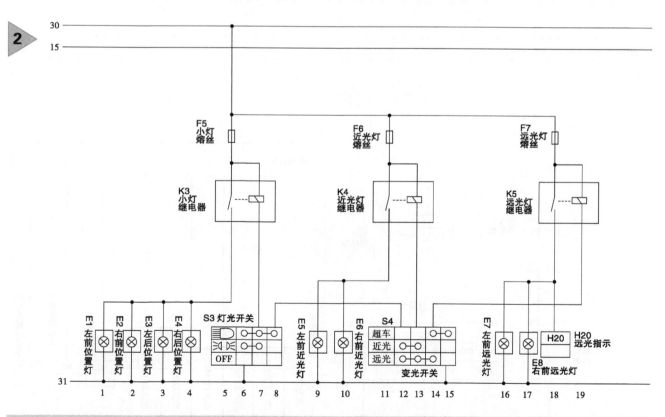

照明和信号（位置灯、近光灯、远光灯）

一汽解放 J5M 车型电气线路图 (2/12)

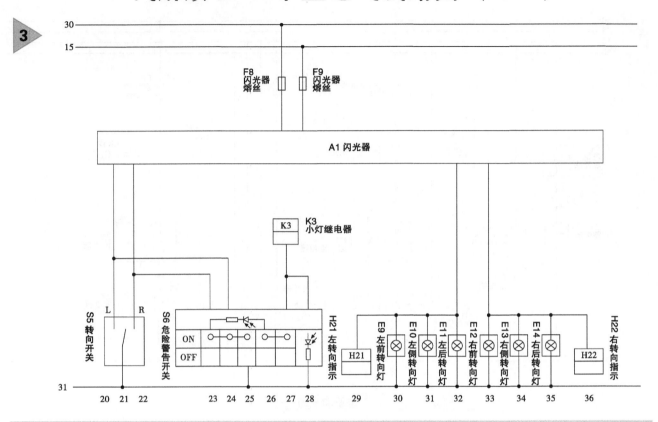

照明和信号（非牵引车转向灯）

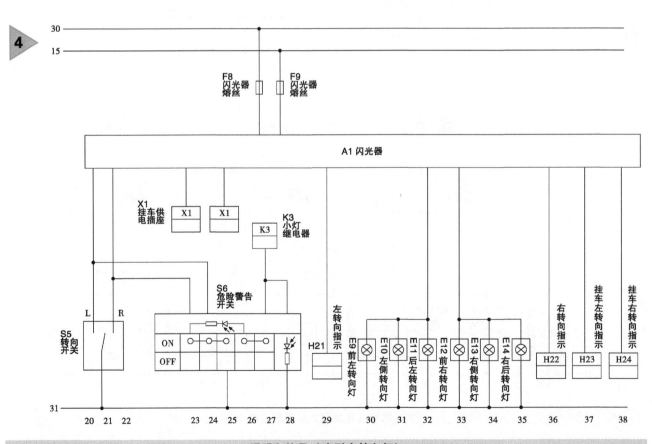

照明和信号（牵引车转向灯）

一汽解放 J5M 车型电气线路图 (3/12)

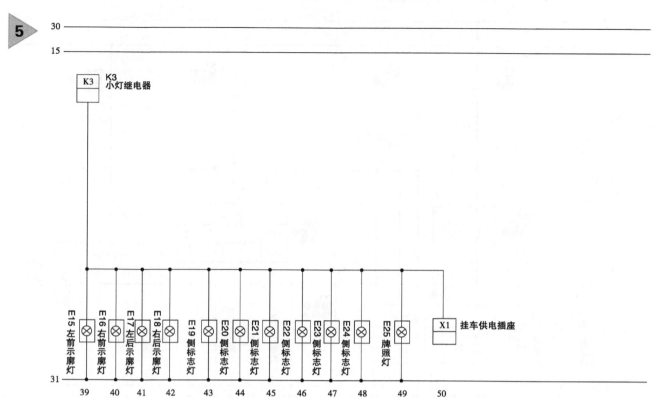

5

30

15

K3
小灯继电器

E15 左前示廓灯
E16 右前示廓灯
E17 左后示廓灯
E18 右后示廓灯
E19 侧标志灯
E20 侧标志灯
E21 侧标志灯
E22 侧标志灯
E23 侧标志灯
E24 侧标志灯
E25 牌照灯
X1 挂车供电插座

31

39　40　41　42　43　44　45　46　47　48　49　50

照明和信号（示廓灯、侧标志灯、牌照灯）

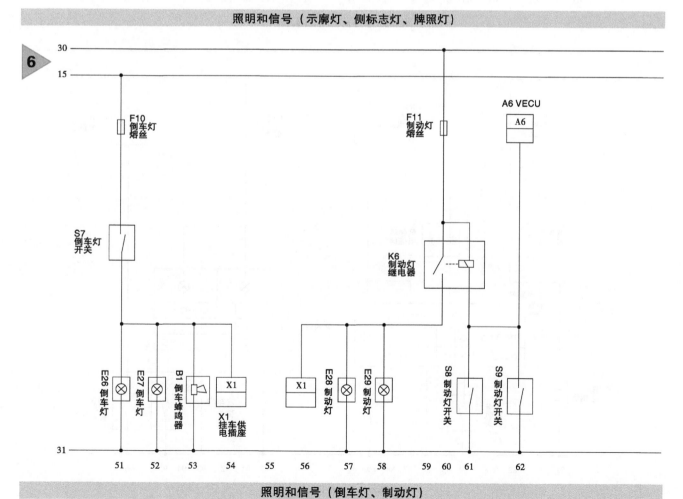

6

30

15

F10 倒车灯熔丝
F11 制动灯熔丝
A6 VECU
A6

S7 倒车灯开关

K6 制动灯继电器

E26 倒车灯
E27 倒车灯
B1 倒车蜂鸣器
X1 挂车供电插座
X1 挂车供电插座
E28 制动灯
E29 制动灯
S8 制动灯开关
S9 制动灯开关

31

51　52　53　54　55　56　57　58　59　60　61　62

照明和信号（倒车灯、制动灯）

一汽解放 J5M 车型电气线路图 （4/12）

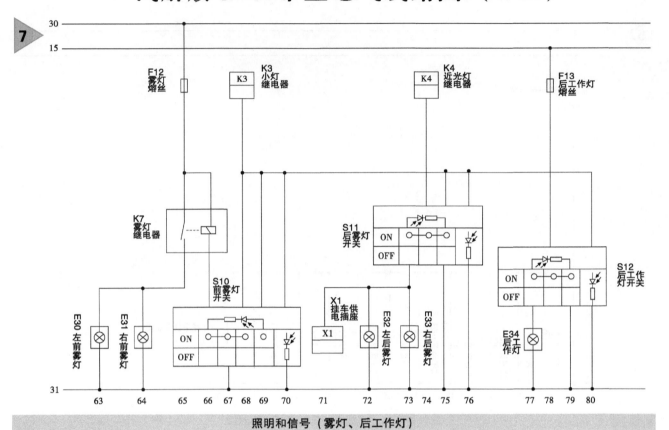

7

30
15

F12 雾灯熔丝

K3 小灯继电器

K4 近光灯继电器

F13 后工作灯熔丝

K7 雾灯继电器

S11 后雾灯开关

ON
OFF

S12 后工作灯开关

ON
OFF

S10 前雾灯开关

ON
OFF

X1 挂车供电插座

E30 左前雾灯

E31 右前雾灯

X1

E32 左后雾灯

E33 右后雾灯

E34 后工作灯

31

63　64　65　66　67　68　69　70　　71　　72　73　74　75　76　　77　78　79　80

照明和信号（雾灯、后工作灯）

8

30
15

F14 喇叭熔丝

K3 小灯继电器

F15 室内灯熔丝

H19 车内警告

K8 电喇叭继电器

Y1 气喇叭电磁阀

电/气喇叭转换开关

S14

电喇叭
气喇叭

E35 室内灯

ON
OFF
车门

B2 电喇叭

S13 喇叭开关

左车门警告开关

S15

S16 右车门警告开关

31

81　82　83　84　85　86　87　88　89　　90　91　92　93　94　95　96

照明和信号（喇叭、室内灯）

一汽解放 J5M 车型电气线路图 (5/12)

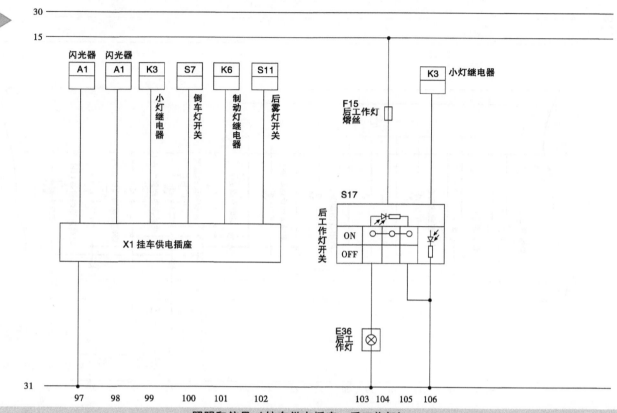

9

照明和信号（挂车供电插座、后工作灯）

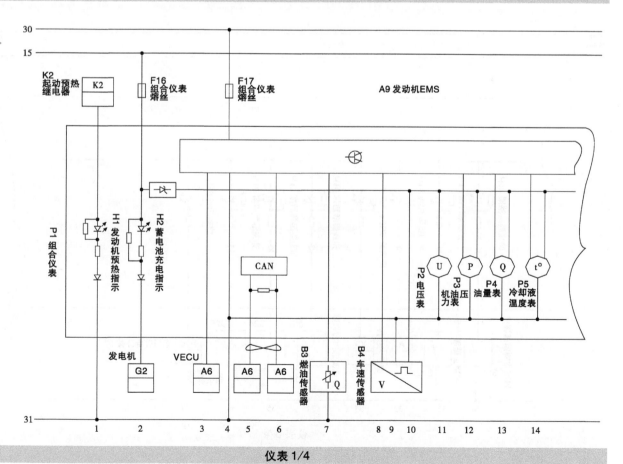

10

仪表 1/4

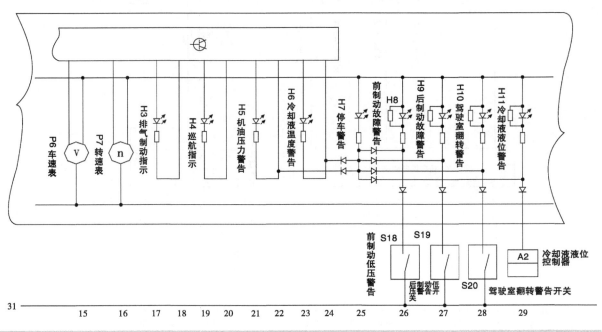

仪表 2/4

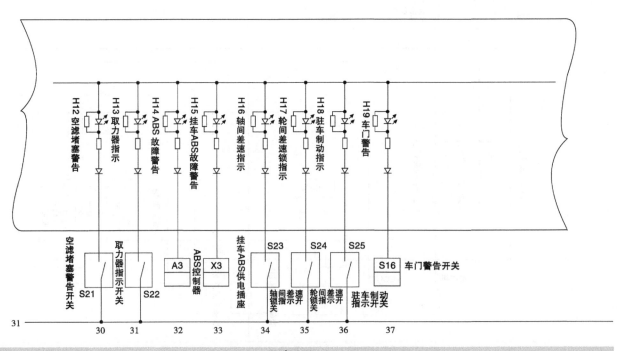

仪表 3/4

一汽解放 J5M 车型电气线路图 （7/12）

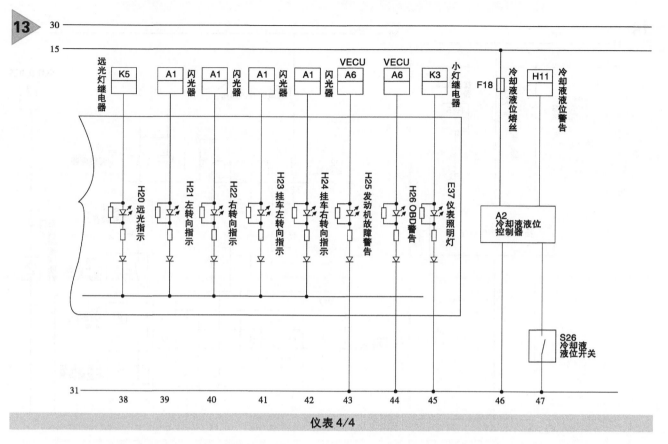

仪表 4/4

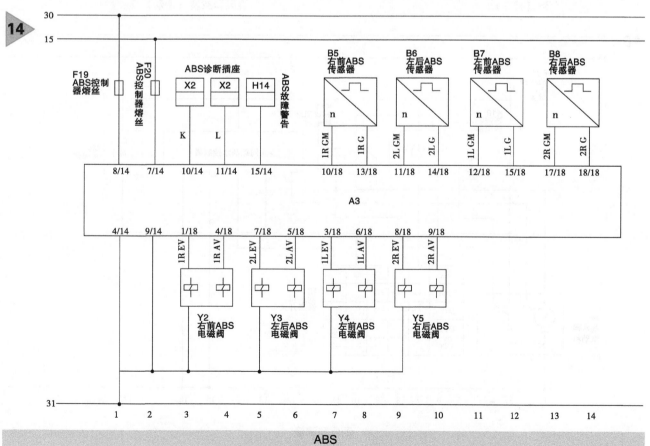

ABS

一汽解放 J5M 车型电气线路图 (8/12)

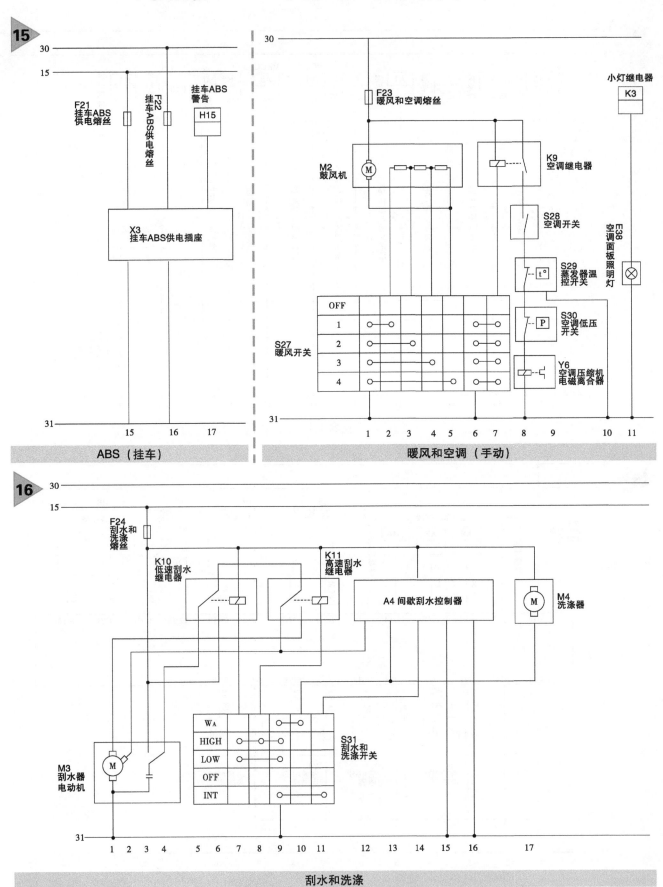

15

30

15

F21
挂车ABS
供电熔丝

F22
挂车ABS
供电熔丝

挂车ABS
警告

H15

X3
挂车ABS供电插座

31

15 16 17

ABS (挂车)

30

F23
暖风和空调熔丝

M2
鼓风机

K9
空调继电器

S28
空调开关

S29
蒸发器温
控开关

S30
空调低压
开关

Y6
空调压缩机
电磁离合器

小灯继电器

K3

E38
空调面板
照明灯

S27
暖风开关

OFF							
1							
2							
3							
4							

31

1 2 3 4 5 6 7 8 9 10 11

暖风和空调 (手动)

16

30

15

F24
刮水和
洗涤熔丝

K10
低速刮水
继电器

K11
高速刮水
继电器

A4 间歇刮水控制器

M4
洗涤器

M3
刮水器
电动机

WA				
HIGH				
LOW				
OFF				
INT				

S31
刮水和
洗涤开关

31

1 2 3 4 5 6 7 8 9 10 11 12 13 14 15 16 17

刮水和洗涤

一汽解放 J5M 车型电气线路图 (9/12)

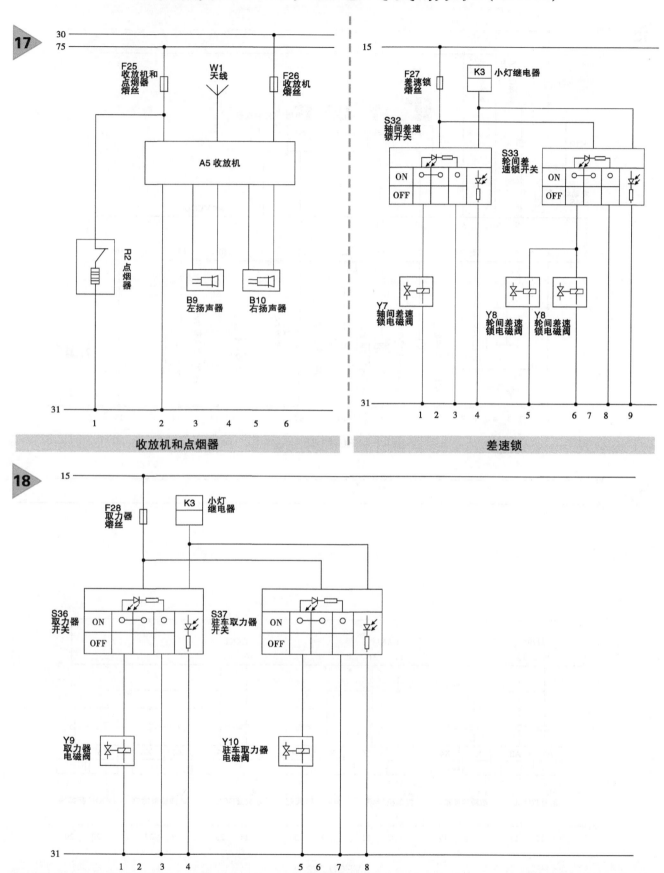

17

F25 收放机和点烟器熔丝
W1 天线
F26 收放机熔丝
A5 收放机
R2 点烟器
B9 左扬声器
B10 右扬声器

30
75
31
1 2 3 4 5 6

收放机和点烟器

F27 差速锁熔丝
K3 小灯继电器
S32 轴间差速锁开关
S33 轮间差速锁开关
ON OFF
ON OFF
Y7 轴间差速锁电磁阀
Y8 轮间差速锁电磁阀
Y8 轮间差速锁电磁阀

15
31
1 2 3 4 5 6 7 8 9

差速锁

18

F28 取力器熔丝
K3 小灯继电器
S36 取力器开关
S37 驻车取力器开关
ON OFF
ON OFF
Y9 取力器电磁阀
Y10 驻车取力器电磁阀

15
31
1 2 3 4 5 6 7 8

取力器

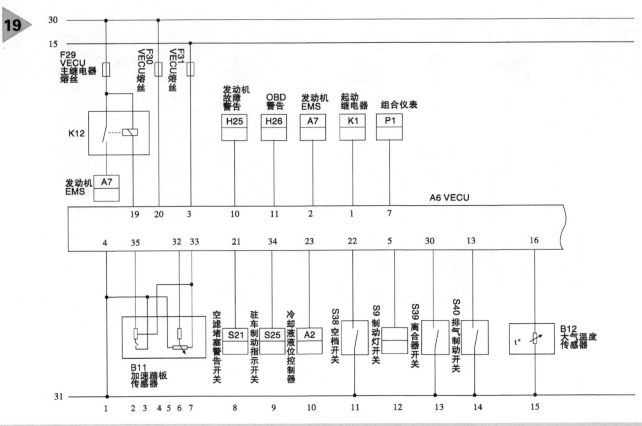

VECU 1/2

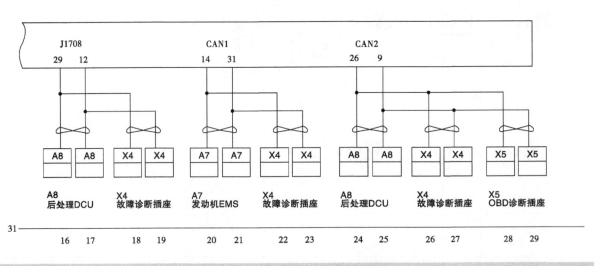

VECU 2/2

一汽解放 J5M 车型电气线路图 （11/12）

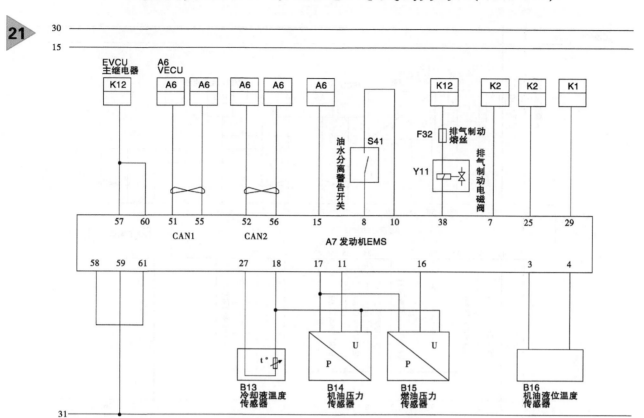

21

30
15

EVCU 主继电器 K12

A6 VECU A6

A6 A6 A6

油水分离警告开关 S41

F32 排气制动熔丝 Y11 排气制动电磁阀 K12 K2 K2 K1

57 60 51 55 52 56 15 8 10 38 7 25 29

CAN1 CAN2 A7 发动机EMS

58 59 61 27 18 17 11 16 3 4

B13 冷却液温度传感器

B14 机油压力传感器

B15 燃油压力传感器

B16 机油液位温度传感器

31

1 2 3 4 5 6 7 8 9 10 11 12 13 14 15 16

发动机 EMS 1/2

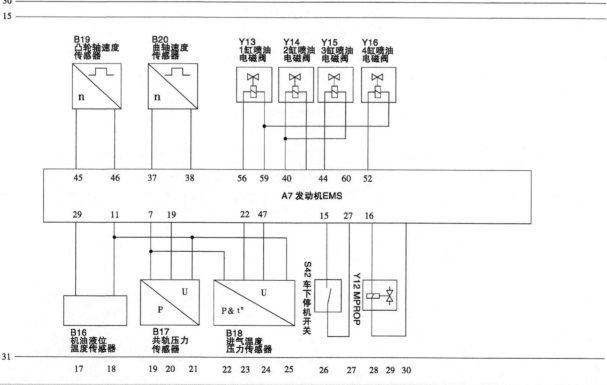

22

30
15

B19 凸轮轴速度传感器

B20 曲轴速度传感器

Y13 1缸喷油电磁阀

Y14 2缸喷油电磁阀

Y15 3缸喷油电磁阀

Y16 4缸喷油电磁阀

45 46 37 38 56 59 40 44 60 52

A7 发动机EMS

29 11 7 19 22 47 15 27 16

B16 机油液位温度传感器

B17 共轨压力传感器

B18 进气温度压力传感器

S42 车下停机开关

Y12 MPROP

31

17 18 19 20 21 22 23 24 25 26 27 28 29 30

发动机 EMS 2/2

一汽解放 J5M 车型电气线路图 （12/12）

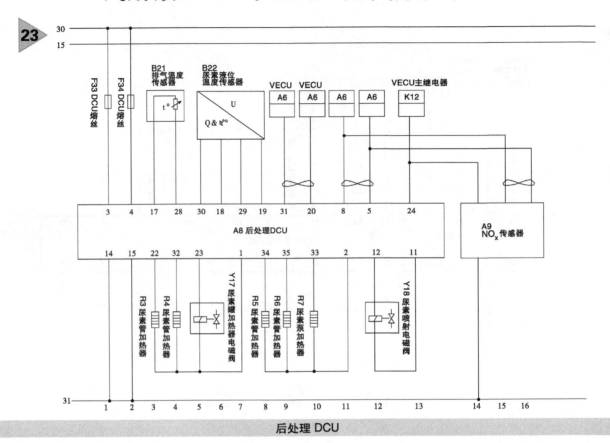

一汽锡柴 6DF3 发动机电控系统电路图 (1/5)

1. 发动机电控系统电路

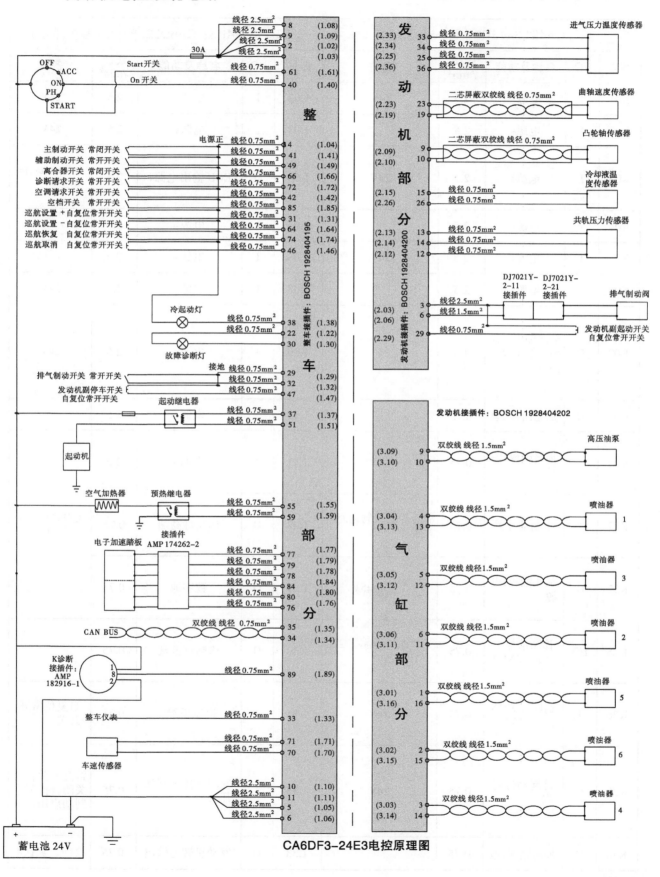

CA6DF3-24E3电控原理图

2. 发动机电脑针脚信息

序号	I/O	名称及功能	线径/mm²	备注	序号	I/O	名称及功能	线径/mm²	备注
		CA4DF3-13E3（整车部分）					CA6DF3-24E3、CA6DL2-35E3（整车部分）		
K01	I	电源+	2.5	24V	1.02	I	电源+	2.5	24V
K02	I	电源-	2.5		1.03	I	电源+	2.5	24V
K03	I	电源+	2.5	24V	1.04	O	ECU 输出电源+	2.5	I_Out(max)=10A
K04	I	电源-	2.5		1.05	I	电源-	2.5	
K05	I	电源+	2.5	24V	1.06	I	电源-	2.5	
K06	I	电源-	2.5		1.08	I	电源+	2.5	24V
K07	O	电源输出，给预热继电器供电	1.5	24V	1.09	I	电源+	2.5	24V
K08	O	加速踏板2地	0.75		1.10	I	电源-	2.5	
K09	I	加速踏板1信号	0.75		1.11	I	电源-	2.5	
K17	I	主制动开关	0.75	常闭开关，制动时开关断开	1.22	O	诊断灯高端	0.75	I_Out(max)=125mA
K22	O	加速踏板1电源	0.75	V_Out=5V	1.29	O	数字地	0.75	
K25	I/O	诊断信号（K-LINE）	0.75	I_Out（max）=100mA	1.30	O	诊断灯低端	0.75	
K28	I	钥匙开关ON档（T15）	0.75	24V	1.31	I	巡航设置+	0.75	自复位常开开关
K29	O	冷起动灯高端	0.75	24V	1.32	I	发动机排气制动开关	0.75	常开开关，开关闭合排气制动启用
K30	O	加速踏板1地	0.75		1.33	O	发动机转速输出	0.75	24V，默认8

一汽锡柴 6DF3 发动机电控系统电路图（3/5）

CA4DF3-13E3（整车部分）					CA6DF3-24E3、CA6DL2-35E3（整车部分）				
序号	I/O	名称及功能	线径/mm²	备注	序号	I/O	名称及功能	线径/mm²	备注
							信号		脉冲/转，占空比50%，I_Out(max)=50mA
K31	I	加速踏板2信号	0.75		1.34	I/O	CAN-L	0.75	
K38	I	巡航恢复	0.75	自复位常开开关（现功能没有开通）	1.35	I/O	CAN-H	0.75	
K40	I	离合器开关信号	0.75	常闭开关，离合器踩下开关断开	1.37	O	起动继电器信号输出高端	0.75	I_Out(max)=1.8A
K43	I	钥匙开关START档起动继电器控制信号	0.75	起动时24V	1.38	O	冷起动灯低端	0.75	I_Out(max)=125mA
K46	O	加速踏板2电源	0.75	V_Out=5V	1.40	I	钥匙开关ON档（T15）	0.75	24V
K48	O	发动机转速输出	0.75	24V，默认8脉冲/转，占空比50%，I_Out(max)=50mA	1.41	I	主制动开关	0.75	常闭开关，制动时开关断开
K53	I	整车车速传感器地	0.75	F（max）=1.5KHz	1.42	I	空调请求开关	0.75	常开开关，开关闭合空调工作
K54	I	排气制动开关	0.75	常开开关，开关闭合排气制动启用	1.46	I	巡航恢复开关	0.75	自复位常开开关
K55	O	诊断灯电源	0.75	24V	1.47	I	发动机副停车开关	0.75	常开开关，开关闭合发动机停车
K56	I	巡航设置+	0.75	自复位常开开关（现功能没有开通）	1.49	I	辅助制动开关	0.75	常开开关，辅助制动时开关闭合

一汽锡柴 6DF3 发动机电控系统电路图 （4/5）

序号	I/O	名称及功能	线径/mm²	备注	序号	I/O	名称及功能	线径/mm²	备注
		CA4DF3-13E3（整车部分）					CA6DF3-24E3、CA6DL2-35E3（整车部分）		
K57	I	空调请求开关	0.75	常开开关，开关闭合空调工作	1.51	O	起动继电器信号输出低端	0.75	I_Out(max)=1.8A
K61	I/O	CAN-L	0.75		1.55	O	预热继电器信号输出高端	0.75	I_Out(max)=2A
K62	I/O	CAN-H	0.75		1.59	O	预热继电器信号输出低端	0.75	I_Out(max)=2A
K65	I	诊断请求开关	0.75	常开开关或自复位常开开关	1.61	I	钥匙开关START档（T50）	0.75	起动时24V
K68	O	预热继电器输出-L	0.75	I_Out(max)=1.68A	1.64	I	巡航设置-	0.75	自复位常开开关
K72	I	主继电器控制	0.75	24V，I_Out(max)=300mA	1.66	I	离合器开关	0.75	常闭开关，离合器踩下开关断开
K74	I	发动机副起动开关	0.75	自复位常开开关	1.70	I	整车车速传感器地	0.75	F（max）=1.5 kHz
K75	I	整车车速传感器信号	0.75	0-5V	1.71	I	整车车速传感器信号端	0.75	F（max）=1.5 kHz 占空比50%，0-5V
K77	I	巡航取消	0.75	自复位常开开关（现功能没有开通）	1.72	I	诊断请求开关	0.75	常开开关或自复位常开开关
K78	I	巡航设置-	0.75	自复位常开开关(现功能没有开通)	1.74	I	巡航取消	0.75	自复位常开开关
K79	I	空档开关信号	0.75	常开开关，空档时开关闭合	1.76	O	加速踏板2地	0.75	

一汽锡柴 6DF3 发动机电控系统电路图（5/5）

CA4DF3-13E3（整车部分）					CA6DF3-24E3、CA6DL2-35E3（整车部分）				
序号	I/O	名称及功能	线径/mm²	备注	序号	I/O	名称及功能	线径/mm²	备注
K80	I	辅助制动信号	0.75	常开开关，辅助制动时开关闭合	1.77	O	加速踏板1电源	0.75	Vs=5V
K87	I	发动机副停车开关	0.75	常开开关，开关闭合发动机停车	1.78	O	加速踏板1地	0.75	
K92	I	冷起动灯低端	0.75	I_Out（max）=125mA	1.79	I	加速踏板1信号	0.75	
					1.80	I	加速踏板2信号	0.75	
					1.84	O	加速踏板2电源	0.75	Vs=5V
					1.85	I	空档开关	0.75	常开开关，空档时开关闭合
					1.89	I/O	诊断K线	0.75	I_Out（max）=100mA

CA4DF3-13E3（发动机部分）					CA6DF3-24E3、CA6DL2-35E3（发动机部分）				
序号	I/O	名称及功能	线径/mm²	备注*	序号	I/O	名称及功能	线径/mm²	备注
A15	O	起动继电器控制-L	0.75		2.03	O	ECU输出电源+，给排气制动阀、发动机副起动开关供电	2.5	I_Out（max）=10A
A29	O	排气制动阀控制-H	0.75	24V	2.06	O	发动机排气制动阀	1.5	I_Out（max）=1A
A30	O	起动继电器控制-H	0.75	24V	2.29	I	发动机副起动开关	0.75	自复位常开开关
A45	O	排气制动阀控制-L	0.75	I_Out（max）=750mA					

CA6DL1-32E3					CA4DL1-20E3				
序号	I/O	名称及功能	线径/mm²	备注*	序号	I/O	名称及功能	线径/mm²	备注
5	I	ECU供电	1.25	24V	5	I	ECU供电	1.25	24V
6	I	ECU供电	1.25	24V	6	I	ECU供电	1.25	24V
7	I	ECU供电	1.25	24V	7	I	ECU供电	1.25	24V

1. 发动机电控系统（不带继电器型）电路

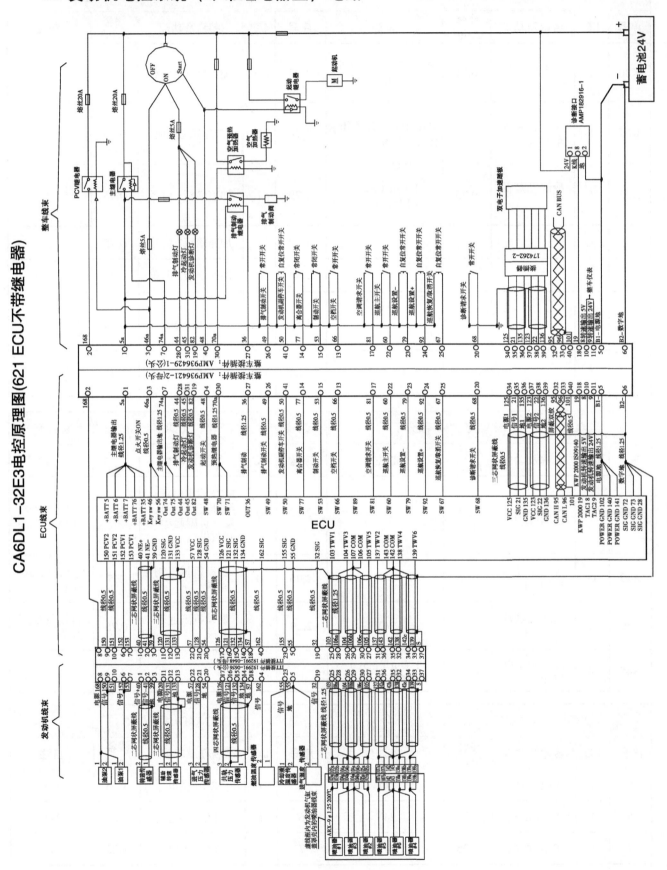

一汽锡柴 6DL1 发动机电控系统电路图 (2/4)

2. 发动机电控系统（带继电器型）电路

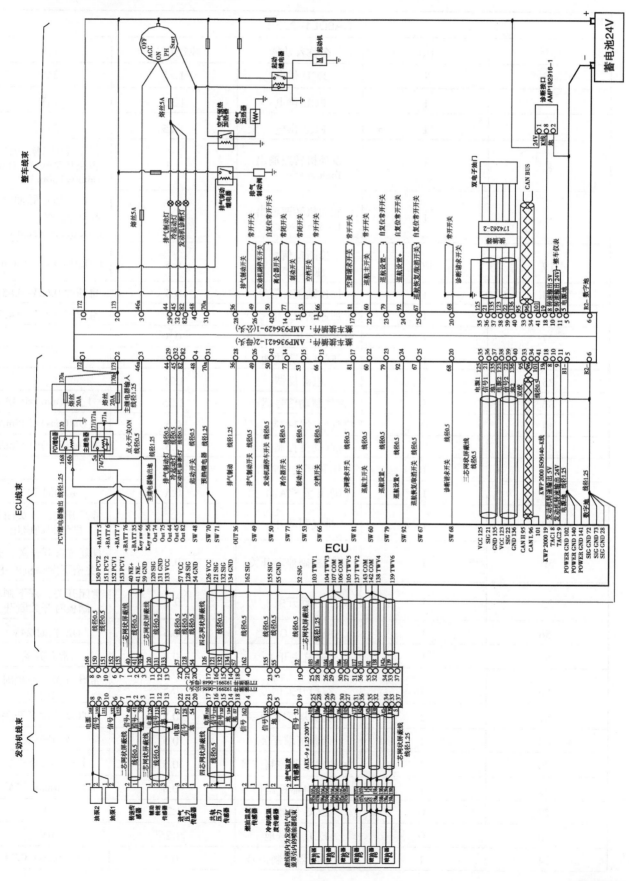

一汽锡柴 6DL1 发动机电控系统电路图 （3/4）

3. 发动机电脑针脚信息

CA6DL1-32E3				
序号	I/O	名称及功能	线径/mm²	备注*
5	I	ECU 供电	1.25	24V
6	I	ECU 供电	1.25	24V
7	I	ECU 供电	1.25	24V
8	I	发动机转速输出 Tachometer	2.5	5V，默认3脉冲/转，占空比50%，I_Out(max)=100mA
9	I	发动机转速输出 Tachometer	2.5	24V，默认3脉冲/转，占空比50%，I_Out(max)=22mA
19	I/O	诊断口信号 (K-LINE)	0.5	I_Out(max)=100mA
21	I	加速踏板1 信号	0.5	急速时 0.65V-0.85V
22	I	加速踏板2 信号	0.5	急速时 0.33V-0.42V
27	I	整车车速传感器信号	0.5	
28	I	ECU 外壳接地	0.5	
35	I	电源反馈	1.25	
36	I	排气制动信号驱动	1.25	I_Out(max)=0.4A
44	O	排气制动灯控制信号	0.5	I_Out(max)=125mA
45	O	冷起动灯控制信号	0.5	I_Out(max)=125mA
46	I	钥匙开关ON 档	0.5	
48	I	钥匙开关START 档	0.5	起动时 24V
49	I	排气制动开关	0.5	常开开关，开关闭合排气制动启用
50	I	发动机副停车开关	0.5	自复位常开开关，开关按下发动机停止
53	I	制动开关	0.5	常闭开关，踩下制动踏板时开关断开
56	I	钥匙开关ON 档	0.5	ON 档时24V
60	I	巡航主开关	0.5	常开开关
66	I	空档开关信号	0.5	常开开关，空档时开关闭合
67	I	巡航恢复/取消开关	0.5	自复位常开开关
68	I	诊断请求开关	0.5	常开开关
70	I	预热继电器控制信号	0.5	I_Out(max)=2A
71	I	预热继电器控制信号	0.5	I_Out(max)=2A
72	O	ECU 信号地	1.25	0V
73	O	ECU 信号地	1.25	0V
74	I	主继电器控制信号	0.5	I_Out(max)=0.7A

一汽锡柴 6DL1 发动机电控系统电路图 （4/4）

（续）

		CA6DL1-32E3		
序号	I/O	名称及功能	线径/mm²	备注*
75	I	主继电器控制信号	0.5	I_Out(max)=0.7A
76	I	电源反馈	1.25	离合器踩下0V
77	I	离合器开关信号	0.5	
79	I	巡航设置−	0.5	自复位常开开关
81	I	空调请求开关	0.5	常开开关，闭合怠速提升
82	O	故障灯控制信号	0.5	I_Out(max)=125mA
92	I	巡航设置+	0.5	自复位常开开关
95	I/O	CAN2-H	0.5	
96	I/O	CAN2-L	0.5	
101	I/O	CAN 屏蔽	0.5	
102	O	电源地	1.25	0V
123	O	加速踏板2正	0.5	5V
125	O	加速踏板1正	0.5	5V
135	O	加速踏板1地	0.5	0V
136	O	加速踏板2地	0.5	0V
140	O	电源地	1.25	0V
141	O	电源地	1.25	0V

★备注中电压值均为对地电压。

一汽锡柴 6DL2/6DL3 发动机电控系统电路图（1/3）

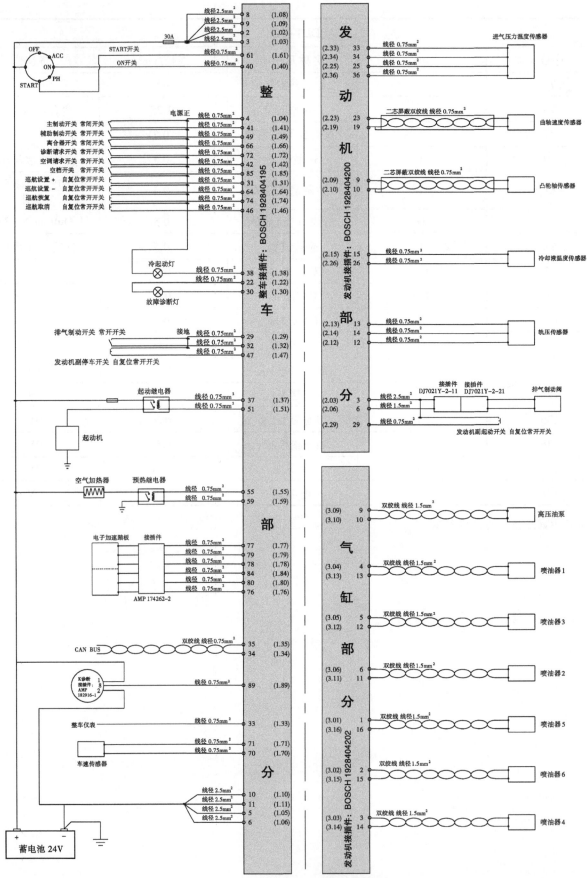

CA6DL2-35E3电控原理图

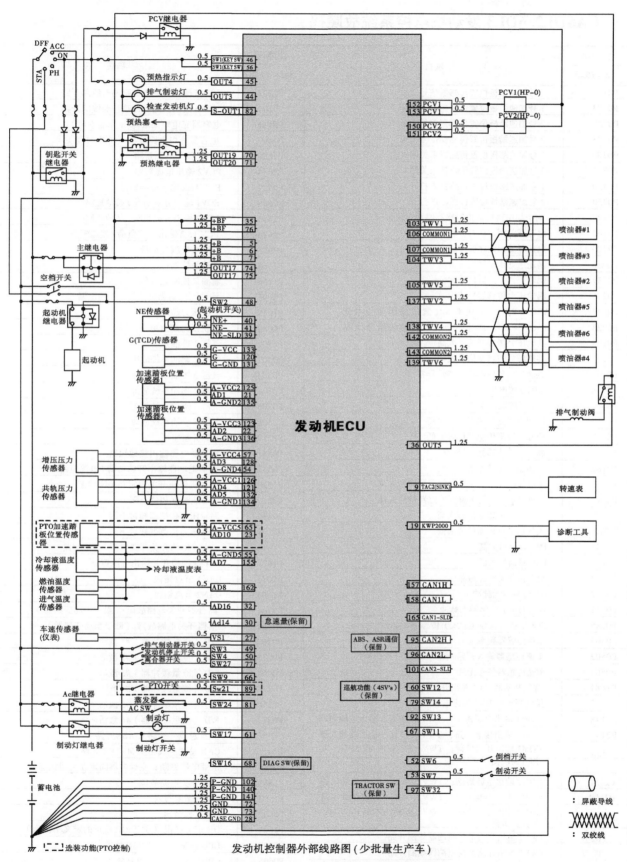

发动机控制器外部线路图（少批量生产车）

CA6DL2/6DL3发动机电路图

一汽锡柴 6DL2/6DL3 发动机电控系统电路图（3/3）

CA6DL2/6DL3 发动机电控系统故障码

故障码 SAE 模式	项目	故障码 SAE 模式	项目
P0122	1号加速踏板位置传感器信号太低	P0202	TWV5 输出开路负荷喷油器线圈开路
P0123	1号加速踏板位置传感器信号太高	P0204	TWV6 输出开路负荷喷油器线圈开路
P0222	2号加速踏板位置传感器信号太低	P0611	电容器充电电路故障（充电不足）
P0223	2号加速踏板位置传感器信号太高	P0200	电容器充电电路故障（充电过度）
P0121	1号加速踏板位置传感器未关闭	P0629	PCV1 输出电源短路
P0221	2号加速踏板位置传感器未关闭	P2634	PCV2 输出电源短路
P0120	1号加速踏板位置传感器未打开	P0629	PCV 1&2 输出电源短路
P0220	2号加速踏板位置传感器未打开	P0628	PCV1 输出开路负荷/接地短路
P2120	两个加速踏板位置传感器信号均无效	P2633	PCV2 输出开路负荷/接地短路
P2163	急速开关固定在打开状态	P0628	PCV 1&2 输出开路负荷/接地短路
P2109	急速开关固定在关闭状态	P2635	输油泵控制过负荷
P0238	涡轮压力传感器信号太高	P1088	输油泵控制过电压
P0237	涡轮压力传感器信号太低	P1266	输油泵控制无负荷
P0236	涡轮压力传感器性能无效	P0093	输油泵控制无负荷包括燃油泄漏
P0227	ASC（PTO）加速踏板位置传感器信号太低	P1089	共轨压力超过上限
P0228	ASC（PTO）加速踏板位置传感器信号太高	P0088	共轨压力超过更高上限
P0193	共轨压力传感器信号太高	P0301	气缸1燃油系统故障
P0192	共轨压力传感器信号太低	P0302	气缸2燃油系统故障
P0191	共轨压力传感器信号特性异常	P0303	气缸3燃油系统故障
P0563	车辆系统电压太高	P0304	气缸4燃油系统故障
P0562	车辆系统电压太低	P0305	气缸5燃油系统故障
P0118	冷却液温度传感器信号太高	P0306	气缸6燃油系统故障
P0117	冷却液温度传感器信号太低	P0219	发动机超速
P0183	燃油温度传感器信号太高	P0541	预热继电器输出接地短路
P0182	燃油温度传感器信号太低	P0542	预热继电器输出开路负荷/电源短路
P0113	（进气或 A/F 气）温度传感器信号太高	P1530	发动机停止开关固定在关闭状态
P0112	（进气或 A/F 气）温度传感器信号太低	P0217	冷却液温度超过上限
P2229	大气压力传感器信号太高	P0234	涡轮压力传感器超过上限
P2228	大气压力传感器信号太低	P0299	涡轮压力传感器超过下限
P1143	IMC 量信号太高	P1676	一档/倒档开关开路负荷/接地短路
P1142	IMC 量信号太低	P1677	一档/倒档开关输出电源短路
P0617	起动机开关电源短路	U0073	CAN1 节点错误
P0337	NE 传感器无脉冲	U1001	CAN2 节点错误
P0342	G（TDC）传感器无脉冲	P0704	离合器开关电路故障（限于手动变速器）
P0385	NE 传感器和 G（TDC）传感器无脉冲	P0850	空档开关电路故障（限于手动变速器）
P0503	车速传感器频率太高	P0263	F/D（流量缓冲器）#1 激活
P0502	车速传感器输入开路/短路	P0275	F/D（流量缓冲器）#2 激活
P0501	车速传感器信号无效	P0269	F/D（流量缓冲器）#3 激活
P1681	排气制动器 MV1 输出开路负荷/接地短路	P0278	F/D（流量缓冲器）#4 激活
P1682	排气制动器 MV1 输出电源短路	P0266	F/D（流量缓冲器）#5 激活
P2148	COM1 输出电源短路；TWV1、3 或 5 输出电源短路	P0272	F/D（流量缓冲器）#6 激活
P2147	COM1 输出接地短路；TWV1、3 或 5 输出接地短路	U0121	CAN 总线－线路从 ABS 开路
P2146	COM1 输出开路负荷；TWV1 和 TWV3 和 TWV5 均为开路负荷	U0155	CAN 总线－线路从 METER 开路
P2151	COM2 输出电源短路；TWV2、4 或 6 输出电源短路	P0686	主继电器诊断；主继电器固定在关闭状态
P2150	COM2 输出接地短路；TWV2、4 或 6 输出接地短路	P1565	巡航开关电路故障
P2149	COM2 输出开路负荷；TWV2 和 TWV4 和 TWV6 均为开路负荷	P1602	QR 数据未写入
P0201	TWV1 输出开路负荷喷油器线圈开路	P0602	QR 数据错误
P0205	TWV2 输出开路负荷喷油器线圈开路	P1601	QR 定义错误（关于 QR 校正的定义不正确）
P0203	TWV3 输出开路负荷喷油器线圈开路	P0607	CPU 故障；－守护 IC 故障
P0206	TWV4 输出开路负荷喷油器线圈开路	P0606	CPU 故障；－主 CPU 故障
		P0601	校验和错误－闪存区

"SAE" 诊断故障代码是通过使用 STT（WDS）而输出的代码。（SAE：汽车工程师协会）

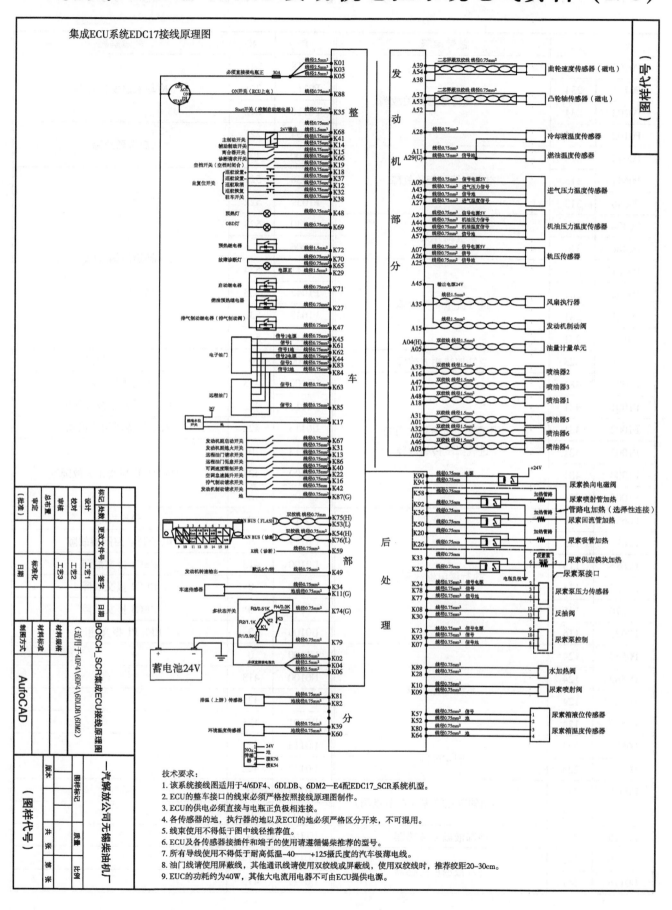

集成ECU系统EDC17接线原理图

技术要求：
1. 该系统接线图适用于4/6DF4、6DLDB、6DM2—E4配EDC17_SCR系统机型。
2. ECU的整车接口的线束必须严格按照接线原理图制作。
3. ECU的供电必须直接与电瓶正负极相连接。
4. 各传感器的地，执行器的地以及ECU的地必须严格区分开来，不可混用。
5. 线束使用不得低于图中线径推荐值。
6. ECU及各传感器接插件和端子的使用请遵循锡柴推荐的型号。
7. 所有导线使用不得低于耐高低温-40——+125摄氏度的汽车极薄电线。
8. 油门线请使用屏蔽线，其他通讯线请使用双绞线或屏蔽线，使用双绞线时，推荐绞距20-30cm。
9. EUC的功耗约为40W，其他大电流用电器不可由ECU提供电源。

P	S	故障解释	P	S	故障解释
P0100	234	进气流量传感器相关故障	P0118	241	冷却液温度传感器
P0101	234		P0117	241	
P0103	234		P0116	242	
P0102	234		P0704	222	离合器故障
P0645	313	空调压缩机相关故障	U1400	222	
P0647	313		P1038	521	转矩结构故障
P0646	313		P1039	522	
U0424	314	空调开关	P1040	523	
U0466	314		P1006	524	
P0101	281	进气流量相关故障	P1041	534	
P0402	281		P1042	533	
P0401	281		P1043	532	
P0100	281		P1044	531	
P2609	323	空气加热相关故障	U0100	0	ACK 超时故障
P1000	481	用于空气加热测试用的进气温度传感故障	U0100	413	大气条件故障
P1001	481		U0113	422	NO$_x$ 信号修正报文故障
P1002	481		U0113	422	NO$_x$ 传感器相关报文
P1003	481		U0113	0	DM1DCU 报文相关故障
P1004	481		P1400	423	
P1005	481		P1405	424	
P0659	114	执行继电器故障	U0113	0	SAE 故障
P2671	115		U0129	0	电子制动控制器故障
P2686	116		U0100	413	EEC1 报文故障
P0658	114		U0100	0	EEC2 报文故障
P2670	115		U0100	0	EEC3 报文故障
P2685	116		U0100	0	EFL P1 报文超时
P0563	124	系统电源故障	U1100	0	
P0562	124		U0100	413	
P0563	124		U0103	425	
P0562	124		U0291	425	
P0504	223	制动故障	U0113	421	
P0571	223		U0113	422	
U0073	411	CAN 通信的节点故障（A 节点用）	U0104	0	
U0073	412		U1103	0	
P0116	242	冷却液温度传感器	U1101	0	
P0116	242	冷却液温度传感器	U0121	414	
U0116	241		U0121	415	

P	S	故障解释	P	S	故障解释
U0121	416		P0203	143	
U0121	417		P0204	144	喷油器开路故障
U0121	418		P0205	145	
U0104	0		P0206	146	
U1105	0		P0263	141	
U1106	0		P0266	142	
P1007	511	转矩限值激活故障	P0269	143	
P0575	341	巡航故障	P0272	144	喷油器其他故障
P0607	111		P0275	145	
P0607	111	系统芯片故障	P0278	146	
P0563	124		P0262	141	
P0562	124	电源模块故障	P0265	142	
P1500	342	发动机制动可信性故障	P0268	143	
P2536	343	发动机副停车故障（CAN）	P0271	144	喷油器短路故障
P2536	343	发动机副起动故障（CAN）	P0274	145	
P0475	315		P0277	146	
P0475	315		P0261	141	
P0478	315	电子泄压阀执行继电器	P0204	142	
P0477	315		P0267	143	
P062F	117		P0270	144	喷油器低端与高端短路
P062F	117	EEP 相关故障	P0273	145	
P062F	117		P0276	146	
P0000	351		P251C	345	多状态开关故障
P0000	352		P0251	133	
P0000	353	EGR 相关故障	P0252	133	
P0000	354		P0253	133	油量流量控制单元故障
P0000	355		P0254	133	
P1008	512	喷油中断故障	P0650	331	MIL 灯故障
P0219	513	发动机超速保护故障	P251B	345	多状态开关故障
P1009	514		P060B	262	ADC 监控故障
P100A	344		P060C	262	
P100B	344	发动机转速输出故障	P060C	262	ROM 测试故障
P100C	344		P060C	263	多中断通道测试相关故障
P100D	344		P1012	264	油门电压信号不可信
U1401	232	环境压力传感器相关故障	P1013	264	发动机转速信号监控故障
P2229	232		P1014	264	发动机喷油器激活相关故障

P	S	故障解释	P	S	故障解释
P1015	264	发动机喷油器激活相关故障	P0481	312	风扇相关故障
P1016	264		P0481	312	
P1017	264		P0694	312	
P1018	264		P0693	312	
P1019	264		P0480	316	
P101A	261	激活时间超限故障	P0495	316	
P101B	264	喷油量波动修正故障	P0494	316	
P101C	264	轨压传感器监控不可信	P0611	482	燃油喷射量平衡相关故障
P1045	264	油门电压监控不可信	P1046	212	燃油滤清器堵塞故障（ADC）
P101D	264	当前与允许的转矩对比故障	P1047	212	
P101E	264	发动机内部转矩相关故障	P1048	213	燃油滤清器堵塞故障（DIO）
P101F	264		P1049	213	
P1020	264		P1032	216	燃油滤清器加热故障
P1600	265		P1033	216	
P1601	265		P1034	216	
P068A	125	主继电器故障	P1035	216	
P068B	125		P2267	214	燃油滤清器水位故障（ADC）
P2200	421	NOₓ 传感器电源故障	P2266	214	
P2201	421	NOₓ 传感器相关的故障（未用）	P2269	211	燃油滤清器水位故障（DIO）
P2204	421		P0460	217	燃油箱空故障
P0073	235	环境温度传感器相关故障	P0183	215	燃油温度传感器故障
P0072	235		P0182	215	
P0341	123	凸轮传感器故障	P0181	215	
P0340	123		U1402	227	变速器位置传感器故障
P0340	123		P0381	332	预热灯相关故障
P0336	122	曲轴传感器故障	P0381	332	
P0335	122		P0110	321	空气加热器故障
P0475	311	排气制动阀相关故障	P0113	321	空气加热器故障
P0475	311		P0112	321	
P0478	311		P100E	0	喷油增压器平衡故障
P0477	311		P100F	0	喷油高压泵平衡故障
P0476	311		P1010	0	系统定义的最大喷油量故障
P0475	311		P1011	0	喷油运行时间故障
P060B	111	FADC 故障	P0A0F	0	喷油单元启动测试故障
P0480	312	风扇相关故障	P0087	276	油压过低导致喷油中断故障
P0692	312		P062B	483	喷油器调整值丢失或者错误故障
P0691	312		P062D	151	喷油器供电模块 1 故障

P	S	故障解释	P	S	故障解释
P062E	151	喷油器供电模块2故障	P0000	471	排气管颗粒堵塞故障
P062B	153	喷油器控制芯片故障	P0000	472	排气管颗粒被移走故障
P2200	421	NO_x 传感器准备故障	P0000	473	颗粒捕集器相关故障
P2201	421	NO_x 传感器信号超上限	P0089	134	泄压阀打开次数超过上限
P2201	421	NO_x 传感器信号低于下限	P0089	0	泄压阀打开轨压升高
P2200	421	NO_x 传感器开路故障	P0089	0	强制打开泄压阀导致轨压波动
P2200	421	NO_x 传感器短路故障	P0089	135	泄压阀打开
P253E	345	多状态开关不可信故障	P1036	136	泄压阀成功打开喷油量平衡故障
P0000	484		P1037	136	泄压阀打开次数或者时间超过限值
P1021	485	OBD潜在的不可删除故障的错误状态	P0089	136	泄压阀打开时间超过最大值
P060C	111	WDA中断条件相关故障	P060C	111	
P250D	246		P0251	251	
P250C	246		P0251	252	
P250B	246	机油液位传感器相关故障	P0251	255	
P252F	246		P0251	253	
P250F	246		P0087	256	轨压控制器相关故障
P160B	334		P0088	271	
P160C	334		P0088	272	
P160D	334	机油压力灯相关故障	P1050	273	
P160E	334		P0251	274	
P0524	243		P0194	275	轨压不一致故障
P0521	243		P0088	136	泄压阀打开，轨压过大故障
P0523	243		P0193	131	轨压传感器相关故障
P0524	243	机油压力传感器相关故障	P0192	131	
P0520	243		P203B	434	尿素喷射量减少不合理故障
P0523	243		P3051	435	不可删除故障修正因子超上限
P0522	243		P3052	435	不可删除故障修正因子低于下限
P0196	244		P0420	0	排放超标
U1403	244		P0420	431	排放超7.0
P0198	244	机油温度传感器相关故障	P0420	432	排放超5.0
P0197	244		P2214	421	下游 NO_x 传感器信号不可信故障
P0196	244		P2214	421	下游 NO_x 信号超过上限可信值
P2263	282	进气压力偏移故障	P2214	421	下游 NO_x 信号低于下限可信值
P1031	0		P2214	421	下游 NO_x 传感器信号不可信故障
P006D	231	进气压力信号故障	P2201	422	上游 NO_x 信号超过上限可信值
P0238	231	进气压力传感器相关故障	P2201	422	上游 NO_x 信号低于下限可信值
P0237	231		P3042	436	条件满足尿素喷射不释放

P	S	故障解释	P	S	故障解释
P3062	438	剩余尿素的形式距离相关故障	P3029	456	SM 温度测量信号不可信
P3063	438		P0123	221	加速踏板 1/2 信号高
P3064	438	剩余尿素的形式距离相关故障	P0223	221	
P3065	437	SCR 填充位置监控硬件故障	P0122	221	加速踏板 1/2 信号低
P3050	441	尿素回流管解冻失败	P0222	221	
P3053	441	尿素压力管路堵塞	P1503	229	远程加速踏板 1/2 信号低
P3054	441	尿素压力不稳定	P1504	229	
P0669	119	ECU 温度过高	P203D	445	尿素箱液位传感器电路故障
P3015	447	上次驾驶循环未排尽尿素	P203C	445	
P3039	442	喷射时尿素压力超过上限	P0643	112	传感器供电电路故障
P3056	443	喷射时尿素压力低于下限	P0653	112	
P3039	442	尿素压力过高（无论状态）	P0699	112	
P3040	441	尿素压力无法建立	P1602	113	ECU 内部 12V 供电电源 1 高
P3049	441	回流压力管故障	P1603	113	ECU 内部 12V 供电电源 1 低
P3041	441	喷射结束后，尿素压力无法下降	P1602	113	ECU 内部 12V 供电电源高
P2043	446	尿素箱温度可信性故障	P1603	113	ECU 内部 12V 供电电源低
P0667	119	ECU 温度可信性故障	P060C	111	停车计时器故障
P0426	444	上游排温可信性故障	P160F	335	红色停车灯故障
P2047	453	尿素喷射阀卡死	P1610	335	
P3014	453	尿素回流阀卡死	P1611	335	
P3066	445	尿素液位传感器可信性故障	P1612	335	
P3067	445		P0615	121	起动继电器故障
P3000	441	尿素供应模块至尿素喷射阀堵塞	P0615	121	
P3057	455	尿素泵不可信	P0617	121	
P3058	455	尿素泵加热温度传感器不可信	P0616	121	起动继电器故障
P3059	455	冷起动加热时尿素泵温度传感器可信性故障	P1604	333	SVS 灯故障
P3060	456	尿素泵温度传感器不可信	P1605	333	
P3061	456	冷车起动时尿素泵温度传感器可信性故障	P1606	333	
P203B	446	尿素箱温度传感器无有效上升	P1607	333	
P2068	438	尿素存量不足时 SCE 起动次数超过限值	P1608	118	软件重启开关故障
U1404	345	来自 can 的多状态开关故障	P1609	118	软件重启开关 1 故障
P3029	455	SM 温度测量不可信	P160A	118	软件重启开关 2 故障
P3029	455		P2135	221	加速踏板同步故障
P3038	454	温度测量无法进行	P2135	221	用低急速开关时候加速踏板可信性故障
P2062	454	SM 温度测量信号不可信	P1505	229	远程加速踏板同步故障
P2062	454		P2530	345	T50 开关故障
P3029	456	SM 温度测量信号不可信	P0113	234	TAFS 传感器故障

一汽锡柴 6DLB/6DM2 发动机电控系统电气资料（6/8）

P	S	故障解释	P	S	故障解释
P0112	234		P3072	461	
P0113	234	TAFS 传感器故障	P3023	461	电加热 BL 管相关故障
P0112	234		P3022	461	
P0099	233	CAN 的进气温度传感器故障	P3069	462	
P0098	233		P3070	462	
P0097	233	进气温度传感器故障	P3071	462	
P0096	233		P3021	462	电加热 PL 管相关故障
P0669	119	ECU 温度传感器故障	P3072	462	
P0668	119		P3023	462	
P0000	361		P3022	462	
P0000	362		P3077	463	
P0000	363	节气门相关故障	P3043	463	
P0000	364		P3044	463	尿素加热主继电器故障
P0000	365		P3045	463	
P0113	236	进气温度传感器故障	P3046	463	
P0112	236		P3069	464	
P0045	237		P3070	464	
P0049	237	涡轮增压相关故障	P3071	464	
P0048	237		P3021	464	电加热 SL 管相关故障
P0047	237		P3072	464	
U0113	448	下游排气温度相关故障	P3023	464	
U0428	448		P3022	464	
P042D	448	下游排气温度传感器故障	P3082	465	
P042C	448		P3083	465	
P203F	445	尿素液位低故障	P3084	465	
P2049	453	尿素喷射阀电路超限	P3033	465	尿素本加热相关故障
P3009	453		P3085	465	
P2049	453		P3037	465	
P2049	453	尿素喷射阀故障	P3036	465	
P2048	453		P3016	466	
P2047	453		P3018	466	
P3025	433	温度条件满足尿素压力管加热故障	P3020	466	尿素箱加热相关故障
P3069	461		P3019	466	
P3070	461	电加热 BL 管相关故障	P3001	451	
P3071	461		P3086	451	尿素泵相关故障
P3021	461		P3002	451	

P	S	故障解释	P	S	故障解释
P3006	451	尿素泵相关故障	P205B	446	尿素箱温度可信性故障
P3003	451		P205B	446	
P3004	451		U1405	224	来自 CAN 的车速故障
P3005	451		P0279	224	车速传感器故障
P3007	451	尿素压力传感器故障	P2162	224	
P204D	451		P0501	224	
P204E	451		P0503	224	
P3047	452	尿素回流阀故障	P0502	224	
P3048	452		P2158	225	车内温度传感器故障
P3049	452		P2160	225	
P3050	452		P2161	225	
P3010	452		P1613	336	琥珀灯故障
P3011	452		P1614	336	
P3013	452		P1615	336	
P3012	452		P1616	336	
P205A	446	来自 CAN 的尿素温度信号			
P205D	446	尿素箱温度传感器故障			
P205C	446				

一汽锡柴 6DLB/6DM2 发动机电控系统电气资料 （8/8）

ECU针脚定义与说明表

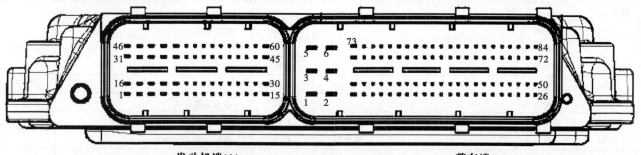

发动机端(A)　　　　　　　　　　　　　整车端(K)

针号	定义	备注	针号	定义	备注
发动机端A					
A01	4缸单体泵电磁阀"高"		A31	5缸单体泵电磁阀"低"	
A02	5缸单体泵电磁阀"高"		A32	6缸单体泵电磁阀"低"	
A03	6缸单体泵电磁阀"高"		A33	2缸单体泵电磁阀"低"	
A04	–	未使用	A34	预热继电器"负"	
A05	–	未使用	A35	发动机停机开关	
A06	地	未使用	A36	–	未使用
A07	曲轴转速传感器，屏蔽		A37	–	未使用
A08	轨压传感器"搭铁"	未使用	A38	–	未使用
A09	(G3)	未使用	A39	燃油温度传感器"搭铁"	
A10	凸轮轴传感器"信号正"		A40	进气压力和温度传感器压力"信号"	
A11	燃油压力传感器"搭铁"	未使用	A41	冷却液温度传感器"搭铁"	
A12	曲轴转速传感器"信号负"		A42	–	未使用
A13	机油压力传感器"正"		A43	轨压传感器"信号"	未使用
A14	进气压力传感器"正"		A44	地	未使用
A15	起动机(LS)	未使用	A45	排气制动继电器"负"	
A16	1缸单体泵电磁阀"高"		A46	4缸单体泵电磁阀"低"	
A17	2缸单体泵电磁阀"高"		A47	1缸单体泵电磁阀"低"	
A18	3缸单体泵电磁阀"高"		A48	3缸单体泵电磁阀"低"	
A19	油量测量单元,电压"高"	未使用	A49	燃油流量测量单元LS	未使用
A20	凸轮轴位置传感器信号，屏蔽		A50	凸轮轴位置传感器"信号负"	
A21	预热传感器开关	未使用	A51	机油压力传感器"搭铁"	
A22	外部EGR驱动器"搭铁"	未使用	A52	燃油温度传感器"信号"	
A23	进气压力传感器"搭铁"		A53	进气压力和温度传感器温度"信号"	
A24	预热继电器"正"		A54	燃油压力传感器"搭铁"	未使用
A25	火焰预热供油阀继电器"高"(HS)	未使用	A55	地	未使用
A26	轨压传感器电源"正"	未使用	A56	机油压力传感器输入"信号"	
A27	曲轴转速传感器"信号正"		A57	燃油压力传感器"信号"	未使用
A28	曲轴箱压力传感器"正"	未使用	A58	冷却液温度传感器"信号"	
A29	排气制动继电器"高"		A59	火焰预热供油阀继电器"负"(LS)	未使用
A30	起动机 HS	未使用	A60	发动机内部制动或IEGR	未使用

一汽大柴 BFM1013/2012/2013 发动机电气资料 (2/3)

针号	定义	备注	针号	定义	备注
整车端K					
K01	蓄电池正		K48	发动机转速输出	
K02	蓄电池负		K49	–	未使用
K03	蓄电池正		K50	搭铁	未使用
K04	蓄电池负		K51	–	未使用
K05	蓄电池正		K52	手动预热开关	未使用
K06	蓄电池负		K53	车速传感器"信号,搭铁"	
K07	主继电器2"高"	未使用	K54	排气制动开关信号	
K08	加速踏板位置传感器2"负"		K55	诊断灯	
K09	加速踏板位置传感器1"信号"		K56	巡航控制器,"设置/加速"	
K10	用户自定义温度传感器"搭铁"	未使用	K57	–	未使用
K11	用户自定义温度传感器"信号"	未使用	K58	低急速开关1	未使用
K12	油位传感器"搭铁"	未使用	K59	风扇转速传感器信号	未使用
K13	油位传感器"信号"	未使用	K60	CAN 1低	
K14	速度设定"搭铁"(多状态开关)	未使用	K61	CAN 2低	
K15	速度设定"信号"(多状态开关)	未使用	K62	CAN 2高	
K16	搭铁	未使用	K63	燃油含水传感器"搭铁"	未使用
K17	主制动开关信号		K64	燃油含水传感器"信号"	未使用
K18	搭铁	未使用	K65	功率提升开关	未使用
K19	超越开关		K66	机油温度传感器"信号"	未使用
K20	OBD 灯	未使用	K67	–	未使用
K21	–	未使用	K68	–	未使用
K22	加速踏板位置传感器1"正"	未使用	K69	–	未使用
K23	风扇转速传感器"正"	未使用	K70	温度警告灯	未使用
K24	预留模拟信号传感器"正"(G2)	未使用	K71	机油警告灯	未使用
K25	通信接口1(K–Line)		K72	主继电器	
K26	预留PWM输出	未使用	K73	主继电器2"高"	未使用
K27	转矩PWM输出	未使用	K74	发电机D	未使用
K28	T15(开关到BAT+)		K75	车速传感器输入信号	
K29	–	未使用	K76	机油温度传感器"搭铁"	未使用
K30	加速踏板位置传感器1"负"		K77	巡航控制器,"ON/OFF"	
K31	加速踏板位置传感器2"信号"		K78	巡航控制器,"设置/减速"	
K32	用户自定义温度传感器"信号"	未使用	K79	空调开关	
K33	用户自定义温度传感器"搭铁"	未使用	K80	辅助制动开关信号	
K34	排气温度传感器"信号"	未使用	K81	低急速开关2	未使用
K35	排气温度传感器"搭铁"	未使用	K82	CAN 1高	
K36	预留模拟信号传感器"信号"	未使用	K83	PWM调节阀传感器"信号"	未使用
K37	预留模拟信号传感器"信号"	未使用	K84	风扇转速传感器"信号"	未使用
K38	巡航控制器,"恢复"		K85	PWM调节阀传感器"搭铁"	未使用
K39	预留PWM输出"搭铁"		K86	地(多状态开关)	未使用
K40	离合开关信号		K87	控制器模式选择开关	未使用
K41	地	未使用	K88	–	未使用
K42	–	未使用	K89	信号(多状态开关)	未使用
K43	发动机起动开关	未使用	K90	风扇控制器 (LS)	未使用
K44	–	未使用	K91	–	未使用
K45	油位传感器"正"	未使用	K92	预热指示灯	
K46	加速踏板位置传感器2"正"		K93	–	未使用
K47	–	未使用	K94	发动机运行指示灯	未使用

一汽大柴 BFM1013/2012/2013 发动机电气资料（3/3）

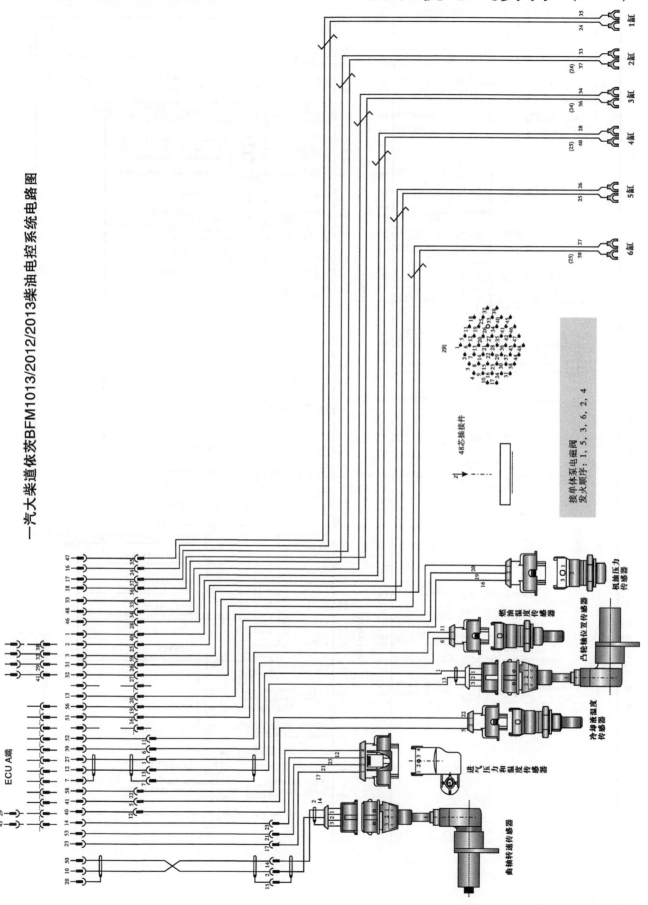

一汽大柴道依茨BFM1013/2012/2013柴油电控系统电路图

ECU A端

接单体泵电磁阀
发火顺序：1、5、3、6、2、4

48芯插接件

1缸
2缸
3缸
4缸
5缸
6缸

机油压力传感器
燃油温度传感器
凸轮轴位置传感器
冷却液温度传感器
进气压力和温度传感器
曲轴转速传感器

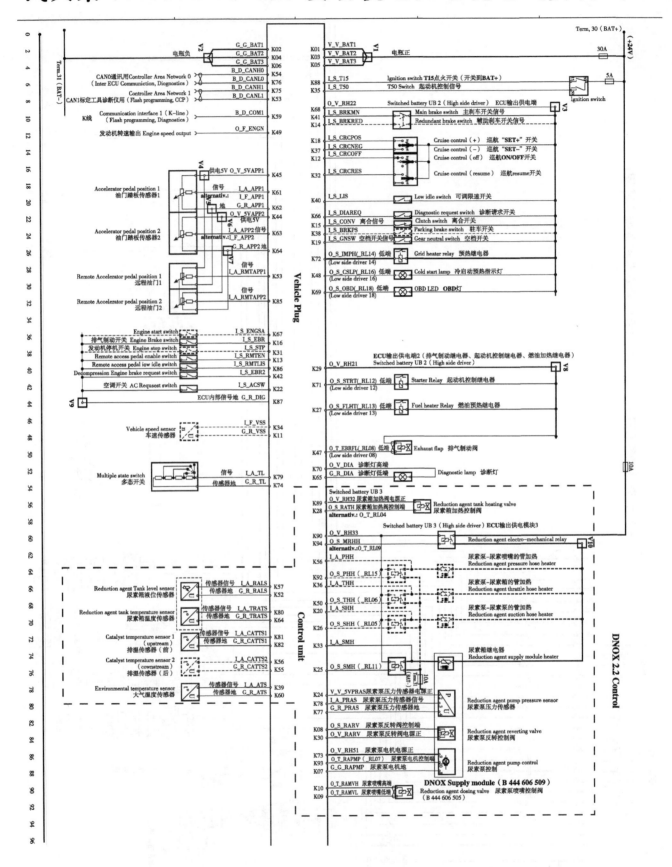

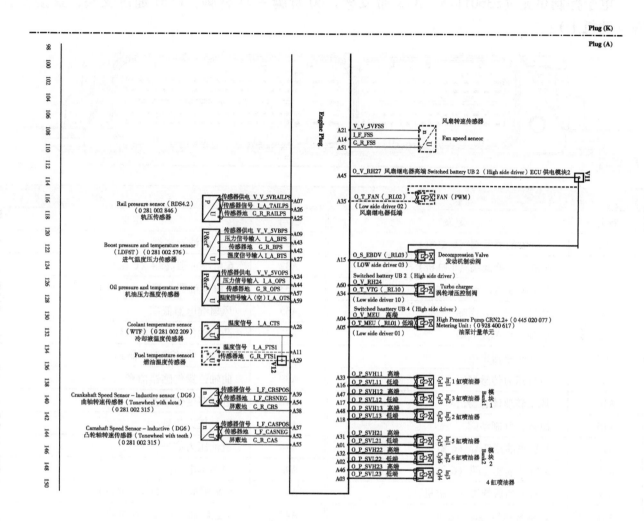

Plug (K)

Plug (A)

Engine Plug

A21	V_V_5VFSS	风扇转速传感器
A14	I_F_FSS	Fan apeed aeneor
A51	G_R_FSS	

A45　O_V_RH27　风扇继电器高端 Switched battery UB 2 （High side driver）ECU 供电模块2　VII

A35　O_T_FAN （_RL02）　FAN （PWM）
（Low side driver 02）
风扇继电器低端

Rail pressure sensor（RDS4.2）
（0 281 002 846）
轨压传感器
传感器供电 V_V_5VRAILPS A07
传感器信号 I_A_TAILPS A26
传感器地 G_R_RAILPS A25

Boost pressure and temperature sensor
（LDF6T）（0 281 002 576）
进气温度压力传感器
传感器供电 V_V_5VBPS A09
压力信号输入 I_A_BPS A43
传感器地 G_R_BPS A44
温度信号输入 I_A_BTS A27

Oil pressure and temperature sensor
机油压力温度传感器
传感器供电 V_V_5VOPS A24
压力信号输入 I_A_OPS A44
传感器地 G_R_OPS A57
温度信号输入（空）I_A_OTS A59

Coolant temperature sensor
（WTF）（0 281 002 209）
冷却液温度传感器
温度信号 I_A_CTS A28

Fuel temperature sensor1
燃油温度传感器
温度信号 I_A_FTS1 A11
传感器地 G_R_FTS1 A29　VI2

Crankshaft Speed Sensor – Inductive sensor（DG6）
曲轴转速传感器（Tonewheel with slots）
（0 281 002 315）
传感器信号 I_F_CRSPOS A39
传感器地 I_F_CRSNEG A54
屏蔽地 G_R_CRS A38

Camshaft Speed Sensor – Inductive（DG6）
凸轮轴转速传感器（Tonewheel with teeth）
（0 281 002 315）
传感器信号 I_F_CASPOS A37
传感器地 I_F_CASNEG A52
屏蔽地 G_R_CAS A55

A15　O_S_EBDV （_RL03）　Decompression Valve
（LOW side driver 03）　发动机制动阀

A60　Switched battery UB 2 （High side driver）
O_V_RH24　Turbo charger
A34　O_T_VTG （_RL10）　涡轮增压控制阀
（Low side driver 10）

A04　Switched baattery UB 4 （High side driver）
O_V_MEU　高端　High Pressure Pump CRN2.2+ （0 445 020 077）
A05　O_T_MEU （_RL01）低端　Metering Unit :（0 928 400 617）
（Low side driver 01）　油泵计量单元

A33	O_P_SVH11 高端	Cyl1 Inj1	1 缸喷油器	
A16	O_P_SVL11 低端			模块
A47	O_P_SVH12 高端	Cyl3 Inj2	3 缸喷油器	Bank1 1
A17	O_P_SVL12 低端			
A48	O_P_SVH13 高端	Cyl2 Inj3	2 缸喷油器	
A18	O_P_SVL13 低端			
A31	O_P_SVH21 高端	Cyl5 Inj1	5 缸喷油器	模块
A01	O_P_SVL21 低端			Bank2 2
A32	O_P_SVH22 高端	Cyl6 Inj2	6 缸喷油器	
A02	O_P_SVL22 低端			
A46	O_P_SVH23 高端	Cyl4 Inj3		
A03	O_P_SVL23 低端		4 缸喷油器	

一汽大柴 TCD2013/CADK 发动机电控系统电气资料（3/4）

电子控制单元（S3601115 – A12 带支架，60 针脚 + 94 针脚，ECU 通过支架，直接安装在发动机上）

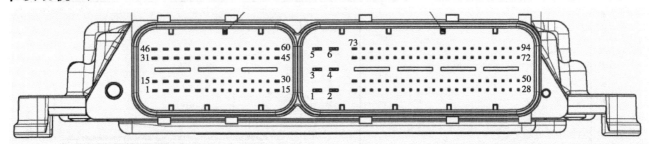

发动机端 A			
针号	**定义**	**针号**	**定义**
A01	5 缸喷油器低端（6 缸机）	A31	5 缸喷油器高端（6 缸机）
A02	6 缸喷油器低端（6 缸机）	A32	6 缸喷油器高端（6 缸机）
A03	4 缸喷油器低端（6 缸机）	A33	1 缸喷油器高端（6 缸机）
A04	燃油计量单元高端	A35	风扇继电器低端
A05	燃油计量单元低端	A37	凸轮轴位置传感器信号
A07	轨压传感器供电	A38	曲轴位置传感器屏蔽地
A09	进气压力传感器正	A39	曲轴位置传感器信号
A14	风扇转速传感器信号	A42	进气温度传感器地
A15	缸内排气制动阀	A43	进气压力信号
A16	1 缸喷油器低端（6 缸机）	A44	机油压力信号
A17	3 缸喷油器低端（6 缸机）	A45	风扇继电器高端
A18	2 缸喷油器低端（6 缸机）	A46	4 缸喷油器高端（6 缸机）
A21	风扇转速传感器电源正	A47	3 缸喷油器高端（6 缸机）
A24	机油压力传感器供电	A48	2 缸喷油器高端（6 缸机）
A25	轨压传感器地	A51	风扇转速传感器地
A26	轨压传感器信号	A52	凸轮轴位置传感器地
A27	进气温度传感器信号	A53	凸轮轴位置传感器屏蔽地
A28	冷却液温度信号	A54	曲轴位置传感器地
A29	冷却液温度地	A57	机油压力传感器地
整车端 K			
K01	蓄电池正	K45	加速踏板传感器 1 电源
K02	蓄电池负	K47	排气制动继电器低端
K03	蓄电池正	K48	冷起动预热指示灯低端
K04	蓄电池负	K49	发动机转速输出
K05	蓄电池正	K53	CAN1 低
K06	蓄电池负	K54	CAN0 高
K11	车速传感器信号地	K59	通信接口 1（K-Line）

整车端 K			
K12	巡航 ON/OFF 开关	K61	加速踏板传感器 1 信号
K14	辅助制动开关信号	K62	加速踏板传感器 1 地
K15	离合器信号	K65	诊断灯低端
K16	排气制动开关	K66	诊断请求开关
K18	巡航 "SET +" 开关	K68	ECU 输出供电端
K19	空档开关	K69	OBD 指示灯低端
K22	空调开关	K70	诊断灯高端
K27	燃油预热继电器	K71	起动机控制继电器
K29	ECU 输出供电端（排气制动继电器）	K72	预热继电器低端
K31	发动机停机开关	K74	多状态开关地
K32	巡航 resume 开关	K75	CAN1 高
K34	车速传感器信号	K76	CAN0 低
K35	起动机控制信号	K79	多状态开关供电
K37	巡航 "SET –" 开关	K83	加速踏板传感器 2 信号
K40	可调限速开关	K84	加速踏板传感器 2 地
K41	主制动开关信号	K87	ECU 开关信号地
K44	加速踏板传感器 2 电源	K88	T15 点火开关（开关到 BAT +）
SCR 附接口			
K07	尿素泵电动机地	K81	排温传感器信号
K08	尿素泵反转阀控制端	K82	排温传感器地
K09	尿素喷嘴低端	V01	尿素压力管加热器正
K10	尿素喷嘴高端	V02	尿素回流管加热器正
K24	尿素泵压力传感器电源正	V03	尿素进流管加热器正
K28	尿素箱加热阀控制端	V04	尿素泵加热器正
K30	尿素泵反转阀电源正	G01	尿素压力管加热器地
K39	大气温度传感器信号	K89	尿素箱加热阀电源正输出
K52	尿素箱液位传感器地	K93	尿素泵电动机控制端
K57	尿素箱液位传感器信号	V05（K76）	氮氧化物传感器 CANL
K60	大气温度传感器地	V06（K54）	氮氧化物传感器 CANH
K64	尿素箱温度传感器地	V07（K88）	氮氧化物传感器电源正（连接 K88）
K73	尿素泵电动机电源正输出	V08	氮氧化物传感器地（连接 K02、04、06）
K77	尿素泵压力传感器地	G02	尿素回流管加热器 –
K78	尿素泵压力传感器信号	G03	尿素进流管加热器 –
K80	尿素箱温度传感器信号	G04	尿素泵加热器 –

玉柴 YC6L-40 发动机电控系统电路图 (1/4)

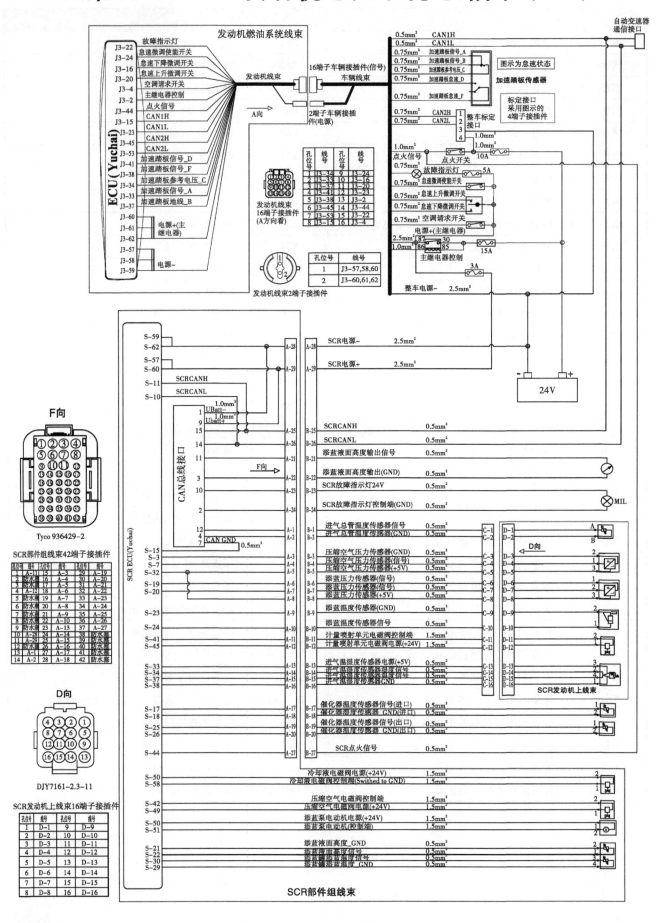

玉柴 YC6L−40 发动机电控系统电路图 (2/4)

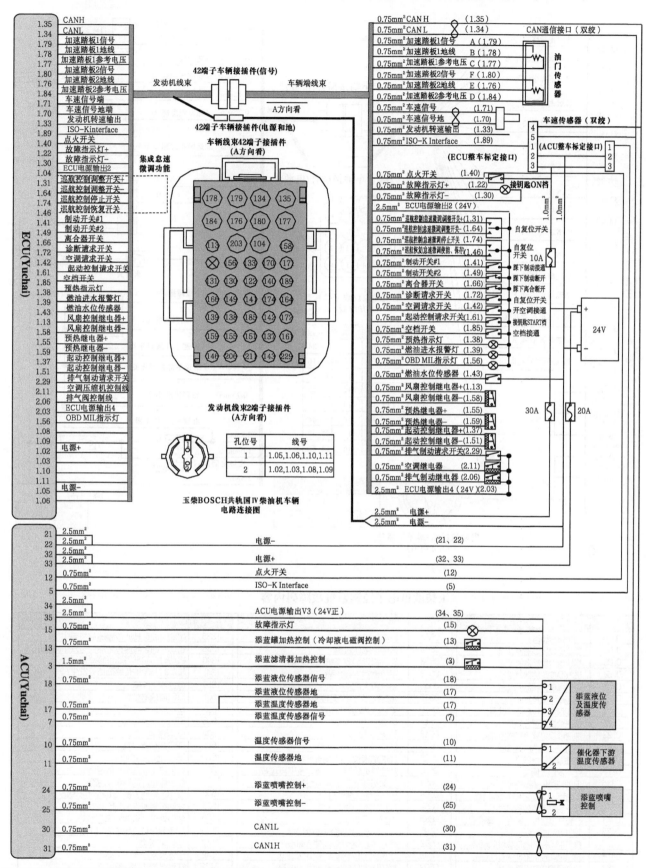

ECU(Yuchai) 端子信号：

1.35	CANH
1.34	CANL
1.79	加速踏板1信号
1.78	加速踏板1地线
1.77	加速踏板1参考电压
1.80	加速踏板2信号
1.76	加速踏板2地线
1.84	加速踏板2参考电压
1.71	车速信号端
1.70	车速信号地端
1.33	发动机转速输出
1.89	ISO-Kinterface
1.40	点火开关
1.22	故障指示灯+
1.30	故障指示灯-
1.04	ECU电源输出2
1.31	巡航控制调整开关+
1.64	巡航控制调整开关-
1.74	巡航控制停止开关
1.46	巡航控制恢复开关
1.41	制动开关#1
1.49	制动开关#2
1.66	离合器开关
1.72	诊断请求开关
1.42	空调请求开关
1.61	起动控制请求开关
1.85	空档开关
1.38	预热指示灯
1.39	燃油进水报警灯
1.43	燃油水位传感器
1.13	风扇控制继电器+
1.58	风扇控制继电器-
1.55	预热继电器+
1.59	预热继电器-
1.37	起动控制继电器+
1.51	起动控制继电器-
2.29	排气制动请求开关
2.11	空调压缩机控制线
2.06	排气阀控制线
2.03	ECU电源输出4
1.56	OBD MIL指示灯
1.08	
1.09	
1.02	电源+
1.03	
1.10	
1.11	
1.05	电源-
1.06	

42端子车辆接插件(信号)
发动机线束 — 车辆端线束
A方向看
42端子车辆接插件(电源和地)

集成怠速微调功能

车辆线束42端子接插件
(A方向看)

178 179 134 135
184 176 180 177
113 203 104 58
56 33 70 17
131 130 122 140 189
166 149 14 174 164
139 138 185 14 172
159 155 151 16
146 206 21 143 229

发动机线束2端子接插件
(A方向看)

孔位号	线号
1	1.05,1.06,1.10,1.11
2	1.02,1.03,1.08,1.09

玉柴BOSCH共轨国IV柴油机车辆电路连接图

右侧：

0.75mm² CAN H (1.35)
0.75mm² CAN L (1.34) — CAN通信接口（双绞）
0.75mm² 加速踏板1信号 A (1.79)
0.75mm² 加速踏板1地线 B (1.78)
0.75mm² 加速踏板1参考电压 C (1.77) 油门传感器
0.75mm² 加速踏板2信号 F (1.80)
0.75mm² 加速踏板2地线 E (1.76)
0.75mm² 加速踏板2参考电压 D (1.84)
0.75mm² 车速信号 (1.71)
0.75mm² 车速信号地 (1.70)
0.75mm² 发动机转速输出 (1.33)
0.75mm² ISO-K Interface (1.89)

车速传感器（双绞）
(ACU整车标定接口)
(ECU整车标定接口)

0.75mm² 点火开关 (1.40)
0.75mm² 故障指示灯+ (1.22)
0.75mm² 故障指示灯- (1.30) 接钥匙ON档
2.5mm² ECU电源输出2 (24V)
0.75mm² 巡航控制调整/怠速微调调整开关+ (1.31)
0.75mm² 巡航控制调整/怠速微调调整开关- (1.64) 自复位开关
0.75mm² 巡航控制停止/怠速微调停止开关 (1.74)
0.75mm² 巡航恢复/怠速微调使能、保护 (1.46) 自复位开关 10A
0.75mm² 制动开关#1 (1.41) 踩下制动接通
0.75mm² 制动开关#2 (1.49) 踩下制动断开
0.75mm² 离合器开关 (1.66) 踩下离合断开
0.75mm² 诊断请求开关 (1.72) 自复位开关
0.75mm² 空调请求开关 (1.42) 开空调接通
0.75mm² 起动控制请求开关 (1.61) 接钥匙START档
0.75mm² 空档开关 (1.85) 空档接通
0.75mm² 预热指示灯 (1.38)
0.75mm² 燃油进水报警灯 (1.39)
0.75mm² OBD MIL指示灯 (1.56)
0.75mm² 燃油水位传感器 (1.43)
0.75mm² 风扇控制继电器+(1.13)
0.75mm² 风扇控制继电器-(1.58)
0.75mm² 预热继电器+ (1.55)
0.75mm² 预热继电器- (1.59)
0.75mm² 起动控制继电器+(1.37)
0.75mm² 起动控制继电器-(1.51)
0.75mm² 排气制动请求开关(2.29)
0.75mm² 空调继电器 (2.11)
0.75mm² 排气制动继电器 (2.06)
2.5mm² ECU电源输出4（24V）(2.03)

30A 20A 24V

2.5mm² 电源+
2.5mm² 电源-

ACU(Yuchai) 端子信号：

端子	线径	信号	孔位
21	2.5mm²	电源-	(21、22)
22	2.5mm²		
32	2.5mm²	电源+	(32、33)
33	2.5mm²		
12	0.75mm²	点火开关	(12)
5	0.75mm²	ISO-K Interface	(5)
34	2.5mm²	ACU电源输出V3（24V正）	(34、35)
35	2.5mm²		
15	0.75mm²	故障指示灯	(15)
13	0.75mm²	添蓝罐加热控制（冷却液电磁阀控制）	(13)
3	1.5mm²	添蓝滤清器加热控制	(3)
18	0.75mm²	添蓝液位传感器信号	(18)
		添蓝液位传感器地	(17)
17	0.75mm²	添蓝温度传感器地	(17)
7	0.75mm²	添蓝温度传感器信号	(7)
10	0.75mm²	温度传感器信号	(10)
11	0.75mm²	温度传感器地	(11)
24	0.75mm²	添蓝喷嘴控制+	(24)
25	0.75mm²	添蓝喷嘴控制-	(25)
30	0.75mm²	CAN1L	(30)
31	0.75mm²	CAN1H	(31)

添蓝液位及温度传感器
催化器下游温度传感器
添蓝喷嘴控制

YC6L−40 共轨柴油机 SCR 电路图

玉柴 YC6L－40 发动机电控系统电路图（3/4）

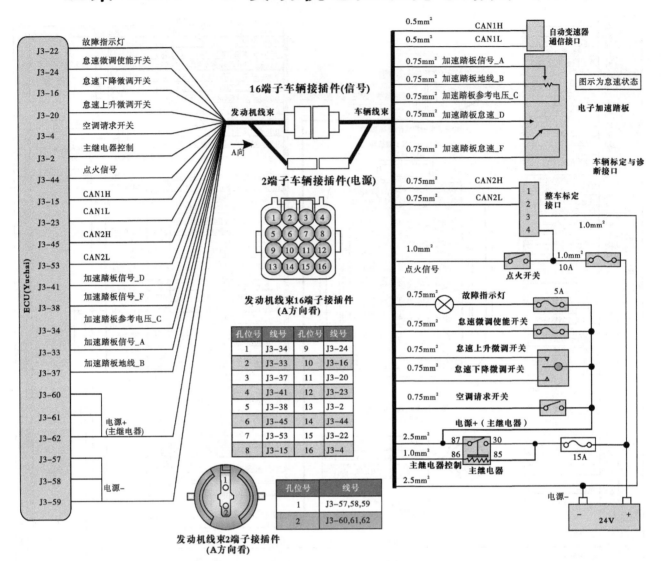

玉柴欧Ⅲ电子控制系统故障码内容

故障码	故障内容	故障码	故障内容	故障码	故障内容
0016	同步信号出错	0562	蓄电池电压过低	1335	起动时曲轴转速传感器信号丢失
0107	增压压力传感器值过低	0563	蓄电池电压过高	1336	起动时曲轴转速传感器信号发生高频错误
0108	增压压力传感器值过高	0602	软件错误导致系统重新启动	1340	起动时凸轮轴转速传感器信号丢失
0112	进气温度传感器值过低	0603	不可擦写内存出错	1341	起动时凸轮轴传感器信号发生高频错误
0113	进气温度传感器值过高	0606	系统重新启动	1519	怠速停止故障
0117	冷却液温度传感器值过低	0607	A/D数/模转换器转换不良	1601	ETC1通信率过高
0118	冷却液温度传感器值过高	0611	单体泵驱动输出错误	1602	ETC1通信率过低
0122	加速踏板位置传感器值过低	0642	5V参考电压过低	1603	ETC2通信率过高
0123	加速踏板位置传感器值过高	0643	5V参考电压过高	1604	ETC2通信率过低
0182	燃油温度传感器值过低	0650	红色停止灯低端断路	1611	ERC1通信率过高
0183	燃油温度传感器值过高	0652	加速踏板位置传感器参考电压过低	1612	ERC2通信率过低
0217	冷却液温度偏高	0653	加速踏板位置传感器参考电压过高	1651	红色停止灯低端对低短路
0335	曲轴转速传感器信号不良	0654	发动机转速表相关电路断路	1652	红色停止灯低端对高短路
0336	曲轴转速传感器信号高频错误	0668	ECU内部温度值过低	1656	发动机转速表相关电路对低短路
0340	凸轮轴位置传感器信号不良	0669	ECU内部温度值过高	1657	发动机转速表相关电路对高短路
0341	凸轮轴位置传感器信号高频错误	0685	主继电器故障	2106	油门处于"跛脚回家"状态
0475	排气制动控制器低端短路	0691	冷却风扇驱动电路对地短路	2135	加速踏板位置传感器值不合理
0477	排气制动控制器低端对低短路	0692	冷却风扇驱动电路对电源短路	2147	单体泵驱动电压过低
0478	排气制动控制器低端对高短路	0698	增压压力传感器参考电压过低	2148	单体泵驱动电压过高
0480	冷却风扇驱动电路开路	0699	增压压力传感器参考电压过高	2228	环境温度传感器值过低
0541	排气制动控制器高端对低短路	1104	增压压力传感器值偏低	2229	环境温度传感器值过高
0542	排气制动控制器高端对高短路	1108	增压压力传感器值偏高	C001	CAN出错
0543	排气制动控制器高端断路	1116	冷却液温度不合理	D001	CAN2出错

玉柴 YC6L-40 发动机电控系统电路图 (4/4)

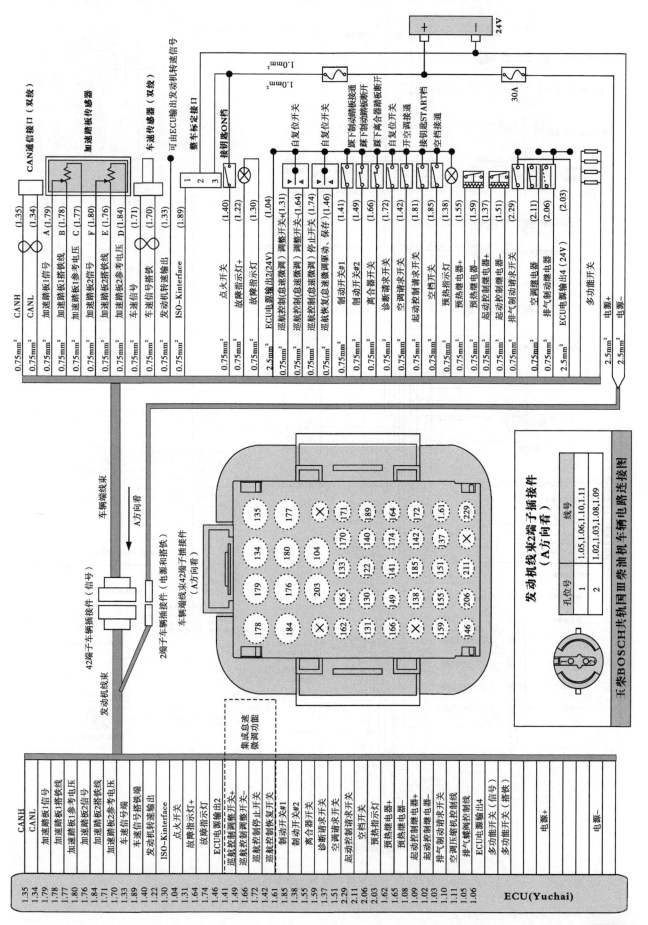

玉柴 ECI 天然气发动机电控系统电路图 (1/7)

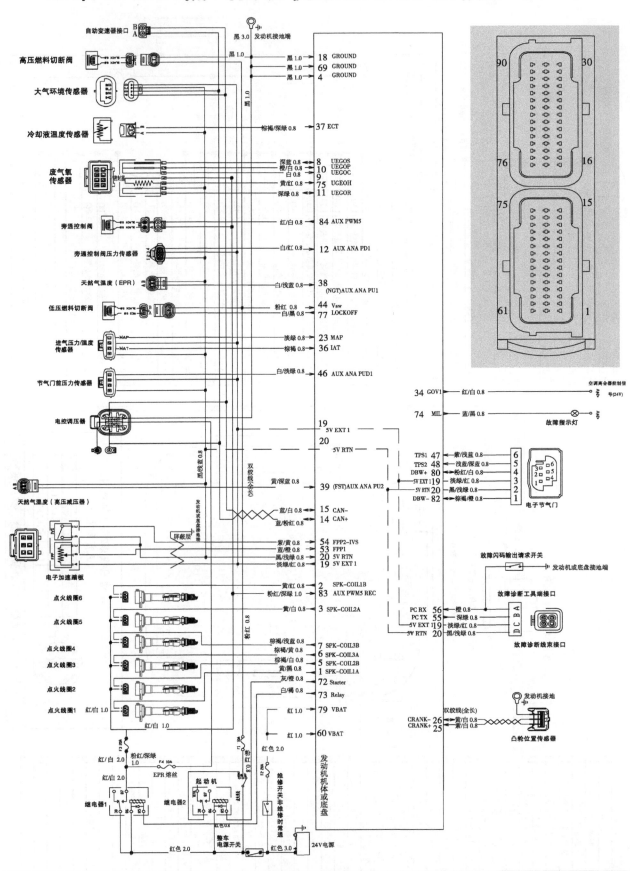

自动变速器接口 B A

高压燃料切断阀

黑 3.0 发动机接地端

黑 1.0 → 18 GROUND
黑 1.0 → 69 GROUND
黑 1.0 → 4 GROUND

大气环境传感器

冷却液温度传感器
棕褐/深绿 0.8 → 37 ECT

废气氧传感器
深蓝 0.8 → 8 UEGOS
橙/白 0.8 → 10 UEGOP
白 0.8 → 9 UEGOC
黄/红 0.8 → 75 UGEOH
深蓝 0.8 → 11 UEGOR

旁通控制阀
红/白 0.8 → 84 AUX PWM5

旁通控制阀压力传感器
白/红 0.8 → 12 AUX ANA PD1

天然气温度（EPR）
白/浅蓝 0.8 → 38 (NGT)AUX ANA PU1

低压燃料切断阀
粉红 0.8 → 44 Vsw
白/黑 0.8 → 77 LOCKOFF

进气压力/温度传感器
淡绿 0.8 → 23 MAP
棕褐 0.8 → 36 IAT

节气门前压力传感器
白/淡绿 0.8 → 46 AUX ANA PUD1

电控调压器

19 5V EXT 1
20 5V RTN

黄/深蓝 0.8 → 39 (FST)AUX ANA PU2

天然气温度（高压减压器）

蓝/白 0.8 → 15 CAN-
蓝/粉红 0.8 → 14 CAN+

屏蔽层

紫/黄 0.8 → 54 FPP2-IVS
蓝/橙 0.8 → 53 FPP1
黑/浅绿 0.8 → 20 5V RTN
淡绿/红 0.8 → 19 5V EXT 1

电子加速踏板

点火线圈6
黄/红 0.8 → 2 SPK-COIL1B
粉红/深绿 1.0 → 83 AUX PWM5 REC

点火线圈5
黄/白 0.8 → 3 SPK-COIL2A

点火线圈4
棕褐/浅蓝 0.8 → 7 SPK-COIL3B
棕褐/黄 0.8 → 6 SPK-COIL3A

点火线圈3
棕褐/黄 0.8 → 5 SPK-COIL2B
黄/黑 0.8 → 1 SPK-COIL1A

点火线圈2
灰/橙 0.8 → 72 Starter
白/褐 0.8 → 73 Relay

点火线圈1
红/白 1.0
红/白 1.0
红 1.0 → 79 VBAT
红 1.0 → 60 VBAT

34 GOV1 红/白 0.8 空调离合器控制信号(24V)
74 MIL 蓝/黑 0.8 故障指示灯

TPS1 47 紫/浅蓝 0.8
TPS2 48 浅蓝/深蓝 0.8
DBW+ 80 粉红/白 0.8
5V EXT 1 19 淡绿/红 0.8
5V RTN 20 黑/浅绿 0.8
DBW- 82 棕褐/橙 0.8
电子节气门

故障闪码输出请求开关 发动机或底盘接地端

故障诊断工具端口
PC RX 56 橙 0.8
PC TX 55 深绿 0.8
5V EXT 1 19 淡绿/红 0.8
5V RTN 20 黑/浅绿 0.8
故障诊断线束接口

发动机接地
双绞线(全长)
CRANK- 26 黄/红 0.8
CRANK+ 25 紫/红 0.8
凸轮位置传感器

红/白 2.0
粉红/深绿 1.0 EPR熔丝
红/白 2.0
继电器1
起动机
继电器2
维修开关 非维修时常通
发动机机体或底盘
整车电源开关
红色 2.0
红色 3.0 24V电源

6缸机发动机连接电路

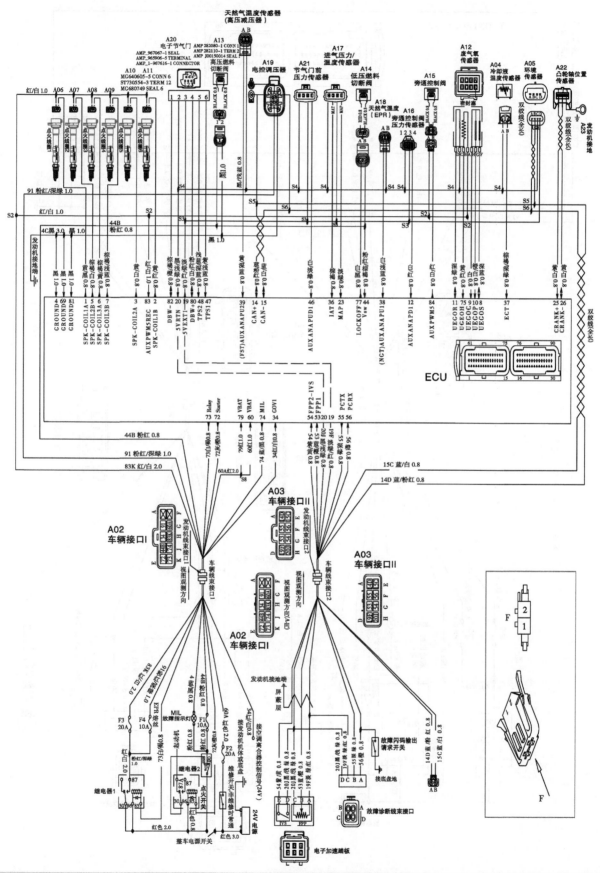

6 缸机整车连接电路

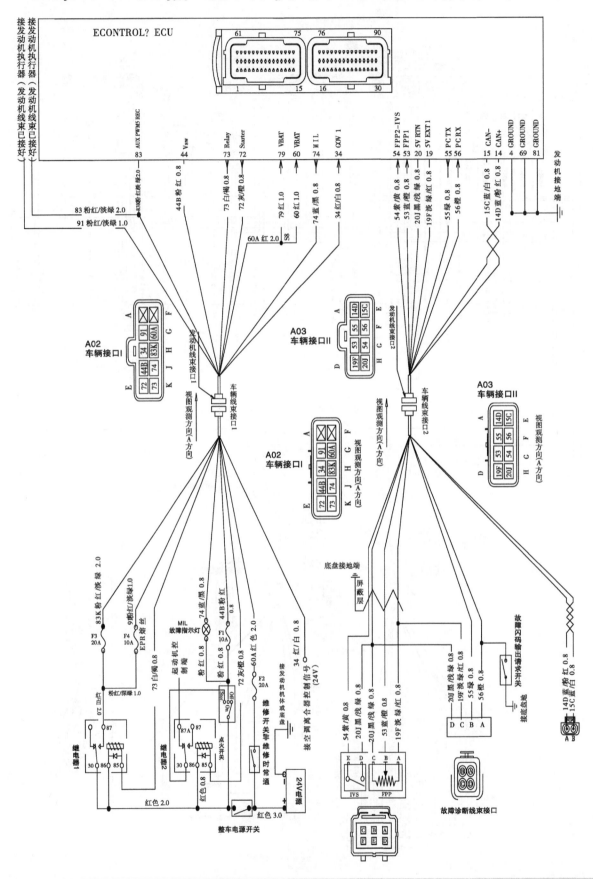

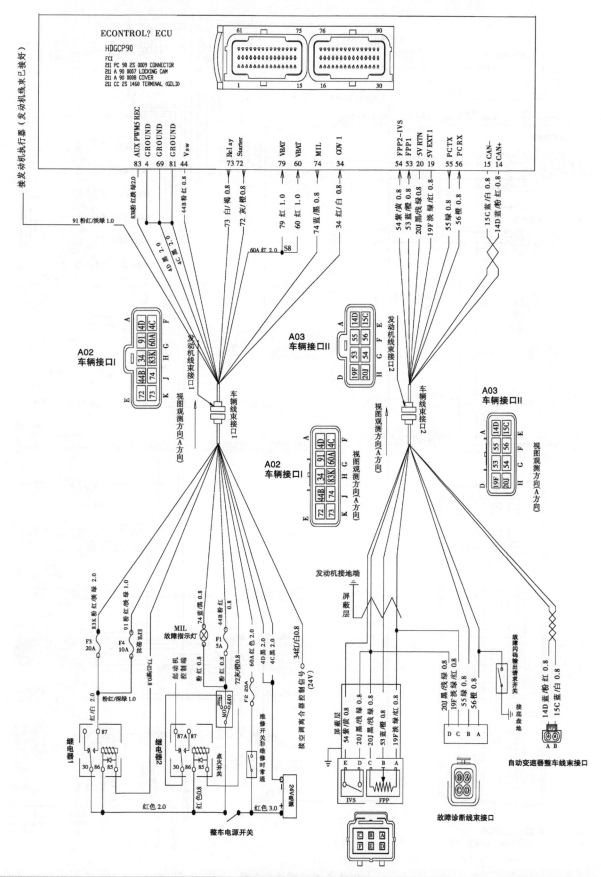

6G 系统发动机整车电路

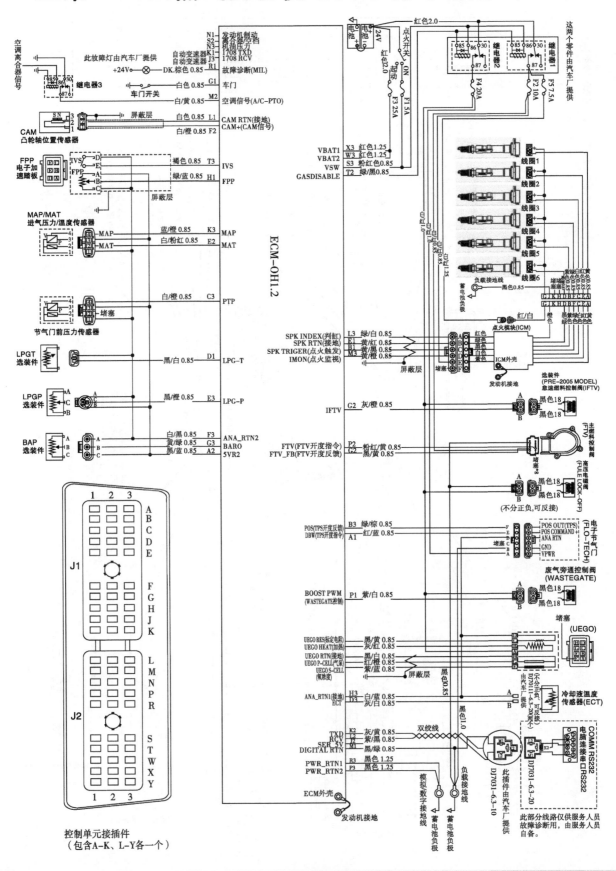

玉柴 ECI 天然气发动机电控系统电路图 (6/7)

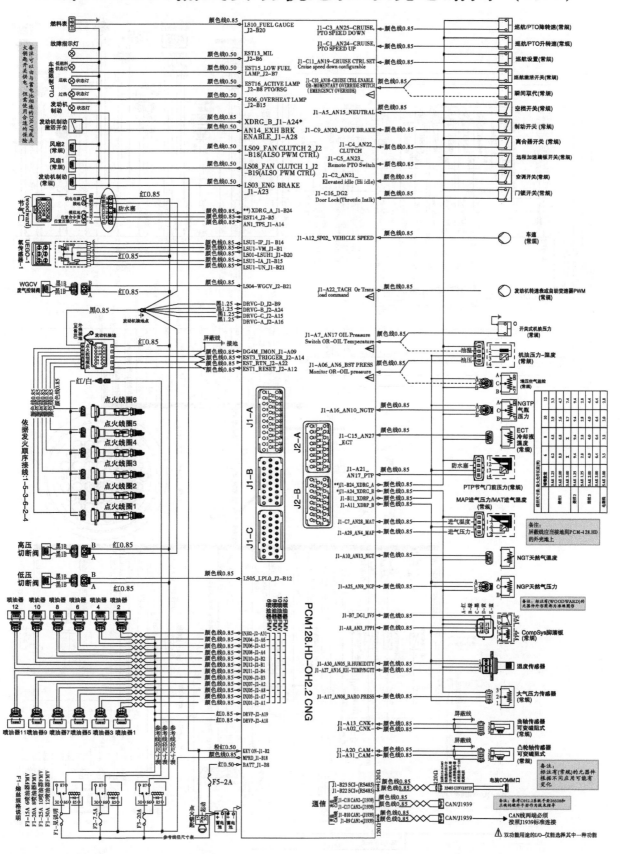

OH2.2 系统发动机电路

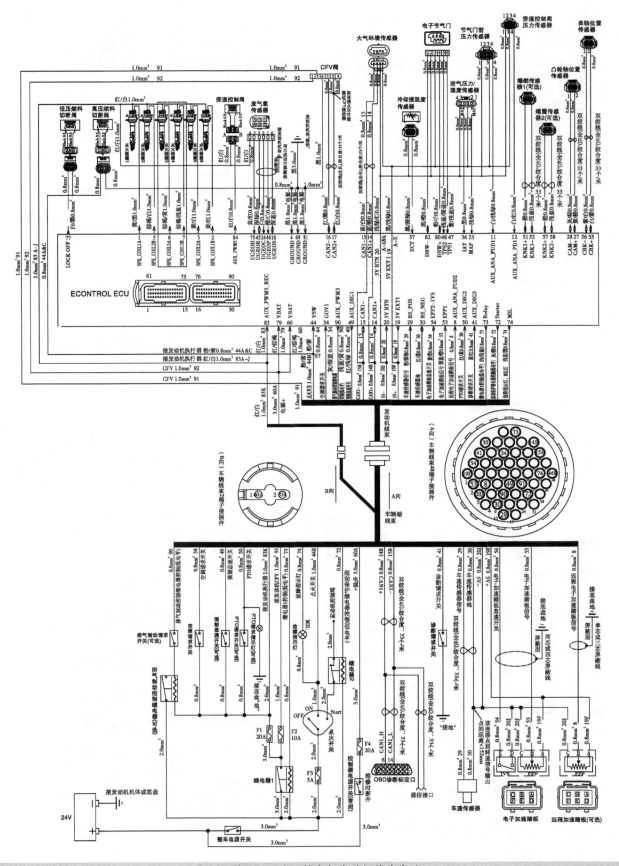

CFV (第4G系统) 整车与发动机线束电路

玉柴博世共轨国Ⅲ发动机电气资料（1/3）

发动机电控系统电路

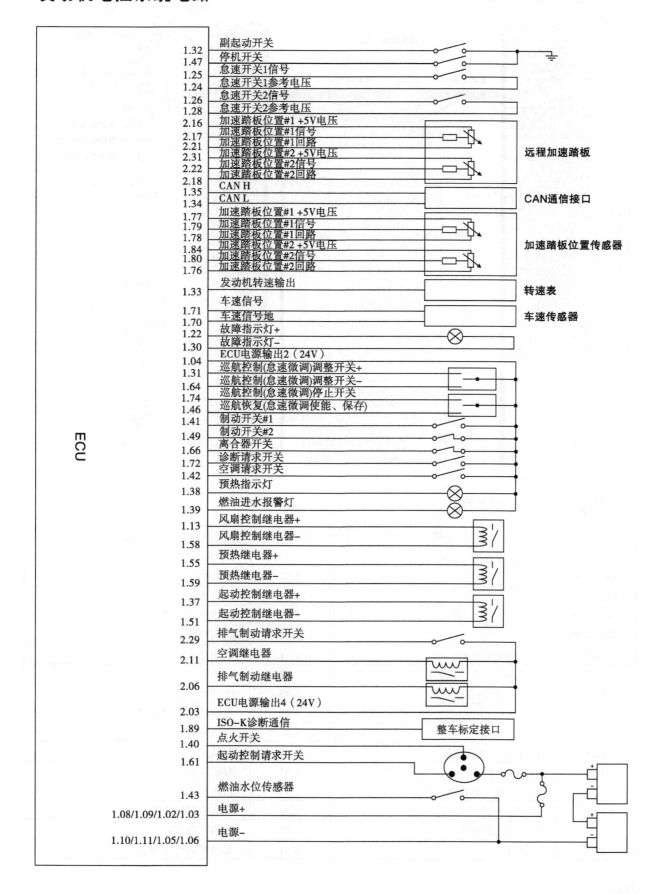

引脚	信号		部件
1.32	副起动开关		
1.47	停机开关		
1.25	急速开关1信号		
1.24	急速开关1参考电压		
1.26	急速开关2信号		
1.28	急速开关2参考电压		
2.16	加速踏板位置#1 +5V电压		
2.17	加速踏板位置#1信号		远程加速踏板
2.21	加速踏板位置#1回路		
2.31	加速踏板位置#2 +5V电压		
2.22	加速踏板位置#2信号		
2.18	加速踏板位置#2回路		
1.35	CAN H		CAN通信接口
1.34	CAN L		
1.77	加速踏板位置#1 +5V电压		
1.79	加速踏板位置#1信号		
1.78	加速踏板位置#1回路		加速踏板位置传感器
1.84	加速踏板位置#2 +5V电压		
1.80	加速踏板位置#2信号		
1.76	加速踏板位置#2回路		
1.33	发动机转速输出		转速表
1.71	车速信号		车速传感器
1.70	车速信号地		
1.22	故障指示灯+		
1.30	故障指示灯–		
1.04	ECU电源输出2（24V）		
1.31	巡航控制(急速微调)调整开关+		
1.64	巡航控制(急速微调)调整开关–		
1.74	巡航控制(急速微调)停止开关		
1.46	巡航恢复(急速微调使能、保存)		
1.41	制动开关#1		
1.49	制动开关#2		
1.66	离合器开关		
1.72	诊断请求开关		
1.42	空调请求开关		
1.38	预热指示灯		
1.39	燃油进水报警灯		
1.13	风扇控制继电器+		
1.58	风扇控制继电器–		
1.55	预热继电器+		
1.59	预热继电器–		
1.37	起动控制继电器+		
1.51	起动控制继电器–		
2.29	排气制动请求开关		
2.11	空调继电器		
2.06	排气制动继电器		
2.03	ECU电源输出4（24V）		
1.89	ISO–K诊断通信		整车标定接口
1.40	点火开关		
1.61	起动控制请求开关		
1.43	燃油水位传感器		
1.08/1.09/1.02/1.03	电源+		
1.10/1.11/1.05/1.06	电源–		

ECU

玉柴博世共轨国Ⅲ发动机电气资料 （2/3）

整车电气连接电路

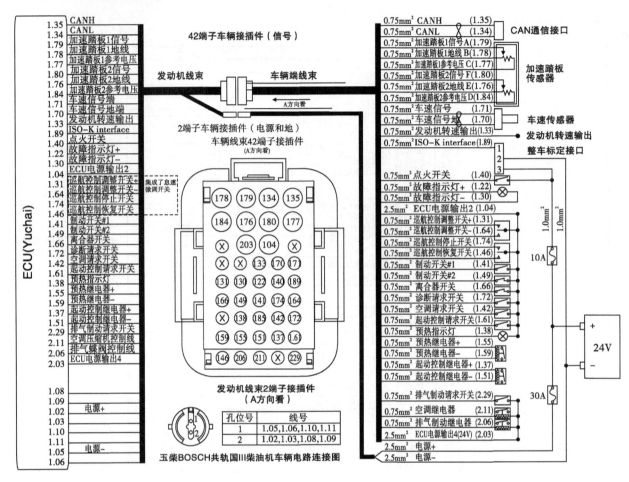

玉柴BOSCH共轨国Ⅲ柴油机车辆电路连接图

孔位号	线号
1	1.05,1.06,1.10,1.11
2	1.02,1.03,1.08,1.09

发动机电脑针脚信号

针脚号	连接	针脚号	连接
1.04	ECU电源输出2（24V）	1.35	CAN-H
1.08、1.09、1.02、1.03	蓄电池电源+	1.37	起动控制继电器+
		1.38	预热指示灯
1.10、1.11、1.05、1.06	蓄电池电源-	1.39	燃油进水报警灯
		1.40	点火开关
1.13	风扇控制继电器+	1.41	制动开关#1
1.22	故障指示灯+	1.42	空调请求开关
1.24	怠速开关1参考电压	1.43	燃油水位传感器
1.25	怠速开关1信号	1.46	巡航恢复（怠速微调使能、保存）
1.26	怠速开关2信号	1.47	停机开关
1.28	怠速开关2参考电压	1.49	制动开关#2
1.30	故障指示灯-	1.51	起动控制继电器-
1.31	巡航控制（怠速微调）调整开关+	1.55	预热继电器+
1.32	副起动开关	1.58	风扇控制继电器-
1.33	发动机转速输出	1.59	预热继电器-
1.34	CAN-L	1.61	起动控制请求开关

玉柴博世共轨国Ⅲ发动机电气资料（3/3）

针脚号	连接	针脚号	连接
1.64	巡航控制（怠速微调）调整开关-	1.89	ISO-K诊断通信
1.66	离合器开关	2.03	ECU电源输出4（24V）
1.70	车速信号地	2.06	排气制动继电器
1.71	车速信号	2.11	空调继电器
1.72	诊断请求开关	2.16	加速踏板位置1#+5V电压
1.74	巡航控制（怠速微调）停止开关	2.17	加速踏板位置1#信号
1.76	加速踏板位置2#回路	2.18	加速踏板位置2#回路
1.77	加速踏板位置1#+5V电压	2.21	加速踏板位置1#回路
1.78	加速踏板位置1#回路	2.22	加速踏板位置2#信号
1.79	加速踏板位置1#信号	2.29	排气制动请求开关
1.80	加速踏板位置2#信号	2.31	加速踏板位置2#+5V电压
1.84	加速踏板位置2#+5V电压		

玉柴博世共轨国Ⅳ发动机电气资料（1/2）

发动机电控系统电路

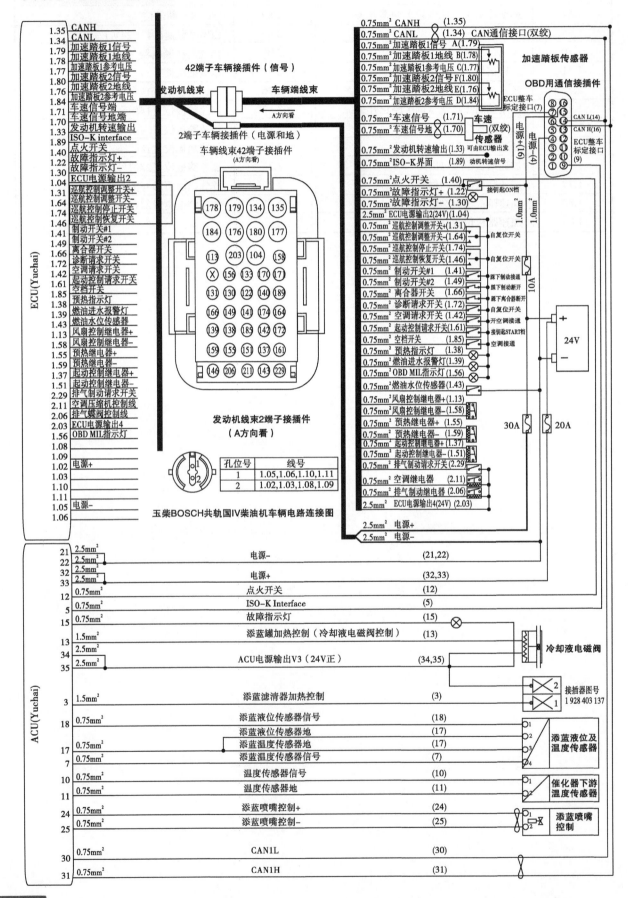

玉柴BOSCH共轨国Ⅳ柴油机车辆电路连接图

整车电气（EDC7_V47+三立SCR处理）连接电路

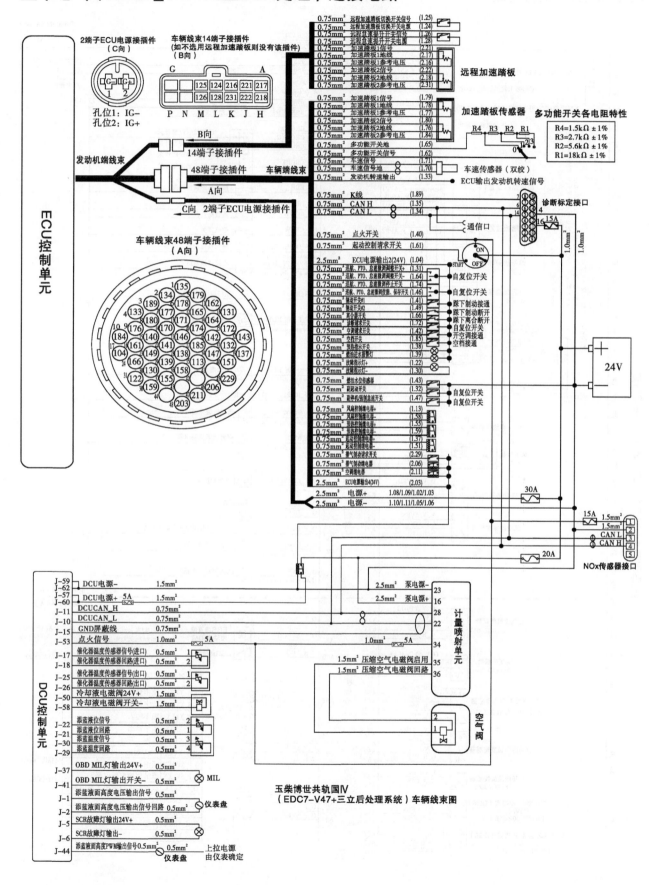

玉柴博世共轨国Ⅳ
（EDC7-V47+三立后处理系统）车辆线束图

玉柴博世 EDC17＋EGR 系统发动机电路图（1/2）

发动机电控系统电路

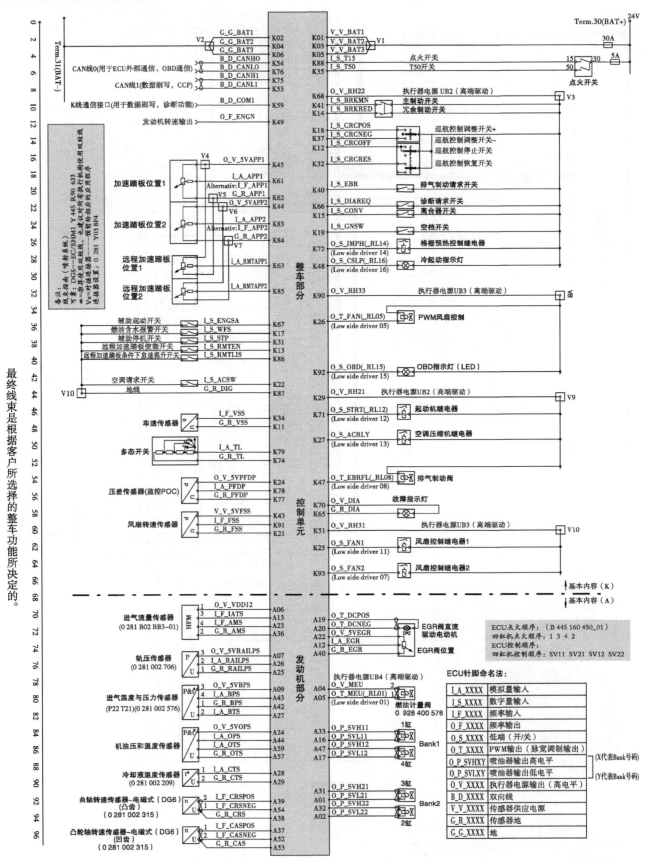

玉柴博世 EDC17 + EGR 系统发动机电路图 (2/2)

整车电气连接电路

线径	名称	代号
2.5mm²	电源−	(K2、K4、K6)
2.5mm²	电源+	(K1、K3、K5)
0.75mm²	点火开关接ON档	(K88)
0.75mm²	起动机控制开关 接START档	(K35)
0.75mm²	K线	(K59)
0.75mm²	CAN 1 H	(K75)
0.75mm²	CAN 1 L	(K53)
0.75mm²	CAN 0 H	(K54)
0.75mm²	CAN 0 L	(K76)

30A 5A
15A 1mm² 1mm²

12/24V

7 3 11 6 14 16 4

诊断标定接口

与其他控制器通信接口

**ECU整车部分插件
编号定义从入线端看**

1 3 5
2 4 6

7 29 51 73

28 50 72 94

线径	名称	代号
0.75mm²	发动机转速输出脉冲信号	(K49)
1.0mm²	电源输出（V3）	(K68)
0.75mm²	制动开关#1	(K41)
0.75mm²	制动开关#2	(K14)
0.75mm²	巡航控制调整开关+	(K18)
0.75mm²	巡航控制调整开关−	(K37)
0.75mm²	巡航恢复开关	(K32)
0.75mm²	巡航控制停止开关	(K12)
0.75mm²	排气制动请求开关	(K40)
0.75mm²	诊断请求开关	(K66)
0.75mm²	离合器开关	(K15)
0.75mm²	空档开关	(K19)
0.75mm²	预热控制继电器	(K72)
0.75mm²	冷起动预热指示灯	(K48)
0.75mm²	故障指示灯+	(K70)
0.75mm²	故障指示灯−	(K65)
1.0mm²	电源输出（V9）	(K90)
0.75mm²	OBD指示灯	(K92)
0.75mm²	PWM风扇控制	(K26)
1.0mm²	电源输出（V10）	(K29)
0.75mm²	起动机控制继电器	(K71)
0.75mm²	空调压缩机控制继电器	(K27)
0.75mm²	排气制动控制继电器	(K47)
1.0mm²	电源输出（V11）	(K51)
0.75mm²	风扇控制继电器1	(K25)
0.75mm²	风扇控制继电器2	(K93)

踩下制动接通
踩下制动断开
自复位开关
自复位开关
踩下离合断开
空档接通

线径	名称	代号
0.75mm²	加速踏板1信号	(K61)
0.75mm²	加速踏板1地线	(K62)
0.75mm²	加速踏板1电源	(K45)
0.75mm²	加速踏板2信号	(K83)
0.75mm²	加速踏板2地线	(K84)
0.75mm²	加速踏板2电源	(K44)
0.75mm²	加速踏板1信号	(K63)
0.75mm²	加速踏板1地线	
0.75mm²	加速踏板1电源	
0.75mm²	加速踏板2信号	(K85)
0.75mm²	加速踏板2地线	
0.75mm²	加速踏板2电源	

主加速踏板

远程加速踏板
（转速控制）

**玉柴博世共轨EDC17系统
车辆线束原理图（EGR版）**

线径	名称	代号
1.0mm²	电源输出（地）（V8）	(K87)
0.75mm²	远程加速踏板激活开关	(K13)
0.75mm²	远程加速踏板怠速提升开关	(K86)
0.75mm²	燃油进水开关	(K17)
0.75mm²	空调请求开关	(K22)
0.75mm²	风扇转速电源	(K43)
0.75mm²	风扇转速信号	(K91)
0.75mm²	风扇转速地	(K21)
0.75mm²	车速信号	(K34)
0.75mm²	车速信号地	(K11)
0.75mm²	多功能开关地	(K74)
0.75mm²	多功能开关信号	(K79)

风扇转速传感器
车速传感器（双绞）

多功能开关各电阻特性
R4=1.5kΩ ±1%
R3=2.7kΩ ±1%
R2=5.6kΩ ±1%
R1=18kΩ ±1%

R4 R3 R2 R1
0 1 2 3

金龙斗山 DL06 发动机电控系统电气资料（1/8）

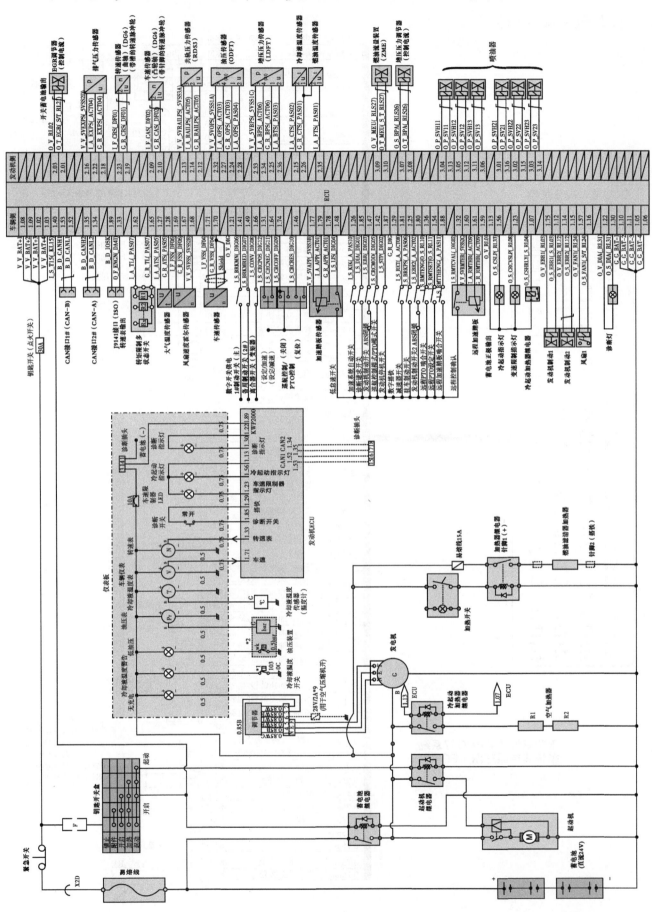

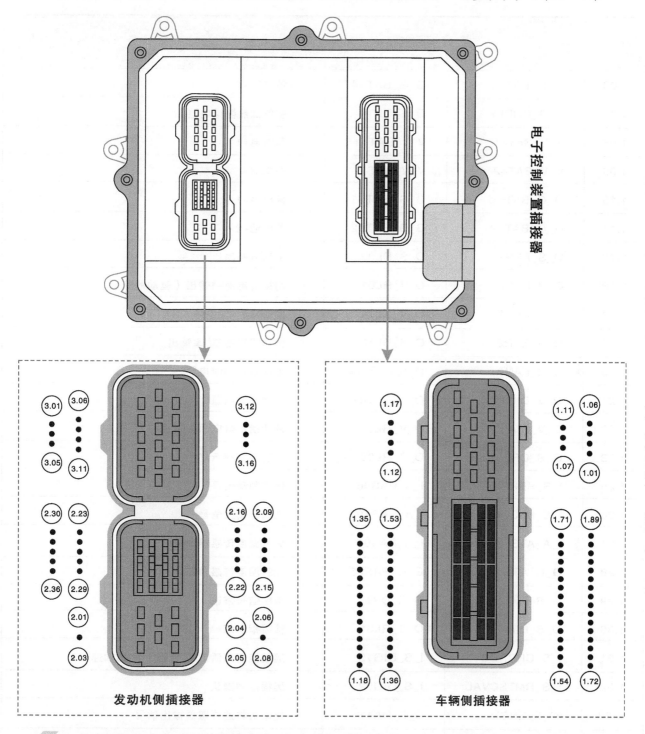

电子控制装置插接器

发动机侧插接器

车辆侧插接器

金龙斗山DL06发动机控制系统针脚功能说明

端子编号	缩写		部件名称
	BOSCH	DOOSAN	
1.02	V_V_BAT+3	V_V_BAT+3	蓄电池+3
1.03	V_V_BAT+4	V_V_BAT+4	蓄电池+4
1.05	G_G_BAT-3	G_G_BAT-3	蓄电池-3

端子编号	缩写		部件名称
	BOSCH	DOOSAN	
1.06	G_G_BAT–4	G_G_BAT–4	蓄电池–4
1.07	O_S_CHRLY	O_S_RL04	空气加热器继电器
1.08	V_V_BAT+1	V_V_BAT+1	蓄电池+1
1.09	V_V_BAT+2	V_V_BAT+2	蓄电池+
1.10	G_G_BAT—1	G_G_BAT–1	蓄电池–1
1.11	G_G_BAT–2	G_G_BAT–2	蓄电池–2
1.12	O_S_EBR1	O_S_RL03	发动机制动1
1.13	O_V_RL01	O_V_RL01	切换蓄电池+1输出（驱动器低侧）
1.14	O_V_EBR2	O_V_RL12	发动机制动2电源（BAT+）
1.15	O_S_EBR2	O_S_RL12	发动机制动2功率输出
1.16	O_S_FAN1	O_S/T_RL24	电动机风扇继电器1
1.21	O_V_DIG	O__V__DIG	数字开关电源
1.22	O_V_DIA	O_V_RL31	诊断指示灯电源（BAT+）
1.23	O_S_CRCVSLP	O_S_RL08	变速限制指示灯
1.25	I_S_BRKPS	I_A_PAS06	停车制动信号
1.26	I_S_KIK	I_A_PAS10	低速档输入信号
1.27	I_A_ATS	I_A_PAS05	大气温度传感器信号
1.28	G_R_ATS	G_R_PAS05	大气温度传感器搭铁
1.29	G_R_DIG	G_R_DIG	数字信号搭铁
1.30	O_S_DIA	O_S_RL31	诊断指示灯
1.31	I_S_CRCPOS	I_S_DIG12	巡航控制激活器/取力器"设置/加速"
1.32	I_S_RMTSCVAL	I_S_DIG02	远程控制确认
1.33	O_F_ENGN	O_F_DA41	发动机转速传感器输出信号
1.34	B_D_CAN L2	B_D_CAN_L2	控制器区域网络2，低
1.35	B_D_CANH2	B_D_CANH2	控制器区域网络2，高
1.36	I_S_RMTENG	O_S_RL10	远程取力器接合
1.40	I_S_T15	I_S_KL15	端子15（切换BAT+）
1.41	I_S_BRKMN	I_S_DIG06	主制动开关信号
1.42	I_S_CRCMOD	I_S_DIG05	变速限制输入信号(可编程)

端子编号	缩写		部件名称
	BOSCH	DOOSAN	
1.46	I_S_CRCRES	I_S_DIG10	巡航控制激活器/取力器，"重新开始"
1.47	I_S_EBR	I_S_DIG03	发动机制动开关信号
1.48	I__S__LIS	I_S_DIG04	低怠速位置开关输入信号
1.49	I_S_BRKRED	I_S_DIG07	副制动开关信号
1.52	B_D_CANL1	B_D_CANL1	控制器区域网络1，低
1.53	B_D_CANH1	B_D_CANH1	控制器区域网络1，高
1.54	I_S_RMTSET	O_S_RL11	远程取力器设置
1.56	O_S_CSLP	O_S_RL33	冷起动指示灯
1.57	O_V_FAN1	O_V_RL24	风扇电动机继电器，电源（BAT+）
1.59	G_R_RMTH_R	G_R_ACT09	远程节流，搭铁
1.60	V_V_5VRMTHR	V_V_5VSS2C	远程节流，电源
1.61	I_A_RMTHR	I_A_ACT09	远程节流输入信号
1.62	I_A_TL	I_A_PAS07	转矩限制信号
1.64	I_S_CRCNEG	I_S_DIG11	巡航控制激活器/取力器，设置/减速
1.65	G_R_TL	G_R_PAS07	转矩限制搭铁
1.66	I_S_CONV	I_S_DIG08	离合器开关信号（转矩转换器）
1.67	G_R_FSS	G_R_D_F06	风扇转速传感器搭铁
1.68	V_V_5VFSS	V_V_5VSS2B	风扇转速传感器电源
1.69	F_FSS	F_D_F06	风扇转速传感器信号
1.70	G_R_VSS	G_R_DF04	车辆速度传感器搭铁
1.71	F_VSS	F_DF04	车辆速度传感器输入信号
1.74	I_S_CRCOFF	I_S_DIG09	巡航控制激活器
1.75	O_V_EBR1	O_V_RL03	发动机制动1
1.77	V_V_5VAPP	V_V_5VSS3B	加速踏板位置传感器电源
1.78	G_R_APP	G_R_ACT01	加速踏板位置传感器搭铁
1.79	I_A_APP	I_A_ACT01	加速踏板位置传感器信号
1.80	I_S_EBR2	I_A_ACT02	发动机制动开关2信号
1.81	I_S_RET	I_A_ACT08	冗余开关信号

金龙斗山 DL06 发动机电控系统电气资料 （5/8）

端子编号	缩写		部件名称
	BOSCH	DOOSAN	
1.85	I_S_DIA	I_S_DIG01	错误内存阅读信号/诊断请求开关
1.87	I_S_STP	I_S_DA42	发动机停机开关信号
1.88	I_S_RMTTHENC	I_F_DA43	远程节流接合开关
1.89	B_D_ISOK	B_D_ISOK	ISO-K界面
2.01	O_T_EGR	O_S/T_RLS21	EGR执行器，当前控制
2.03	O_V_RL02	O_V_RL02	切换蓄电池+输出2（驱动器低侧）
2.09	I_F_CAS	I_F_D_F02	凸轮轴转速传感器
2.10	G_R_CAS	G_R_DF02	凸轮轴转速传感器
2.12	G_R_RAILPS	G_R_ACT05	共轨压力传感器搭铁
2.13	V_V_5VRAILPS	V_V_5VSS3A	共轨压力传感器电源
2.14	I_A_RAILPS	I_A_ACT05	共轨压力传感器信号
2.15	I_A_CTS	I_A_PAS02	冷却液温度传感器信号
2.16	V_V_5VEXPS	V_V_5VSS2D	排气反压传感器电源
2.18	G_R_EXPS	G_R_ACT04	排气反压传感器搭铁
2.19	G_R_CRS	G_R_DF01	曲轴转速传感器搭铁
2.22	I_A_EXPS	I_A_ACT04	排气反压传感器信号
2.23	I_F_CRS	I__F_DF01	曲轴速度传感器信号
2.24	G_R_OPS	G_R_ACT03	机油压力传感器搭铁
2.25	G_R_BPS	G_R_ACT06	进气歧管压力传感器搭铁
2.26	G_R_CTS	G_R_PAS01	冷却液温度传感器搭铁
2.27	I_A_OPS	I_A_ACT03	机油压力传感器输入信号
2.28	I_A_OTS	I_A_PAS04	机油温度传感器信号
2.32	V_V_5VOPS	V_V_5VSS1A	机油压力传感器电源
2.33	V_V_5VBPS	V_V_5VSS1C	进气歧管压力传感器电源
2.34	I_A_BPS	I_A_ACT06	进气歧管压力传感器信号
2.35	I_A_FTS	I_A_PAS01	燃油温度传感器信号
2.36	I_A_BTS	I_A_PAS03	进气歧管压力和温度传感器信号
3.01	O_P_SVH21	O_P_SVH21	喷油器5"高侧2"；气缸#5
3.02	O_P_SVH22	O_P_SVH22	喷油器6"高侧2"；气缸#6
3.03	O_P_SVH23	O_P_SVH23	喷油器4"高侧2"；气缸#4
3.04	O_P_SVH11	O_P_SVH11	喷油器1"高侧1"；气缸#1
3.05	O_P_SVH12	O_P_SVH12	喷油器3"高侧1"；气缸#3
3.06	O_P_SV13	O_P_SV13	喷油器2"高侧1"；气缸#2
3.07	O_V_BPA	O_V_RLS26	进气歧管压力执行器电源（BAT+）
3.08	O_T_BPA	O_T_RLS26	进气歧管压力执行器信号(EPW)
3.09	O_V_MEU	O_V_RLS27	燃油配量装置电源（BAT+）
3.10	O_T_MEU	O_S/T_RLS27	燃油配量装置
3.11	O_P_SVH13	O_P_SVH13	喷油器2"高侧1"；气缸#2
3.12	O_P_SV12	O_P_SV12	喷油器3"高侧1"；气缸#3
3.13	O_P_SV11	O_P_SV11	喷油器1"高侧2"；气缸#1
3.14	O_P_SV23	O_P_SV23	喷油器4"高侧2"；气缸#4
3.15	O_P_SV22	O_P_SV22	喷油器6"高侧2"；气缸#6
3.16	O_P_SV21	O_P_SV21	喷油器5"高侧2"；气缸#5

发动机线束–1

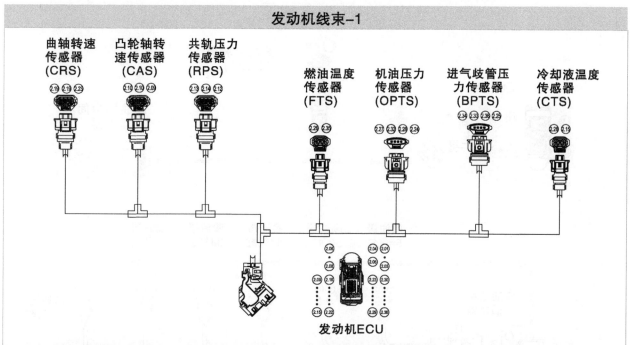

发动机ECU

传感器端子编号	信号	端子位置		线颜色	电路名称
		ECU端子编号	端子标号		
2.23	CRS	ECU no. 23	曲轴传感器#1	白色	转速传感器信号
2.19		ECU no. 19	曲轴传感器#2	黑色	转速传感器搭铁（－）
2.09	CAS	ECU no. 09	凸轮轴传感器#1	白色	转速传感器信号
2.10		ECU no. 10	凸轮轴传感器#2	黑色	转速传感器搭铁（－）
2.24	OPTS	ECU no. 24	机油压力传感器#1	黑色	机油压力传感器搭铁（－）
2.28		ECU no. 28	机油温度传感器#2	白色	机油温度传感器信号
2.32		ECU no. 32	机油压力传感器#3	白色	机油压力传感器电源（5V）
2.27		ECU no. 27	机油压力传感器#4	白色	机油压力传感器信号
2.25	BPTS	ECU no. 25	进气歧管压力传感器#1	黑色	进气歧管压力传感器搭铁（－）
2.36		ECU no. 36	进气歧管温度传感器#2	白色	进气歧管温度传感器信号
2.33		ECU no. 33	进气歧管压力传感器#3	白色	进气歧管压力传感器电源（5V）
2.34		ECU no. 34	进气歧管压力传感器#4	白色	进气歧管压力传感器信号
2.12	RPS	ECU no. 12	共轨压力传感器#1	黑色	共轨压力传感器搭铁（－）
2.14		ECU no. 14	共轨压力传感器##2	白色	共轨压力传感器信号
2.13		ECU no. 13	共轨压力传感器#3	白色	共轨压力传感器电源（5V）
2.15	CTS	ECU no. 15	冷却液温度传感器#1	白色	冷却液温度传感器信号
2.26		ECU no. 26	冷却液温度传感器#2	黑色	冷却液温度传感器搭铁（－）
2.35	FTS	ECU no. 35	燃油温度传感器##1	白色	燃油温度传感器信号
2.26		ECU no. 26	燃油温度传感器#2	黑色	燃油温度传感器搭铁（－）

发动机线束-2

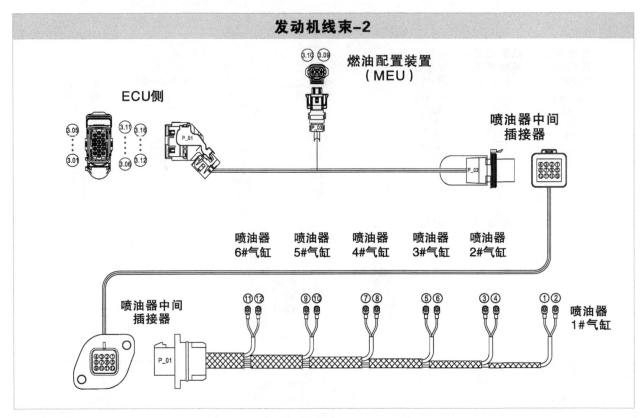

喷油器线束（内侧）

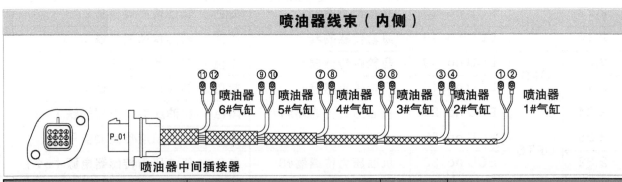

ECU侧线束		名称		线束颜色	电路名称
插接器编号	端子编号	插接器编号	端子编号		
P_01 65.26810-5011 99013-00102 (AMP)	1	C-1599298 （AMP）	1	白色	喷油器1高侧
	2		2	白色	喷油器1低侧
	3		3	白色	喷油器2高侧
	4		4	白色	喷油器2低侧
	5		5	白色	喷油器3高侧
	6		6	白色	喷油器3低侧
	7		7	白色	喷油器4高侧
	8		8	白色	喷油器4低侧
	9		9	白色	喷油器5高侧
	10		10	白色	喷油器5低侧
	11		11	白色	喷油器6高侧
	12		12	白色	喷油器6低侧

喷油器线束（外侧）

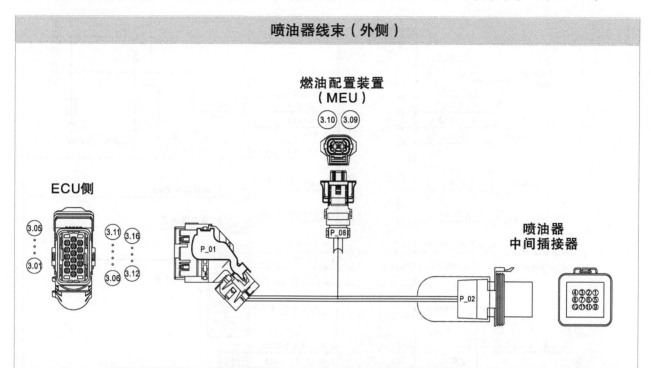

ECU侧

燃油配置装置
（MEU）

喷油器
中间插接器

ECU侧线束		名称		线束颜色	电路名称
插接器编号	端子编号	插接器编号	端子编号		
P_01 Y462 U03 027 （1928 404 202） （BOSCH）	3.04	P_02 211 PC 012350003 （FCI）	1	白色	喷油器1高侧
	3.13		2	白色	喷油器1低侧
	3.11		3	白色	喷油器2高侧
	3.06		4	白色	喷油器2低侧
	3.05		5	白色	喷油器3高侧
	3.12		6	白色	喷油器3低侧
	3.03		7	白色	喷油器4高侧
	3.14		8	白色	喷油器4低侧
	3.01		9	白色	喷油器5高侧
	3.16		10	白色	喷油器5低侧
	3.02		11	白色	喷油器6高侧
	3.15		12	白色	喷油器6低侧
	3.09	P_03 936059-1 （AMP）	1	白色	燃油配置装置（高侧）
	3.10		2	黑色	燃油配置装置（低侧）

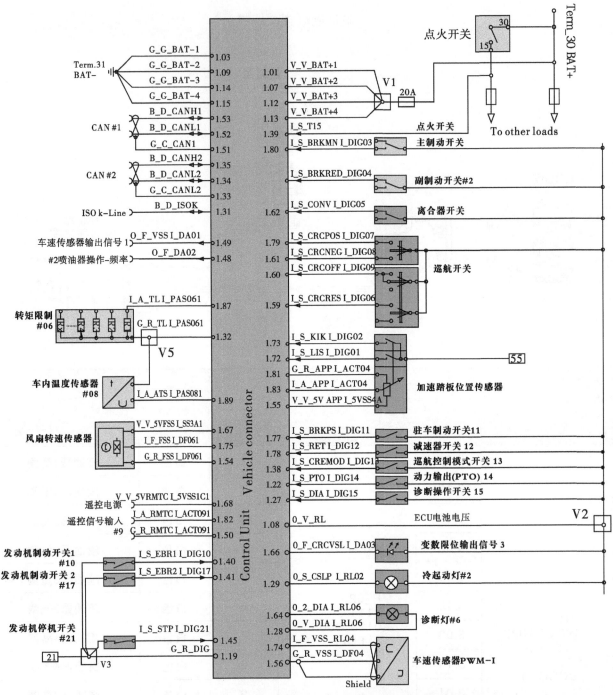

喷油器和发动机制动线束－B（内侧）

ECU侧		发动机侧		线颜色	电路名称
插接器编号	端子编号	插接器编号	端子编号		
P_01 99013-00300 （AMP） 65.26810-5003 （DHIM）	1	Y462 U00 226（Bosch）	1	白色	喷油器高侧
	2	45360.212.179（GHW）	2	白色	喷油器低侧
	3	GP110012（KET）	3	白色	发动机制动1
	4		4	白色	发动机制动2

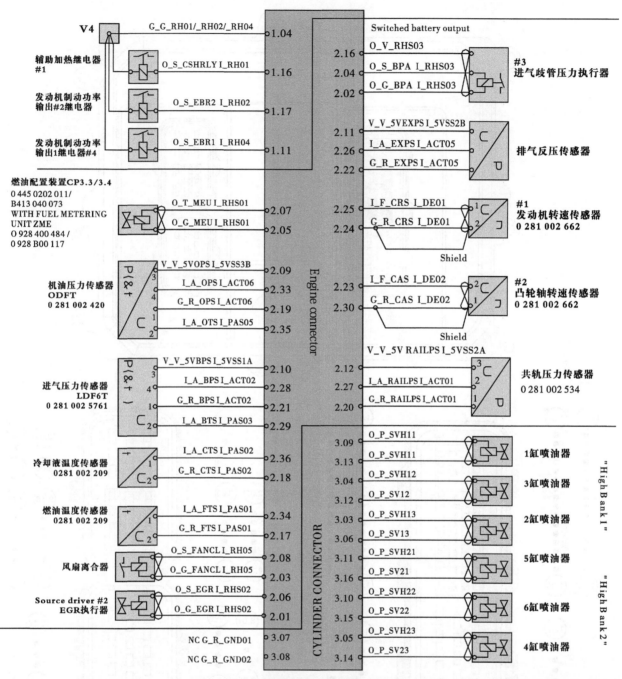

喷油器和发动机制动线束-B（内侧）

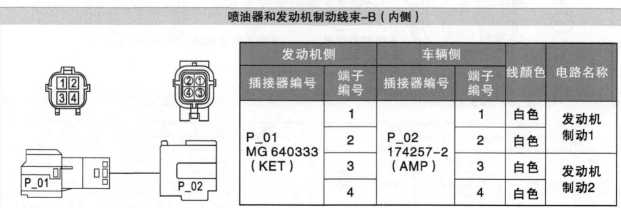

发动机侧		车辆侧		线颜色	电路名称
插接器编号	端子编号	插接器编号	端子编号		
P_01 MG 640333 （KET）	1	P_02 174257-2 （AMP）	1	白色	发动机 制动1
	2		2	白色	
	3		3	白色	发动机 制动2
	4		4	白色	

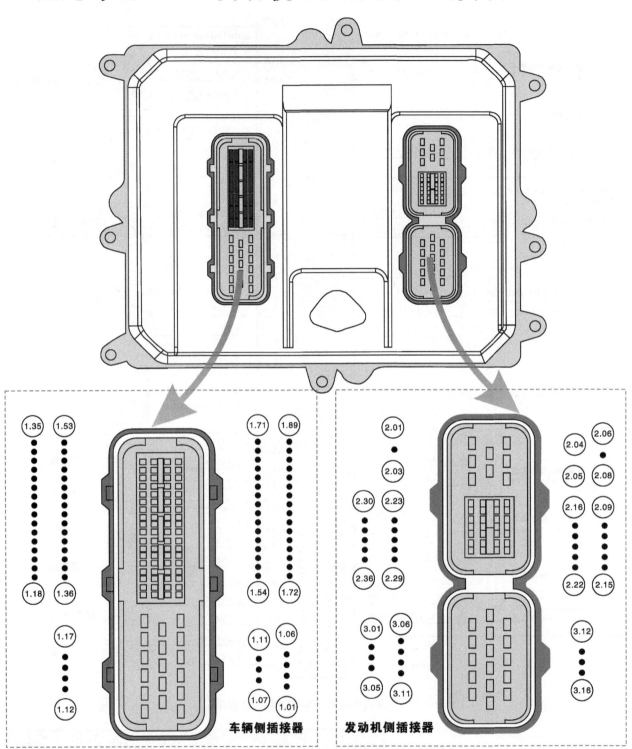

车辆侧插接器

发动机侧插接器

电子控制装置

端子编号	缩写		部件名称	端子编号	缩写		部件名称
	BOSCH	DOOSAN			BOSCH	DOOSAN	
1.01	V_V_BAT+1	V_V_BAT+1	蓄电池+（+24V）	1.07	V_V_BAT+2	V_V_BAT+2	蓄电池-（+24V）
1.03	G_G_BAT-1	G_G_BAT-1	蓄电池-（-24V）	1.08	O_V_RL	O_V_RL	ECU电池电压（+24V）
1.04	G_G_RH01	G_G_RH01	搭铁（-24V）	1.09	G_G_BAT-2	G_G_BAT-2	蓄电池-（-24V）

金龙斗山 DV10 发动机电控系统电气资料（4/8）

端子编号	缩写 BOSCH	缩写 DOOSAN	部件名称	端子编号	缩写 BOSCH	缩写 DOOSAN	部件名称
1.11	O_S_EBR1	O_S_RH04	发动机制动1功率输出	1.73	I_S_KIK	I_S_DIG02	强档加速输入信号
1.12	V_V_BAT+3	V_V_BAT+3	蓄电池+（+24V）	1.74	I_F_VSS	I_F_DF04	车辆速度传感器输入信号
1.13	V_V_BAT+4	V_V_BAT+4	蓄电池+（+24V）	1.75	I_F_FSS	I_F_DF06	风扇转速传感器信号
1.14	G_G_BAT−3	G_G_BAT−3	蓄电池−（−24V）	1.76	I_S_BRKRED	I_S_DIG04	副制动开关信号
1.15	G_G_BAT−4	G_G_BAT−4	蓄电池−（−24V）	1.77	I_S_BRKPS	I_S_DIG11	停车制动信号
1.16	O_S_CSHRLY	O_S_RH01	空气加热器继电器	1.78	I_S_RET	I_S_DIG12	减速器开关
1.17	O_S_EBR2	O_S_RH02	发动机制动2功率输出	1.79	I_S_CRCPOS	I_S_DIG07	巡航控制执行器，设置/加速踏板
1.19	G_R_DIG	G_R_DIG	数字搭铁	1.80	I_S_BRKMN	I_S_DIG03	主制动开关信号
1.22	I_S_PTO	I_S_DIG14	动力输出（PTO）信号	1.81	G_R_APP	G_R_ACT04	加速踏板传感器搭铁
1.27	I_S_DIA	I_S_DIG15	诊断操作开关	1.82	I_A_RMTC	I_A_ACT09	遥控输入信号
1.28	O_V_DIA	O_V_RL06	诊断灯操作ECU电池电压（+24V）	1.83	I_A_APP	I_A_ACT04	加速踏板传感器信号
1.29	O_S_CSLP	O_S_RL02	冷起动灯	1.87	I_A_TL	I_A_PAS06	转矩限制信号
1.31	B_D_ISOK	B_D_ISOK	ISO K−Line	1.89	I_A_ATS	I_A_PAS08	车内温度传感器信号
1.32	G_R_TL	G_R_PAS06	转矩限制搭铁	2.01	O_G_EGR	O_G_RHS02	EGR执行器电源搭铁输出
1.33	G_C_CAN2	G_C_CAN2	ECU网络2，屏蔽	2.02	O_G_BPA	O_G_RHS03	进气歧管压力执行器电源搭铁输出
1.34	B_D_CANL2	B_D_CANL2	ECU网络2，低	2.03	O_G_FANCL	O_G_RH05	风扇离合器电源输出
1.35	B_D_CANH2	B_D_CANH2	ECU网络2，高	2.04	O_T_BPA	O_T_RHS03	进气歧管压力执行器
1.38	I_S_CRCMOD	I_S_DIG13	巡航控制模式切换	2.05	O_G_MEU	O_G_RHS01	燃料配置装置（低侧）
1.39	I_S_T15	I_S_T15	键开关（端子15）	2.06	O_T_EGR	O_T_RHS02	EGR执行器
1.40	I_S_EBR1	I_S_DIG10	发动机制动开关1信号	2.07	O_T_MEU	O_T_RHS01	燃料配置装置（高侧）
1.41	I_S_EBR2	I_S_DIG17	发动机制动开关2信号	2.08	O_S_FANCL	O_S_RH05	风扇离合器
1.45	I_S_STP	I_S_DIG21	发动机停机开关信号	2.09	V_V_5VOPS	V_V_5VSS3B	机油压力传感器电源（5V）
1.48	O_F_DA02	O_F_DA02	#1喷油器操作，频率	2.10	V_V_5VBPS	V_V_5VSS1A	进气管压力传感器电源（5V）
1.49	O_F_VSS	O_F_DA01	车辆速度传感器输出信号	2.11	V_V_5VEXPS	V_V_5VSS2B	排气反压传感器电源（5V）
1.50	G_R_RMTC	G_R_ACT09	遥控、传感器搭铁	2.12	V_V_5VRAILPS	V_V_5VSS2A	共轨压力传感器电源（5V）
1.51	G_C_CAN1	G_C_CAN1	ECU网络1，屏蔽	2.16	V_V_RHS03	O_V_RHS03	ECU蓄电池+输出（+24V）
1.52	B_D_CANL1	B_D_CANL1	ECU网络1，低	2.17	G_R_FTS	G_R_PAS01	燃油温度传感器搭铁
1.53	B_D_CANH1	B_D_CANH1	ECU网络1，高	2.18	G_R_CTS	G_R_PAS02	冷却液温度传感器搭铁
1.54	G_R_FSS	G_R_DF06	风扇速度传感器搭铁	2.19	G_R_OPS	G_R_ACT06	机油压力传感器搭铁
1.55	V_V_5VAPP	V_V_5VSS4A	加速踏板传感器电源（5V）	2.20	G_R_RAILPS	G_R_ACT01	共轨压力传感器搭铁
1.56	G_R_VSS	G_R_DF04	车辆速度传感器搭铁	2.21	G_R_BPS	G_R_ACT02	进气管压力传感器搭铁
1.59	I_S_CRCRES	I_S_DIG06	巡航控制，重新开始	2.22	G_R_EXPS	G_R_ACT05	排气反压传感器搭铁
1.60	I_S_CRCOFF	I_S_DIG09	巡航控制，关闭	2.23	I_F_CAS	I_F_DF02	凸轮轴转速传感器信号
1.61	I_S_CRCNEG	I_S_DIG08	巡航控制，设置/减速	2.24	G_R_CRS	G_R_DF01	曲轴转速传感器搭铁
1.62	I_S_CONV	I_S_DIG05	离合器开关（转矩变换器）	2.25	I_F_CRS	I_F_DF01	曲轴转速传感器信号
1.64	O_S_DIA	O_S_RL06	诊断灯	2.26	I_A_EXPS	I_A_ACT05	排气反压传感器信号
1.66	O_F_CRCVSL	O_F_DA03	变速限位输出信号	2.27	I_A_RAILPS	I_A_ACT01	共轨压力传感器信号
1.67	V_V_5VFSS	V_V_5VSS3A	风扇转速传感器电源（5V）	2.28	I_A_BPS	I_A_ACT02	进气歧管压力传感器信号
1.68	V_V_5VRMTC	V_V_5VSS1C	遥控电源（5V）	2.29	I_A_BTS	I_A_PAS03	进气空气温度传感器信号
1.72	I_S_LIS	I_S_DIG01	低空转位置开关信号	2.30	G_R_CAS	G_R_DF02	凸轮轴转速传感器搭铁
				2.33	I_A_OPS	I_A_ACT06	机油压力传感器信号

金龙斗山 DV10 发动机电控系统电气资料 （5/8）

端子编号	编写 BOSCH	编写 DOOSAN	部件名称
2.34	I_A_FTS	I_A_PAS01	燃料温度传感器信号
2.35	I_A_OTS	I_A_PAS05	机油温度传感器信号
2.36	I_A_CTS	I_A_PAS02	冷却液温度传感器信号
3.03	O_P_SVH13	O_P_SVH13	#3气缸喷油器电源
3.04	O_P_SVH12	O_P_SVH12	#2气缸喷油器电源
3.05	O_P_SVH23	O_P_SVH23	#6气缸喷油器电源
3.06	O_P_SV13	O_P_SV13	#3气缸喷油器电源，返回
3.07	NC(连接)	G_R_GND01	

端子编号	编写 BOSCH	编写 DOOSAN	部件名称
3.08	NC(连接)	G_R_GND02	
3.09	O_P_SVH11	O_P_SVH11	#1气缸喷油器电源
3.10	O_P_SVH22	O_P_SVH22	#5气缸喷油器电源
3.11	O_P_SVH21	O_P_SVH21	#4气缸喷油器电源
3.12	O_P_SV12	O_P_SV12	#2气缸喷油器电源，返回
3.13	O_P_SV11	O_P_SV11	#1气缸喷油器电源，返回
3.14	O_P_SV23	O_P_SV23	#6气缸喷油器电源，返回
3.15	O_P_SV22	O_P_SV22	#5气缸喷油器电源，返回
3.16	O_P_SV21	O_P_SV21	#4气缸喷油器电源，返回

喷油器和发动机制动线束-A（内侧）

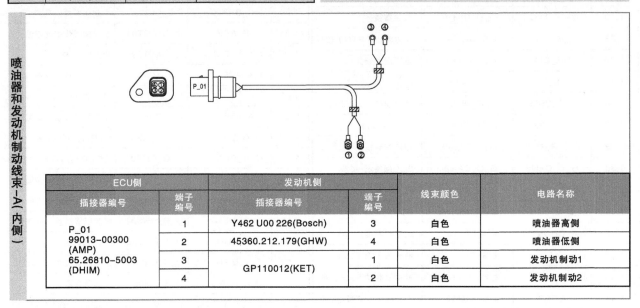

ECU侧		发动机侧		线束颜色	电路名称
插接器编号	端子编号	插接器编号	端子编号		
P_01 99013-00300 (AMP) 65.26810-5003 (DHIM)	1	Y462 U00 226(Bosch)	3	白色	喷油器高侧
	2	45360.212.179(GHW)	4	白色	喷油器低侧
	3	GP110012(KET)	1	白色	发动机制动1
	4		2	白色	发动机制动2

发动机线束-1

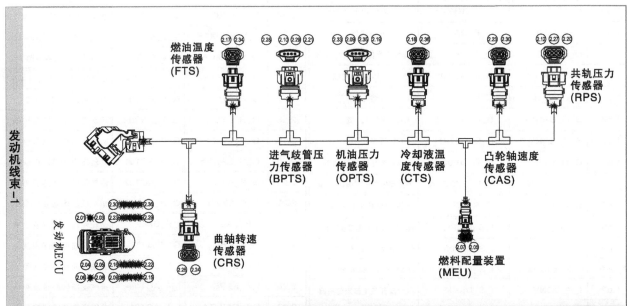

燃油温度传感器 (FTS) | 进气歧管压力传感器 (BPTS) | 机油压力传感器 (OPTS) | 冷却液温度传感器 (CTS) | 凸轮轴速度传感器 (CAS) | 共轨压力传感器 (RPS)

曲轴转速传感器 (CRS)

燃料配量装置 (MEU)

发动机ECU

传感器端子编号	信号	端子位置 ECU编号	端子位置 插接片编号	线束颜色	电路名称
2.25	CRS	ECU no. 25	曲轴传感器1	白色	转速传感器信号
2.24		ECU no. 24	曲轴传感器2	蓝色	转速传感器搭铁（-）

金龙斗山 DV10 发动机电控系统电气资料 (6/8)

传感器端子编号	信号	端子位置		线束颜色	电路名称
		ECU编号	插接片编号		
2.25	CRS	ECU no. 25	曲轴传感器1	白色	转速传感器信号
2.24		ECU no. 24	曲轴传感器2	蓝色	转速传感器搭铁（−）
2.30	CAS	ECU no. 30	凸轮轴传感器1	白色	转速传感器信号
2.23		ECU no. 23	凸轮轴传感器2	蓝色	转速传感器搭铁（−）
2.07	MEU	ECU no. 07	燃油配置装置1	白色	燃油配置装置（高）
2.05		ECU no. 05	燃油配置装置2	蓝色	燃油配置装置（低）
2.19	OPTS	ECU no. 19	机油压力传感器1	蓝色	机油压力传感器搭铁（−）
2.35		ECU no. 35	机油压力传感器2	白色	机油温度传感器信号
2.09		ECU no. 09	机油压力传感器3	白色	机油压力传感器电源（5V）
2.33		ECU no. 33	机油压力传感器4	白色	机油压力传感器信号
2.21	BPTS	ECU no. 21	进气歧管压力传感器1	蓝色	进气歧管压力传感器搭铁（−）
2.29		ECU no. 29	进气歧管压力传感器2	白色	进气歧管温度传感器信号
2.10		ECU no. 10	进气歧管压力传感器3	白色	进气歧管压力传感器电源（5V）
2.28		ECU no. 28	进气歧管压力传感器4	白色	进气歧管压力传感器信号
2.20	RPS	ECU no. 20	共轨压力传感器1	蓝色	共轨压力传感器搭铁（−）
2.27		ECU no. 27	共轨压力传感器2	白色	共轨压力传感器信号
2.12		ECU no. 12	共轨压力传感器3	白色	共轨压力传感器电源（5V）
2.36	CTS	ECU no. 36	冷却液温度传感器1	白色	冷却液温度传感器信号
2.18		ECU no. 18	冷却液温度传感器2	蓝色	冷却液温度传感器搭铁（−）
2.34	FTS	ECU no. 34	燃油温度传感器1	白色	燃油温度传感器信号
2.17		ECU no. 17	燃油温度传感器2	蓝色	燃油温度传感器搭铁（−）

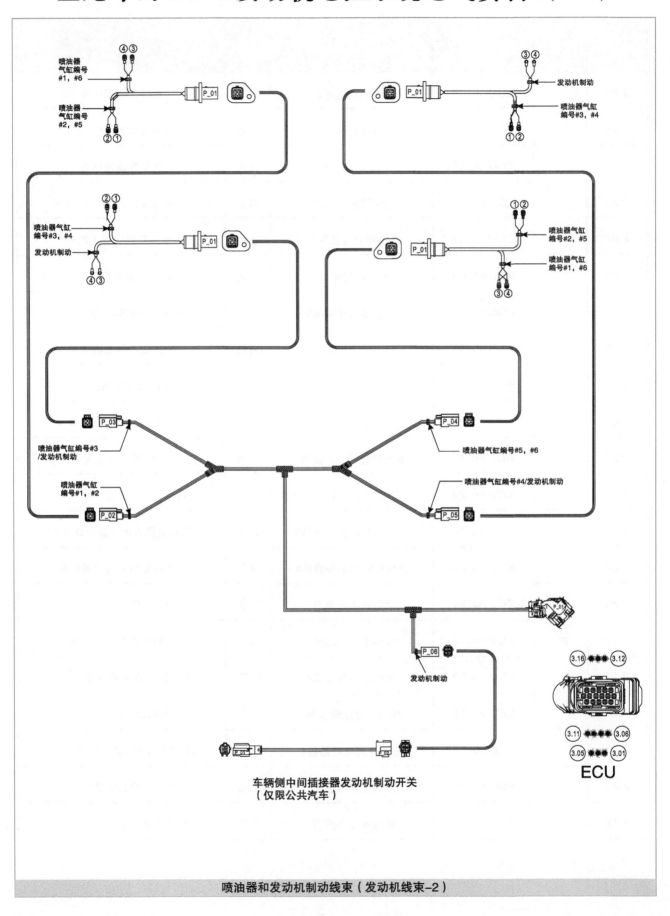

喷油器和发动机制动线束（发动机线束-2）

发动机线束（地板侧）76孔插接器详图

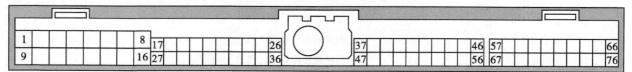

发动机线束（发动机侧）48孔插接器详图

ECU输入/输出图表

插接器	插接器号码	插接器名称	符号
76插孔中央防松插接器	1	ECU电源-1	◯
	2	ECU搭铁-1	◯
	3	预行程电源	◯
	4	电磁阀电源	◯
	5	排气制动电磁阀	◯
	6	未使用	
	7	预行程电源切断继电器	◯
	8	减速器电磁阀	◯
	9	ECU电源-2	◯
	10	ECU接地-2	◯
	11	预行程搭铁-2	◯
	12	电磁阀/正时控制阀搭铁	◯
	13	壳体搭铁	◯
	14	未使用	
	15	未使用	
	16	检测器信号	—
	17	喷油量调节电阻-3（高转速）（+）	△
	18	喷油量调节电阻-2（全部转速）（+）	△
	19	喷油量调节电阻-1（低转速）（+）	△
	20	大气温度传感器（+）	◯
	21	加速踏板传感器（+5V）-1	◯
	22	加速踏板传感器（信号）-1	◯
	23	加速踏板传感器（搭铁）-1	◯
	24	未使用	
	25	未使用	
	26	未使用	
	27	喷油量调节电阻-3（高转速）（-）	△
	28	喷油量调节电阻-2（全部转速）（-）	△
	29	喷油量调节电阻-1（低转速）（-）	△
	30	大气温度传感器（-）	◯

插接器	插接器号码	插接器名称	符号
	31	加速踏板传感器（+5V）-2	○
	32	加速踏板传感器（信号）-2	○
	33	加速踏板传感器（搭铁）-2	○
	34	未使用	
	35	未使用	
	36	未使用	
	37	正时补偿调整电阻（+）	—
	38	未使用	
	39	起动开关	○
	40	加热开关	○
	41	加速踏板开关	○
	42	排气制动开关	○
	43	减速器开关	○
	44	制动开关	—
	45	巡航主开关	—
	46	空气低压开关	○
	47	正时补偿调整电阻（一）	—
	48	巡航设定开关	—
	49	离合器开关	○
	50	跛行回家开关	○
	51	取力器开关	○
76孔中央防松插接器	52	减速器切断信号	○
	53	未使用	
	54	制动开关-2	○
	55	诊断开关	○
	56	存储清零开关	○
	57	驻车制动开关	○
	58	发动机转速输出	—
	59	急速自动/手动 开关	○
	60	检测器信号（发送）	○
	61	诊断灯	○
	62	未使用	
	63	接线	—
	64	急速升高开关	○
	65	未使用	
	66	车速开关	—
	67	接线端子	—
	68	未使用	
	69	齿条位移输出	
	70	车速传感器（信号）	○
	71	巡航设定灯	—
	72	防空转调节燃油切断信号	—
	73	未使用	
	74	未使用	
	75	转速输出	○
	76	急速下降开关	○

五十铃 6WA1 发动机电控系统电气资料 (4/4)

插接器	插接器号码	插接器名称	符号
	101	预行程作动器（+）	○
	102	预行程作动器（−）	○
	103	调速器作动器（+）−1	○
	104	调速器作动器（−）−1	○
	105	正时控制阀（泵）（+）	—
	106	正时控制阀（回流）（+）	—
	107	调速器作动器（+）−2	○
	108	调速器作动器（−）−2	○
	109	正时控制阀（泵）（−）	—
	110	正时控制阀（回流）（−）	—
	111	VGS电磁阀−A（−）	—
	112	VGS电磁阀−B（−）	—
	113	VGS电磁阀−C（−）	—
	114	IVES电磁阀（−）	○
	115	CCS电磁阀（−）	—
	116	全速加速踏板传感器（+5V）	○
	117	全速加速踏板传感器（信号）	○
	118	VGS电磁阀−A（+）	—
	119	VGS电磁阀−B（+）	—
	120	VGS电磁阀−C（+）	—
	121	IVES电磁阀（+）	○
	122	CCS电磁阀（+）	—
48孔中央防松插接器	123	增压传感器（+5V）	○
	124	增压传感器（信号）	○
	125	增压传感器（GND）	○
	126	N−TDC传感器（信号）	○
	127	备用正时传感器（信号）	○
	128	齿条位移传感器（OSC）−1	○
	129	齿条位移传感器（MDL）−1	○
	130	齿条位移传感器（GND）−1	○
	131	齿条位移传感器（屏蔽线）−1	○
	132	预行程传感器（OSC）	○
	133	预行程传感器（MDL）	○
	134	预行程传感器（GND）	○
	135	预行程传感器（屏蔽线）	○
	136	未使用	
	137	未使用	
	138	全速加速踏板传感器（GND）	○
	139	N−TDC传感器（GND）	○
	140	备用正时传感器（GND）	○
	141	齿条位移传感器（OSC）−2	○
	142	齿条位移传感器（MDL）−2	○
	143	齿条位移传感器（GND）−2	○
	144	齿条位移传感器（屏蔽线）−2	○
	145	燃油温度传感器（+）	○
	146	燃油温度传感器（−）	○
	147	冷却液温度传感器（+）	○
	148	冷却液温度传感器（−）	○

注意：符号标记的意义是：

○：使用　　　—：未使用　　　　　　△：当更换ECU时使用

五十铃 6WG1 发动机电控系统电气资料（1/4）

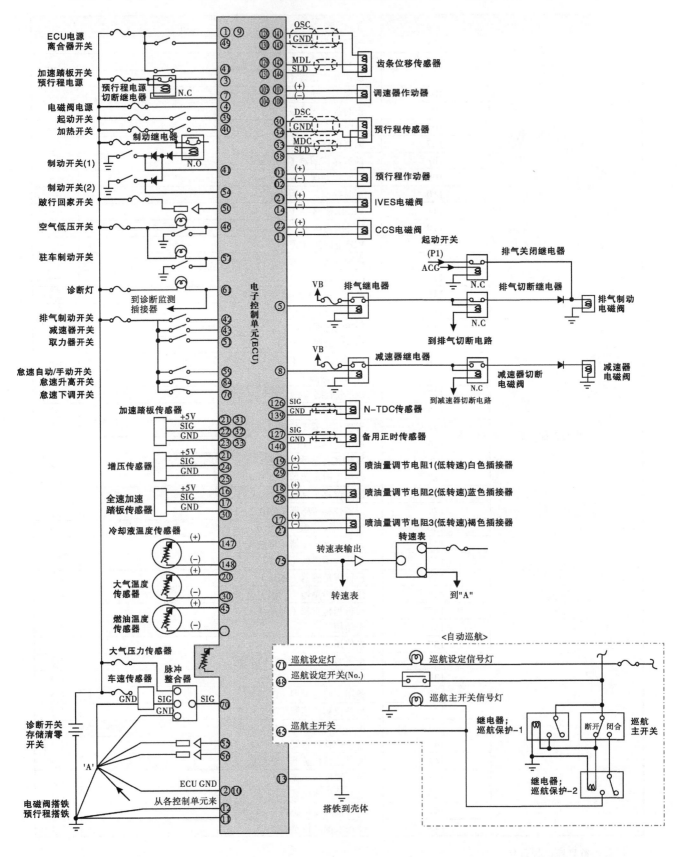

五十铃 6WG1 发动机电控系统电气资料 （2/4）

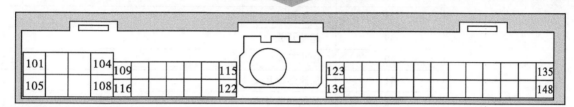

发动机线束（地板侧）76孔插接器详图

发动机线束（发动机侧）48孔插接器详图

ECU输入/输出图表

插接器	插接器号码	插接器名称	符号
	1	ECU电源-1	○
	2	ECU搭铁-1	○
	3	预行程电源	○
	4	电磁阀电源	○
	5	排气制动电磁阀	○
	6	未使用	
	7	预行程电源切断继电器	○
	8	减速器电磁阀	○
	9	ECU电源-2	○
	10	ECU搭铁-2	○
	11	预行程搭铁-2	○
	12	电磁阀/正时控制阀搭铁	○
	13	壳体搭铁	○
	14	未使用	
76孔中央防松插接器	15	未使用	
	16	检测器信号	—
	17	喷油量调节电阻-3（高转速）（+）	△
	18	喷油量调节电阻-2（全部转速）（+）	△
	19	喷油量调节电阻-1（低转速）（+）	△
	20	大气温度传感器（+）	○
	21	加速踏板传感器（+5V）-1	○
	22	加速踏板传感器（信号）-1	○
	23	加速踏板传感器（接地）-1	○
	24	未使用	
	25	未使用	
	26	未使用	
	27	喷油量调节电阻-3（高转速）（−）	△
	28	喷油量调节电阻-2（全部转速）（−）	△
	29	喷油量调节电阻-1（低转速）（−）	△
	30	大气温度传感器（−）	○

插接器	插接器号码	插接器名称	符号
	31	加速踏板传感器（+5V）–2	○
	32	加速踏板传感器（信号）–2	○
	33	加速踏板传感器（搭铁）–2	○
	34	未使用	
	35	未使用	
	36	未使用	
	37	正时补偿调整电阻（+）	—
	38	未使用	
	39	起动开关	○
	40	加热开关	○
	41	加速踏板开关	○
	42	排气制动开关	○
	43	减速器开关	○
	44	制动开关 –1（带自动巡航）	—
	45	巡航主开关（带自动巡航）	○
	46	空气低压开关	○
	47	正时补偿调整电阻（一）	—
	48	巡航设定开关（带自动巡航）	○
	49	离合器开关	○
	50	跛行回家开关	○
	51	取力器开关	○
76孔中央防松插接器	52	减速器切断信号	○
	53	未使用	
	54	制动开关–2	○
	55	诊断开关	○
	56	存储清零开关	○
	57	驻车制动开关	○
	58	发动机转速输出	—
	59	急速自动/手动 开关	○
	60	检测器信号（发送）	○
	61	诊断灯	○
	62	未使用	
	63	接线	—
	64	急速升高开关	○
	65	未使用	
	66	车速开关	—
	67	接线端子	—
	68	未使用	
	69	齿条位移输出	—
	70	车速传感器（信号）	○
	71	巡航设定灯（带自动巡航）	○
	72	防空转调节燃油切断信号	—
	73	未使用	
	74	未使用	
	75	转速输出	○
	76	急速下降开关	○

插接器	插接器号码	插接器名称	符号
	101	预行程作动器（+）	○
	102	预行程作动器（−）	○
	103	调速器作动器（+）−1	○
	104	调速器作动器（−）−1	○
	105	正时控制阀（泵）（+）	—
	106	正时控制阀（回流）（+）	—
	107	调速器作动器（+）−2	○
	108	调速器作动器（−）−2	○
	109	正时控制阀（泵）（−）	—
	110	正时控制阀（回流）（−）	—
	111	VGS电磁阀−A（−）	—
	112	VGS电磁阀−B（−）	—
	113	VGS电磁阀−C（−）	—
	114	IVES电磁阀（−）	○
	115	CCS电磁阀（−）	○
	116	全速加速踏板传感器（+5V）	○
	117	全速加速踏板传感器（信号）	○
	118	VGS电磁阀−A（+）	○
	119	VGS电磁阀−B（+）	—
	120	VGS电磁阀−C（+）	—
	121	IVES电磁阀（+）	○
	122	CCS电磁阀（+）	○
	123	增压传感器（+5V）	○
48孔中央防松插接器	124	增压传感器（信号）	○
	125	增压传感器（搭铁GND）	○
	126	N−TDC传感器（信号）	○
	127	备用正时传感器（信号）	○
	128	齿条位移传感器（OSC）−1	○
	129	齿条位移传感器（MDL）−1	○
	130	齿条位移传感器（GND）−1	○
	131	齿条位移传感器（屏蔽线）−1	○
	132	预行程传感器（OSC）	○
	133	预行程传感器（MDL）	○
	134	预行程传感器（GND）	○
	135	预行程传感器（屏蔽线）	○
	136	未使用	
	137	未使用	
	138	全速加速踏板传感器（GND）	○
	139	N−TDC传感器（GND）	○
	140	备用正时传感器（GND）	○
	141	齿条位移传感器（OSC）−2	○
	142	齿条位移传感器（MDL）−2	○
	143	齿条位移传感器（GND）−2	○
	144	齿条位移传感器（屏蔽线）−2	○
	145	燃油温度传感器（+）	○
	146	燃油温度传感器（−）	○
	147	冷却液温度传感器（+）	○
	148	冷却液温度传感器（−）	○

注意：符号标记的意义是：

○：使用   —：未使用   △：当更换ECU时使用

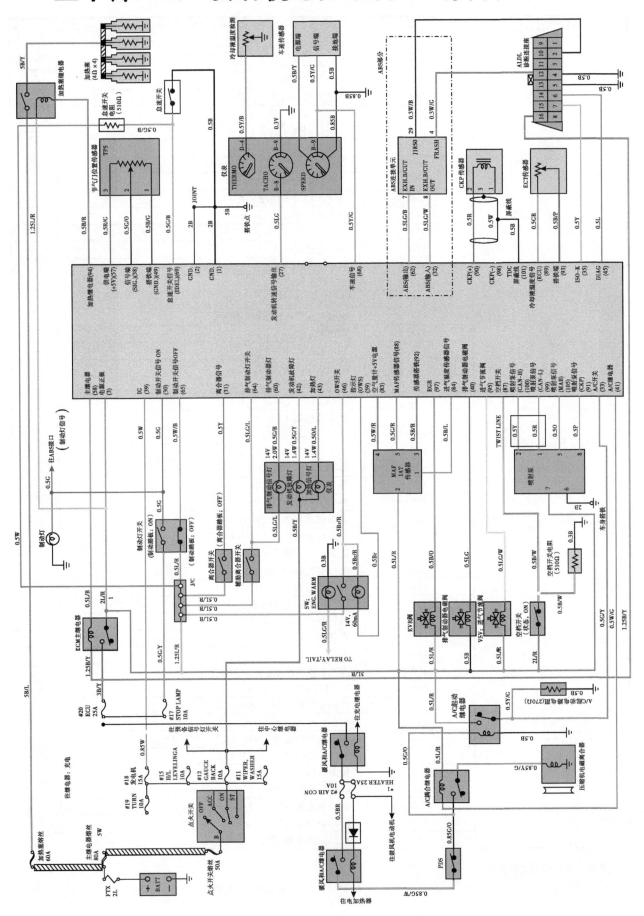

五十铃 4KH1 发动机电控系统电气资料（2/5）

ECM插接器针脚分配和输出信号

ECM盒内部视图

针脚编号	B/盒编号	针脚功能	线束颜色	信号或连续性				ECM连接	检测器位置		
				按键开关关闭	按键开关打开	发动机怠速	发动机2000r/min		范围	（+）	（−）
1	1	ECM搭铁	黑色	带搭铁的连续性试验	—	—	—	断开	Ω	1	GND
2	2	ECM搭铁	黑色	带搭铁的连续性试验	—	—	—	断开	Ω		GND
3	3	蓄电池电源	蓝色/红色	小于1V	蓄电池电压			连接	DC V	3	GND
25	25	无连接	—	—	—	—	—				
26	26	无连接	—	—	—	—	—				
27	27	发动机转速输出（到转速表）	淡绿色	—	—	大约23Hz（按波形）或大约7.5V	大约66Hz（按波形）或大约7.5V	连接	AC V	27	GND
28	28	无连接	—	—	—	—	—				
29	29	无连接	—	—	—	—	—				
30	30	制动开关1信号	绿色	小于1V	踩下制动踏板时为蓄电池电压			连接	DC V	30	GND
31	31	离合器开关信号	黄色	小于1V	未踩下离合器踏板时为蓄电池电压			连接	DC V	31	GND
32	32	排气制动器切断信号（ABS C/U 第8针脚到ECM）	淡绿色/白色	—	—	—	—				
33	33	A/C打开信号继电器	绿色/黄色	小于1V	A/C请求开关处于打开状态时为蓄电池电压			连接	DC V	33	GND
34	34	无连接	—	—	—	—	—				
35	35	到数据传输插接器的第7针脚	黄色	蓄电池电压				连接	DC V	35	GND
36	36	无连接	—	—	—	—	—				
37	37	无连接	—	—	—	—	—				
38	38	节气门位置传感器（TPS）输出信号	绿色/橙色	小于1V	小于1V	大约1.4V		连接	DC V	38	49
39	39	通过发电机熔丝的按键开关输入信号	白色	小于1V	蓄电池电压			连接	DC V	39	GND
40	40	排气制动器电磁阀	浅绿色	小于1V	未操作排气制动器或QWS时为蓄电池电压			连接	DC V	40	GND
41	41	A/C压缩机继电器	白色/绿色	小于1V	蓄电池电压	A/C压缩机未起动时为蓄电池电压		连接	DC V	41	GND
42	42	发动机检查灯	绿色/黄色	小于1V	灯关闭时为蓄电池电压			连接	DC V	42	GND

五十铃 4KH1 发动机电控系统电气资料（3/5）

针脚编号	B/盒编号	针脚功能	线束颜色	信号或连续性				ECM连接	检测器位置		
				按键开关关闭	按键开关打开	发动机怠速	发动机2000r/min		范围	(+)	(−)
43	43	加热灯	橙色/蓝色	小于1V	灯关闭时为蓄电池电压			连接	DC V	43	GND
44	44	无连接	—	—	—	—	—	—	—	—	—
45	45	到数据传输插接器第6针脚	蓝色	小于1V	蓄电池电压			连接	DC V	45	GND
46	46	QWS开关	褐色/红色	小于1V	热敏开关处于关闭状态时为蓄电池电压			连接	DC V	46	GND
47	47	无连接	—	—	—	—	—	—	—	—	—
48	48	无连接	—	—	—	—	—	—	—	—	—
49	49	节气门位置传感器(TPS)搭铁	黑色/绿色	急速:大约0.5kΩ/WOT:大约3.5kΩ	—	—	—	断开	Ω	38	49
50	50	无连接	—	—	—	—	—	—	—	—	—
51	51	无连接	—	—	—	—	—	—	—	—	—
52	52	无连接	—	—	—	—	—	—	—	—	—
53	53	无连接	—	—	—	—	—	—	—	—	—
54	54	无连接	—	—	—	—	—	—	—	—	—
55	55	无连接	—	—	—	—	—	—	—	—	—
56	56	无连接	—	—	—	—	—	—	—	—	—
57	57	节气门位置传感器(TPS)电源	红色/绿色	小于1V	大约5V			连接	DC V	57	49
58	58	ECM继电器	蓝色/黑色	蓄电池电压	小于1V			连接	DC V	58	GND
59	59	QWS指示灯	褐色	小于1V	QWS指示灯关闭时为蓄电池电压			连接	DC V	59	GND
60	60	排气制动器灯	绿色/红色	小于1V	小于1V			连接	DC V	60	GND
61	61	无连接	—	—	—	—	—	—	—	—	—
62	62	排气制动器切断信号(ECM到ABS C/U第7针脚)	淡绿色/黑色								
63	63	无连接	—	—	—	—	—	—	—	—	—
64	64	排气制动器开关	淡绿色/蓝色	小于1V	小于1V			连接	DC V	64	GND
65	65	制动开关2信号	白色/黑色	小于1V	未踩下制动踏板时为蓄电池电压			连接	DC V	65	GND
66	66	无连接	—	—	—	—	—	—	—	—	—
67	67	无连接	—	—	—	—	—	—	—	—	—
68	68	车辆速度传感器(VSS)	黄色/绿色	—	车辆速度为20km/h时大约为14.5Hz（按波形）或大约6.5V			连接	AC V	68	GND

五十铃 4KH1 发动机电控系统电气资料 (4/5)

针脚编号	B/盒编号	针脚功能	线束颜色	信号或连续性				ECM连接	检测器位置		
				按键开关关闭	按键开关打开	发动机怠速	发动机2000r/min		范围	(+)	(−)
69	69	急速开关	绿色/黑色	小于1V	踩下加速踏板时大约为9~10V			连接	DC V	69	GND
70	70	无连接	—	—	—	—	—	—	—	—	—
71	71	无连接	—	—	—	—	—	—	—	—	—
72	72	无连接	—	—	—	—	—	—	—	—	—
73	73	无连接	—	—	—	—	—	—	—	—	—
74	74	无连接	—	—	—	—	—	—	—	—	—
75	75	无连接	—	—	—	—	—	—	—	—	—
76	76	无连接	—	—	—	—	—	—	—	—	—
77	77	无连接	—	—	—	—	—	—	—	—	—
78	78	无连接	—	—	—	—	—	—	—	—	—
79	79	无连接	—	—	—	—	—	—	—	—	—
80	80	无连接	—	—	—	—	—	—	—	—	—
81	81	无连接	—	—	—	—	—	—	—	—	—
82	82	无连接	—	—	—	—	—	—	—	—	—
83	83	质量型空气流量(MAF)传感器电源	白色/红色	小于1V	大约5V			连接	DC V	83	92
84	84	进气温度(IAT)传感器信号	黑色/蓝色	小于1V	30℃时大约为2.2V			连接	DC V	84	92
85	85	无连接	—	—	—	—	—	—	—	—	—
86	86	无连接	—	—	—	—	—	—	—	—	—
87	87	空档开关	黑色/白色	小于1V	空档时为蓄电源电压			连接	DC V	87	GND
88	88	质量型空气流量(MAF)传感器信号	绿色/红色	小于1V	大约1V	1.8~2.3V	大约3V	连接	DC V	88	92
89	89	发动机冷却液温度(ECT)传感器信号	灰色	小于1V	80℃时大约为1.3V			连接	DC V	89	93
90	90	TDC传感器信号	红色	—	—	700r/min时大约为47Hz（按波形）或大约0.6V	大约134Hz（按波形）或大约0.9V	连接	AC V	90	98
91	91	TDC传感器输出到泵控制单元(PSG)第8针脚	粉红色	—	—	大约47Hz（按波形）	大约134Hz（按波形）	—	—	—	—
92	92	质量型空气流量(MAF)传感器搭铁	黑色/红色	带搭铁的连续性试验				连接	Ω	92	GND
93	93	发动机冷却液温度(ECT)传感器搭铁	黑色/粉红色	带搭铁的连续性试验				连接	Ω	93	GND
94	94	加热继电器	黑色/红色	小于1V	加热系统未起动时为蓄电池电压			连接	DC V	94	GND

五十铃 4KH1 发动机电控系统电气资料（5/5）

针脚编号	B/盒编号	针脚功能	线束颜色	信号或连续性				ECM连接	检测器位置		
				按键开关关闭	按键开关打开	发动机怠速	发动机2000r/min		范围	（+）	（−）
95	95	进气节流阀VSV	淡绿色/白色	小于1V	未操作排气制动器或QWS时为蓄电池电压			连接	DC V	95	GND
96	96	无连接	—	—	—	—	—	—	—	—	—
97	97	EGR EVRV	黑色/橙色			EVRV起动时大约为140Hz（按波形）		—	—	—	—
98	98	TDC传感器搭铁	白色	带搭铁连续性试验	—	—	—	连接	Ω	98	GND
99	99	CAN（控制器局域网）到PSG第1针脚	蓝色			波形		连接			
100	100	CAN（控制器局域网）到PSG第2针脚	黄色			波形					
101	101	TDC传感器屏蔽线	黑色	带搭铁连续性试验	—	—	—	连接	Ω	101	GND
102	102	无连接	—	—	—	—	—	—	—	—	—
103	103	无连接	—	—	—	—	—	—	—	—	—
104	104	无连接	—	—	—	—	—	—	—	—	—
105	105	电磁阀关闭（MAB）输出信号到PSG第5针脚	橙色	—		波形					

PSG插接器针脚分配和输出信号

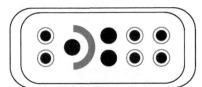

PSG盒内部视图

针脚编号	B/盒编号	针脚功能	线束颜色	信号或连续性				ECM和PSG连接	检测器位置		
				按键开关关闭	按键开关打开	发动机怠速	发动机2000r/min		范围	PSG端	ECM端
1	99	CAN（控制器局域网）到ECM第99针脚	红色	ECM和PSG之间的连续性	—	—	—	断开	Ω	1	99
2	100	CAN（控制器局域网）到ECM第100针脚	白色	ECM和PSG之间的连续性	—	—	—	断开	Ω	2	100
3	—	无连接	—	—	—	—	—	—	—	—	—
4	—	无连接	—	—	—	—	—	—	—	—	—
5	105	电磁阀关闭（MAB）输出信号到ECM第105针脚	橙色	ECM和PSG之间的连续性	—	—	—	断开	Ω	5	105
6	—	搭铁	黑色	带搭铁的连续性试验	—	—	—	断开	Ω	6	GND
7	3	蓄电池电源	蓝色/红色	ECM和PSG之间的连续性	—	—	—	断开	Ω	7	3
8	91	ECM第91针脚输出TDC传感器信号到泵控制单元（PSG）	粉红色	ECM和PSG之间的连续性	—	—	—	断开	Ω	8	91
9	—	无连接	—	—	—	—	—	—	—	—	—

日野 J05E/J08E 发动机电控系统电气资料 (1/4)

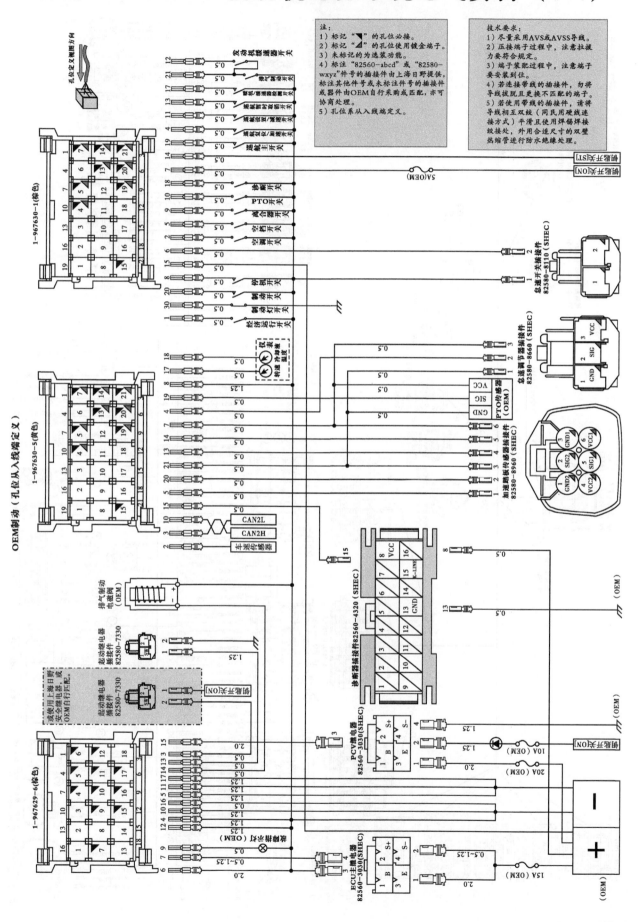

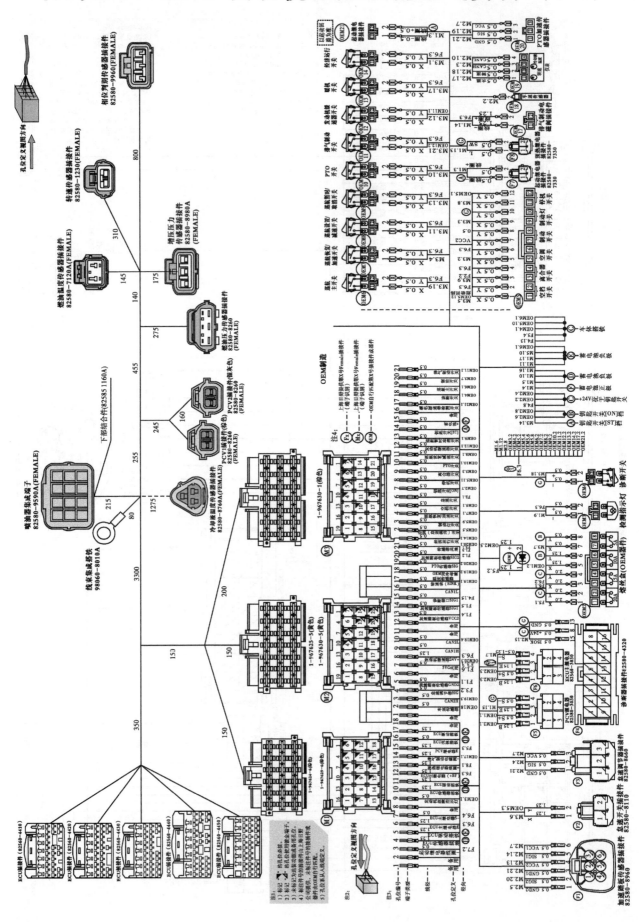

日野 J05E/J08E 发动机电控系统电气资料（3/4）

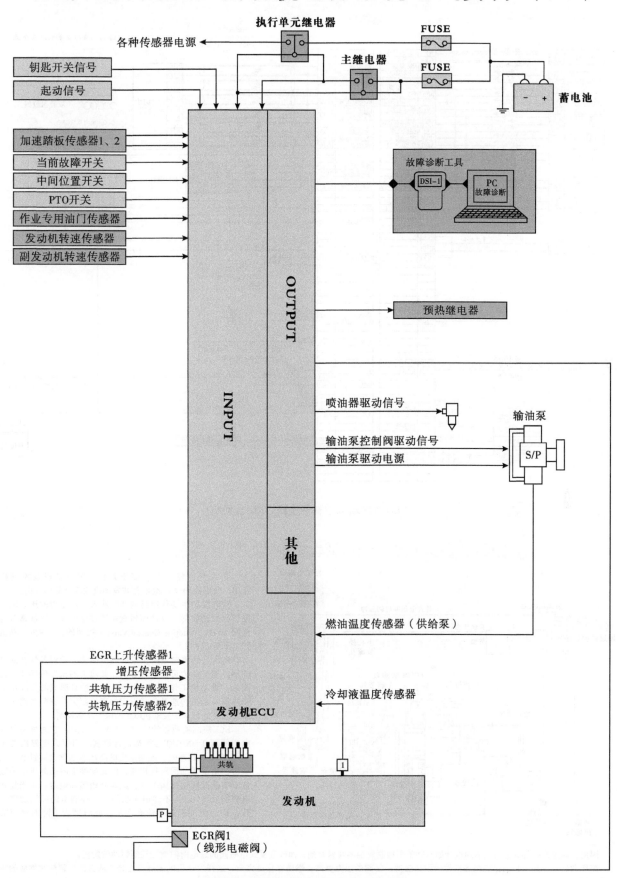

发动机控制系统框图[J05E发动机]

日野 J05E/J08E 发动机电控系统电气资料（4/4）

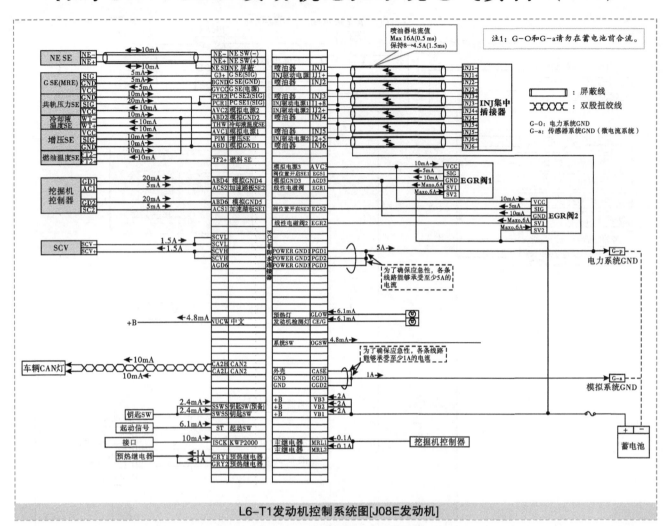

L6-T1发动机控制系统图[J08E发动机]

共轨系统

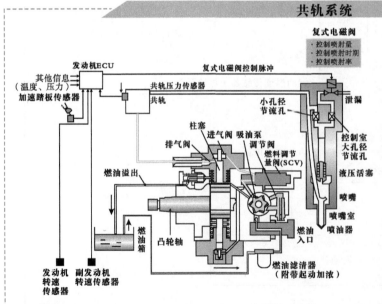

本系统由输油泵、高压共轨、喷油器以及发动机ECU、传感器/开关、继电器和发动机故障灯等部分构成。

输油泵的主要作用是向共轨输入一定压力的压力油以便进行燃油喷射。燃油喷射量是通过输油泵的燃油调节电磁阀（SCV, Suction Control Valve）控制的，SCV由发动机ECU控制。

高压共轨将输油泵供给的高压燃油分配到各气缸的喷油器，燃油压力可以通过装置在共轨上的压力传感器进行测量。发动机工作时，ECU会比较输油泵形成的实际压力和根据发动机转速及负载设定的理论压力，使两者趋于一致，以便进行基于发动机ECU的压力反馈控制。

ECU控制喷油器的喷射量和喷射时刻，它通过将复式电磁阀置于ON/OFF的状态进行控制。当复式电磁阀处于NO（通电）状态时，控制室内的高压燃油就会通过节流孔流出，由于燃油回路被切断，因此喷嘴室内的高压燃油通过喷嘴断开阀使针阀上升，此时开始燃油喷射；而当复式电磁阀处于OFF（不通电）状态时，控制室的回油通道打开，高压燃油通过节流孔回流，此时针阀下降而结束喷射。

因此，通过改变复式电磁阀的通电开始时间就可控制燃油的喷射时刻，而改变复式电磁阀的通电时间就能控制燃油喷射量。

高压共轨系统还可以通过提高各部件的耐压强度，使燃油压力更高，燃油雾化更完全，这样发动机的燃烧更充分，从而减少颗粒状物质的排出量，降低对大气的污染。

道依茨发动机单体泵电控系统电气资料（1/6）

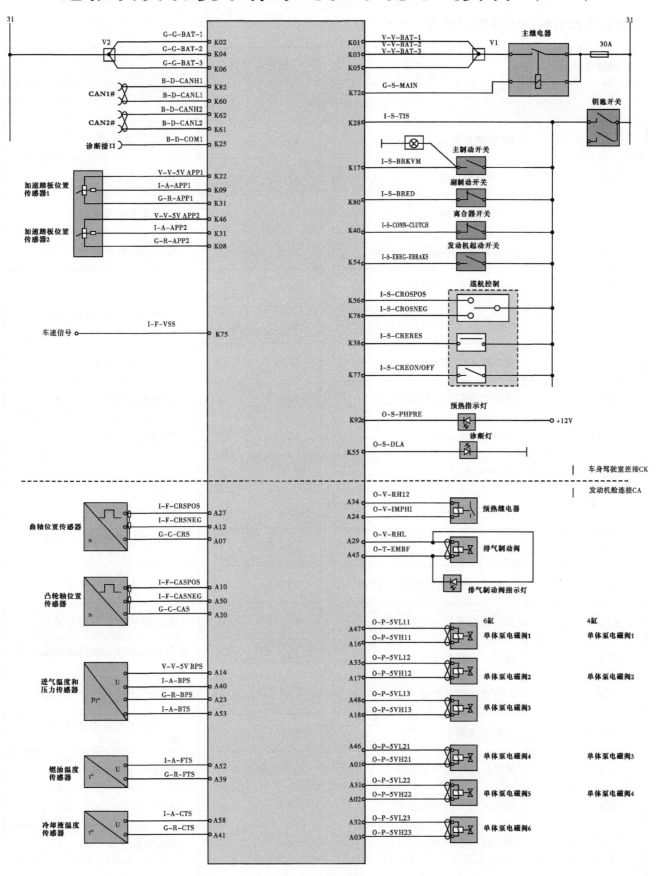

单体泵电控系统电路图

单体泵电控系统ECU针脚定义表

插接件针脚	信号名称	插接件针脚	信号名称
插接器A			
A01	4缸单体泵高端	A32	6缸单体泵低端
A02	5缸单体泵高端	A33	2缸单体泵低端
A03	6缸单体泵高端	A34	预热塞继电器低端
A07	曲轴位置传感器屏蔽，搭铁	A35（可选）	发动机停机开关
A10	凸轮轴位置传感器信号输入(+)	A39	燃油温度传感器搭铁
A12	凸轮轴位置传感器信号输入(−)	A40	进气温度和压力传感器压力信号输入
A13	机油压力传感器电源	A41	冷却液温度传感器搭铁
A14	进气温度和压力传感器电源	A45	发动机排气制动阀低端
A15(可选)	起动继电器低端	A46	4缸单体泵低端
A16	1缸单体泵高端	A47	1缸单体泵低端
A17	2缸单体泵高端	A48	3缸单体泵低端
A18	3缸单体泵高端	A50	凸轮轴位置传感器信号输入（−）
A20	凸轮轴位置传感器屏蔽，搭铁	A51	机油压力传感器搭铁
A21（可选）	预热检测开关	A52	燃油温度传感器信号输入
A23	进气压力温度传感器搭铁	A53	进气温度和压力传感器温度信号输入
A24	预热塞继电器高端	A56	机油压力传感器模拟量输入
A25（可选）	火焰预热阀	A58	冷却液温度传感器信号模拟量输入
A27	曲轴位置传感器信号输入(+)	A59（可选）	火焰预热阀低端
A29	发动机排气制动阀高端	K01	电源正极
A30（可选）	起动继电器高端	K02	电源负极
A31	5缸单体泵低端	K03	电源正极

单体泵电控系统ECU针脚定义表（续）

插接件针脚	信号名称	插接件针脚	信号名称
插接器A			
K04	电源负极	K55	诊断灯
K05	电源正极	K56	巡航设置/加速开关SET（+）
K06	电源负极	K60	CAN1-
K07（可选）	发动机运行控制灯模拟量输出	K61	CAN2-
K08	加速踏板位置传感器2搭铁	K62	CAN2+
K09	加速踏板位置传感器1信号输入	K63	燃油含水传感器搭铁
K14	可变发动机速度调节器多路状态开关	K64（可选）	燃油含水传感器输入信号
K15（可选）	可变发动机速度调节器多路状态开关	K66（可选）	机油温度传感器输入信号
K17	主制动开关	K71（可选）	机油警告灯低端
K22	加速踏板位置传感器1电源	K72	接主继电器
K25	COM1	K74（可选）	空档开关数字量输入
K28	钥匙开关	K75（可选）	车速传感器数字量输入
K30	加速踏板位置传感器1搭铁	K76（可选）	机油温度传感器搭铁
K31	加速踏板位置传感器2信号输入	K77	巡航控制开关OFF
K38	巡航恢复开关输入	K78	巡航设置/加速开关SET（-）
K40	离合器开关	K80	副制动开关
K43（要去掉）	发动机起动开关	K82	CAN 1+
K46	加速踏板位置传感器2电源	K92	预热指示灯
K51（可选）	机油警告灯模拟量输出	K94（可选）	发动机运行控制灯
K53（可选）	车速传感器搭铁		
K54	发动机制动开关		

道依茨发动机单体泵电控系统电气资料（4/6）

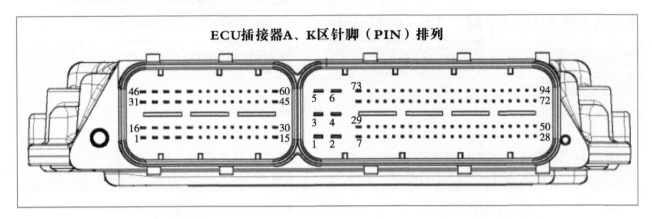

ECU插接器A、K区针脚（PIN）排列

电子控制单元故障检测表

故障码	故障描述	故障现象	故障检测及排除的方法步骤
P060B	电子控制单元内部电路故障，ADC模数转换硬件故障	故障灯点亮，停机	更换ECU
P1650	ECU内部故障，对电源短路	故障灯点亮	更换ECU
P1651	ECU内部故障，对地短路	故障灯点亮	更换ECU
P060A	ECU内部CJ940通信故障	故障灯点亮	更换ECU
P062B（Number 152）	ECU内部芯片故障。复位/时钟/低电压错误，停机	故障灯点亮	更换ECU
P062B（Number 152）	ECU内部芯片故障。奇偶错误，停机	故障灯点亮	更换ECU

电控单体泵故障检测表

故障码	故障描述	故障现象	故障检测及排除的方法步骤
P0262	1缸单体泵故障，线路低端对电源短路	故障灯点亮，发动机转矩和转速将降低，停机	检查1缸单体泵是否短路，更换1缸单体泵
P0261	1缸单体泵故障，线路低端对高端短路	故障灯点亮，发动机转矩和转速将降低，停机	检查1缸单体泵的线束低端对高端是否短路。更换1缸单体泵
P0263	1缸单体泵故障，泵没有分级故障	故障灯点亮，发动机转矩和转速将降低，停机	检查1缸单体泵分级码。更换1缸单体泵
P0201	1缸单体泵故障，单体泵线路断路	故障灯点亮，发动机转矩和转速将降低	检查1缸单体泵的线束是否断路更换2缸单体泵

道依茨发动机单体泵电控系统电气资料 (5/6)

电控单体泵故障检测表（续）

故障码	故障描述	故障现象	故障检测及排除的方法步骤
P0265	2缸单体泵故障，线路低端对电源短路	故障灯点亮，发动机转矩和转速将降低	检查2缸单体泵是否短路。更换2缸单体泵
P0264	2缸单体泵故障，线路低端对高端短路	故障灯点亮，发动机转矩和转速将降低	检查2缸单体泵的线束低端是否对高端短路。更换1缸单体泵
P0266	2缸单体泵故障，泵没有分级故障	故障灯点亮，发动机转矩和转速将降低	检查2缸单体泵分级码。更换2缸单体泵
P0202	2缸单体泵故障，单体泵线路断路	故障灯点亮，发动机转矩和转速将降低	检查2缸单体泵的线束是否断路。更换2缸单体泵
P0268	3缸单体泵故障，线路低端对电源短路	故障灯点亮，发动机转矩和转速将降低	检查3缸单体泵是否短路。更换3缸单体泵
P0267	3缸单体泵故障，线路低端对高端短路	故障灯点亮，发动机转矩和转速将降低	检查3缸单体泵的线束低端是否对高端短路。更换3缸单体泵
P0269	3缸单体泵故障，泵没有分级故障	故障灯点亮，发动机转矩和转速将降低	检查3缸单体泵分级码。更换3缸单体泵
P0203	3缸单体泵故障，单体泵线路断路	故障灯点亮，发动机转矩和转速将降低	检查3缸单体泵的线束是否断路。更换3缸单体泵
P0271	4缸单体泵故障，线路低端对电源短路	故障灯点亮，发动机转矩和转速将降低	检查4缸单体泵是否短路。更换4缸单体泵
P0270	4缸单体泵故障，线路低端对高端短路断	故障灯点亮，发动机转矩和转速将降低	检查4缸单体泵的线束低端是否对高端短路。更换4缸单体泵
P0272	4缸单体泵故障，泵没有分级故障	故障灯点亮，发动机转矩和转速将降低	检查4缸单体泵分级码。更换4缸单体泵
P0204	4缸单体泵故障，单体泵线路断路	故障灯点亮，发动机转矩和转速将降低	检查4缸单体泵的线束是否断路。更换4缸单体泵
P0274	5缸单体泵故障，线路低端对电源短路	故障灯点亮，发动机转矩和转速将降低	检查5缸单体泵是否短路。更换5缸单体泵
P0273	5缸单体泵故障，线路低端对高端短路	故障灯点亮，发动机转矩和转速将降低	检查5缸单体泵的线束低端是否对高端短路。更换5缸单体泵

电控单体泵故障专检测表（续）

故障码	故障描述	故障现象	故障检测及排除的方法步骤
P0275	5缸单体泵故障，泵没有分级故障	故障灯点亮，发动机转矩和转速将降低	检查5缸单体泵分级码。更换5缸单体泵
P0205	5缸单体泵故障，单体泵线路断路	故障灯点亮，发动机转矩和转速将降低	检查5缸单体泵的线束是否断路。更换5缸单体泵
P0277	6缸单体泵故障，线路低端对电源短路	故障灯点亮，发动机转矩和转速将降低	检查6缸单体泵是否短路。更换6缸单体泵
P0276	6缸单体泵故障，线路低端对高端短路	故障灯点亮，发动机转矩和转速将降低	检查6缸单体泵的线束低端是否对高端短路。更换6缸单体泵
P0278	6缸单体泵故障，泵没有分级故障	故障灯点亮，发动机转矩和转速将降低	检查6缸单体泵分级码。更换6缸单体泵
P0206	6缸单体泵故障，单体泵线路断路	故障灯点亮，发动机转矩和转速将降低	检查6缸单体泵的线束是否断路。更换6缸单体泵
P1225	未达到最小工作气缸数	故障灯点亮，发动机停机	检查6个单体泵的线束和插接件是否可靠连接，是否断路或短路
P1203	Bank1功能–分组控制喷油器故障：短路故障	故障灯点亮，发动机停机	检查Bank1功能–分组控制喷油器线路是否短路
P1204	Bank1功能–分组控制喷油器故障：低端对地短路	故障灯点亮，发动机停机	检查Bank1功能–分组控制喷油器线路低端对地是否短路
P1206	Bank1功能–分组控制喷油器故障：泵没有分级故障	故障灯点亮，发动机停机	检查Bank1功能–分组控制喷油器，是否泵分级存在故障
P120B	Bank2功能–分组控制喷油器故障：短路故障	故障灯点亮，发动机停机	检查Bank 2功能–分组控制喷油器线路是否短路
P120C	Bank2功能–分组控制喷油器故障：低端对地短路	故障灯点亮，发动机停机	检查Bank 2功能–分组控制喷油器线路低端对地是否短路
P120E	Bank2功能–分组控制喷油器故障：泵没有分级	故障灯点亮，发动机停机	检查Bank 2功能–分组控制喷油器，是否泵分级存在故障

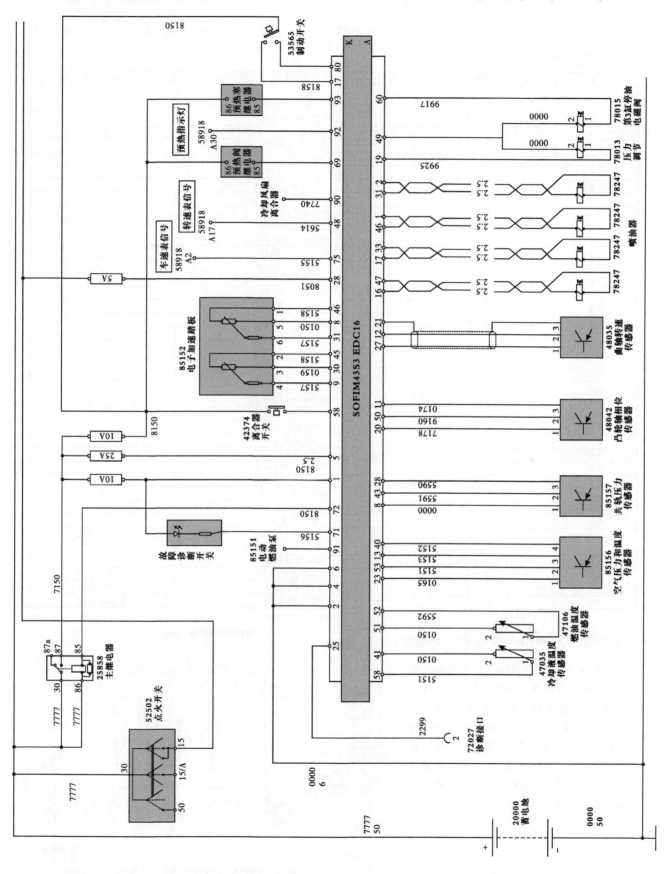

索菲姆发动机 EDC16 电控系统电气资料（2/5）

EDC-MS6.3系统常见故障

下表是EDC-MS6.3系统常见故障的描述，其中，"故障码"的前一位数代表指示灯稍长时间闪亮，后一位数代表指示灯稍短时间闪亮。例如：故障码为"1.4"时，指示灯闪亮为一常四短。

（注：X=功率降低）

故障码	EDC指示灯显示	故障	降低水平
1.1	亮	汽车车速	
1.3	灭	巡航/行程控制	
1.4	一亮一灭	加速踏板传感器	X
1.5	灭	离合器传感器	
1.6	亮	制动器传感器	
1.7	灭	同时踩下制动踏板/加速踏板	最小转速
1.8	灭	诊断指示灯/EDC指示灯	
1.9	灭	空调继电器	
2.1	一亮一灭	发动机冷却液温度传感器	X
2.2	灭	进气温度传感器	
2.3	亮	燃油温度传感器	
2.4	一亮一灭	进气压力传感器	X
2.5	灭	大气压力传感器	
2.7	一亮一灭	电动燃油泵继电器	
2.8	灭	燃油滤清器加热器继电器	
2.9	亮	冷却风扇继电器	
3.1	一亮一灭	1缸平衡	
3.2	一亮一灭	2缸平衡	
3.3	一亮一灭	3缸平衡	
3.4	一亮一灭	4缸平衡	
3.5	灭	蓄电池电压	
3.6	灭	预热起动指示灯	
3.7	灭	预热塞继电器	
3.8	灭	热起动电磁阀继电器	
5.1	一亮一灭	1缸喷油器	
5.2	一亮一灭	2缸喷油器	
5.3	一亮一灭	3缸喷油器	
5.4	一亮一灭	4缸喷油器	
5.7	亮	白色1（气缸1-4）	
5.8	亮	白色2（气缸2-3）	
6.1	一亮一灭	曲轴转速传感器	X
6.2	一亮一灭	凸轮轴相位传感器	X
6.4	一亮一灭	发动机超速	
9.1	一亮一灭	电控中心故障	X或者发动机熄火
9.2	亮	电控中心EEPROM故障	
9.4	亮	主电源继电器	
9.7	一亮一灭	传感器输入/电源	X或者发动机熄火
9.8	一亮一灭	电控中心故障	不能起动
9.9	一亮一灭	ECU操作系统	发动机熄火

共轨燃油系统简图

　　BOSCH公司为SOFIM共轨发动机柴油喷射系统设计的是一种被称为"EDC 16"的电控系统（注：EDC是Engine Diesel Control 的缩写）。该系统适用于SOFIM 8140.43B/S/S3/N四种共轨发动机，可以在135MPa的高压情况下稳定运行，其精确的控制使发动机的性能得到了优化，并有效地降低了排放和油耗。

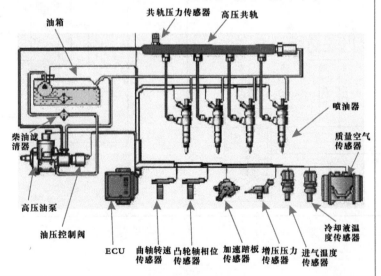

索菲姆发动机 EDC16 电控系统电气资料 （3/5）

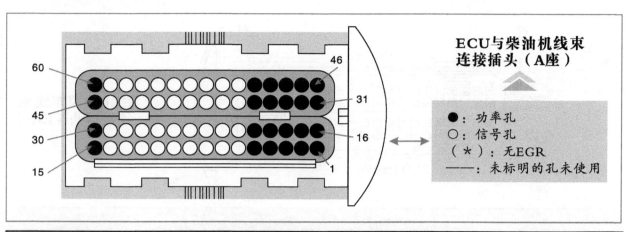

ECU与柴油机线束连接插头（A座）

- ●：功率孔
- ○：信号孔
- （＊）：无EGR
- ——：未标明的孔未使用

孔	线束颜色代码	功能
1	0000	3缸喷油器
2	0000	2缸喷油器
8	0000	共轨压力传感器负极
11	0174	凸轮轴（相位）传感器负极
12	红色	曲轴位置传感器
13	5153*	增压温度和压力传感器电源
16	9924	1缸喷油器
17	9924	4缸喷油器
19	9925	燃油压力调节器正极
20	7178	凸轮轴（相位）传感器正极
21	——	曲轴位置传感器屏蔽线
23	0615*	增压温度和压力传感器负极
27	白色	曲轴位置传感器
28	5590	共轨压力传感器电源
29	8152	电源（带EGR时备用）
31	9924	2缸喷油器
33	0000	4缸喷油器
37	5151	空气温度传感器（带EGR时备用）
40	5152*	增压空气压力传感器
41	0150	冷却液温度传感器负极
42	8153	信号（带EGR时备用）
43	5591	共轨压力传感器信号
44	8151	负极（带EGR时备用）
46	9924	3缸喷油器
47	0000	1缸喷油器
49	9925	燃油压力调节器负极
50	9160	凸轮轴（相位）传感器信号
51	0150	燃油温度传感器负极
52	5592	燃油温度传感器信号
53	5151*	增压空气温度传感器信号
58	5154	冷却液温度传感器信号
60	8150	第3缸停油电磁阀（EGR电磁阀）

索菲姆发动机 EDC16 电控系统电气资料（4/5）

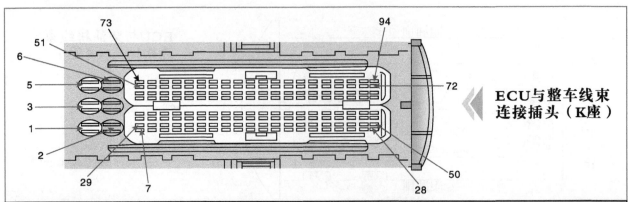

ECU与整车线束
连接插头（K座）

孔	线束颜色代码	功能
1	——	+30（主继电器）
2	0000	搭铁线
4	0000	搭铁线
5	8150	+30（主继电器）
6	0000	搭铁线
8	0150	加速踏板传感器负极（孔5）
9	5157	加速踏板传感器（孔4）
17	——	制动踏板踩下时，制动灯亮灯信号（制动常开，踩下时有电）
25	2299	K线路
28	8051	+15
30	0159	加速踏板传感器负极（孔3）
31	5157	加速踏板传感器（孔6）
38	8155	巡航控制装置
42	——	限速器按钮
45	5158	加速踏板传感器电源（孔2）
46	5158	加速踏板传感器电源（孔1）
48	5614	发动机转速信号（行驶记录仪）
51	1310	至预热火花塞接通继电器信号
54	8162	A/C+（空调输入信号，正有效）
56	8157	巡航控制（设置+）
57	——	第二个限速器（选装）
58	——	离合器开关信号
61	——	CAN L线路
62	——	CAN H线路

索菲姆发动机 EDC16 电控系统电气资料 （5/5）

孔	线束颜色代码	功能
68	8150	燃油滤清器加热继电器负极
69	——	冷起动预热电磁阀负极
70	9990	A/C控制继电器—（EDC输出以控制空调，负有效）
71	5156	EDC指示灯负极
72	8150	主继电器（负极）
75	5155	车速信号（车速表）
77	8154	巡航控制（关）
78	8156	巡航控制（设置–）
80	8158	制动踏板信号（制动常闭，不踩时也有电）
90	0740	风扇电磁离合器控制正极
91	——	电子燃油泵继电器负极
92	0002	预热指示灯负极
93	1311	至预热塞继电器负极
—— ：未标明的孔未使用		

博世高压共轨系统电气资料（1/5）

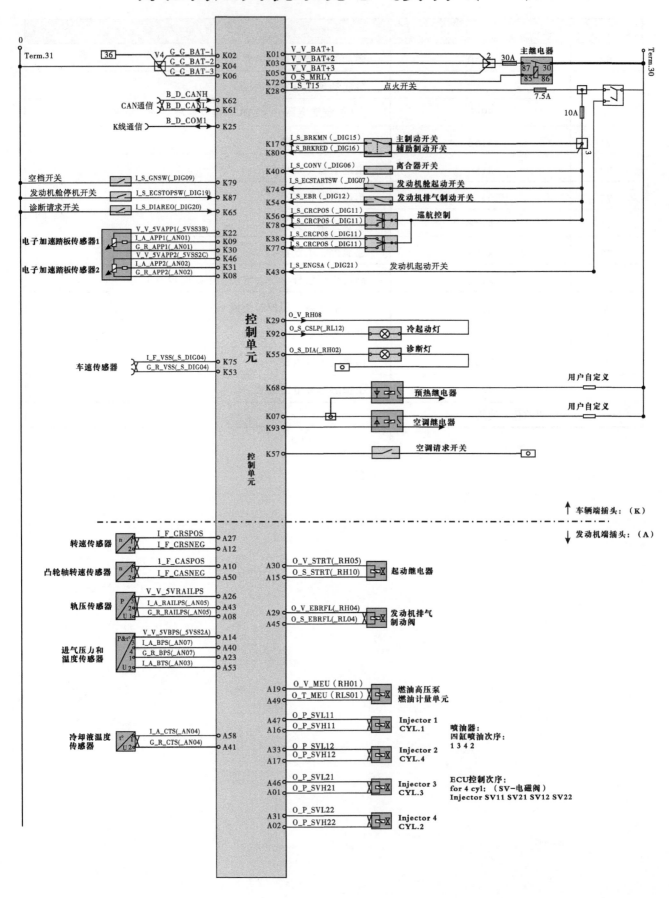

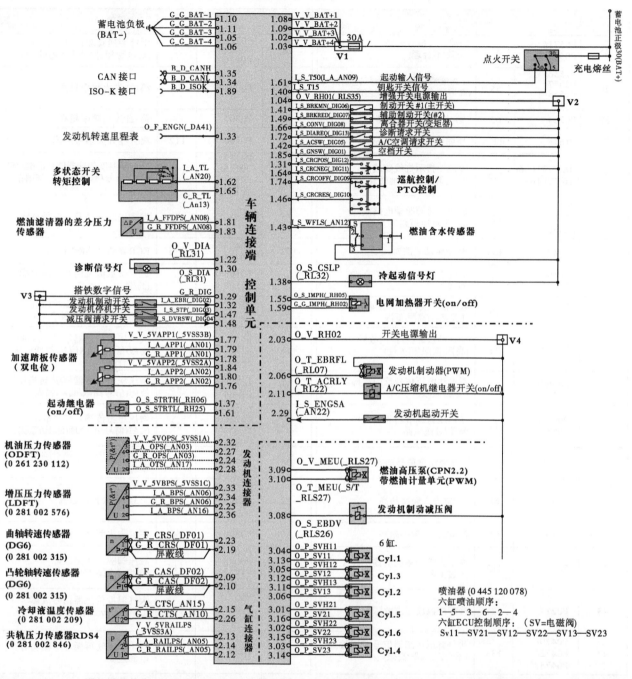

序号	故障码	故障闪码	故障码解释	序号	故障码	故障闪码	故障码解释
1	P2519	11	空调压缩机驱动电路故障	2	P2519	12	空调压缩机请求开关信号故障
3	P2299	13	加速踏板与制动踏板信号逻辑不合理	4	P060B	14	控制器模/数（A/D）转换不正确
5	P0113/P0112	15	进气温度传感器信号范围故障（高/低）	6	P0101	16	进气质量流量信号飘移
9	P401	23	废气再循环控制偏差超过低限值	10	P402	24	废气再循环控制偏差超过高限值
13	P0540	31	进气预热执行器卡滞	14	P0123/P0122/P2135	32	加速踏板1信号范围故障（高限/低限/相关性）
17	P0542/P051	35	进气加热执行器驱动电路故障（对电源短路/对地短路）	18	P0649	36	最大车速调节指示灯电路故障（断路/短路）
21	P0048	43	增压压力调节器驱动电路对电源短路	22	P0047	44	增压压力调节器驱动电路对搭铁短路

序号	故障码	故障闪码	故障码解释	序号	故障码	故障闪码	故障码解释
25	P0571/P0504	51	制动踏板信号故障(失效/不合理)	26	P022A/P022B/P022C	52	中冷旁通阀驱动电路故障(对电源短路/对地短路/断路)
29	P2556/P2557/P2558/P259	55	冷却液液位传感器信号范围故障(高限/低限/断路/不合理)	30	P0301	56	第1缸失火频率超高
33	P0304	63	第4缸失火频率超高	34	P0305	64	第5缸失火频率超高
37	P161F	111	压缩测试试验报告故障	38	P0704	112	离合器开关信号故障
41	P1635/P1636/P1637/P1638	115	冷起动指示灯线路故障(对电源短路/对地短路/断路)	42	P0115/P0116/P0117/P0118	116	冷却液温度传感器信号范围故障(CAN信号/不合理/低限/高限)
45	P245A/P245C/P245D	131	EGR旁通阀驱动电路故障(断路/对地短路/对电源短路)	46	P2530	132	发动机舱起动开关信号故障
49	P0489	135	EGR驱动电路对地短路	50	P0403/P0404	136	EGR驱动电路断路
7	P0103/P0102	21	进气质量流量信号不合理(高/低)	8	P0103/P0102	22	进气质量流量信号范围故障(高/低)
11	P1020/P1021	25	电压信号变动范围故障-进气预热开关接合(高限/低限)	12	P1022/P1023	26	电压信号变动范围故障-进气预热开关断开(高限/低限)
15	P0223/P0222/P2135	33	加速踏板2信号范围故障(高限/低限/相关性)	16	P2229/P2228/P0000/P2227	34	大气压力传感器信号范围故障高限/低限/CAN信息/与增压压力不合理
19	P0563/P0562	41	蓄电池电压信号范围故障(高限/低限)	20	P1000/P1001/P1002	42	增压压力调节器模/数转换模块故障(信号高限/低限/错误)
23	P0045/P0046	45	增压压力调节器驱动电路断路/对地短路	24	P0235/P0236/P0237/P0238	46	增压压力传感器信号故障(CAN信号/不合理/低限/高限)
27	P0116	53	冷却液温度信号动态测试不合理	28	P0116	54	冷却液温度信号绝对测试不合理
31	P0302	61	第2缸失火频率超高	32	P0303	62	第3缸失火频率超高
35	P0306	65	第6缸失火频率超高	36	P0300	66	多缸失火频率超高
39	P0856	113	牵引力控制系统的输出转矩干涉超过上限	40	P0079/P0080/P1633/P1634	114	减压阀驱动线路故障(对电源短路/对地短路/断路)
43	P0217	121	冷却液温度超高故障	44	P0071/P0072/P0073	122	大气温度传感器信号故障(CAN信号/低限/高限)
47	P0470/P0472/P0473	133	排气背压传感器信号范围故障(不合理/低限/高限)	48	P0490	134	EGR（废气再循环）驱动对电源短路
51	P0008	141	仅采用凸轮相位传感器信号运行	52	P0340/P0341	142	凸轮信号故障(丢失/错误)
53	P0335/P0336	143	曲轴转速信号故障(丢失/错误)	54	P0016	144	凸轮相位/曲轴转速信号不同步
57	P0477	151	排气制动驱动线路断路故障	58	P0476	152	排气制动驱动线路对地短路故障
61	P0526/P0527	155	风扇转速传感器信号故障(对电源短路/对地短路)	62	P1015	156	燃油滤清器脏污开关指示信号-超高
65	P1008/P1009	163	燃油滤清器加热驱动线路故障(对电源短路/对地短路)	66	P2267	164	油水分离开关指示信号超上限
69	P2269	211	燃油含水指示信号	70	P1007	212	油量-转矩转换趋势错误

博世高压共轨系统电气资料（4/5）

序号	故障码	故障闪码	故障码解释	序号	故障码	故障闪码	故障码解释
73	UC158	215	仪表板信息故障	74	P0000	216	CAN网络上得到的电控制动信号不正确
77	UC103	223	CAN网络上得到的自动变速器信号不正确	78	UD101	224	CAN网络上的车辆行驶里程信息不正确
81	UD102	231	CAN网络上的废气排放温度信息错误	82	UC157	232	CAN网络上的转速表信息不正确
85	UD104/UD105	235	CAN网络上的制动系统控制-速度限制信息不正确（激活/不激活)	87	UD106/UD107	236	CAN网络上的制动系统控制-转矩限制信息不正确（激活/不激活)
89	UD10C/UD10D	243	CAN网络上的动力输出信息不正确（激活/不激活)	90	UD10E/UD10F	244	CAN网络上的变速器控制-速度限制信息不正确（激活/不激活)
93	UD112/UD113	251	CAN网络上的车身控制-转矩限制信息不正确（激活/不激活)	94	UD115	252	CAN网络上的轮速信息不正确
97	P1623/P1624/P1625/P1626	256	指示灯1驱动线路故障（对电源短路/对地短路/断路)	98	P1627/P1628/P1629/P162A	261	指示灯2驱动线路故障（对电源短路/对地短路/断路)
101	P060A	264	通信模块受到干扰	102	P062F	265	电可擦除存储器出错
105	P0097/P0098/P0099	316	空气温度传感器信号错误（低限/高限/CAN信息错误)	106	P1300/P1301/P1302	321	燃油喷射功能受到限制
55	P0219	145	发动机超速	56	P0478	146	排气制动驱动线路对电源短路故障
59	P480/P483/P691/P692	153	风扇驱动线路故障（对电源短路/对地短路/断路)	60	P0694/P0693	154	风扇驱动2线路故障
63	P1016	161	燃油滤清器脏污开关指示信号-超低	64	P1017	162	燃油滤清器脏污开关指示信号-不合理
67	P2266	165	油水分离开关指示信号超下限	68	P1018	166	燃油滤清器脏污
71	P0405/P0406/P0409	213	CAN网络上得到的EGR流量信号不正确（对电源短路/对地短路/丢失)	72	P040A/P040B/P040C/P040D	214	CAN网络上得到的EGR温度信号不正确（对电源短路/对地短路/断路/失效)
75	UC113	221	CAN网络上得到的EGR率信号不正确	76	UD100	222	CAN网络上得到的缓速器信号不正确
79	UC156	225	CAN网络上的环境条件信息不正确	80	UC104	226	CAN网络上的巡航控制/车速信息不正确
83	UD103	233	CAN网络上的传输速率信息不正确	84	UD114	234	CAN网络上的时间/日期信息不正确
87	UD108/UD109	241	CAN网络上的制动系统控制-转矩限制信息不正确（激活/不激活)	88	UD10A/UD10B	242	CAN网络上的缓速器控制-转矩限制信息不正确（激活/不激活)
91	UD13A/UD13B	245	CAN网络上的变速器控制-转矩限制信息不正确（激活/不激活)	92	UD110/UD111	246	CAN网络上的车身控制-速度限制信息不正确（激活/不激活)
95	UC001	253	CAN网络上周期性发出不正确信号	96	P0182/P0183	254	燃油温度传感器信号范围故障（低限/高限)
99	P162B/P162C/P162D/P162E	262	指示灯3驱动线路故障	100	P160C	263	高压试验报告故障
103	P0607	266	控制器硬件恢复功能被锁	104	P150B/P150C	315	空气温度传感器信号范围错误
107	P1203/P1204	322	喷油器驱动线路故障-组1短路，低端对地短路	108	P1209	323	喷油器驱动线路故障-组1断路
109	P120B/P120C	324	喷油器驱动线路故障-组2短路，低端对地短路	110	P1211	325	喷油器驱动线路故障-组2断路
113	P0261/P0262	332	喷油器1驱动线路故障-短路（低端对电源/对地)	114	P0201	333	喷油器1驱动线路故障-断路
117	P0267/P0268	336	喷油器3驱动线路故障-短路（低端对电源/对地)	118	P0203	341	喷油器3驱动线路故障-断路
121	P0273/P0274	344	喷油器5驱动线路故障-短路（低端对电源/对地)	122	P0205	345	喷油器5驱动线路故障-断路
125	P1225	352	多缸喷油系统出现故障	126	P025C/P025D	353	燃油计量阀信号范围故障（高限/低限)

博世高压共轨系统电气资料（5/5）

序号	故障码	故障闪码	故障码解释	序号	故障码	故障闪码	故障码解释
129	P0253	356	燃油计量阀输出对地短路	130	P0564	361	巡航控制错误
133	P160F	364	主继电器线路故障-对地短路	134	P060C	365	硬件故障导致停机-监视狗或控制器
137	UC029	412	CAN A BUS OFF	138	UC038	413	CAN B BUS OFF
141	P250A/P250B/P250C/P250D	421	机油压力传感器信号范围故障(CAN信号错误/不合理/低限/高限)	142	P0524	422	机油压力过低故障
145	P2263	432	共轨压力控制偏差超过上限	146	P2263	433	共轨压力控制偏差超过下限
149	P0191	442	共轨压力传感器信号飘移故障	150	P1011	443	共轨压力控制偏差故障-模式0
153	P1019	451	共轨压力控制偏差故障-模式12	154	P1013	452	共轨压力控制偏差故障-模式2
157	P101A	455	共轨压力控制偏差故障-模式6	158	P1014	511	共轨压力控制偏差故障-模式7
161	P1616/P1617/P1618	514	冗余断缸测试报告故障	162	P0642/P0643	515	参考电压1（用于增压压力及温度传感器等）故障(高限/低限)
165	P0698/P0699	523	参考电压3（用于油轨压力传感器等）故障(高限/低限)	166	P0616/P0617	524	起动机开关故障-高边(对电源短路/对地短路)
169	P2533	532	点火开关信号故障	170	P2530	533	起动机信号故障
173	P2141	541	进气节流阀驱动电路故障-对地短路	174	P0487/P0488	542	进气节流阀驱动电路故障-断路
177	P1511/P1512/P1513	551	车速信号故障3-脉宽故障(脉宽超高限/低限/频率错误)	178	P0607	552	通信模块故障
111	P062B	326	喷油器驱动芯片故障模式A	112	P062B	331	喷油器驱动芯片故障模式B
115	P0264/P0265	334	喷油器2驱动线路故障-短路(低端对电源/对地)	116	P0202	335	喷油器2驱动线路故障-断路
119	P0270/P0271	342	喷油器4驱动线路故障-短路(低端对电源/对地)	120	P0204	343	喷油器4驱动线路故障-断路
123	P0276/P0277	346	喷油器6驱动线路故障-短路(低端对电源/对地)	124	P0206	351	喷油器6驱动线路故障-断路
127	P0251/P0252	354	燃油计量阀输出线路(断路/短路)	128	P0254	355	燃油计量阀输出对电源短路
131	P0650	362	MIL驱动线路故障	132	P160E	363	主继电器线路故障-对电源短路
135	P0686/P0687	366	主继电器线路故障(对电源短路/对地短路)	136	P154A/P154B/P154C	411	多状态开关电路故障
139	UC047	414	CAN C BUS OFF	140	P250A/P250B/P250C/P250D	415	机油液位传感器信号范围故障
143	P195/P197/P198 P100D	423	机油温度传感器信号范围故障(CAN信号错误/不合理/低限/高限)	144	P0196	424	机油温度不合理故障
147	P1010/P100E/P100F	434	压力泄放阀驱动故障(无法打开/永久开/被冲开)	148	P0192/P0193	441	共轨压力传感器信号范围故障(低限/高限)
151	P1012	444	共轨压力控制偏差故障-模式1	152	P1018	445	共轨压力控制偏差故障-模式10
155	P0087	453	共轨压力控制偏差故障-模式3	156	P0088	454	共轨压力控制偏差故障-模式4
159	P1615	512	加速测试报告故障	160	P1621	513	断缸测试报告故障
163	P1636/P1637	521	12V传感器参考电压故障(高限/低限)	164	P0652/P0653	522	参考电压2（用于加速踏板等传感器）故障(高限/低限)
167	P1638/P1639/P163A	525	起动机开关故障-低边	168	P1619/P161A/P161B/P161C	531	系统灯驱动线路故障(对电源短路/对地短路/断路)
171	P0607	534	控制器计时模块故障	172	P2142	535	进气节流阀驱动电路故障-对电源短路
175	P0501/P1510/P0500/P0501	544	车速信号故障1(超速/信号错误/不合理)	176	P2157/P2158/P2159/P2160	545	车速信号故障2-超范围(信号高限/低限/CAN信号错误/信号不合理)
179	P162F/P1630/P1631/P1632	553	警告灯驱动线路故障(对电源短路/对地短路/断路)				

德尔福高压共轨系统电气资料（1/4）

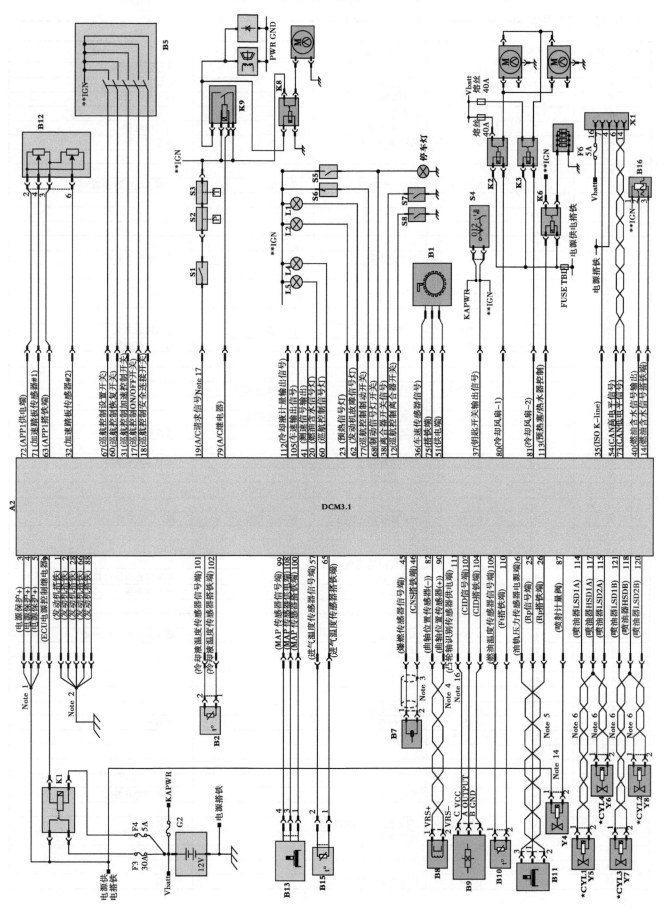

德尔福高压共轨系统电气资料（2/4）

ECU针脚说明表 ◄--◄

ECU针脚号	线束线号	线束颜色	连接部件	信号形式	功能
1	1	1W	ECU搭铁线		经发动机搭铁
2	2	1Br	ECU搭铁线		经发动机搭铁
3	3	2.5R	ECU电源线	电源输入	经主继电器
4	4	2.5R	ECU电源线	电源输入	经主继电器
5	5	2.5R	ECU电源线	电源输入	经主继电器
6	6	0.6R	共轨压力传感器	电压输出	参考电压输出
7	7				
8	8				
9	9	0.75LB	ECU主继电器	电源输入	控制主继电器连通
10	10				
11	11				
12	12				
13	13				
14	14	0.75B	油水分离器		接油水分离器搭铁线
15	15				
16	16				
17	17				
18	18				
19	19	0.75VL	空调开关	信号输入	空调需求开关
20	20	0.75L	燃油滤清器	电源电压输出	油水分离器警告灯
21	21				
22	22				
23	23	0.75BrR	预热指示灯	电源电压输出	
24	24				
25	25	0.6G	共轨压力传感器	模拟信号输入	
26	26	0.6Y	共轨压力传感器		搭铁线
27	27				
28	28	1YG	ECU搭铁线		经发动机搭铁
29	29				
30	30				
31	31				
32	32	0.75WR	加速踏板位置传感器	模拟信号输入	接2号传感器
33	33				
34	34				
35	35	0.75YL	ISO标准K线接头		
36	36	0.75GB	车速传感器		车速传感器信号输入
37	37	1RB	点火开关		接点火开关
38	38				
39	39				
40	40	0.75WG	油水分离器		接油水分离器输出端
41	41	0.75OG	转速表		
42	42				
43	43				
44	44				
45	45	0.5G	爆燃传感器		正极
46	46	0.85B	爆燃传感器		负极
47	47				
48	48				
49	49				
50	50				
51	51		车速传感器		5V参考电压输出
52	52				
53	53	0.75YV	1号加速踏板位置传感器		搭铁线
54	54		通信接头		
55	55				
56	56				
57	57	0.75GW	进气温度传感器		正极

德尔福高压共轨系统电气资料 (3/4)

ECU针脚号	线束线号	线束颜色	连接部件	信号形式	功能
58	58	0.75VW	制动灯开关		
59	59				
60	60				
61	61				
62	62	0.75LR	发动机检测灯		
63	63				
64	64				
65	65	0.75VY	进气温度传感器		负极
66	66	1BY	ECU搭铁线		经发动机搭铁
67	67				
68	68				
69	69				
71	71	0.75YR	1号加速踏板位置传感器		模拟信号输入
72	72	0.75WL	1号加速踏板位置传感器		5V参考电压输出
73	73		通信接头		
74	74				
75	75		车速传感器		搭铁
76	76				
77	77				
78	78				
79	79	0.75WV	空调继电器		控制继电器搭铁
80	80		冷却风扇1号继电器		控制风扇继电器开关
81	81		冷却风扇2号继电器		控制风扇继电器开关
82	82	0.75VB	曲轴位置传感器		负极
83	83				
84	84				
85	85				
86	86				
87	87	1 O	IMV		
88	88	1Gy	ECU搭铁线		经发动机搭铁
89	89				
90	90	0.75WR	曲轴位置传感器		正极
91	91				
92	92				
93	93				
94	94				
95	95				
96	96				
97	97				
98	98				
99	99	0.75GR	进气压力传感器	模拟输入	信号输入
100	100	0.75OW	进气压力传感器		搭铁
101	101	0.75Br	冷却液温度传感器	5V电压输出	正极
102	102	0.75GY	冷却液温度传感器		负极
103	103	0.75LY	凸轮轴位置传感器	信号输入	
104	104	0.75VO	凸轮轴位置传感器		搭铁
105	105	0.75GL	车速表输出	车速输出	
106	106				
107	107				
108	108	0.75WB	进气压力传感器		5V参考电压
109	109	0.6P	燃油温度传感器		正极
110	110	0.6W	燃油温度传感器		负极
111	111	0.75GyY	凸轮轴位置传感器		5V参考电压输出
112	112	0.75OB	冷却液温度指示灯		
113	113	0.75YB	预热塞继电器		控制继电器搭铁
114	114	0.5BG	1缸喷油器		控制喷油器搭铁
115	115	0.5LR	4缸喷油器		控制喷油器搭铁
116	116				
117	117	0.75WY	1、4缸喷油器		向喷油器输出电压
118	118	0.75OL	2、3缸喷油器		向喷油器输出电压
119	119				
120	120	0.5VW	2缸喷油器		控制喷油器地线搭铁
121	121	0.5Y	3缸喷油器		控制喷油器地线搭铁

德尔福高压共轨系统电气资料（4/4）

序号	DTC	故障描述	序号	DTC	故障描述
1	0016	凸轮轴信号同步错误或者曲轴同步信号错误	2	0107	增压压力传感器信号超低限
6	0113	进气温度传感器信号超高限	7	1116	冷却液温度传感器信号不合理
11	0123	加速踏板信号超高限故障	12	0181	燃油温度不合理故障
16	0335	曲轴信号错误	17	0336	曲轴信号高频错误
21	0477	EXB低端驱动对地短路	22	0478	EXB低端驱动对电源短路
26	0543	预热控制低端驱动断路	27	0562	蓄电池电压超低限
31	0607	模拟量 – 数字量转换不可靠	32	0611	单体泵控制TPU（单片机的时钟处理单元）输出故障
36	0652	加速踏板5V参考电压超低限故障	37	0653	加速踏板5V参考电压超高限故障
41	0669	ECU温度超高限	42	0685	电源继电器故障
46	0692	冷却风扇驱动对电源短路	47	1107	增压压力传感器信号不合理—偏低
51	1231	电磁阀1低端对地短路	52	1232	电磁阀1低端对电源短路
56	1236	电磁阀2低端对电源短路	57	1237	电磁阀3断路
61	1241	电磁阀4断路	62	1242	电磁阀4短路
66	1246	电磁阀5短路	67	1247	电磁阀5低端，对地短路
71	1251	电磁阀6低端，对地短路	72	1252	电磁阀6低端，对电源短路
76	1256	电磁阀2、4、6高端，对电源短路	77	1335	起动时曲轴传感器信号丢失
81	1519	急速运行时间超限	82	1601	ETC1（欧洲瞬态测试循环）通信率过高
86	1611	ERC1通信率过高	87	1612	ERC2通信率过低
91	1657	转速表低端驱动对电源短路	92	1658	硬件看门狗故障
96	2148	单体泵驱动电压过高	97	2229	大气压力传感器信号超高限
3	0108	增压压力传感器信号超高限	4	0110	进气温度传感器上电故障
8	0117	冷却液温度传感器信号超低限	9	0118	冷却液温度传感器信号超高限
13	0182	燃油温度信号超低限	14	0183	燃油温度信号超高限
18	0340	凸轮轴信号错误	19	0341	凸轮信号高频错误
23	0480	冷却风扇驱动断路故障	24	0541	预热控制低端驱动对地短路
28	0563	蓄电池电压超高限	29	0602	软件故障导致复位
33	0642	传感器5V参考电压超低限故障	34	0643	传感器5V参考电压超高限故障
38	0654	转速表低端驱动断路	39	0666	ECU温度不合理
43	0698	增压压力5V参考电压超低限	44	0699	增压压力5V参考电压超高限
48	1108	增压压力传感器信号不合理—偏高	49	1229	电磁阀1断路
53	1233	电磁阀2断路	54	1234	电磁阀2短路
58	1238	电磁阀3短路	59	1239	电磁阀3低端，对地短路
63	1243	电磁阀4低端，对地短路	64	1244	电磁阀4低端，对电源短路
68	1248	电磁阀5低端，对电源短路	69	1249	电磁阀6断路
73	1253	电磁阀1、3、5高端，对地短路	74	1254	电磁阀1、3、5高端，对电源短路
78	1336	起动时曲轴信号发生高频错误	79	1340	凸轮信号上电故障
83	1602	ETC1通信率过低	84	1603	ETC2通信率过高
88	1651	红色停止灯低端驱动对地短路	89	1652	红色停止灯低端驱动对电源短路
93	2106	加速踏板故障导致跛行模式	94	2135	加速踏板信号不合理故障
98	2228	大气压力传感器信号超低限	99	C001	CAN1通信故障
5	0112	进气温度传感器信号超低限	55	1235	电磁阀2低端对地短路
10	0122	加速踏板信号超低限故障	60	1240	电磁阀3低端，对电源短路
15	0217	冷却液温度超高警告	65	1245	电磁阀5断路
20	0475	EXB（排气制动阀）低端驱动断路	70	1250	电磁阀6短路
25	0542	预热控制低端驱动对电源短路	75	1255	电磁阀2、4、6高端，对地短路
30	0606	硬件故障导致复位	80	1341	凸轮信号上电高频错误
35	0650	红色停止灯低端驱动断路	85	1604	ETC2通信率过低
40	0668	ECU温度超低限	90	1656	转速表低端驱动对地短路
45	0691	冷却风扇低驱动对地短路	95	2147	单体泵驱动电压过低
50	1230	电磁阀1短路	100	D001	CAN2通信故障

电装高压共轨系统电气资料 （1/4）

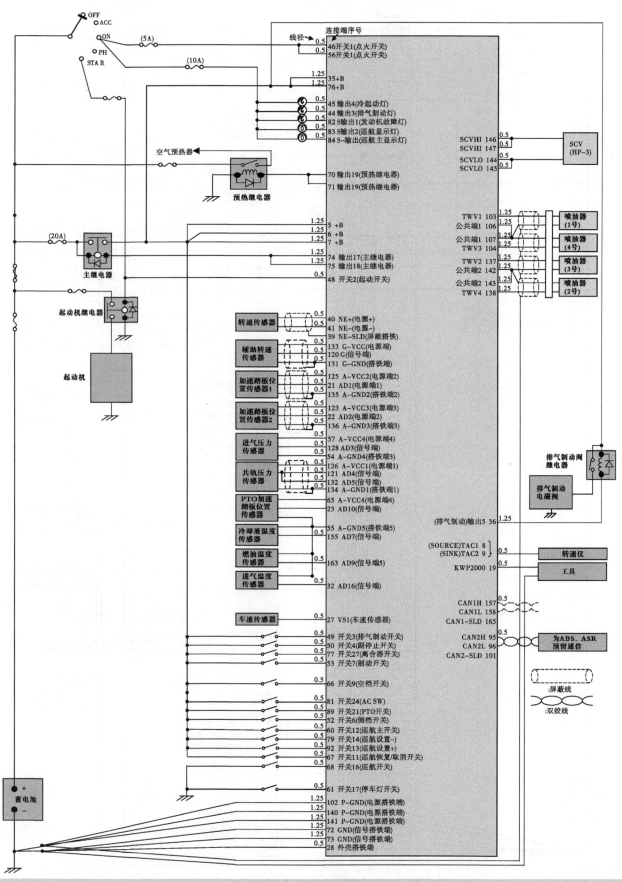

电装 –4DL 原理图

电装高压共轨系统电气资料 (2/4)

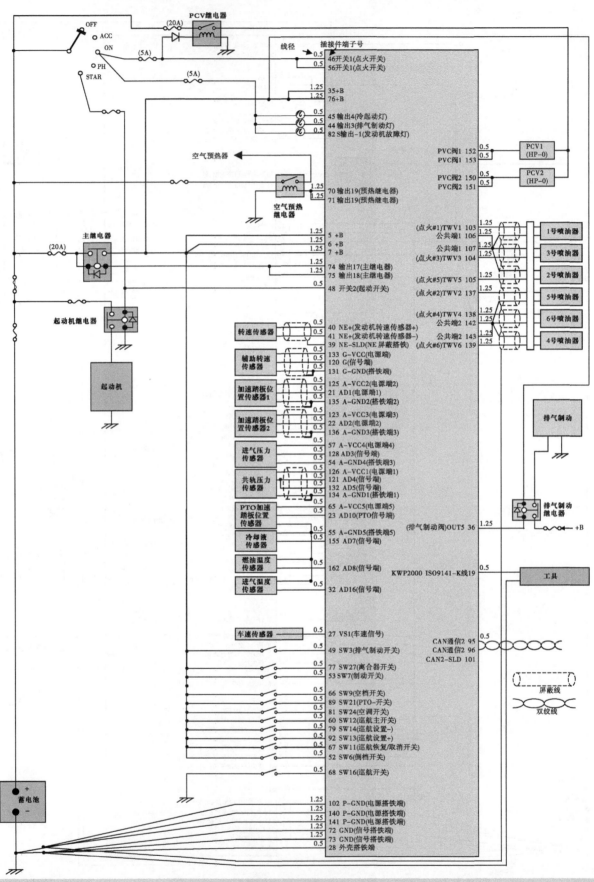

电装 –6DL 原理图

电装高压共轨系统电气资料 （3/4）

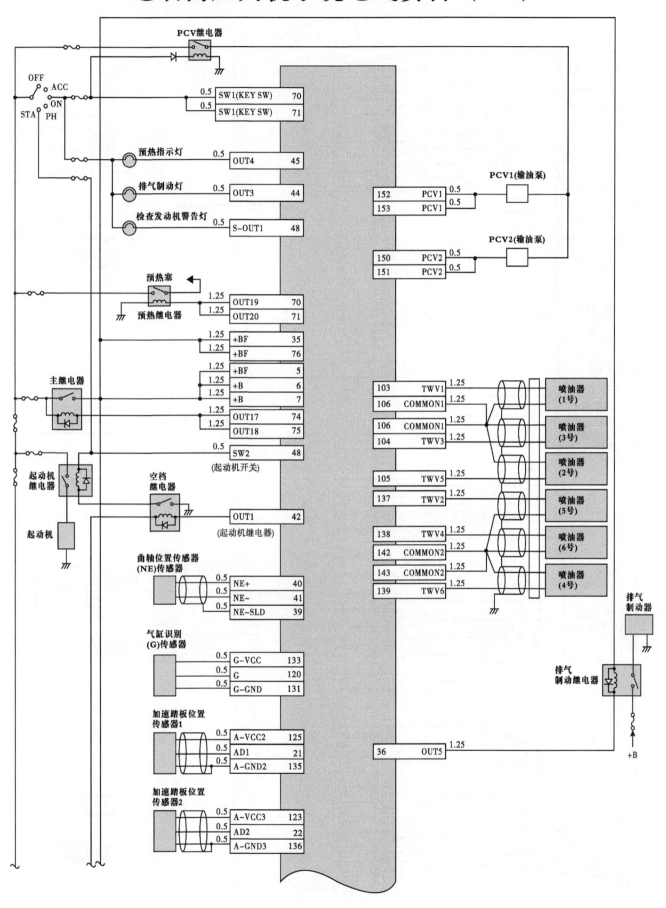

电装高压共轨系统电气资料（4/4）

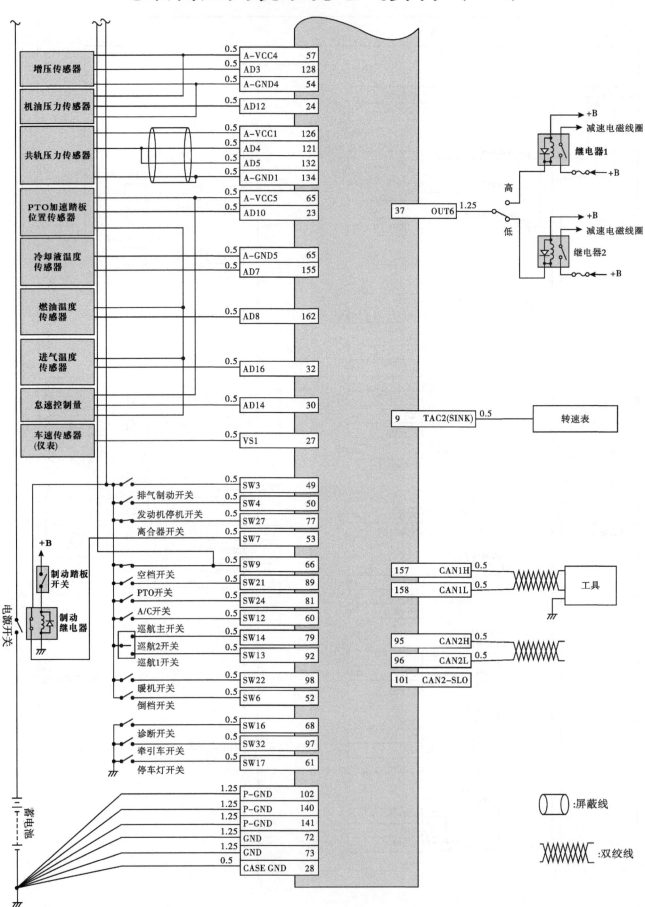

电装高压共轨系统针脚资料（1/3）

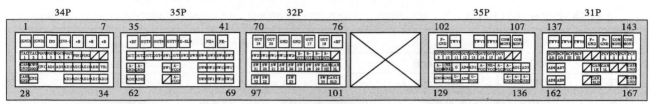

插接器针脚布置

1. 针脚号1～34(34针)

编号	针脚名称	内容	编号	针脚名称	内容
1	(GND)	信号搭铁(未使用)	18	(CASE GND)	壳体搭铁(未使用)
2	(GND)	信号搭铁(未使用)	19	KWP2000	未使用
3	IN3	未使用	20	(IN1)	未使用
4	(IN3-)	未使用	21	AD1	加速踏板位置传感器1
5	+B	电源	22	AD2	加速踏板位置传感器2
6	+B	电源	23	AD10	PTO加速踏板位置传感器
7	+B	电源	24	AD12	机油压力传感器
8	TAC1	未使用	25	AD19	未使用
9	TAC2	转速表(SINK)	26	AD20	未使用
10	POUT1	未使用	27	VS1	车速传感器
11	POUT2	未使用	28	CASE GND	壳体搭铁
12	POUT3	未使用	29	(IN2)	未使用
13	POUT4	未使用	30	AD14	急速手动控制(IMC)量
14	PIN1	未使用	31	AD15	未使用
15	PIN2	未使用	32	AD16	进气温度传感器
16	—	—	33	AD17	未使用
17	—	—	34	AD18	未使用

2. 针脚号35～69(35针)

编号	针脚名称	内容	编号	针脚名称	内容
35	+BF	+BF(+B用于逆电动势)	53	SW7	制动开关
36	OUT5	排气制动阀继电器	54	A-GND4	传感器搭铁4
37	PUT6	发动机制动继电器	55	A-GND5	传感器搭铁5
38	PUT7	未使用	56	SW1	钥匙开关
39	SE-SLD	曲轴位置(NE)传感器屏蔽搭铁	57	A-VCC4	传感器电源4
40	NE+	曲轴位置(NE)传感器+	58	SW8	未使用
41	NE-	曲轴位置(NE)传感器-	59	SW10	未使用
42	OUT1	起动机继电器	60	SW12	巡航主开关
43	OUT2	未使用	61	SW17	停车灯开关
44	OUT3	排气制动灯	62	AD21	未使用
45	OUT4	预热指示灯	63	AD22	未使用
46	SW1	钥匙开关	64	—	—
47	OUT8	未使用	65	A-VCC5	传感器电源5
48	SW2	起动机开关	66	SW9	空档开关
49	SW3	排气制动开关	67	SW11	未使用
50	SW4	发动机停机开关	68	SW16	诊断开关
51	SW5	未使用	69	SW18	未使用
52	SW6	倒档开关			

电装高压共轨系统针脚资料（2/3）

3. 针脚号70～101(32针)

编号	针脚名称	内容	编号	针脚名称	内容
70	OUT19	预热继电器	86	—	—
71	OUT20	预热继电器	87	SW31	未使用
72	GND	信号搭铁	88	SW20	未使用
73	GND	信号搭铁	89	SW21	PTO开关
74	OUT17	主继电器	90	SW25	未使用
75	OUT18	主继电器	91	SW26	未使用
76	+BF	+BF(+B用于逆电动势)	92	SW13	巡航1开关
77	SW27	离合器开关	93	SW28	未使用
78	SW19	未使用	94	SW29	未使用
79	SW14	巡航2开关	95	CAN2H	CAN2高
80	SW15	未使用	96	CAN2L	CAN2低
81	SW24	A/C急速提升开关	97	SW32	牵引车开关
82	S-OUT1	检查发动机灯1	98	SW22	暖机开关
83	S-OUT2	未使用	99	SW23	未使用
84	S-OUT3	未使用	100	SW30	未使用
85	S-OUT4	未使用	101	CAN2-SLD	未使用

4. 插脚号102～136(35针)

编号	针脚名称	内容	编号	针脚名称	内容
102	P-GND	电源搭铁	120	G	气缸识别(G)传感器信号
103	TWV1	喷油器1	121	AD4	共轨压力传感器1
104	TWV3	喷油器3	122	AD11	未使用
105	TWV5	喷油器5	123	A-VCC3	传感器电源3
106	COMMON1	喷油器电源1	124	NE-VCC	未使用
107	COMMON1	喷油器电源1	125	A-VCC2	传感器电源2
108	OUT9	未使用	126	A-VCC1	传感器电源1
109	OUT10	未使用	127	AD13	未使用
110	OUT11	未使用	128	AD3	增压传感器
111	OUT12	未使用	129	(GND)	信号搭铁(未使用)
112	OUT13	未使用	130	(GND)	信号搭铁(未使用)
113	OUT14	未使用	131	G-GND	气缸识别(G)传感器搭铁
114	OUT15	未使用	132	AD5	共轨压力传感器2
115	OUT16	未使用	133	G-VCC	气缸识别(G)传感器VCC(5V)
116	—	—	134	A-GND1	传感器搭铁1
117	—	—	135	A-GND2	传感器搭铁2
118	A-GND6	未使用	136	A-GND3	传感器搭铁3
119	(NE(MRE))	未使用			

电装高压共轨系统针脚资料（3/3）

5. 针脚号137~167(31针)

编号	针脚名称	内容	编号	针脚名称	内容
137	TWV2	喷油器2	153	PCV1	输油泵
138	TWV4	喷油器4	154	AD6	未使用
139	TWV6	喷油器6	155	AD7	冷却液温度传感器
140	P-GND	电源搭铁	156	—	—
141	P-GND	电源搭铁	157	CAN1H	CAN1高
142	COMMON2	喷油器电源2	158	CAN1L	CAN1低
143	COMMON2	喷油器电源2	159	—	—
144	SCVLO	未使用	160	—	—
145	SCVLO	未使用	161	(CASE GND)	壳体搭铁(未使用)
146	SCVHI	未使用	162	AD8	燃油温度传感器
147	SCVHI	未使用	163	AD9	未使用
148	—	—	164	—	—
149	—	—	165	CAN1-SLD	未使用
150	PCV2	输油泵	166	—	—
151	PCV2	输油泵	167	(CASE GND)	壳体搭铁(未使用)
152	PCV2	输油泵			

电装高压共轨系统故障码表（1/4）

● SAE模式故障码是通过使用STT（DST-PC）输出的代码（SAE为汽车工程师学会的简称）。

SAE模式故障码	项　目
P0122	1号加速踏板位置传感器信号太低
P0123	1号加速踏板位置传感器信号太高
P0222	2号加速踏板位置传感器信号太低
P0223	2号加速踏板位置传感器信号太高
P0121	1号加速踏板位置传感器未关闭
P0120	1号加速踏板位置传感器未打开
P2120	两个加速踏板位置传感器信号均无效
P0238	增压传感器信号太高
P0237	增压传感器信号太低
P0227	PTO加速踏板位置传感器信号太低
P0228	PTO加速踏板位置传感器信号太高(根据车型的不同,有时无该故障码)
P0193	共轨压力传感器信号太高
P0192	共轨压力传感器信号太低
P0191	共轨压力传感器信号特性异常
P0563	蓄电池电压太高
P0118	冷却液温度传感器信号太高
P0117	冷却液温度传感器信号太低
P0183	燃油温度传感器信号太高
P0182	燃油温度传感器信号太低
P0113	(进气或A/F气)温度传感器信号太高
P0112	(进气或A/F气)温度传感器信号太低
P2229	大气压力传感器信号太高
P2228	大气压力传感器信号太低
P0617	起动机开关电源短路
P0337	曲轴位置传感器无脉冲
P0342	气缸识别传感器无脉冲
P0385	曲轴位置和气缸识别传感器无脉冲
P0503	车速传感器频率太高
P0502	车速传感器输入断路或短路
P0501	车速传感器信号无效
P1681	排气制动器MV1输出断路负荷或对搭铁短路
P1682	排气制动器MV1输出电源短路

电装高压共轨系统故障码表 （2/4）

SAE模式故障码	项　目
P2148	COM1输出电源短路：TWV1、3或5输出电源短路
P2151	COM2输出电源短路：TWV2、4或6输出电源短路
P2150	COM2输出对地短路：TWV2、4或6输出对搭铁短路
P2149	COM2输出断路负荷：TWV2、4和TWV6均为断路负荷
P0201	TWV1输出断路负荷，喷油器线圈断路
P0205	TWV2输出断路负荷，喷油器线圈断路
P0203	TWV3输出断路负荷，喷油器线圈断路
P0206	TWV4输出断路负荷，喷油器线圈断路
P0202	TWV5输出断路负荷，喷油器线圈断路
P0204	TWV6输出断路负荷，喷油器线圈断路
P0611	电容器充电电路故障（充电不足）
P0200	电容器充电电路故障（充电过度）
P0629	PCV1输出电源短路
P2634	PCV2输出电源短路
P0629	PCV 1&2输出电源短路
P0628	PCV1输出断路负荷或对搭铁短路
P2633	PCV2输出断路负荷或对搭铁短路
P0628	PCV1、2输出断路负荷或对搭铁短路
P2635	输油泵控制过负荷
P1088	输油泵控制过电压
P1266	输油泵控制无负荷
P0093	输油泵控制无负荷包括燃油泄漏
P1089	共轨压力超过上限
P0088	共轨压力超过更高上限
P0301	气缸1供油系统故障
P0302	气缸2供油系统故障
P0303	气缸3供油系统故障
P0304	气缸4供油系统故障
P0305	气缸5供油系统故障
P0306	气缸6供油系统故障
P0219	发动机超速
P0541	预热继电器输出对搭铁短路（根据车型的不同，有时无该故障码）

电装高压共轨系统故障码表 （3/4）

SAE模式故障码	项　目
P0542	预热继电器输出断路负荷或蓄电池短路（根据车型的不同，有时无该代码）
P1530	发动机停机开关固定在关闭状态
P0217	冷却液温度超过上限
U1001	CAN2节点错误（根据车型的不同，有时无该故障码）
P0704	离合器开关电路故障（限于手动变速器）
P0850	空档开关电路故障（限于手动变速器）
U0121	CAN总线–线路从ABS断路（根据车型的不同，有时无该故障码）
U0155	CAN总线–线路从METER断路（根据车型的不同，有时无该故障码）
P0686	主继电器诊断：主继电器固定在关闭状态
P1565	巡航开关电路故障（根据车型的不同，有时无该故障码）
P1602	QR数据未写入
P0602	QR数据错误
P1601	QR定义错误（关于QR校正的定义不正确）
P0607	CPU故障：守护IC故障
P0606	CPU故障：主CPU故障
P0601	校验和错误–闪存区
P0523	发动机机油压力传感器太高（根据车型的不同，有时无该故障码）
P0522	发动机机油压力传感器太低（根据车型的不同，有时无该故障码）
P0524	发动机机油压力和发动机ECU内存不一致（根据车型的不同，有时无该故障码）
P1683	发动机制动继电器输出断路负荷或对搭铁短路
P1684	发动机制动继电器输出蓄电池短路（据车型的不同，有时无该故障码）

电装高压共轨系统故障码表（4/4）

故障排除内容 ◀ 某些故障可能是由于CRS的原因引起的，也可能是由于发动机（机械部分）、燃油系统等非CRS的原因引起的。因此，进行CRS故障诊断时，不要贸然断定故障一定是由CRS引起的。应确认以下内容，查明故障原因。

故障现象	故障部位	原因	处理方法
怠速不稳	燃油系统（压缩压力）	燃油质量不佳	更换适当的燃油
	润滑系统	发动机机油油质恶化	更换发动机机油
		机油泵不良	更换机油泵
		发动机机油不良	添加发动机机油
起动不良	进气系统	空气滤清器滤芯堵塞	清洁或更换空气滤清器滤芯
	供油系统	供油系统内混入空气	排出供油系统内的空气
		燃油滤清器不良	更换滤芯
		燃油不足	更换适当的燃油
	发动机本体	压缩压力异常	参照发动机过热部分的内容
		活塞，气缸衬垫和活塞环	参照发动机过热部分的内容
	其他	过热	参照发动机过热部分的内容
发动机过热	进气系统	空气滤清器滤芯堵塞	清洁或更换空气滤清器滤芯
	供油系统	燃油不足	添加燃油，并排出供油系统内的空气
		供油系统堵塞	清洁供油系统
		供油系统接头有空气进入	拧紧连接部分
		燃油滤清器堵塞	更换燃油滤清器
		喷油管接头处松动	拧紧接头处螺母
	电气系统	蓄电池不良	检查蓄电池
		起动机接线不良	更换起动机接线
		蓄电池电缆松动	拧紧蓄电池端子连接处或更换电缆
		起动机起动不良	更换起动机总成
		起动辅助装置不良	更换起动辅助装置
	润滑系统	发动机机油黏度过大	更换黏度合适的发动机机油
	发动机本体	活塞卡死	更换活塞，活塞环和气缸衬垫
		轴承卡死	更换轴承和曲轴
		压缩压力低	发动机大修
	其他	齿圈损坏	更换齿圈、起动机小齿轮
动力不足	发动机本体	气门间隙不良	调整气门间隙
		气门座接触不良	研磨气门和气门座，或更换
		冷却液温度太低	进行发动机暖机
		各气缸之间的压缩压力差异较大	发动机大修